BERLIN
Gudrun Maurer

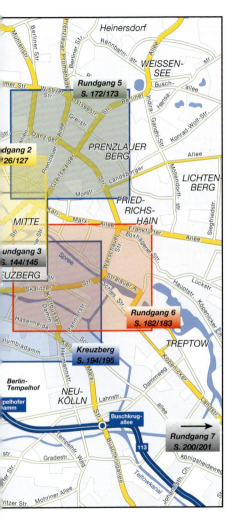

- Berlin — die Stadt
- Praktische Infos
- Vom Kulturforum ins Regierungsviertel
- Unter den Linden und Spandauer Vorstadt
- Vom Checkpoint Charlie zum Alexanderplatz
- City West
- Prenzlauer Berg
- Friedrichshain Kreuzberg
- Köpenick
- Spandau
- Grünes Berlin
- Ausflug nach Potsdam

Text und Recherche: Gudrun Maurer
Lektorat: Carmen Wurm, Dagmar Tränkle (Überarbeitung)
Redaktion und Layout: Claudia Hutter
Covergestaltung: Karl Serwotka
Covermotive: oben: Auf der Spree durch das Regierungsviertel (Uli Poser)
unten: Reichstagsgebäude (Gudrun Maurer)
Karten: Gábor Sztrecska; Hana Gundel, Joachim Bode

Fotoverzeichnis
Alle Fotos von Gudrun Maurer, außer
BTM Berlin Tourismus Marketing GmbH / Koch: 134, 163
BTM Berlin Tourismus Marketing GmbH / Buller: 12
Uli Poser: 11, 14/15, 17, 19, 21, 30/31, 36, 40, 81, 84, 111, 129, 197, 237
PT Potsdam Tourismus GmbH: 238, 240, 241, 244, 248, 251, 252, 253
Jens Ziehe, Jüdisches Museum Berlin: 124

Ein herzliches Dankeschön für die Lesertipps von Florian Albrecht, Martina Döhler, Monika Dörner, Alexandra Gerhardt (Schopfheim), Anke Hummel (Benningen), Simone Küster, Wilhelm Schulte (Münster), Carola Striebel, Birgit Zangl (Weiden) und vor allem für die vielen Tipps der Kollegen Gabriele Tröger und Michael Bussmann (Berlin).

Die in diesem Reisebuch enthaltenen Informationen wurden von der Autorin nach bestem Wissen erstellt und von ihr und dem Verlag mit größtmöglicher Sorgfalt überprüft. Dennoch sind, wie wir im Sinne des Produkthaftungsrechts betonen müssen, inhaltliche Fehler nicht mit letzter Gewissheit auszuschließen. Daher erfolgen die Angaben ohne jegliche Verpflichtung oder Garantie der Autorin bzw. des Verlags. Beide übernehmen keinerlei Verantwortung bzw. Haftung für mögliche Unstimmigkeiten. Wir bitten um Verständnis und sind jederzeit für Anregungen und Verbesserungsvorschläge dankbar.

ISBN 978-3-89953-519-8

© Copyright Michael Müller Verlag GmbH, Erlangen 2002, 2004, 2006, 2008, 2010.
Alle Rechte vorbehalten. Alle Angaben ohne Gewähr.
Druck: Stürtz GmbH, Würzburg.

Aktuelle Infos zu unseren Titeln, Hintergrundgeschichten zu unseren Reisezielen sowie brandneue Tipps erhalten Sie in unserem regelmäßig erscheinenden Newsletter, den Sie im Internet unter **www.michael-mueller-verlag.de** kostenlos abonnieren können.

5. überarbeitete Auflage 2010

INHALT

Berlin – die Stadt

Berlin – Vielfalt im Wandel 10
Berlin-Highlights 14
Stadtgeschichte 17
Stadtteile und Bezirke 25
Wirtschaft und Politik 26
Literaturtipps 28

Berlin – praktische Infos

Anreise 32
Mit der Bahn 32   Mit dem Auto 34
Mit dem Bus 33   Mitfahrzentralen 34
Mit dem Flugzeug 33

Unterwegs in Berlin 35
Öffentlicher Nahverkehr 35   Fahrrad 40
Taxi und Velotaxi 38   Zu Fuß 42
Moped und Motorroller 40   Stadtrundfahrten und -führungen 42

Wissenswertes 46
Wichtige Telefonnummern 46   Internet-Cafés 48
Internet-Adressen 47

Übernachten 49

Oper, Theater, Kino, Sport 62
Sprechtheater 63   Diverses 68
Oper, Operette und Musical 64   Kinos 70
Tanztheater 65   Sportveranstaltungen 72
Comedy, Kabarett, Varieté,   Veranstaltungskalender 74
   Kleinkunst 66   Sport – aktiv 76
Musik 67

Essen und Trinken 79

Nachtleben 81
Bars und Kneipen 81   Diskotheken und Clubs 89

Einkaufen 93
Märkte 93   Bücher und Comics 99
Shopping Malls und   Schallplatten und CDs 101
   Einkaufsstraßen 95   Schokolade,
Kleidung, Schuhe   Confiserie & Bonbons 102
   und Accessoires 98   Diverses 103

Stadttouren und Ausflüge ... 106

Rundgang 1: Vom Kulturforum ins Regierungsviertel ... 107
Rundgang 2: Unter den Linden und Spandauer Vorstadt ... 121
Rundgang 3: Vom Checkpoint Charlie zum Alexanderplatz ... 140
Rundgang 4: City West ... 156
Rundgang 5: Prenzlauer Berg ... 170
Rundgang 6: Friedrichshain ... 180
                Kreuzberg ... 190
Rundgang 7: Köpenick ... 199
Rundgang 8: Spandau ... 207

Grünes Berlin ... 214

Schloss Charlottenburg und Umgebung ... 214

Dahlem ... 222
Museen ... 222
Domäne Dahlem ... 224
Botanischer Garten ... 225

Treptower Park ... 227
Sowjetisches Ehrenmal ... 228
Archenhold-Sternwarte ... 228
Spreepark ... 229

Müggelsee ... 231

Wannsee ... 234

Ausflug nach Potsdam ... 237
Innenstadt ... 239
Sanssouci ... 239
Holländisches Viertel ... 247
Kolonie Alexandrowka ... 247
Neuer Garten ... 248

Register ... 260

Alles im Kasten

Multikulturelles Berlin	24
Von der Pferde-Eisenbahn zum modernen Nahverkehrsnetz	37
Das KaDeWe	96
Berliner Juden	125
Wo die Konfektion erfunden wurde	143
Das Galgenhaus	146
Der Mord an Luxemburg und Liebknecht	159
Die Wassertürme einst und jetzt	174
Der Volksaufstand vom 17. Juni	181
Die Berliner Mauer und ihre Reste	187
Die Hausbesetzerbewegung	191
Der Hauptmann von Köpenick	205
Pleiteobjekt Spreepark	229
Potsdams Schlösser und Gärten	238
Potsdamer Konferenz	249

Kartenverzeichnis

Berlin (Stadtteile und Bezirke)	25
Berlin (Übersicht)	Umschlag vorne
Charlottenburg	216/217
Dahlem	224/225
Kreuzberg	194/195
Potsdam	242/243
Rundgang 1: Vom Kulturforum ins Regierungsviertel	108/109
Rundgang 2: Unter den Linden und Spandauer Vorstadt	126/127
Rundgang 3: Vom Checkpoint Charlie zum Alexanderplatz	144/145
Rundgang 4: City West	160/161
Rundgang 5: Prenzlauer Berg	172/173
Rundgang 6: Friedrichshain	182/183
Rundgang 7: Köpenick	200/201
Rundgang 8: Spandau	211

Zeichenerklärung für die Karten und Pläne

- Hauptstraße
- Nebenstraße
- Grünanlage
- Ⓤ Alexanderplatz U-Bahn
- Ⓢ Alexanderplatz S-Bahn
- BUS Busbahnhof
- Rundgang
- Rundgang Anfang
- Rundgang Ende
- 🏛 Museum
- 🛈 Information
- Ⓑ Botschaft
- ---- Mauerverlauf

Berlin – die Stadt

Vielfalt im Wandel 10	Stadtteile und Bezirke 25
Highlights 14	Wirtschaft und Politik 26
Stadtgeschichte 17	Literaturtipps 28

Schneller Überblick per Bus-Rundfahrt

Berlin – Vielfalt im Wandel

Hauptstadt, Hochburg von Wissenschaft und Kultur, Mode- und Party-Stadt – das alles ist Berlin, und noch viel mehr. Immer wieder liest man, dass das einzig Beständige in der Stadt der Wandel sei. Und so abgenutzt diese Formulierung auch sein mag, sie entspricht der Wahrheit.

Seit über 20 Jahren wachsen nun zwei Stadthälften, die sich vierzig Jahre lang unter völlig gegensätzlichen Bedingungen entwickelt haben, wieder zusammen. Und immer mehr Touristen kommen, um sich das Zusammenwachsen anzusehen. Überhaupt: Nach Berlin fährt man nicht der Schönheit der Stadt wegen, denn schön ist die Stadt nicht. Dafür ist sie lebendig, und das macht ihren Reiz aus. Berlin lässt vieles zu, was anderswo nicht möglich ist.

So entstand in den Jahren nach dem Mauerfall die berühmte Partyszene mit den vielen innovativen, zunächst illegalen Clubs. Schien diese Phase vor einigen Jahren abgeschlossen, so erfährt sie nun eine Wiedergeburt. Seit die Szene sich in den etablierten Clubs langweilt, gibt es wieder geheime Partyorte, die per Mundpropaganda im Freundeskreis weiterempfohlen werden.

Doch nicht nur Partygänger sind in Berlin richtig, die Stadt ist auch auf kulturellem und wissenschaftlichem Gebiet Spitze. An vier Universitäten, zahlreichen (Fach-)Hochschulen und wissenschaftlichen Einrichtungen wird geforscht und debattiert, auf drei Opern- und weit über hundert Theater-, Tanz- und Musicalbühnen finden allabendlich Vorstellungen statt. Musikfreunde haben die Wahl unter bis zu fünfzig Konzerten pro Abend, Cineasten können außergewöhnliche Kinos entdecken. Das Angebot ist so groß, dass die Entscheidung oft schwer fällt. Vor allem, wenn man tagsüber bereits

Vor dem Bundestag wird wartenden Touristen immer etwas geboten

das Neue Museum, die Alte Nationalgalerie oder ein anderes weltberühmtes Museum besichtigt hat. Dann steht dem Stadtbesucher der Sinn vielleicht eher nach einem ruhigen Kneipenabend oder einem gemütlichen Essen im Restaurant. Aber auch hier stellt sich die Qual der Wahl: Soll es in ein Altberliner Lokal mit Eisbein und Erbspüree gehen, nascht man leichtes Sushi, kostet die Geschmacksvielfalt arabischer Vorspeisenplatten oder goutiert lieber ein mehrgängiges Menü in edlem Ambiente?

In jedem Fall bietet dieses Buch mit zahlreichen Tipps und Adressen Entscheidungshilfe. Es führt Sie außerdem in ausgewählten Stadtrundgängen zu den wichtigsten Sehenswürdigkeiten der Stadt und erleichtert damit die Programmgestaltung auch für einen kurzen Berlin-Aufenthalt.

Streifzug durch die Kulturlandschaft

Die meisten Museen, Galerien und Theater liegen in der Innenstadt – in Mitte und in der West-City. Aber auch in Bezirken, in denen man sie nicht vermuten würde, gibt es interessante kulturelle Einrichtungen. So befinden sich bis zur Fertigstellung des Humboldt-Forums noch immer einige bedeutende Museen im grünen Südwesten der Stadt, in Dahlem. Daneben werden viele hochkarätige Wander- und Sonderaus-

All denen, die noch mehr Information – auch über die Berliner Außenbezirke und das Umland der Hauptstadt – möchten, sei zusätzlich der umfangreiche Band „Berlin & Umgebung" aus dem Michael Müller Verlag empfohlen. Wichtige Änderungen, die sich nach dem Druck dieser Auflage ergeben haben, finden Sie im Internet unter:

www.michael-mueller-verlag.de, in den Updates oder Reise-News Berlin-City.

stellungen in der Stadt gezeigt. Auch an Gastspielen und anderen kulturellen Kurzzeit-Events herrscht in Berlin kein Mangel. Aktuelle Informationen dazu finden sich in Programmzeitschriften, Tageszeitungen, Stadtillustrierten und im Internet.

Wo sich die Szene trifft

Nach Prenzlauer Berg, Mitte und Friedrichshain heißt nun das beliebteste Ausgehgebiet „Kreuzkölln", womit der östliche Teil von Kreuzberg und das angrenzende Gebiet in Neukölln gemeint ist. Auch die zuvor genannten Stadtteile locken weiterhin zumindest an den Wochenenden mit einem pulsierenden Nachtleben. Clubs, Diskotheken, Musikbühnen, Bars und Kneipen konzentrieren sich aber auch in anderen Innenstadtbezirken, und sogar am Stadtrand gibt es einige empfehlenswerte Ziele. Berlin kennt ja immer noch keine Sperrstunde, sodass Nachtaktive reichlich Gelegenheit haben, mit Gleichgesinnten zusammenzutreffen. Wohlhabendere Leute mittleren Alters gehen gern in Mitte sowie um den Savignyplatz in Charlottenburg und um die Pariser Straße in Wilmersdorf aus. Die Homosexuellenszene trifft sich traditionell um den Nollendorfplatz in Schöneberg, in neuerer Zeit aber auch in Kreuzberg und Prenzlauer Berg. Insgesamt wandelt sich das nächtliche Geschehen sehr schnell, sodass unsere Tipps schon nach kurzer Zeit veraltet sein können. Aber dann findet sich sicher ganz in der Nähe etwas anderes.

Grüne Oasen

Für viele Ortsfremde kaum zu glauben: Berlin ist eine sehr grüne Stadt. Eine riesige Zahl von Straßenbäumen lockert die engen Mietskasernenstraßen auf und überall gibt es Parks – wenn auch teilweise recht kleine. Der größte und bekannteste Park Berlins ist der Große Tiergarten, die grüne Lunge der Stadt. Hier treffen sich am Wochenende türkische Großfamilien zum Picknick oder zum Grillen, verabredet man sich zum Fußballspielen oder legt sich gemütlich ins Gras. Auch die kleineren Parks werden ähnlich intensiv genutzt. Im Sommer besonders angenehm sind die vielen Wasserläufe und Seen im Stadtgebiet, vor allem im Süden der Stadt. Der Müggelsee im Südosten wird nicht umsonst die Badewanne Berlins genannt. Auch viele andere Strandbäder und wilde Badestellen locken an heißen Tagen die Berliner an.

Industrierelikte

Jahrzehntelang war Berlin durch Industrie geprägt, von der viele bauliche Hinterlassenschaften zeugen. Inzwischen sind die alten Fabrikgebäude zum großen Teil für andere Zwecke umgebaut. Die zahlreichen Brauereien, die früher die Berliner mit der beliebten „Molle" versorgten, werden heute als Kulturzentren, Altersheime etc. genutzt. Am bekanntesten sind die Kulturbrauerei und der Pfefferberg in Prenzlauer Berg. Im Industriezeitalter entstanden in Ber-

Exotisches Flair beim Karneval der Kulturen

Wochenendvergnügen für Berliner und Touristen – ein Flohmarktbummel

lin auch architektonisch bedeutsame Wohnanlagen: 2008 wurden zahlreiche Berliner Großsiedlungen in die Liste des UNESCO-Weltkulturerbes aufgenommen. Sie befinden sich jedoch alle außerhalb des Innenstadtbereichs, auf den sich dieses Buch konzentriert.

Shopping-Paradies

Ob Flohmarkt-Fan oder Edelboutiquen-Besucher, in Berlin kommt jeder Modeinteressierte auf seine Kosten. Noble Geschäfte konzentrieren sich an der Friedrichstraße, am Kurfürstendamm und in den jeweiligen Seitenstraßen. Viele Berliner Modedesigner haben sich in der Spandauer Vorstadt angesiedelt und Secondhand-Klamotten findet man vor allem in Prenzlauer Berg und Kreuzberg. Aber auch Einkaufsquellen für alles andere finden sich in der Stadt – von Antiquariaten und selbst produzierenden Confiserien über Schmuckdesigner bis zu Zigarren-Fachgeschäften ist nahezu alles nur Denkbare in der Stadt vertreten. Shopping-Klassiker nicht nur für neureiche Russinnen ist das KaDeWe, das auf sieben Etagen ein riesiges Warenangebot bereithält.

Spaß für Klein und Groß

Auch für kleine Berlin-Besucher und -Bewohner hat die Stadt einiges zu bieten: zwei Tierparks, eine uralte Burganlage, einige für Kinder geeignete oder sogar extra für sie gestaltete Museen sowie außergewöhnliche Spielplätze, darunter auch schlechtwetter-taugliche in einer Halle. Im Winter bietet sich außerdem ein Besuch in einem der „Spaßbäder" an. Nicht zu vergessen sind die zahlreichen Kindertheater mit ihren unterschiedlichen Programmen. Vom Fahrradkindersitz aus ist vielleicht sogar der eine oder andere Rundgang interessant, vor allem, wenn sich auf der Route eine der Attraktionen für Kinder befindet. Seit einigen Jahren ist der Eintritt in alle Museen der Stiftung Preußischer Kulturbesitz für Menschen unter 16 frei!

> Tipps für junge Berlin-Besucher finden Sie im Index unter dem Stichwort „Kinder".

Berlin-Highlights

„**Europe in 7 days**", „Ganz Berlin an einem Wochenende" – in extrem kurzer Zeit alles Wichtige zu sehen, ist völlig unmöglich und wohl auch gar nicht wünschenswert. Dennoch kann man auch an einem Berlin-Wochenende viel besichtigen und erleben, vorausgesetzt, man trifft zuvor eine Auswahl aus dem riesigen Angebot. Hierfür ein paar Tipps:

Das neue Berlin mit dem Potsdamer Platz und den Regierungsbauten wird im Rundgang 1 vorgestellt. Wer sich einen ganzen Tag dafür Zeit nimmt, kann unterwegs gemütlich einkehren, ein bisschen shoppen und das eine oder andere Museum an der Strecke besichtigen. Zu sehen sind u. a. der Nachlass von *Marlene Dietrich*, echte Dinosaurier-Skelette, moderne Kunst und natürlich die Kuppel des Reichstagsgebäudes.

Das geteilte Berlin ist schon lange Geschichte, die aber Spuren hinterlassen hat. Ihnen folgt Rundgang 3, der am ehemaligen Grenzübergang Checkpoint Charlie mit dem Mauermuseum beginnt. Auch die Stasi-Ausstellung, das Gelände des abgerissenen Palasts der Republik und das ehemalige Staatsrats-Gebäude sowie der Fernsehturm am Marx-Engels-Forum liegen auf dieser Route. Rundgang 6 beginnt an der Eastside-Gallery, dem längsten erhaltenen Mauerstück.

Das jüdische Berlin ist auf den Touren 2, 4 und 5 Thema. Ein Besuch des Jüdischen Museums lässt sich am einfachsten mit Rundgang 3 kombinieren.

Das preußische Berlin mit dem Brandenburger Tor und der Prachtstraße *Unter den Linden* mit ihren zahlreichen geschichtsträchtigen Bauwerken ist das Ziel von Rundgang 2. Die Route ist so kurz, dass genug Zeit für die weltberühmten Museen auf der Museumsinsel bleibt. Hier starten diverse Schiffs-Rundfahrten, die bei schönem Wetter eine ideale Möglichkeit bieten, die Regierungsgebäude oder die Berliner Innenstadt aus einer ungewöhnlichen Perspektive zu erleben. Alternative: Nach einer Pause in einem Café oder Restaurant geht's weiter in die Spandauer Vorstadt, besser bekannt unter dem Namen „Scheunenviertel".

Das mittelalterliche Berlin ist im Zentrum der Stadt nur noch an wenigen Stellen zu erahnen, an die Rundgang 3 führt. Ganz anders ist das in den ehemals selbstständigen Städten Spandau und Köpenick. Die Rundgänge 7 und 8 führen durch ihre weitgehend erhaltenen Stadtkerne, die durch die Flussläufe der Havel bzw. der Spree ganz besonders reizvoll sind. Nicht nur für Kinder interessant sind die wehrhafte Spandauer Zitadelle, in der alljährlich Zehntausende Fledermäuse überwintern, und das barocke Köpenicker Schloss sowie das Rathaus, weltberühmt durch den Hauptmann von Köpenick.

Das Wichtigste auf einen Blick

Aussichtspunkte

Domkuppel	→ S. 131
Fernsehturm	→ S. 152
Kollhoff-Bau am Potsdamer Platz	→ S. 110
Park Inn	→ S. 153
Siegessäule	→ S. 166

Bäder

Badeschiff	→ S. 78
Stadtbad Charlottenburg	→ S. 77
Strandbad Wannsee	→ S. 235

Bauwerke

Berliner Mauer	→ S. 184
Bundeskanzleramt	→ S. 117
Gedächtniskirche	→ S. 164
Hackesche Höfe	→ S. 134
Neue Synagoge	→ S. 135
Oberbaumbrücke	→ S. 184
Reichstagsgebäude	→ S. 116
Rotes Rathaus	→ S. 147
Schloss Charlottenburg	→ S. 214
Tacheles	→ S. 135

Kirchen und Synagogen

Berliner Dom	→ S. 131
Marienkirche	→ S. 152
Nikolaikirche Spandau	→ S. 212
Synagoge Rykestraße	→ S. 176

Museen

Alte Nationalgalerie	→ S. 133
Altes Museum	→ S. 133
Bodemuseum	→ S. 132
Deutsches Historisches Museum	→ S. 129
Gemäldegalerie	→ S. 114
Hamburger Bahnhof	→ S. 118
Jüdisches Museum	→ S. 125
Neues Museum	→ S. 133
Pergamonmuseum	→ S. 133
Technikmuseum	→ S. 113

Gedenkstätten

Gedenkstätte Berliner Mauer	→ S. 187
Haus der Wannseekonferenz	→ S. 235
Holocaust-Mahnmal	→ S. 111
Topographie des Terrors	→ S. 148

Mittelalterliche Stadtkerne

Köpenick	→ S. 199
Nikolaiviertel	→ S. 146
Spandau	→ S. 207

Plätze

Bebelplatz	→ S. 130
Breitscheidplatz	→ S. 158
Gendarmenmarkt	→ S. 142
Kollwitzplatz	→ S. 170
Pariser Platz	→ S. 111

Parks und Gärten

Botanischer Garten	→ S. 225
Garten der Villa Liebermann	→ S. 234
Görlitzer Park	→ S. 192
Schlosspark Charlottenburg	→ S. 218
Tiergarten	→ S. 165
Treptower Park	→ S. 227
Viktoriapark	→ S. 191

Gastronomie zu später Stunde

Hasir	→ S. 197
Schwarzes Café	→ S. 166

Mit Kindern

Aquadom	→ S. 132
Archenhold-Sternwarte	→ S. 228
Domäne Dahlem	→ S. 224
Kinderfreibad Monbijou	→ S. 136
Mach mit! Kindermuseum	→ S. 177
Museum für Kommunikation	→ S. 148
Museum für Naturkunde	→ S. 118
Pfaueninsel	→ S. 235
Zitadelle Spandau	→ S. 210
Zoologischer Garten	→ S. 164

Nach 66 Jahren Unterbrechung wieder Parlamentssitz – das Reichstagsgebäude

Stadtgeschichte

Mit dem Hauptstadtbeschluss 1991 konnte Berlin an eine nur kurz unterbrochene Tradition als Regierungssitz anknüpfen: War die Stadt doch Residenz der brandenburgischen Kurfürsten, der preußischen Könige und der deutschen Kaiser, dann Hauptstadt Deutschlands und später der DDR. Dies darf aber nicht zu dem Schluss verleiten, Berlins Geschichte wäre kontinuierlich verlaufen. Genau das Gegenteil ist der Fall.

„Berlin" heißt die Stadt erst seit 1709. Zuvor trug die bereits seit langem zusammengewachsene Doppelstadt an der Spree noch zwei unterschiedliche Namen: Berlin und Cölln. Cölln wurde 1237 erstmals urkundlich erwähnt, Berlin 1244. Älter sind die heutigen Berliner Stadtteile Spandau und Köpenick, die jahrhundertelang eigenständige Städte waren.

Zunächst hatte die Doppelstadt nur regionale Bedeutung. Dies änderte sich, als das Herrschergeschlecht der Hohenzollern Berlin-Cölln im 15. Jh. zur kurfürstlichen Residenz erhob. Nun verdoppelte sich die Einwohnerzahl der Stadt rasch auf etwa 12.000. Im Dreißigjährigen Krieg wurde die Bevölkerungszahl dann wieder halbiert und die Stadt total verwüstet.

Um das gebeutelte Land wieder aufzubauen, ließ Kurfürst Friedrich Wilhelm Ende des 17. Jh. in Frankreich protestantische Glaubensflüchtlinge, die Hugenotten, anwerben und erleichterte ihnen die Ansiedlung in Brandenburg und damit auch in Berlin-Cölln. Sie machten bald die Hälfte der Einwohner der Doppelstadt aus und beeinflussten die Stadtgeschichte ganz wesentlich.

Königreich Preußen

1701 krönte sich der Brandenburgische Kurfürst Friedrich I. selbst zum König Preußens. Berlin wurde damit erstmals Hauptstadt. Unter seinem Nachfolger Friedrich II., bekannt als „der Große", gewann Preußen – und damit auch Berlin – an Bedeutung. Während seiner Herrschaft (1740–1786) wurden zahlreiche Repräsentationsbauten, die das Stadtbild bis heute prägen, an der Straße *Unter den Linden* errichtet.

1806 besetzten Napoleons Truppen die Stadt; in den anschließenden Befreiungskriegen wurde Berlin zum Mittelpunkt der patriotischen Bewegung gegen die französische Herrschaft. Während der Märzrevolution 1848 war der Platz vor dem Berliner Stadtschloss einer der Schauplätze der Kämpfe gegen den Adel. König Friedrich Wilhelm II. musste sich zu Zugeständnissen bereit erklären. Bereits im Herbst siegte aber die Reaktion, und Preußen erhielt das undemokratische Drei-Klassen-Wahlrecht, das „den kleinen Mann" von den Wahlen ausschloss.

Kaiserreich

Nach dem deutsch-französischen Krieg von 1870/71 wurde das Deutsche Reich gegründet. Residenz des zum Kaiser gekrönten preußischen Königs Wilhelm I. wurde das Stadtschloss in Berlin. Auch Reichsregierung und Reichstag nahmen ihren Sitz in Berlin. Zentrum der Macht wurde die Wilhelmstraße, an der sich die wichtigsten Regierungsbauten und Botschaften ballten. Das letzte Drittel des 19. Jh. ist heute als „Gründerzeit" bekannt, zum einen wegen der Reichsgründung, zum anderen wegen der zahlreichen Unternehmensgründungen in dieser Zeit. Berlin boomte, es wurde zur internationalen Verkehrsdrehscheibe und zog hunderttausende Zuwanderer an. Insbesondere die elektrotechnischen Erfindungen der Zeit kurbelten das Wachstum der Stadt an. Firmen wie AEG und Siemens blühten in kürzester Zeit auf, verschafften vielen tausend Menschen Arbeit und prägten ganze Stadtviertel.

Anfang des 20. Jh. wurde Berlin zum Mittelpunkt wissenschaftlicher Forschung in Deutschland, es regnete Nobelpreise für deutsche Forscher wie Albert Einstein oder Robert Koch; Deutsch war international eine wichtige Wissenschaftssprache. Gleichzeitig blühte die Kultur in der Stadt. Höhe- und Endpunkt dieser Entwicklung waren die sog. „Goldenen Zwanziger Jahre". Doch herrschte neben Glanz und Reichtum in diesen Jahrzehnten immer auch unbeschreibliches Elend in der Stadt, am deutlichsten erkennbar an der extremen Wohnungsnot.

Weimarer Republik

Militärisch besiegt und in der Novemberrevolution auch von vielen Deutschen bekämpft, endete das Kaiserreich 1918. Am 9. November wurde in Berlin gleich zwei Mal die Republik ausgerufen: vom Balkon des Reichstagsgebäudes durch den SPD-Abgeordneten Philipp Scheidemann und vom Balkon des Stadtschlosses durch den Spartakisten Karl Liebknecht. Wegen der anhaltenden Unruhen in Berlin wurde die Verfassung der Republik in Weimar ausgearbeitet und im August 1919 verabschiedet. Obwohl die Verfassung keine deutsche Stadt konkret als Hauptstadt benannte, behielt Berlin diese Funktion.

1920 entstand durch zahlreiche Eingemeindungen Groß-Berlin, das in 20 Verwaltungsbezirke gegliedert wurde. Damit sollte das Neben- und Gegeneinander der zuvor selbstständigen Gemeinden beendet und eine einheitliche Politik für den gesamten Ballungsraum mit fast 4 Mio. Einwohnern ermöglicht werden. Berlin war nun – nach London,

Touristen aus aller Welt besuchen das Holocaust-Mahnmal im Zentrum

New York und Chicago – die viertgrößte Industriestadt der Welt. Viele moderne Bauwerke und Wohnsiedlungen berühmter Architekten entstanden in der kurzen Phase der Weimarer Republik, die Infrastruktur wurde rasant ausgebaut, und die Stadt galt weit über Deutschland hinaus als unglaublich faszinierend. Doch gleichzeitig kriselte es: Inflation, Massenarbeitslosigkeit, Streiks und Straßenkämpfe waren die Kehrseite der glänzenden Medaille der „Roaring Twenties". 1932 erhielt die NSDAP in Berlin knapp 26 % der Stimmen, die KPD vereinigte als stärkste Partei 31 % auf sich.

Das „Dritte Reich"

Am Brandenburger Tor, ganz in der Nähe des Reichstags, veranstaltete die NSDAP am Tag der Ernennung Hitlers zum Reichskanzler einen großen Fackelzug. Kaum einen Monat später brannte das Reichstagsgebäude ab – wenige Tage vor der angesetzten Parlamentswahl. Der Brand diente den neuen Machthabern als Vorwand für eine gnadenlose Verfolgung der Opposition. Die ersten Konzentrationslager wurden eingerichtet und Systemgegner dort interniert. Ermächtigungsgesetz und Gleichschaltung der Länder führten innerhalb kurzer Zeit zur Ausschaltung demokratischer Strukturen: Deutschland war eine Diktatur.

Auf kulturellem Gebiet kam dies u. a. durch die Bücherverbrennung auf dem Opernplatz, dem heutigen Bebelplatz, zum Ausdruck. Symbolisch wurden hier Bücher jüdischer und kommunistischer Autoren sowie ausgesprochen moderne, als „undeutsch" verfemte Literatur verbrannt. Gleichzeitig wurden diese Titel aus dem Buchhandel und den Bibliotheken entfernt. Während der XI. Olympischen Sommerspiele 1936 wurde den ausländischen Gästen Normalität in der Stadt vorgegaukelt, missliebige Berliner wurden in „Schutzhaft" genommen. In der Prinz-Albrecht-Straße, einer Querstraße zur Wilhelmstraße, konzentrierte sich der Terrorapparat der Gestapo.

Bereits 1933 begannen der Boykott jüdischer Geschäfte und Razzien gegen Juden. In der Reichspogromnacht vom 9. auf den 10.11.1938 brannten die meisten Berliner Synagogen und viele jüdische Geschäfte. Am nächsten Tag begann die Verschleppung von etwa 12.000 Berliner Juden in Konzentrationslager: ein erster Höhepunkt der organisierten Judenverfolgung.

Nach dem 1. September 1939, dem Beginn des Zweiten Weltkriegs, wurde die Verfolgung noch schlimmer. Vom Herbst 1941 an fuhren vom Bahnhof Grunewald die Deportationszüge in die Vernichtungslager. Wenig später wurde die „Endlösung der Judenfrage" in einer Villa am Berliner Wannsee beschlossen. Von den etwa 175.000 Juden, die 1933 in Berlin gelebt hatten, entgingen nur 6.000 der Vernichtung.

Bereits 1940 begannen die Briten, Berlin aus der Luft zu bombardieren. Dies war der Beginn vorher ungekannter Luftangriffe, denen hunderttausende von Menschen zum Opfer fielen. Im Sportpalast, mitten in der schon stark zerstörten Stadt, stellte Joseph Goebbels handverlesenen Berlinern 1943 die rhetorische Frage „Wollt Ihr den totalen Krieg?"

Es gab aber auch Widerstand gegen die Nazis in der Stadt – organisierten und spontanen. Am bekanntesten ist das Attentat, das Oberst Claus Graf Schenk von Stauffenberg am 20.7.1944 auf Hitler verübte. Es misslang, und Stauffenberg und weitere 200 Männer und Frauen wurden hingerichtet.

Im Frühjahr 1945, als der bevorstehende Sieg der Alliierten unübersehbar war, befahl Hitler, die Stadt bis zum letzten Mann zu verteidigen. Er selbst beging, um den Alliierten nicht in die Hände zu fallen, am 30.4.1945 mit seiner Frau Eva Braun Selbstmord. Die sowjetische Armee nahm kurz darauf auch die letzten Teile der Stadt ein.

Am 8.5. wurde der Krieg durch die Unterzeichnung der Kapitulationsurkunde in Berlin-Karlshorst offiziell beendet. Die Stadt lag in Trümmern; in den Innenstadtbezirken waren mehr als die Hälfte der Gebäude zerstört. Berlin hatte nur noch 2,8 Mio. Einwohner und wurde im Sommer in vier Besatzungszonen aufgeteilt. Die UdSSR setzte in ihrem Sektor den von Kommunisten dominierten Magistrat als Stadtverwaltung ein.

Berlin (Ost) und West-Berlin

Der alliierte Kontrollrat bestimmte ab dem Sommer 1945 die Geschicke der in

„Lebendes Denkmal" am Brandenburger Tor – ein NVA-Soldat

Karl Marx und Friedrich Engels zum Anfassen

vier Sektoren (den sowjetischen, den französischen, den britischen und den amerikanischen) aufgeteilten Stadt. Aufgrund des Ost-West-Gegensatzes begann sich der sowjetische Sektor in den folgenden Jahren sukzessive von den drei anderen zu lösen und eigenständig zu entwickeln.

Schon 1946 entstand der Begriff „Kalter Krieg" für die Spannungen zwischen den Siegermächten. Im sowjetischen Sektor erfolgte in diesem Jahr die Zwangsvereinigung der SPD und der KPD zur SED. In den Westsektoren wurde diese Vereinigung mit 82 % der Stimmen abgelehnt. Hier blieben SDP und KPD eigenständige Parteien. Bei den Gesamtberliner Wahlen am 20.10. wurden zwei Gremien gewählt: der Magistrat für den sowjetischen Sektor, die Stadtverordnetenversammlung für die Westsektoren der Stadt. 1948 zog sich die UdSSR aus dem Kontrollrat und anderen alliierten Gremien zurück und ordnete eine Währungsreform für die gesamte Stadt an. Nun entschieden die West-Alliierten, die in Westdeutschland bereits eingeführte D-Mark auch in den westlichen Sektoren Berlins auszugeben. Dies nahm die Sowjetunion zum Anlass für die Blockade West-Berlins, d. h. die vollständige Sperrung aller Land- und Wasserwege in den Westteil der Stadt. Auch die Stromversorgung wurde unterbrochen. Fast ein Jahr lang versorgten „Rosinenbomber" den westlichen Teil Berlins auf dem Luftweg mit dem Notwendigsten. Die Spaltung der Kommunalverwaltung im Herbst 1948 und die Gründung der beiden deutschen Staaten 1949 waren weitere Schritte auf dem Weg zur Teilung der Stadt.

Nach dem Grundgesetz war Berlin Teil der Bundesrepublik, aber die DDR machte Ost-Berlin zu ihrer Hauptstadt. Volkskammer und Regierung der Deutschen Demokratischen Republik nahmen hier ihren Sitz. Hauptstadt der Bundesrepublik wurde Bonn, was damals als kurzfristiges Provisorium betrachtet wurde. Kaum einer konnte sich eine dauerhafte Teilung Deutschlands vorstellen. 1952 ließ die SED einen bewachten Sperrgürtel an der äußeren Stadtgrenze West-Berlins errichten, doch auch weiterhin konnten die Sektorengrenzen in jeder Richtung überschritten werden. Dies änderte sich erst am 13.8.1961 mit dem Mauerbau, der die massive Abwanderung aus Ost-Berlin beenden sollte. In den folgenden Jahren wurden fast alle Verbindungen zwischen den beiden Stadthälften gekappt, von der Straßenbahn über U- und S-Bahn bis zur Stromversorgung.

Nur die Kanalisation blieb – versehen mit Sperren, die Fluchtversuche aus Ost-Berlin verhindern sollten – vereint.

Die 165 Kilometer lange Mauer um West-Berlin, zunächst ein streng bewachtes Provisorium aus Ziegeln und Stacheldraht, wurde nach und nach perfektioniert. Zum Schluss war sie fast vier Meter hoch und auf der östlichen Seite mit dem sogenannten Todesstreifen gesichert. Nur sehr wenigen DDR-Bürgern gelang die Flucht in den Westen, denn die DDR-Grenzer befolgten ihren Schießbefehl. Aber nicht nur das Verlassen der DDR wurde unterbunden, auch Kontakte zwischen Ost- und Westdeutschen waren äußerst schwierig. Der Kalte Krieg erreichte seinen Höhepunkt. Erst 1971, während der Amtszeit von Willy Brandt, wurden mit dem Viermächte-Abkommen über Berlin und dem Transit-Abkommen zwischen der Bundesrepublik und der DDR Erleichterun-gen im innerdeutschen Reiseverkehr erreicht: Westdeutsche bekamen das verbriefte Recht, West-Berlin zu besuchen, West-Berliner konnten die Stadt auf den festgelegten Transitwegen verlassen, ohne Angst haben zu müssen, nicht mehr zurückkehren zu können. Auch die zuvor extrem schikanösen Grenzkontrollen wurden etwas abgemildert.

Beide Halbstädte richteten sich auf eine längere Teilung ein und bauten die Einrichtungen neu, die auf der jeweils anderen Seite der Mauer zurückgeblieben waren. So entstanden z. B. eine zweite Staatsbibliothek (im Westteil), ein neuer Zoo (im Ostteil), und jede Stadthälfte erhielt einen neuen Flughafen. Es entwickelten sich zwei ganz unterschiedlich gestaltete Stadtzentren. Sowohl in der West- als auch in der Osthälfte Berlins wurden riesige Neubaugebiete am Stadtrand errichtet. Die Mietskasernen der Gründerzeit riss man sukzessive ab.

Einer der „Rosinenbomber" ziert das Technikmuseum

Auch gesellschaftlich entwickelten sich die Stadthälften ganz unterschiedlich. Ab Mitte der 60er-Jahre protestierten Teile der West-Berliner Jugend gegen die Politik der USA und gegen die einstigen Nazis, die ihre Karriere in der Bundesrepublik bruchlos fortsetzen konnten. Als bei der Anti-Schah-Demonstration 1967 der Berliner Student Benno Ohnesorg von einem Polizisten erschossen wurde, radikalisierte sich die später als „68er-Bewegung" bezeichnete Protestbewegung. Im Zuge dieser Bewegung änderten sich die Lebensformen der Jugend: Man diskutierte über Marx und Mao, lebte in Wohngemeinschaften, hörte Rockmusik, ließ die Haare lang wachsen und verweigerte sich dem „Establishment" – zumindest für einige Zeit. Es entstand eine Alternativkultur, aus der die Partei der Grünen hervorging. Als Ende der 1970er-Jahre der Abriss ganzer Altbauquartiere in West-Berlin geplant war, formierte sich die Hausbesetzerbewegung, die zum Abriss freigegebene Häuser „instand besetzte". Die Berliner Regierung ging zunächst mit Polizeigewalt gegen die Hausbesetzer vor, doch Mitte der 1980er-Jahre setzte sich die „behutsame Stadterneuerung" durch; Flächenabrisse gibt es nicht mehr.

In Ost-Berlin wurden vergleichbare Aktivitäten unterdrückt. Wer mit der DDR nicht einverstanden war, äußerte dies nicht öffentlich, denn die Spitzel des Ministeriums für Staatssicherheit waren überall. Einige prominente Dissidenten wie Wolf Biermann wurden ausgebürgert, während die große Mehrheit der Ost-Berliner schwieg. Erst Ende der 1980er-Jahre formierten sich angesichts der Entwicklungen in der UdSSR, der immer deutlicher zu Tage tretenden Staatskrise und der seit dem Sommer 1989 bestehenden Fluchtmöglichkeit über Ungarn Proteste, die schließlich in das Ende der DDR mündeten.

Bis heute prägen Baustellen das Bild der wiedervereinigten Stadt

Berlin seit der Vereinigung

Am 9.11.1989 verkündete Günter Schabowski nach einer turbulenten Volkskammer-Sitzung die sofortige Reisefreiheit für alle DDR-Bürger. Als dies im DDR-Fernsehen ausgestrahlt wurde, gab es kein Halten mehr: Zehntausende Ost-Berliner stürmten an die Grenzübergänge nach West-Berlin, wo sie auf ahnungslose Grenzsoldaten trafen, die am späten Abend schließlich die Übergänge öffneten.

Nach dem so urplötzlich erfolgten „Mauerfall" wurde die gesamte Doppelung der Berliner Infrastruktur überflüssig. Über dreißig Jahre lang getrennte Verkehrsverbindungen wurden rekonstruiert. Nach und nach gewöhnten sich die Bewohner der Halbstädte wieder aneinander, man erkundete das jeweils „fremde Territorium". Der 1991 gefasste Beschluss zum Regierungs- und Parlamentsumzug von Bonn nach Berlin brachte der Stadt erneut die Funktion des Regierungssitzes. Die dafür erforderlichen Bau- und Umbaumaßnahmen waren erst Ende 2003 mit dem Bezug des Marie-Elisabeth-Lüders-Hauses abgeschlossen. Insgesamt soll der Umzug zehn Milliarden Euro gekostet haben.

Nach achtzig Jahren wurde zum 1.1. 2001 die Berliner Bezirks-Struktur neu geordnet. Aus den 23 Bezirken sind nun 12 geworden, um die Kosten der Verwaltung zu senken. Dabei entstand aus den Stadtteilen Mitte, Tiergarten und Wedding der zentrale Bezirk Mitte, in dem sich die Regierungsbauten konzentrieren. Die nordöstlichen Neubaubezirke Marzahn und Hellersdorf wurden verbunden, Hohenschönhausen fusionierte mit Lichtenberg. Der „Szenebezirk" Prenzlauer Berg wurde mit den eher ruhigen Wohngebieten Weißensee und Pankow zum neuen Bezirk Pankow vereinigt. Kreuzberg wurde mit Friedrichshain zu Friedrichshain-Kreuzberg zusammengelegt, und Köpenick verschmolz mit Treptow. Die westlichen Bezirke Neukölln, Spandau und Reinickendorf blieben bestehen; Schöneberg wurde mit Tempelhof, Charlottenburg mit Wilmersdorf zusammengelegt. Die zum großen Teil noblen Wohnbezirke im Südwesten der Stadt, Zehlendorf und Steglitz, bilden gemeinsam den 12. Bezirk.

Multikulturelles Berlin

Berlin ist schon seit Jahrhunderten eine Einwandererstadt. Heute bilden die Berliner mit türkischen Wurzeln, die z. T. bereits in der dritten Generation hier leben, mit etwa 200.000 Personen die größte Gruppe der „Berliner mit Migrationshintergrund". Zahlenmäßig folgen russisch- und polnisch-stämmige Berliner. Sie alle verleihen vielen Teilen der Stadt ein exotisches Flair und sorgen – zusammen mit ausländischen Touristen, Staatsgästen und Geschäftsreisenden – für ein buntes Sprachengewirr in Bussen und Bahnen.

Berlin bietet Restaurants und Imbissstuben unterschiedlichster Küchen, fremdsprachige Bühnen, afrikanische Friseursalons, Moscheen, islamische Friedhöfe und vieles mehr. Noch ist offene Ausländerfeindlichkeit glücklicherweise selten, und wer einen Blick in türkische Geschäfte oder Konditoreien werfen möchte, ist weiterhin in Kreuzberg richtig. Aber auch in Wedding und Neukölln sowie in Spandau wohnen viele Berliner türkischer Herkunft. „Spätaussiedler" und jüdische Flüchtlinge aus den GUS-Staaten wurden überwiegend in die Plattenbau-Siedlungen am nordöstlichen Stadtrand eingewiesen. Russische Geschäfte und Kneipen finden sich vor allem in der östlichen Stadthälfte sowie in Teilen Charlottenburgs und Wilmersdorfs. Das wieder erwachte jüdische Leben in Berlin manifestiert sich besonders sichtbar in Mitte.

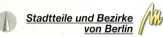

Stadtteile und Bezirke

Nennt heute jemand den Begriff „Berlin-Mitte", ist nicht mehr klar, was damit gemeint ist. Seit der Bezirksreform 2001 (s. S. 24) trägt diesen Namen sowohl der Großbezirk, der die ehemaligen Bezirke Wedding, Tiergarten und Mitte umfasst, als auch ein Teil dieses Großbezirks. „Ich wohne in Mitte" kann also bedeuten, jemand wohnt im alten Bezirk „Mitte" im ehemaligen Ost-Berlin, aber auch der Weddinger und die Bewohnerin des Stadtteils Tiergarten können dies von sich behaupten.

Im allgemeinen Sprachgebrauch haben sich die Namen der alten Bezirke, die 80 Jahre galten, natürlich bis heute gehalten. Da sie viel genauere Ortsangaben bieten, werden sie in diesem Reisebuch weiterhin verwendet, auch in abgekürzter Form. Wenn im Folgenden von „Bezirk" die Rede ist, sind die 12 neuen Bezirke gemeint, „Stadtteil" heißen die 23 alten Bezirke wie Prenzlauer Berg oder Friedrichshain.

Finanzprobleme beherrschen Berlins Politik

Wirtschaft und Politik

Anders als zu Beginn der 1990er-Jahre prognostiziert, stagniert die Einwohnerzahl Berlins, anstatt zu wachsen. Seit mehr als einem Jahrzehnt leben etwa 3,4 Mio. Einwohner in der Stadt, die seit 1999 Sitz der Bundesregierung ist. Obwohl mit dem Regierungsumzug auch viele Unternehmen und Verbände in die Hauptstadt zogen, verharrt die Arbeitslosenquote in den letzten Jahren auf hohem Niveau.

Seit der Vereinigung geht es in Berlin mit der Industrie steil bergab. Die Subventionen, die Industrieunternehmen im Westteil der Stadt lukrativ machten, sind ersatzlos gestrichen. Im Ostteil fand eine Deindustrialisierung statt, die auch in allen anderen Teilen der ehemaligen DDR zu beobachten ist. Insgesamt sind in der Stadt seit der „Wende" fast 300.000 Industriearbeitsplätze weggefallen. Es siedelten sich aber auch einige neue Industriebetriebe an, v. a. aus der Hightech- und der Biotechnologiebranche.

Der herbeigesehnte Umbau der Stadt von der Industrie- zur Dienstleistungsmetropole erfolgt – trotz spektakulärer Ansiedlung von Fernsehsendern und Musikkonzernen – nicht im erhofften Tempo, auch wenn Berlin auf dem Kommunikations-Sektor inzwischen Hamburg abgehängt hat und München ernsthaft Konkurrenz macht. Rasant wachsender Wirtschaftszweig ist der Tourismus, von dem heute 250.000 Berliner leben. Im September 2009 lag die offizielle Erwerbslosenquote bei 14 %. Wie auch in anderen deutschen Großstädten ist eine zunehmende soziale Spaltung zu beobachten: Mittlerweile befürchten viele, dass ganze Stadtteile mit Arbeitslosenquoten um die 50 % „kippen" könnten; Paradebeispiele dafür sind Wedding und Neukölln.

Wirtschaft und Politik 27

Auf der anderen Seite manifestiert sich rings um das Regierungsviertel der Reichtum der neuen Oberschicht der Stadt, die sich gern mit Promi-Partys feiert. Hier gibt es Spitzenrestaurants, in denen ein Menü leicht mehrere hundert Euro kosten kann. Gleichzeitig steigen Immobilienpreise und Mieten im zentralen Bereich der Stadt rasant an. Hingegen wohnt man in unbeliebten Gegenden weiterhin günstig – v. a. wenn Komfort und Infrastruktur zu wünschen übrig lassen. Diesen Umstand machen sich seit Jahren Künstler und andere Kreative aus aller Welt zunutze und ziehen in Deutschlands Hauptstadt.

Regiert wird Berlin seit 2001 von einer rot-roten Koalition aus SPD und PDS/Linkspartei (jetzt: Die Linke). Sie löste die von vielen Berlinern am Ende als lähmend empfundene große Koalition aus CDU und SPD ab, die an der Parteispendenaffäre der CDU, der Krise der Bankgesellschaft Berlin und nicht zuletzt an der gravierenden Schuldenkrise der Stadt gescheitert war. Regierender Bürgermeister ist seither Klaus Wowereit (SPD).

Viel Handlungsspielraum hat die Regierung aber auch nach ihrer Wiederwahl 2006 nicht. Um die Neuverschuldung einigermaßen in Grenzen zu halten, wird ein harter Sparkurs gefahren, dem bereits Theater, Schwimmbäder, Kindergärten, Schulen, Krankenhäuser und ein großer Teil der sozialen Wohnungsbauförderung zum Opfer gefallen sind. Außerdem wird das Tafelsilber verkauft: Immobilien, darunter auch Tausende ehemals landeseigene Mietwohnungen, und Versorgungsbetriebe. Trotz aller Bemühungen steigen die Schuldzinsen, die Berlin für seine Kredite an die Banken zahlen muss, ständig weiter an – ein Ausweg aus dieser „Zinsfalle" ist nicht in Sicht.

Berlin ist laut Bürgermeister Wowereit „arm, aber sexy"

Da Berlin ein Stadtstaat ist, hat das Abgeordnetenhaus den Status eines Landesparlaments, der Regierende Bürgermeister den eines Ministerpräsidenten. Volksvertretungen auf der Ebene der zwölf Berliner Bezirke sind die Bezirksverordnetenversammlungen, aus deren Reihen jeweils ein Bezirksbürgermeister gewählt wird. Seit Jahren werden die Kompetenzen der Bezirke beschnitten, um größere Bauprojekte durchzusetzen.

Mit Volksentscheiden versuchen die Berliner Bürger direkten Einfluss auf die Politik zu nehmen, was selten genug gelingt. Zuletzt scheiterte im April 2009 die Initiative „Pro Reli", die sich dafür starkmachte, Religion als Pflichtfach an Berliner Schulen einzuführen.

Literaturtipps

Unüberschaubar ist die Zahl der Bücher, die sich mit Berlin beschäftigen oder in der Stadt spielen. Hier eine kleine Auswahl:

Belletristik

Balci, Güner Yasemin: *Arabboy. Eine Jugend in Deutschland oder Das kurze Leben des Rashid A.* Im Neuköllner Rollberg-Viertel ist die Autorin als Tochter türkischer Gastarbeiter aufgewachsen. In ihrem 2008 erschienenen Roman, der das brutale Leben des jugendlichen Serien-Straftäters Rashid schildert, verarbeitet die Autorin die Schicksale einiger Bekannter. S. Fischer Verlag, 14,90 €.

Bosetzky, Horst: *Brennholz für Kartoffelschalen. Roman eines Schlüsselkindes.* dtv 1997, 9,90 €. Seine Nachkriegsjugend in Berlin-Neukölln beschreibt das ehemalige Schlüsselkind, das als Krimiautor „-ky" bekannt wurde, in seinem ersten autobiographischen Roman. Der war so erfolgreich, dass weitere Bände folgten.

Döblin, Alfred: *Berlin Alexanderplatz.* Der 1929 erschienene Romanklassiker um den Anti-Helden Franz Biberkopf wird immer wieder aufgelegt und wurde mehrfach verfilmt, u. a. von Rainer Werner Fassbinder (1980). Einige Sätze sind derzeit am Alexanderplatz an einer Plattenbaufassade zu lesen. Der komplette Text als Taschenbuch bei dtv, 8,90 €.

Fallada, Hans: *Ein Mann will nach oben. Die Frauen und der Träumer.* Viel Lokalkolorit und Sozialgeschichtliches der Zeit von 1910 bis 1925 hat Fallada in seinen Romanklassiker um Karl Siebrecht verwoben, der als Jugendlicher nach Berlin kommt, um hier Unternehmer zu werden. Das 1953 erschienene Buch ist erhältlich als rororo Taschenbuch, 8,50 €.

Kästner, Erich: *Fabian. Die Geschichte eines Moralisten.* Der Klassiker spielt im Journalistenmilieu der Zeit zwischen den beiden Weltkriegen. Der Protagonist des mit mehr als einem Augenzwinkern geschriebenen Werks stolpert durch sein Leben und die Stadt; viel Lokalkolorit der Zwischenkriegszeit. dtv 7,90 €.

Regener, Sven: *Herr Lehmann.* Der Autor, auch Sänger der Band „Element of Crime", erzählt einige Tage im Leben eines typischen Szene-Kreuzbergers der späten 80er-Jahre. Sehr authentisch lässt Lehmann seinen „Helden" in SO 36 jobben, lieben, tagträumen, seine Zeit in Kneipen verbringen und den Besuch der Eltern aus der Provinz erwarten. 2001 erschienen, wenig später verfilmt. Goldmann-Taschenbuch, 8,90 €.

Schlesinger, Klaus: *Die Sache mit Randow.* Der historische Roman spielt in Prenzlauer Berg, in der Gegend um den Helmholtzplatz. In lakonischer Sprache schildert Schlesinger das Leben der Hauptfigur Randow von 1945 bis zur Wende. 1999, noch vor dem Tod des Autors, im Aufbau Verlag Berlin als Taschenbuch erschienen und nur noch antiquarisch erhältlich.

Schulz, Torsten: *Boxhagener Platz.* Eine Zeitreise ins Jahr 1968 ist der Roman-Krimi, der am heutigen Friedrichshainer Szene-Treffpunkt „Boxi" und in dessen Umgebung spielt. Der dort aufgewachsene Autor begibt sich in die Perspektive des Elfjährigen, der er damals war – und wundert sich über so manche Eigenarten der Erwachsenen. Der 2009 verfilmte Roman ist 2005 als Taschenbuch bei Ullstein erschienen, 7,95 €.

Tergit, Gabriele: *Käsebier erobert den Kurfürstendamm.* 1931 bei Ernst Rowohlt erschienener, heute keineswegs verstaubter Roman über den Alltag einer jungen Journalistin, die über den von den Medien verursachten kometenhaften Aufstieg und den folgenden rasanten Fall eines proletarischen Kreuzberger Sängers berichtet – über 70 Jahre vor Küblböck... Diverse Ausgaben, nur noch antiquarisch erhältlich.

Geschichte u. a. Sachbücher

Andreas-Friedrich, Ruth: *Der Schattenmann. Tagebuchaufzeichnungen 1938–1945.* Die Ehefrau des Dirigenten Leo Borchard beschreibt in ihrem Tagebuch ihre Aktivitäten in der Berliner Widerstandsgruppe „Onkel Emil". Zusammen mit der ebenso spannenden Fortsetzung *Schauplatz Berlin*, den Tagebuchaufzeichnungen bis 1948, als Taschenbuch erschienen bei Suhrkamp 2000, nur noch antiquarisch erhältlich.

Baumann, Kirsten/Meuser, Natascha: *Salons der Diplomatie.* Opulenter Bildband, der die dem Normalbürger verschlossenen Repräsentationsräume von 34 Berliner Botschaften vorstellt, vom Zuckerbäckerstuck der russischen Vertretung über den orientalischen Pomp der Vereinigten Arabischen Emirate bis zu den coolen Interieurs der Botschaften der skandinavischen Staaten. DOM publishers 2009, 58 €.

Geisel, Eike: *Im Scheunenviertel.* Kurze Texte und historische Fotos, die das Leben im von den Nazis zerstörten jüdischen Viertel dokumentieren. Severin und Siedler 1981, mehrere Neuauflagen; nur antiquarisch erhältlich.

Halvorsen, Gail S.: *Kaugummi und Schokolade. Die Erinnerungen des Berliner Candy-Bombers.* Der US-Luftwaffenpilot, der während der Luftbrücke 1948/49 an selbst gebastelten Mini-Fallschirmen Süßigkeiten für die Berliner Kinder abwarf, ist in die Geschichtsbücher eingegangen. In seinem jüngst auf Deutsch erschienenen Buch schildert er seine Gefühle bei Hilfsaktion. Edition Grüntal 2005, 19,90 €.

Hegemann, Werner: *Das steinerne Berlin. Geschichte der größten Mietskasernenstadt der Welt.* Der 1930 erschienene, immer noch sehr lesenswerte Klassiker über die rasante bauliche Entwicklung Berlins im 19. und frühen 20. Jh. wird immer wieder aufgelegt. Zuletzt 1992 als Taschenbuch im Birkhäuser-Verlag, in der Reihe Bauwelt Fundamente (Bd. 3), nur noch antiquarisch erhältlich.

Leggewie, Claus/Meyer, Erik: *„Ein Ort, an den man gerne geht" – Das Holocaust-Mahnmal und die deutsche Geschichtspolitik nach 1989.* Pünktlich zur Eröffnung des Holocaust-Mahnmals erschien das Buch, das sich sachlich-kritisch mit der Entstehungsgeschichte befasst. München 2005, 23,50 €.

Nicolaus, Herbert/Obeth, Alexander: *Die Stalinallee. Geschichte einer deutschen Straße.* Lesenswertes zum längsten Baudenkmal Europas, der heutigen Frankfurter Allee/Karl-Marx-Allee. Verlag für Bauwesen Berlin 1997, nur antiquarisch erhältlich.

Schmiedecke, Ralf (Hg.): *Spandau bei Berlin.* Über 200 bisher unveröffentlichte Fotos, darunter viele von Hobbyfotografen, geben Einblicke in das private Spandau vom Ende des 19. Jh. bis in die 1960er-Jahre. Sutton Verlag Erfurt 2002, 17,90 €.

Berlin – Bücher vor der Universität

Sundermeier, Jörg u. a. (Hg.): *Mittebuch.* Sehr lesenswerter Sammelband mit Beiträgen bekannter und unbekannter Autorinnen und Autoren um die 30, die sich ganz unterschiedlich mit dem Stadtteil Berlin-Mitte auseinandersetzen. Verbrecher Verlag 2003, nur noch antiquarisch erhältlich. In dieser Reihe sind einige weitere Bände erschienen wie das *Neuköllnbuch*.

Zilli, Timo: *Folterzelle 36.* Der italienische „Gastarbeiter" Zilli wird 1970 am Grenzübergang Friedrichstraße wegen Trunkenheit von der Volkspolizei festgenommen und wandert für Jahre in den Stasi-Knast. In diesem Buch schildert er sein unglaubliches Schicksal – ergänzt durch abgedruckte Dokumente aus seiner Stasi-Akte. Edition Hentrich 1993, nur noch antiquarisch erhältlich.

Berlin – praktische Infos

Anreise	32	Oper, Theater, Kino, Sport	62
Unterwegs in Berlin	35	Essen und Trinken	79
Wissenswertes	46	Nachtleben	81
Übernachten	49	Einkaufen	93

Ankunft am neuen Hauptbahnhof

Anreise

Mit der Bahn

Die Deutsche Bahn AG hat mittlerweile viele Strecken in den neuen Bundesländern modernisiert. Von Hamburg braucht der ICE nur noch sensationelle 90 Minuten, von Leipzig gut 60 Minuten.

Freilich ist das Bahn-Vergnügen zu regulären Preisen relativ teuer. Am preiswertesten fährt man mit Sonder- und Gruppentarifen, die teilweise Buchungen lange im Voraus erfordern. Seit Juli 2009 gibt es bei Verspätungen viel Geld zurück: 25 % des Fahrpreises ab 60 Min., ab 120 Min. 50 %. Voraussetzung ist eine Bestätigung vom Schaffner oder Service-Point-Mitarbeiter. Ein bequemes, wenn auch teures Angebot sind die Nachtzüge der DB, darunter der noble EuroNight. Neben der DB fahren auch andere Bahngesellschaften Berlin an, z. B. Interconnex von Leipzig und Rostock (☎ 01805/101616, 14 Ct./Min.; www.interconnex.com).

Auskünfte/Fahrkarten: ☎ 01805/996633 (14 Cent/Min.), www.bahn.de und an jedem Bahnhof sowie in den Reisebüros mit DB-Lizenz. Kostenlose Fahrplanauskünfte vom Band unter ☎ 0800/1507090 und kostenpflichtig vom Handy unter ☎ 01805/221100. Informationen zu den Nachtzügen der DB unter www.nachtzugreise.de. **Mitfahrbörse für Bahnfahrer:** Unter www.mitbahnen.de findet man Gleichgesinnte, um die DB-Gruppentarife zu nutzen.

Berliner Bahnhöfe

Auch nach der Eröffnung des neuen **Hauptbahnhofs** (Lehrter Bahnhof) im Mai 2006 wird der Zugverkehr über mehrere Bahnhöfe, die über die Stadt verteilt sind, abgewickelt. Neu sind die Regionalbahnhöfe **Gesundbrunnen** (Nordkreuz) im Stadtteil Wedding, **Potsdamer Platz** und **Südkreuz** (Papestraße) in Schöneberg. Als Skandal empfinden es viele Berliner, dass im legendären Bahnhof Zoo seit 2006 außer wenigen Privatbahn-Linien keine Züge des Fernverkehrs mehr halten. Auch der **Ostbahnhof** verlor zu diesem Datum an Bedeutung. Alle Bahnhöfe haben gute Anschlüsse ans Berliner U-/S-Bahn-Netz.

Mit dem Bus

Eine preisgünstige Alternative zur Bahn sind die Fernbusse nach Berlin, die von vielen deutschen Städten aus starten. Ankunftsort sämtlicher Fernbusse ist in Berlin der **Zentrale Omnibusbahnhof (ZOB) am Funkturm**, Masurenallee 4 (Nähe U-Bhf. Kaiserdamm und S-Bhf. Messe Nord/ICC → Karte S. 216/217). Alle Busreisen können in jedem Reisebüro und in vielen Mitfahrzentralen gebucht werden. Dort sind auch Fahrpläne der Fernbuslinien erhältlich.

Busbahnhof: ✆ 30 10 01 75.

Wichtigster Anbieter ist die **BerlinLinienBus GmbH,** die mit modernen Reisebussen 350 verschiedene Ziele anfährt. Infos und Buchung unter ✆ 86 09 6-0, -211; www.berlinlinienbus.de. Die einfache Fahrt von Frankfurt/M. kostet 45 €, unter 27-Jährige und Senioren ab 60 Jahren zahlen 41 €.

Mit dem Flugzeug

Fliegen ist auf weiteren Inlands-Strecken sowie aus Österreich und der Schweiz die schnellste und bequemste Reisemöglichkeit und durch den Preiskampf im Luftverkehr auch nicht mehr teuer. Voraussetzung: sehr rechtzeitige Buchung.

Auf der gemeinsamen Website der Berliner Flughäfen www.berlin-airport.de gibt es Infos zu Low-Cost-Fluggesellschaften, die Berlin anfliegen. Hier kann man auch online buchen.

Berliner Flughäfen

Die Eröffnung des Groß-Flughafens Berlin Brandenburg International (BBI) am Standort des heutigen Flughafens Berlin-Schönefeld ist für den Herbst 2011 geplant. Bis dahin werden Inlandsflüge von und nach Berlin überwiegend über **Berlin-Tegel** abgewickelt. Auch viele internationale Flüge starten in **Tegel**; **Berlin-Schönefeld** wird fast ausschließlich von Billiglinien angeflogen. Zentrale Tel.-Nr. der beiden Berliner Flughäfen ist 0180/500 01 86 (14 Ct./Min.).

Ankunft

Vom **Flughafen Tegel** über Moabit (U-Bhf. Turmstraße), Mitte (S-Bhf. Unter den Linden, S-/U-Bhf. Alexanderplatz) nach Prenzlauer Berg verkehrt die **Buslinie TXL** mit einigen Umsteigemöglichkeiten in die S- und U-Bahn, die erste ist Beusselstr. (S 41, S 42). Fahrzeit bis Friedrichstraße: 30 Min. Für diesen Bus der Berliner Verkehrsbetriebe (BVG) gelten die normalen VBB-Tickets (s. S. 36). Drei weitere BVG-Buslinien fahren ab Tegel bis etwa Mitternacht: der Expressbus X 9 (in 16 Min.) und der Bus 109 (in 28 Min.) in die City-West (Bhf. Zoo) und der Bus 128 in Richtung Reinickendorf und Wedding. Die U-Bahn fährt nicht bis zum Flughafen, man ist also auf Bus oder Taxi angewiesen.

Wer am **Flughafen Schönefeld** ankommt, fährt mit der S-Bahn in die City: mit der S 9 über Alexanderplatz, Friedrichstraße und Zoo nach Charlottenburg oder mit der S 45 über Neukölln, Schöneberg und Wilmersdorf nach Charlottenburg. Beides dauert seine Zeit. Schneller ist der AirportExpress (die Regionalbahnlinien RE 7 und RB 14), erkennbar an den roten Doppelstockwaggons. Die Züge halten nur an den Bahnhöfen Karlshorst, Ostbhf., Alexanderplatz, Friedrichstraße, Hbf., Zoo und Charlottenburg (jeweils mit Anschlüssen an das U-/S-Bahn-Netz). Dadurch verkürzt sich die Fahrzeit zum Bhf. Zoo auf 35 Min. Sie verkehren an Wochentagen im 30-Min.-Takt zwischen 4.30 und 22 h, am Wochenende erst ab 6 h. Fahrplanauskünfte unter ✆ 20 45 11 16. Leider ist der S-Bahnhof einige hundert Meter vom Flughafengebäude entfernt. Die Buslinie X 7 (JetExpress) fährt zwischen 4.30 und 23.30 h im 20- bzw. 30-Min.-Takt direkt vom Ausgang ohne Zwischenstopp zum U-Bhf. Rudow, Fahrzeit 8 Min.

Der ICE fährt mitten durch die City

Mit dem Auto

Mittlerweile sind die Autobahnen nach Berlin fast vollständig erneuert, es gibt aber immer noch einige Baustellen, vor allem auf dem Berliner Ring (A 10), z. B noch bis 2010 am Dreieck Nuthetal. Man tut gut daran, sich vorher über die Verkehrslage zu informieren und nicht zu Stoßzeiten zu reisen. Im Stadtgebiet wird seit einigen Jahren die marode Stadtautobahn saniert. Dadurch kommt es immer wieder zu Sperrungen von Fahrspuren und Ausfahrten.

Wer auf Autogas angewiesen ist, findet an allen größeren Einfallstraßen Tankstellen. Weitere Infos unter www.gastankstellen.de. Seit 2010 dürfen in der Berliner Innenstadt (innerhalb des S-Bahn-Rings) nur Fahrzeuge mit grüner Feinstaub-Plakette (Schadstoffgruppe 4) fahren! Wer noch nicht im Besitz dieser bundesweit gültigen Plakette ist, erhält sie beim TÜV, der DEKRA oder unter www.berlin.de/labo.

Mitfahrzentralen

Ihre große Zeit hatten die MFZ in den 1980er-Jahren, aber einige existieren heute noch und vermitteln für etwa 10 € Gebühr (Reiseziele in Deutschland) Plätze in privaten Autos.

Der Fahrer erhält eine Benzinkostenbeteiligung, die nach Entfernung gestaffelt ist. Frauen haben auf Wunsch die Möglichkeit, nur bei Frauen mitzufahren. Unter der **bundeseinheitlichen Rufnummer 194 40** kann man die nächstgelegene MFZ erfragen.

Mitfahrzentrale Citynetz, Joachimstaler Str. 14, ✆ 194 44, www.mf24.de.

> **Virtuelle Mitfahrbörsen** mit zahlreichen Angeboten und Gesuchen von Fahrten nach und ab Berlin sind www.mitfahrgelegenheit.de und www.mitfahrzentrale.de.
>
> Allerdings ist das Buchen über das Internet nicht ganz so zuverlässig wie in der MFZ, die eine Versicherungssumme auszahlt, wenn die vereinbarte Fahrt nicht zustande kommt.

Oft am schnellsten – durch Berlin per Rad und S-Bahn

Unterwegs in Berlin

Öffentlicher Nahverkehr

Berlin verfügt über ein ausgezeichnetes öffentliches Nahverkehrssystem mit nach wie vor recht komplizierten Beförderungsbedingungen und Fahrkartentarifen (s. u.). Dennoch ist eine Fahrt in U- oder S-Bahn, Bus oder Straßenbahn in der Regel entspannender als mit dem Auto. Der Blick aus den teilweise oberirdisch verkehrenden U-Bahn-Waggons ist allerdings leider seit einiger Zeit getrübt: Weil immer mehr Scheiben von Scratchern zerkratzt wurden, sind diese nun mit einer Schutzfolie mit Brandenburger-Tor-Muster beklebt.

Erste Eindrücke vom Leben in der Stadt bieten Fahrten mit den Verkehrsmitteln der BVG (Berliner Verkehrs-Betriebe) oder der Berliner S-Bahn, die seit 1999 mit zahlreichen brandenburgischen Verkehrsunternehmen zum VBB (Verkehrsverbund Berlin-Brandenburg) zusammengeschlossen sind.

VBB

Infos unter www.vbb-online.de. Alle **Tickets** für den öffentlichen Nahverkehr gibt es an modernen Touchscreen-Automaten an U- und S-Bahnhöfen und vielen Straßenbahnhaltestellen. In einigen größeren Bahnhöfen sind noch Verkaufsstellen der BVG bzw. S-Bahn anzutreffen. Hier und in über 600 privaten Agenturen (meist in Lotto-Annahmestellen) erhält man auch Zeitkarten, Infomaterial etc. In Bussen können Fahrscheine beim Fahrer gelöst werden.

Tarife: Berlin ist in 3 VBB-Zonen eingeteilt; Zone A ist die Innenstadt innerhalb des (inneren) S-Bahn-Rings, Zone B das restliche Stadtgebiet einschließlich des jeweils ersten S-Bahnhofs im Umland, und Zone C ist das Umland, das mit der S-Bahn zu erreichen ist. Fahrscheine gibt es für die Zonen AB oder BC oder für das Gesamtgebiet (also ABC). Sie gelten in S-Bahnen, U-

Nachts muss man oft ein bisschen auf die U-Bahn warten

Bahnen, Bussen, Straßenbahnen und auf bestimmten Fährverbindungen sowie in einigen Regionalbahnen rund um Berlin. Mit einem Fahrschein zum **Normaltarif** kann man innerhalb von 2 Std. beliebig oft umsteigen oder die Fahrt unterbrechen, aber nur in Richtung des Fahrtziels. Mit einem **Kurzstrecken-Ticket** kann man in der Regel 3 U- oder S-Bahn-Stationen oder 6 Tram- oder Busstationen weit fahren. Der Gültigkeitsbereich steht an der Abfahrts-Station angeschlagen bzw. kann bei der Busfahrerin oder dem Straßenbahnfahrer erfragt werden. Für alle, die länger bleiben, lohnt sich die **7-Tage-Umweltkarte**. Sie ist übertragbar, kann zu jedem beliebigen Zeitpunkt entwertet werden und ist ab dann 7 aufeinander folgende Tage gültig. Abends und an den Wochenenden können ein weiterer Erwachsener und bis zu 3 Kinder unter 14 Jahren kostenlos mitgenommen werden.
Fahrpreise: *Normaltarif* für Zone AB 2,10 €, BC 2,50 €, für Zone ABC 2,80 €; ermäßigt AB 1,40 €, BC 1,70 €, ABC 2 €; *Kurzstrecke* 1,30 € (erm. 1 €). Die *7-Tage-Umweltkarte* kostet für Zone AB 26,20 €, BC 27 € und ABC 32,30 € (Stand: 1.11.2009).

Alle Tickets aus Automaten müssen vor Fahrtantritt entwertet werden!

Wichtig: Seit 2004 muss man in den Bussen ganztags vorn (beim Fahrer) einsteigen und den Fahrausweis unaufgefordert vorzeigen.

Achtung: Für ein **Fahrrad**, das in der U- und S-Bahn jederzeit (aber nur in den mit einem Fahrrad-Piktogramm gekennzeichneten Mehrzweckabteilen) mitgenommen werden darf, ist ein spezieller Fahrschein (Einzelfahrt ab 1,50 €; Tageskarte 4,40–5 €) zu lösen! Für **Hunde** ist ein ermäßigter Fahrschein zu lösen. Die übertragbare **Monatskarte für ein Fahrrad** kostet für die Zone AB 8,50 €, für das VBB-Gesamtnetz 15,50 €.

Für die meisten Touristen lohnen sich **Tageskarten**, die ab frühestens 0 h bis 3 h des nächsten Tages gelten und deren Preise nach Zonen gestaffelt sind (AB 6,10 €, BC 6,30 €, ABC 6,50 €; erm. AB 4,40 €, BC 4,60 €, ABC 4,80 €). Sie müssen – wie alle Karten aus Automaten – entwertet werden. Ein besonderes Angebot ist die **WelcomeCard**, die 72

Öffentlicher Nahverkehr

Stunden gültig ist. Für 25 € kann man nach Lust und Laune im ABC-Bereich herumfahren (AB: 22 €) und bekommt darüber hinaus Rabatt bis 50 % bei einigen Stadtführungen und -rundfahrten, Schiffsausflügen, in Restaurants und auf die Eintrittspreise vieler touristisch interessanter Ziele in Berlin und Potsdam (Museen, Planetarien, Zoo, Bühnen und Clubs). Für Kurzbesuche eignet sich die **WelcomeCard** für 48 Stunden (ABC 18,50 €, BC 16.50 €). Bei WelcomeCards für das Tarifgebiet ABC dürfen max. 3 **Kinder** bis 14 Jahre mitfahren! Diese Karten gibt es zwar auch an Fahrkartenautomaten, das zugehörige Gutscheinheft aber nur in DB-Regio-, BVG- und S-Bahn-Verkaufsstellen, den Infostores der BTM (→ S. 50), den Flughäfen und in vielen Hotels sowie unter www.berlin-welcomecard.de. Dort kann man das Ticket auch kaufen. Ebenfalls an Automaten erhältlich ist die **CityTourCard**. Für 20,90 € kann man ab Entwertung 72 Stunden (alternativ: 15,90 € für 48 Std.) kreuz und quer durch Berlin fahren (Tarifgebiet AB; für ABC kostet die Karte 22,90 € bzw. 17,90 €). Dazu werden bis zu 50 % Ermäßigung beim Kauf von Eintrittskarten für über 50 touristische und kulturelle Einrichtungen gewährt (www.citytourcard.com).

Von der Pferde-Eisenbahn zum modernen Nahverkehrsnetz

Berlins öffentlicher Nahverkehr blickt auf eine lange Tradition zurück. 1865 fuhr in Berlin die erste Pferde-Eisenbahn, 1881 wurde hier die erste elektrische Straßenbahn der Welt in Betrieb genommen, und seit 1897 baut man in Berlin U-Bahnen. Bis 1913 betrug die Streckenlänge bereits 35 Kilometer. Bis in die 1930er-Jahre wurden die Netze kräftig ausgebaut und nach dem Krieg sofort notdürftig repariert und wieder in Betrieb genommen.

Mit dem Mauerbau 1961 standen die Berliner vor einer radikal geänderten Situation: keine Fahrten mehr über die Grenze zwischen dem sowjetischen Sektor und den West-Sektoren, die Strecken endeten am letzten Bahnhof vor der Grenze. In den folgenden Jahrzehnten versuchten beide Stadthälften, ihre Netze zu vervollständigen. Im Westen wurde die Straßenbahn abgeschafft, einige U- und S-Bahn-Linien fuhren ohne Stopp unterirdisch durch Ostberliner Gebiet, immer ganz langsam durch die bewachten sog. Geisterbahnhöfe (z. B. Potsdamer Platz oder Unter den Linden).

Seit 1990 werden die jahrzehntelang stillgelegten Linien wieder hergestellt. Als letzte Teilstrecke wurde 2001 die S-Bahn-Strecke zwischen Gesundbrunnen und Schönhauser Allee, die im Zuge des Mauerbaus 1961 unterbrochen worden war, wieder in Betrieb genommen. Seit 2002 kann man die Berliner Innenstadt wieder ohne umzusteigen mit der S-Bahn umrunden, der 1887 erbaute S-Bahn-Ring (S 41 bzw. S 42) ist geschlossen. 2008 wurde der neue S-Bhf. Julius-Leber-Brücke/Kolonnenstr. (zwischen den Stationen Yorckstr. und Schöneberg) eröffnet. In Planung ist die neue S-Bahn-Linie 21 vom Hbf. zum nördlichen S-Bahn-Ring. Jüngste U-Bahn-Linie ist die U 55 (die sog. Kanzler-U-Bahn), die seit 2009 vom U-Bhf. Brandenburger Tor (früher: „Unter den Linden") über die neue Station Bundestag zum Hauptbahnhof führt. Ihre Verlängerung zum Alexanderplatz (Anschluss an die U 5) wird ab 2010 oder 2011 gebaut.

Unterwegs in Berlin

Ideal für weite Strecken – die S-Bahn

BVG

Infos unter www.bvg.de. Die BVG hat auch ein **Call-Center**, wo Wünsche und Beschwerden entgegengenommen und Auskünfte aller Art (auch zu Fundsachen) erteilt werden, ✆ 19 449, Mo–Do 7–23 h, Fr–So rund um die Uhr.

S-Bahn

Das **Kundentelefon** der S-Bahn hat die ✆ 29 74 33 33 und ist Mo–Fr 6–22 h und Sa/So 7–21 h zu erreichen. Fahrplan- und andere Infos finden sich im Internet unter www.s-bahn-berlin.de, aktuelle Baustellen-Infos unter www.bahn.de/bauarbeiten. Das **Fundbüro** der S-Bahn ist unter ✆ 0900/199 05 99 (59 Cent/Min.) erreichbar.

VBB bei Nacht

Auch nachts kann man sich in Berlin – im Gegensatz zu anderen deutschen Großstädten – mit den Öffentlichen problemlos fortbewegen. Seit 2006 fahren alle U-Bahn-Linien mit Ausnahme der U 4 ohne Betriebspause die Wochenend-Nächte und die Nächte vor Feiertagen durch. Bereits seit einigen Jahren fahren die S-Bahnen die ganze Nacht im 20- bzw. 30-Min.-Takt. An Wochentagen verkehren parallel zu den U-Bahn-Strecken Nachtbusse, die dieselben Nummern tragen wie die U-Bahn-Linien, sowie ein vorangestelltes N. Der Bus N 1 ersetzt also nachts die U-Bahn-Linie 1. Zusätzlich fahren nachts 17 Metro-Bus- und 9 Metro-Straßenbahnlinien, sodass die jahrzehntelang unterschiedlichen Tag- und Nachtliniennetze kaum mehr existieren. Nur wo keine M-Linien verkehren, fahren weiterhin Nachtbusse, die mit einem „N" gekennzeichnet sind. Sie verkehren meist im 30-Min.-Takt. Einige Gegenden werden nachts nicht von Bussen, sondern von Großraumtaxis angefahren. Sie bringen einen auf Wunsch bis zur Haustür.

Taxi und Velotaxi

Etwa 7.000 Taxis sind in Berlin zugelassen und die Fahrer schimpfen über die große Konkurrenz. So stehen immer (außer in der Silvesternacht!) genügend freie Taxis zur Verfügung.

Taxi und Velotaxi 39

Taxifahren ist in Berlin – wie überall in Deutschland – ein recht teures Vergnügen. Die Fahrpreise sind im Taxi sichtbar ausgehängt, auf dem Taxameter kann man jederzeit die aktuelle Höhe des Fahrpreises erkennen. Benutzt man ein Großraumtaxi, bezahlt man für die 5.–8. Person einen Zuschlag von je 1,50 €. Die telefonische Vorbestellung von Taxis kostet keine Extra-Gebühr mehr. Ebenfalls entfallen sind Nacht- und Feiertagszuschläge.

Bestellen kann man Taxis bei folgenden **Funktaxi-Zentralen**:

Funk Taxi Berlin, ☏ 26 10 26, www.funktaxi-berlin.de.
Taxi-Funk Berlin, ☏ 44 33 22 oder 0800/44 33 222 (gebührenfrei), www.taxi443322.de.
Würfelfunk, ☏ 21 01 01 oder 0800/222 22 55 (freecall), www.wuerfelfunk.de.
City Funk, ☏ 21 02 02, www.cityfunk.de.
Quality Taxi, ☏ 26 30 00 oder 0800/26 30 000 (gebührenfrei), www.qualitytaxi.de.

Tipp: Wenn man nur eine kurze Strecke (bis 2 km) fahren will, gibt es einen Sondertarif, die **Kurzstreckenpauschale**, auch Winkemann-Tarif genannt. Er kostet nur 3,50 €, gilt aber nur unter folgenden Bedingungen: Das Taxi muss herangewinkt (also nicht den Fahrer am Stand ansprechen!) und der Sondertarif sofort bei Fahrtbeginn vereinbart werden. Bei den Taxifahrern ist dieser Tarif extrem unbeliebt; wenn man möchte, kann man aber darauf bestehen.

Weniger der alltäglichen Beförderung als den Sightseeing-Touren fußlahmer Touristen in der Innenstadt dienen die **Fahrradtaxis**. Nur in den Sommermonaten sieht man die muskulösen Fahrer (nur sehr selten Frauen) in futuristischen Kunststoffrikschas strampeln.

Velotaxis kann man telefonisch bestellen (☏ 400 56 20, www.velotaxi.com) oder heranwinken, wenn sie frei sind. Sie verkehren auf vier festen Routen vom Adenauerplatz über den Ku'damm, durch den Tiergarten und Unter den Linden zum Alexanderplatz sowie vom Bhf. Friedrichstraße zum Potsdamer Platz. Für ca. 15 € wird man vom Bran-

Ein windschnittiges Velotaxi wartet auf Kundschaft

Immer mehr Touristen erkunden Berlin per Rad

denburger Tor durch den Tiergarten zum Zoo kutschiert.

Weitere Rikscha-Anbieter sind Berlin Rikscha Tours, ✆ 0163/307 72 97, www.brt-rikscha-tours.de (geführte Themen-Touren: 60 Min. für 45 €), und Biketaxi, ✆ 23 55 00 77, www.biketaxi.de (Taxi- und Linienbetrieb).

Moped und Motorroller

Kein Wunder, dass Mopeds der DDR-Marke „Schwalbe" und die kultigen Vespa-Roller in Berlin sehr beliebt sind – ist man doch mindestens so schnell und wendig unterwegs wie mit dem Fahrrad, allerdings ganz ohne Anstrengung. Wer ein solches Gefährt mieten möchte, findet neuerdings einige Anlaufstellen:

1. Berliner DDR-Motorrad-Museum, Rochstr. 14c (in den S-Bahn-Bögen am Alexanderplatz), ✆ 240 45 725, www.erstesberliner-ddr-motorradmuseum.de. ⓘ tägl. 10–21 h, seit 2009 Vermietung von „Schwalben".

Ummo-Berlin – Laden für umweltgerechte Mobilität, Elektroroller und Scooter. ⓘ Mo– Fr 10–19 h, Sa 11–16 h. Schwedter Str. 268 (Pren.), ✆ 671 25 522, www.ummo-berlin.de.

Fahrrad

In den warmen Monaten macht Fahrrad fahren in Berlin durchaus Spaß, wenn man die stark befahrenen Hauptverkehrsstraßen meidet. An schönen Tagen soll in Berlin bis zu eine halbe Mio. Radler unterwegs sein! Einige Fahrradrouten (z. B. Schlossplatz–Wannsee–Glienicker Brücke) sind ausgeschildert. Bis 2012 sollen 12 Routen vom Schlossplatz sternförmig bis an die Stadtgrenzen führen. In Berlin ist man inzwischen vom Radweg-Konzept völlig abgekommen und bevorzugt Fahrradspuren auf den Straßen. Sogar eine Straße nur für Radler gibt es hier – die kapp 2 km lange Linienstraße in der Spandauer Vorstadt. Außerdem sind mittlerweile Teile weiterer Straßen in Prenzlauer Berg und Kreuzberg Fahrradstraßen. Touristisch interessant ist der 160 km lange Mauer-Radweg um das ehemalige West-

Fahrrad

Berlin, der parallel zum Teltowkanal fast Autobahnqualität aufweist.

Tipp: Für den Mauer-Radweg hat Michael Cramer einen empfehlenswerten Atlas erarbeitet: bikeline Radtourenbuch, Berliner Mauer-Radweg (Esterbauer-Verlag 2009, 11,90 €).

Wer weite Strecken überbrücken möchte, kann sein Rad in der U- und S-Bahn mitnehmen. Für das Rad ist ein spezieller Fahrschein zu lösen!

Was für Autofahrer längst gang und gäbe ist, wird jetzt auch Berliner Radlern angeboten: Online-Routenplaner. Unter www.bbbike.de oder www.vmzberlin.de kann sich jeder die für Fahrradfahrer günstigste Verbindung zum individuellen Ziel berechnen lassen.

Infos zum Thema Radeln in Berlin gibt es im Buch- und Infoladen des **Allgemeinen Deutschen Fahrrad-Clubs ADFC**, wo man auch eine Selbsthilfewerkstatt benutzen kann. Der ADFC bietet (relativ sportliche!) geführte Radtouren durch Berlin und das Umland an, ein Jahresprospekt kann angefordert werden. Außerdem gibt der Club einen sehr empfehlenswerten Stadtplan für Fahrradfahrer heraus (Pietruska-Verlag, 6,90 €).

Adresse: Brunnenstr. 28 (Mitte; U-Bhf. Bernauer Str., S-Bhf. Nordbhf.), ☏ 448 47 24, www.adfc-berlin.de. ⓣ Mo–Fr 12–20 h, Sa 10–16 h.

Wer nicht sein eigenes Rad nach Berlin mitgenommen hat, kann sich eins mieten. Generell muss der Personalausweis zum Mieten eines Rades vorgelegt werden, auch ist meist eine Kaution zu hinterlegen! Hier einige Fahrradvermietungen:

Fahrradstation, Hotline ☏ 01805/10 80 00 (14 Cent/Min.), www.fahrradstation.de. Räder von Touren- bis Rennrad ab 5 € für 1 Std., 15 € pro Tag (ab 3 Tage, mit WelcomeCard sowie bei Online-Buchung preiswerter), auch Zubehör und geführte Touren (s. S. 44); mehrere Filialen: Dorotheenstr. 30 (im Parkhaus des Internationalen Handelszentrums am Bhf. Friedrichstraße); Leipziger Str. 56 (Mitte); Auguststr. 29 a (Mitte); Bergmannstr. 9 (Kreu.); Goethestr. 46 (City West, an der Wilmersdorfer Str.), Kollwitzstr. 77 (Pren.). ⓣ Mo–Fr 10–19.30 h, Sa 10–18 h, nur Dorotheenstr.: So 10–16 h (im Winter kürzer).

Fat Tire, bequeme City-Cruiser ohne Gangschaltung für 12 €/Tag. ⓣ Im Sommer tägl.

9.30–20 h, sonst bis 18 h, Dez.–Feb. nach tel. Vereinbarung. Panoramastr. 1a (Fernsehturm), Hardenbergplatz (Bhf. Zoo). ☎ 24 04 79 91, www.fahrradverleihberlin.com.

Faltrad-Direktor, Christoph Beck hat sich auf transportable Drahtesel und Liegeräder spezialisiert. Goethestr. 79 (Nähe Bhf. Zoo), ☎ 31 80 60 10, www.faltrad-direktor.de. Fahrradverleih jederzeit (tel. vereinbaren), ⏰ Laden Di, Do 16.16–19.19 h, Mi, Fr 11.11–13.13 und 16.16–19.19 h, Sa 11.11–13.13 h.

Take a Bike Berlin, Mietdauer ab 2 Std.; Tagespreis ab 12,50 €; auch Kinderräder. Fahrradkorb, Helm und Reparaturset wird gratis verliehen. Neustädtische Kirchstr. 8 (S-/U-Bhf. Friedrichstr.), ☎ 20 65 47 30, www.takeabike.de. ⏰ tägl. 9.30–19 h.

Pedalpower, Großbeerenstr. 53 (Kreu.), ☎ 78 99 19 39, www.pedalpower.de. ⏰ Mo–Fr 10–18.30 h, Sa 11–14 h. Bietet alle möglichen Fahrradtypen und Zubehör wie Kindersitze und Anhänger an; ein Fahrrad kostet für 24 Std. ab 10 €, pro Woche ab 42 €.

Zwei(t)radtouren, Fehrbelliner Str. 82 (Mitte), ☎ 53 64 82 89, www.zweitradtouren.de. Zum bequemen Miet-Hollandrad erhält man ein Buch mit neun verschiedenen Touren, die man sich eigenständig erradelt. Infos und Reservierung unter ☎ 50 57 69 37.

Call a Bike, überall innerhalb des inneren S-Bahn-Rings, ein Angebot der Deutschen Bahn. An U- und S-Bahnhöfen sowie größeren Kreuzungen stehen von März bis Anfang Dezember 1.650 silberfarbene Räder mit einem auffälligen roten Gepäckträger mit DB-Logo. Wer eins dieser Räder mieten will, wählt die Telefonnummer, die auf dem Deckel des Fahrradschlosses steht, und gibt seine Personalien und Kreditkartennummer durch. Der Zahlencode zum Öffnen des Schlosses wird dann angesagt. Pro Min. kostet das Rad 8 Cent (für Bahncard-Besitzer 6 Cent). Die Tagespauschale liegt bei 9 €. Ist die Fahrt zu Ende, stellt man das Rad einfach wieder an einen Bahnhof oder an eine große Kreuzung, drückt den Sperrknopf und ruft die Nummer an, die auf dem Rad steht. Mehr unter www.callabike.de.

Zu Fuß

Immer populärer wird das klassische Flanieren durch die Großstadt. Wie in Deutschland üblich, hat sich dafür auch bereits ein Verein gegründet, der FUSS e. V. Er hat gemeinsam mit dem Pharus-Verlag ein interessantes Kartenwerk speziell für Fußgänger herausgegeben, die nach Möglichkeit fernab von Autoabgasen gehen wollen.

Für Berlin sind zwei Fußwege-Karten im Maßstab 1:16.000 erschienen, Berlin City (2,50 €) und Berlin mittlere Ausgabe (3,50 €). Außerdem gibt es den Pharus-Atlas-Berlin (mit Innenstadt Potsdam), Maßstab 1:17.500. Wer das Ganze ausprobieren möchte, kann sich im Internet unter www.fussgaenger-stadtplaene.de einen Kartenausschnitt herunterladen.

Stadtrundfahrten und -führungen

Per Bus, Schiff, Fahrrad oder zu Fuß lässt sich die Stadt in einer geführten Gruppe erkunden. Wer es individueller liebt, der kann sich in die Panorama-S-Bahn, auf ein Ausflugsschiff oder eine BVG-Fähre begeben. Das ist absolut empfehlenswert und öffnet den Blick dafür, dass Berlin wortwörtlich am Wasser gebaut ist.

Mit dem Schiff durch's Zentrum der Hauptstadt

Bus-Rundfahrten

Neben den herkömmlichen (meist mehrsprachig erläuterten) Busrundfahrten zu den wichtigsten Sehenswürdigkeiten, die am Hauptbahnhof, am Ku'damm/Ecke Joachimstaler Straße oder Unter den Linden/Ecke Friedrichstraße starten (Fahrpreis je nach Dauer 15–50 €; z. T. mit Ausflug nach Potsdam), gibt es zwei neue, besondere Angebote: **Video-Bustouren**, auf denen am jeweiligen Ort historische Bild- und Tondokumente Ereignisse und Ansichten vergangener Tage zurückbringen. Start: Sa 11 h Unter den Linden 40; 19,50 € (erm. 16 €; mit WelcomeCard 25 % Rabatt). Weitere Touren zu wechselnden Terminen. Infos unter ✆ 44 02 44 50, www.videobustour.de.

Fritz Musictours, vom RBB-Musikradio „Fritz" veranstaltet, wird hier – auch mit Videoeinspielungen – an Ort und Stelle aus dem Leben und Schaffen berühmter Musiker und DJs berichtet; auch die Standorte einiger legendärer Nachwende-Technoclubs werden angefahren. 19 €, Sa 12.30 h ab Hotel Adlon (Pariser Platz), Anmeldung erforderlich unter ✆ 30 87 56 33 oder www.musictours-berlin.de. Häufig werden Tickets auf Radio Fritz (102,6 MHz, www.fritz.de) verlost.

Cabrio-U-Bahn-Rundfahrten

Etwas ganz Außergewöhnliches sind die Oben-ohne-Fahrten mit der U-Bahn, die von Mai bis Oktober angeboten werden. Auf umgebauten offenen Werkstattwagen geht es in der Nacht von Freitag auf Samstag durchs unterirdische Berlin. Zunächst setzt man einen Baustellen-Helm auf, dann geht es 25 km weit durch das dämmrige Labyrinth der U-Bahn-Tunnel. Die Fahrt dauert etwa 2 Stunden und kostet 40 € (Kinder bis 13 J. 25 €). Die Karten sind bis zu drei Monate im Voraus ausverkauft, deshalb rechtzeitig unter ✆ 256

Der Klassiker – Stadtrundfahrt per Bus

25 256 (Mo–Fr 8–14 h) oder u-bahncabriotour@bvg.de bestellen!

Stadtführungen zu Fuß

Im Angebot sind Führungen zu den wichtigsten Sehenswürdigkeiten im Stadtzentrum, durch Museen und Galerien, aber auch in weniger bekannte Gegenden wie das Städtchen in Pankow oder die Rote Insel in Schöneberg. Die Teilnahmegebühr liegt meist zwischen 8 und 12 € bei einer Dauer von etwa 2–4 Stunden.

Termine und Treffpunkte der Führungen sind im Tagesprogramm der Stadtillustrierten und Tageszeitungen abgedruckt oder können bei den Veranstaltern erfragt werden, die meist auch kleine Programmhefte herausgeben. Sie sind in den Infostores der BTM (s. S. 50) erhältlich. Hier einige Veranstalter:

StattReisen Berlin, ☎ 455 30 28, 📠 45 80 00 03, www.stattreisenberlin.de. Ca. 2-stündige Stadtspaziergänge mit sozial- oder literaturhistorischen Hintergrundinformationen zu über 50 Themen; auch Kindertouren. StattReisen ist einer der ältesten und erfahrensten Anbieter thematischer Stadttouren in Berlin.

Stadtverführung, ☎ 444 09-36, 📠 -39, www.stadtverfuehrung.de. Kunst- und Kulturhistoriker(innen) führen auf Friedhöfe, durch Museen, Parks, Wohngebiete und vieles mehr. Auch der Klassiker „Reichstag ohne Anstehen" ist im Angebot (Anmeldung erforderlich).

Berliner Unterwelten, ☎ 49 91 05 18, www.berliner-unterwelten.de. Die Pioniere des Berliner Untergrundes führen Jugendliche und Erwachsene an sonst unzugängliche unterirdische Orte wie den Bunker im Humboldthain, in nicht befahrene BVG-Tunnel etc.

Erfahrungswissen, ☎ 442 96 00, www.berlinstadttouren.de. Keine ausgebildeten Stadtführer, sondern „ganz normale Leute" (meist Rentnerinnen und Rentner) führen durch ihre Kieze und erzählen ganz subjektiv von deren Geschichte und Gegenwart. Der Kostenbeitrag liegt bei 3 €/Pers.

art:berlin, ☎ 28 09 63-90, 📠 -91, www.artberlin-online.de. Kunst- und Architektur-Touren durch Galerien und außergewöhnliche Bauwerke wie die neuen Botschaften oder die DZ-Bank am Pariser Platz, aber auch geführte Besuche in Restaurants, Hotels und Varietés. Ab 9 € (erm. 7 €) zzgl. Eintritt/Getränk.

Eat the World, ☎ 53 06 61 65, www.eat-the-world.com. Stadtführungen rund ums Thema Essen. Natürlich gibt's in allen angelaufenen Imbissen und Restaurants Kostproben, die im Tourpreis von 30 € (Friedrichshain bzw. Kreuzberg) inbegriffen sind.

Stadtführungen per Rad

Mit dem Fahrrad werden natürlich viel weitere Strecken zurückgelegt als zu Fuß. So kann man beispielsweise den ehemaligen Mauerverlauf im Innenstadt-Bereich abradeln, den man ohne kundige Führung gar nicht mehr finden würde, oder die neuen Botschaften ansehen. Die Touren finden fast ausschließlich im Sommerhalbjahr statt, Anbieter sind z. B.:

ADFC (s. S. 41), **Fahrradstation** (s. S. 41), **Berlin on Bike,** ☎ 43 73 99 99, www.berlinonbike.de; Knaackstr. 97 (Pren.) in der Kulturbrauerei, Hof 4; u. a. werden angeboten eine Mauertour auf dem ehemaligen Todesstreifen, die abendliche „Nightseeing-Tour" und – für Eilige – Berlin im Überblick. Außerdem Wintertouren.

Stadt und Rad, ☎ 68 83 62 17, www.stadtundrad.de. Regelmäßige Einsteigertouren durch die Berliner City in Kooperation mit der Radvermietung Fat Tire (s. S. 41). April–Okt. tägl. 11 h, ohne Anmeldung, Start am Hardenbergplatz (Bhf. Zoo), Dauer: 4 Std.

Panorama-S-Bahn

Von April bis Ende November bietet die S-Bahn beliebte Sonderfahrten in einem voll verglasten Panoramazug an. Abfahrt ist Sa/So am Ostbahnhof, Gleis 10 um 11.00 h, 12.40 h und (nur Sa) 14.20 h (Änderungen sind kurzfristig möglich!); Dauer: etwas über 1 Std. Fahrkarten (16 €, Kinder von 4–13 Jahre 9,50 €) gibt es in den Kundenzentren Alexanderplatz, Ostbahnhof, Zoologischer Garten, Friedrichstraße, Lichtenberg, Spandau und Potsdam Hbf.; Auskünfte unter ☎ 29 74 34 44, www.panorama-bahn.de.

Ausflugsschiffe

Inzwischen schiebt sich ein Fahrgastschiff hinter dem anderen durch Berlins Mitte, wodurch es nicht selten zu regelrechten Staus auf der Spree und den Kanälen kommt. Die Erläuterungen zu den Sehenswürdigkeiten kommen bei den meisten Anbietern vom Band oder werden über Audio-Guides angeboten – eine positive Ausnahme stellen die Schiffstouren der Berliner Geschichtswerkstatt dar (www.berliner-geschichtswerkstatt.de, s. u.). Bekannte Abfahrtsstellen der üblichen Anbieter sind Museumsinsel, Märkisches Ufer, Friedrichstraße, Schlossbrücke (Charlottenburg), Wannsee, Spandau, Köpenick und

Stadtrundfahrten und -führungen

Treptower Park. Marktführer ist die Stern- und Kreisschifffahrt (www.sternundkreis.de, s. u.), daneben gibt es zahlreiche größere und kleinere Reedereien, die in einem Verband zusammengeschlossen sind. Am preiswertesten sind die Fähren der BVG: Sie können mit den normalen VBB-Tickets benutzt werden (Fahrpreise s. S. 36). Die angebotenen Fahrten dauern zwischen wenigen Minuten und mehreren Tagen, meist aber 2–3 Stunden.

Berliner Geschichtswerkstatt, 215 44 50 (Mo–Fr 15–18 h), www.berliner-geschichtswerkstatt.de. Historisch fundiert, aber dennoch nie trocken geht's von Mai bis Sept. per Schiff ab Paul-Löbe-Haus (nahe dem Reichstag), um in die Geschichte der Stadt und ihrer Bewohner einzutauchen. Der Tour-Klassiker „Ab durch die Mitte" führt zu allen wichtigen Sehenswürdigkeiten im Zentrum und dauert 3–3,5 Std. 15 €, Kinder bis 14 Jahre frei! Reservierung empfohlen.

Stern- und Kreisschifffahrt, Puschkinallee 15 (Trep.), 536 36 00, www.sternundkreis.de.

Reederverband der Berliner Personenschifffahrt e. V., Kattfußstr. 29, / 342 24 31, www.reederverband-berlin. de. Vertritt 27 Berliner Reedereien mit insgesamt 70 Schiffen. Kasse am Anleger Wannsee tägl. 9–16 h, 803 87 53.

Berliner Wassertaxi Stadtrundfahrten, original Amsterdamer Wassertaxis mit Glasdach; Fahrten durch die Innenstadt und das Regierungsviertel ab Schlossbrücke (neben dem Zeughaus). 65 88 02 03, www.berliner-wassertaxi.de.

Solarboot, im Sommer bei schönem Wetter. Nach Vereinbarung für Gruppen von 2–10 Pers. Ab der Spree-Terrasse am Universal-Music-Gebäude an der Oberbaumbrücke (Stralauer Allee 1, Frie.). 2-stündige Stadtrundfahrt 23 €/Pers. Reservierung und Info unter 611 80 01, www.spreeshuttle.de.

BVG-Fähren: F10 Wannsee – Kladow (ganzjährig, 20 Min.), F11 Oberschöneweide – Baumschulenstr. (ganzjährig, 2 Min.), F12 Wendenschloss – Grünau (ganzjährig, rollstuhlgerecht, 2 Min.), F21 Krampenburg – Schmöckwitz (Ostern bis 3. Okt., nur Di–So, 14 Min.), F23 Rahnsdorf: Müggelwerderweg – Kruggasse (Ostern bis 3. Okt., nur Di–So, 25 Min.), F24 Müggelheim Spreewiesen – Rahnsdorf, Kruggasse (Ostern bis 3. Okt., nur Di–So, 5 Min.).

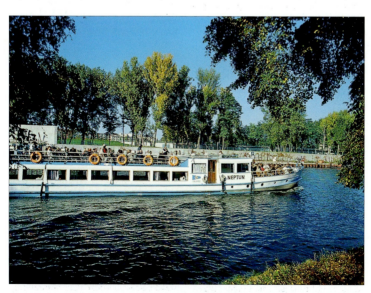

Besonders reizvoll – mit dem Ausflugsschiff durch die Berliner Innenstadt

Nachts farbig beleuchtet – das Dach des Sony-Centers

Wissenswertes

Wichtige Telefonnummern

Vorwahl von Berlin: 030
Polizei-Notruf: 110
Polizei-Servicenummer: 4664 4664
Feuerwehr/Rettungsdienst: 112
Giftnotruf: 192 40 (rund um die Uhr)
Ärztlicher und kinderärztlicher Bereitschaftsdienst außerhalb der Sprechzeit: 31 00 31
Zahnärztlicher Notdienst: Infos unter 89 00 4-333
Tier-Notarzt: 0174/160 160 6 (24-h-Notruf)
Auskunft über **Apotheken-Bereitschaft:** 31 00 31; im Hbf. am Übergang zur S-Bahn gibt es eine 24-h-Apotheke.
Gas-Entstörungsdienst: 78 72 72
Wasser-Entstörungsdienst: 86 44 59 59
Zentrale-Behörden-Rufnummer: 115
Notruf bei häuslicher Gewalt: 611 03 00
Antirassistisches Telefon: 785 72 81
Hilfe für junge missbrauchte Männer: 693 80 07
Hilfe für selbstmordgefährdete Kinder und Jugendliche, NEUhland: 873 01 11, Mo–Fr 9–18 h

Kindernotdienst: 61 00 61 (tägl. rund um die Uhr)
Telefonseelsorge Berlin e. V., Konfliktberatung und Selbstmordverhütung: 0800/111 0 111 (freecall) und 0800/111 0 222 (freecall; christlich)
Krisen-Beratungsdienst, (tägl. 0–8 h): 390 63 00
Kriseninterventionszentrum, psychologische Soforthilfe von Profis des Urban-Krankenhauses (69 72 31 90), des St. Hedwig-Krankenhauses (23 11 21 19) und des Krankenhauses Neukölln (60 04 22 29)
Frauenkrisentelefon: 615 42 43, Mo/Do 10–12 h, Di/Mi/Fr 19–21 h, Sa/So 17–19 h
Auto-Pannenhilfe: 01802/22 22 22 (ADAC); 01802/34 35 36 (ACE)
Rollstuhl-Pannendienst: 0180/111 47 47 (rund um die Uhr)
Fundbüro der BVG: 19 449 (Callcenter)
Fundbüro der DB und S-Bahn: 0900/199 05 99 (59 Cent/Min.)
Zentrales Fundbüro der Polizei: 75 60-31 01
Kartensperrung: 116 116

Wissenswertes 47

Internet-Adressen

www.berlin.de: offizielle Berlin-Site unter Mitarbeit der BTM (Berlin-Tourismus-Marketing GmbH) mit Aktuellem, Suchmaschine zu Veranstaltungen (z. T. für mehrere Jahre im Voraus) und Hotels etc. Links zu Seiten der Berliner Verwaltung.

www.berlinonline.de: Tochter des Verlags Gruner + Jahr, hat das Portal www.berlin.de geschluckt. Weiterhin unterschiedlicher Content; BerlinOnline bietet u. a. Kultur-, Ausgeh- und Gastro-Tipps, Stadtplan und Branchenverzeichnis.

www.berlin-tourist-information.de: Preisgekrönter vielspachiger Internet-Auftritt der Berlin Tourist Information (s. S. 49), mit Hotelbuchungsmöglichkeit, Veranstaltungskalender, Ticket-Service etc.

www.kulturprojekte-berlin.de: Seite des Museumspädagogischen Dienstes und der Berliner Kulturprojekte GmbH; viele Infos zu Museen, Gedenkstätten und Kulturevents in Berlin und Brandenburg.

www.berlin-street.de: Low-Budget-Site, die das andere Berlin zeigen will. Viele Texte zur Geschichte der Stadt, dazu Literaturtipps, ein Lexikon berühmter Berlinerinnen und Berliner, Vorschläge für Stadtspaziergänge, Blogs, Podcasts etc.

www.luise-berlin.de: Ambitionierte Site des Luisenstädtischen Bildungsvereins zu Geschichte und Gegenwart der deutschen Hauptstadt. Straßennamen-Verzeichnis, Bezirksrundgänge und vieles mehr.

www.meinberlin.de: Veranstaltungstipps, News, Klatsch, Online-Foren zu aktuellen Themen, großer Service-Bereich (Gastro etc.). Der Content stammt zum großen Teil von der Tagesspiegel-Redaktion.

www.berlinonline.de/tip: Das Stadtmagazin Tip im Internet. Umfangreicher Veranstaltungskalender, Freizeittipps, Blogs etc.

www.zitty.de: Internet-Version des gleichnamigen Stadtmagazins, das zum Tagesspiegel gehört. Veranstaltungskalender, Gastro-Tipps und viele Links.

www.berlin030.de: Online-Version des kostenlosen Party-, Shopping- und Veranstaltungsmagazins [030], ebenfalls aus dem Haus des Tagesspiegel – sozusagen die Gratis-Jugend-Ausgabe der zitty.

www.stadtkind.de: Netzversion des kostenlosen Stadtmagazins Stadtkind; ausführliches Club-Programm für mehrere Städte, auch Berlin.

www.siegessaeule.de: Europas größtes schwullesbisches Magazin, auf Papier kostenlos, im Netz mit umfangreichem Veranstaltungsprogramm, Adressenteil etc.

www.out-in-berlin.com: Schwullesbischer Stadtführer mit Veranstaltungskalender, Hotel- und Einkaufstipps, Nachtleben-Adressen etc.; verantwortet von Siegessäule und der Berlin Tourismus-Marketing GmbH.

www.mobidat.net: Datenbank des gemeinnützigen Vereins Albatros, der mehr als 27.000 öffentlich genutzte Einrichtungen in Berlin auf seine Barrierefreiheit (= Zugänglichkeit für Behinderte) hin getestet hat. Außerdem werden telefonisch Fragen beantwortet, ✆ 74 77 71 15.

www.berliner-galerien.de: Seite des Landesverbandes Berliner Galerien e. V., Adressen und Programme der im Verband zusammengeschlossenen Galerien; weiterführende Links.

Internet-Cafés

Mittlerweile sind WLAN-Hotspots viel verbreiteter als Internet-Cafés, die in letzter Zeit wie die Fliegen sterben. Für alle ohne Notebook hier einige zentral gelegene Adressen:

City-West

Log In, www.log-in-cafe.de, Knesebeckstr. 38–49, ✆ 883 39 12. Billard, Dart und 12 PCs. ⏰ tägl. rund um die Uhr.

Mitte

Surf & Sushi, www.surfandsushi.de, Oranienburger Str. 17, ✆ 28 38 48 98. ⏰ Mo–Fr 12–24 h, Sa/So ab 13 h. Stilvolles Vergnügen, denn hier werden Sushi und Cocktails gereicht. 30 Min. Surfen ist dann umsonst.

Netlounge, www.netlounge-berlin.de, Auguststr. 89, ✆ 24 34 25 97. Internet und Büroservices, außerdem ab und zu LAN-Partys. ⏰ tägl. 14–24 h.

Prenzlauer Berg

InterNetWork, www.internetwork-berlin.de, Gaudystr. 1/Ecke Schönhauser Allee, ✆ 44 01 74 83. ⏰ tägl. 12–24 h. Minutengenaue Abrechnung an knapp 30 Terminals, Minute ab 7 Cent. Viele Online-Spieler.

Friedrichshain/Kreuzberg

M@c Beam, www.macbeam.de, Frankfurter Allee 32 (U-Bhf. Samariterstr.), ✆ 74 07 81 96. Moderne Flachbildschirme, 2,50 €/Std. ⏰ Mo–Fr 9–24 h, Sa/So 11–24 h.

Web Pearl, Bergmannstr. 97, ✆ 81 79 74 42.

> Internet-Zugang bieten auch viele Hotels und die meisten (Backpacker-)Hostels, siehe Kapitel Übernachten.

Nicht ganz preiswert: im Fesselballon am Seil in die Berliner Lüfte

Erste Adresse – das Hotel Adlon am Pariser Platz

Übernachten

Seit dem Regierungsumzug und der damit einhergehenden Steigerung der Übernachtungszahlen haben die Zimmerpreise in Berlin teilweise kräftig angezogen. Dabei taten sich vor allem die einst preiswerten Quartiere hervor, sodass die Spanne zwischen teuren und billigen Herbergen stark geschrumpft ist. Im internationalen Vergleich sind die Berliner Übernachtungspreise aber immer noch konkurrenzlos günstig. Seit dem Jahr 2000 hat sich die Zahl der Hotel- und Pensionsbetten in der Stadt auf 100.000 verdoppelt und soll noch weiter steigen. Der Trend geht dabei zu sogenannten Budget-Hotels – das Nachsehen haben die traditionellen, familiären Pensionen, die keinen vergleichbaren Werbeaufwand treiben können.

Wer bei den Übernachtungskosten sparen muss, kann auf die immer zahlreicher werdenden Budget-Hotels großer Ketten wie Motel One, auf Backpacker-Hostels, die Angebote der Mitwohnzentralen oder Bed & Breakfast ausweichen. Besonders preiswert übernachtet man auf einem der Berliner Campingplätze oder im Jugendcamp. Das geht natürlich nur im Sommer und ist nicht jedermanns Geschmack. Außerdem liegen alle Zeltplätze recht weit vom Stadtzentrum entfernt. Hotel- und Pensionszimmer vermittelt die Berlin-Tourismus-Marketing GmbH (BTM). Sie gibt ein Hotelverzeichnis heraus, das in Reisebüros oder in einem der Infostores der BTM (s. S. 50) käuflich zu erwerben ist. Zimmer-Reservierungen unter ✆ 25 00 25, ✆ 25 00 24 24, information@btm.de oder www.visitberlin.de. Online-Buchungen sind bis zum Ankunftstag möglich; die BTM bietet eine **Best-Preis-Garantie** für die ihrem Reservierungssystem angeschlossenen Häuser. Das bedeutet, dass man die Preisdifferenz erstattet bekommt, sollte man ein Zimmer der etwa 400 angeschlossenen Hotels und Pensionen in der gleichen Kategorie und im gleichen Haus innerhalb von 48 Std. ab Buchung woanders günstiger angeboten bekommen. Je nach Buchungsdatum sind die Preise somit sehr unterschiedlich, sodass exakte Preisangaben für über die BTM buchbare Hotels und Pensionen kaum möglich sind. Die BTM betreibt auch **BERLIN Infostores**, in denen u. a. Unterkünfte vermittelt werden:

Hauptbahnhof, EG am Eingang Europaplatz. ⏰ tägl. 8–22 h.

Neues Kranzler Eck, Kurfürstendamm 21, Passage, ⏰ Mo–Sa 10–20 h, So 10–18 h.

Brandenburger Tor, südliches Torhäuschen. ⏰ tägl. 10–18 h.

Alexa-Einkaufszentrum, Grunerstr. 20, EG (Nähe Alexanderplatz). Mo–Sa 10–20 h.

Außer an Sommerwochenenden mit Großveranstaltungen sind selten alle Zimmer in Berlin ausgebucht. Wer jedoch nicht auf das sprichwörtliche letzte Zimmer in einem Hotel oder einer Pension angewiesen sein möchte, sollte sich rechtzeitig um die Zimmerbuchung kümmern. Auch bei den Hostels empfiehlt sich – zumindest in den Sommermonaten – eine Reservierung per Telefon oder E-Mail.

Im Folgenden finden Sie Adressen von Bed-&-Breakfast-Agenturen, Mitwohnzentralen, Campingplätzen sowie eine kleine Auswahl preiswerter Berliner Hotels, Pensionen und Gästehäuser/Hostels. Sie sind nach Stadtteilen und innerhalb der Stadtteile (absteigend) nach dem Preis sortiert. Auf die Nennung von Luxus- und guten Mittelklassehotels (Zimmerpreise über 120 €) sowie von Häusern bekannter Ketten haben wir mit Ausnahme einiger besonderer Unterkünfte verzichtet, da diese problemlos über die BTM buchbar sind.

Backpacker-Hostels

Seit einigen Jahren gibt es sie, und es werden immer mehr: Von jungen oder jung gebliebenen Erwachsenen geführte, einfache Gästehäuser mit internationalem Publikum. Hier übernachtet man preiswert in Mehrbettzimmern, aber es gibt auch Einzel- und Doppelzimmer, allerdings meist ohne jeden Komfort. Sogar eine Lampe in Bettnähe wird mancherorts als überflüssiger Schnickschnack angesehen, Fernseher, Radio und Wecker fehlen fast überall. Die Einrichtung ist spartanisch, Mehrbettzimmer sind oft mit Doppelstockbetten ausgestattet. Duschen und Toiletten befinden sich auf dem Flur, häufig steht den Gästen eine Küche zur Verfügung. Das schont die Reisekasse und nebenbei kann man Kontakte knüpfen. Auch Fahrradvermietung, Internetzugang und Szenetipps gehören zum Standard dieser Häuser, die fast alle zentral gelegen und generell rund um die Uhr geöffnet sind. Besonderheit: Bettwäsche (meist einmalig 2–3 €) und Frühstück (auf Wunsch; kostet 2–4 € und ist sehr reichlich) werden meist extra berechnet. Mittlerweile gibt es in Berlin schon fast 13.000 Billighotel- und Hostel-Betten; allgemeine Infos über die in einem Netzwerk zusammengeschlossenen Anbieter finden Sie unter www.backpacker-network.de. Einige der kleineren Hostels sind auch familientauglich; so gewähren z. B. die Meininger-Hotels Kindern bis 12 Jahre einen Rabatt von 50 %. Kinder unter 6 Jahren übernachten hier kostenlos.

Private Unterkünfte

Die Grenzen zwischen Bed-&-Breakfast-Vermittlung und Mitwohnzentrale sind fließend. Oft nennen sich die Dienstleister Wohnagentur und vermitteln sowohl kurzfristige Wohnmöglichkeiten mit und ohne Frühstück als auch Zimmer und Wohnungen für längere Aufenthalte. Übrigens inserieren in überregionalen Tageszeitungen private

Übernachten

Anbieter Gästezimmer und Wohnungen in Berlin.

• *Internet-Adressen*
www.berlinzimmer.de
www.comfort-apartments-berlin.com
www.crocodilian-berlin.de
www.zimmerdatenbank-berlin.de

• *Privatzimmervermittlungen*

Bed & Breakfast, Tietjenstr. 40, 12309 Berlin, ✆ 44 05 05-82, ✉ -83, www.bed-and-breakfast-berlin.de. Vermittelt EZ ab 28 €, DZ ab 44 €.

CityBed, Bülowstr. 106 (U-Bhf. Nollendorfplatz), ✆ 23 62 36-30, ✉ -39, www.citybed.de. Tägl. 16.30–21.30 h. Über 2000 Privatbetten ab 20 €, Appartements ab 35 €/Pers.

Freiraum Wohnagentur, Wiener Str. 14 (Kreu.), ✆ 618 20-08, ✉ -06, www.freiraum-berlin.com. Im Angebot Appartements und Gästezimmer ab 13 €/Pers.

Mitwohnagentur Streicher, Immanuelkirchstr. 8 (Pren.), ✆ 441 66 22, ✉ 441 66 23. ⏲ Mo–Fr 11–14 h und 15–18 h. Gästezimmer, aber auch Zimmer und Wohnungen für längere Zeit.

City-Wohnen GmbH, Linienstr. 111 (Mitte), ✆ 194 30, ✉ 216 94 01, www.city-wohnen.de. ⏲ Mo–Fr 10–18 h, Sa 10–15 h. Fotos von vielen der angebotenen Wohnmöglichkeiten auf Zeit im Internet.

Exberliner Flat Rentals, www.exberliner.net/exflat. Die (auch) englischsprachige Mitwohnagentur in Berlin.

Gästewohnungen

Seit der Berliner Wohnungsmarkt nicht mehr chronisch angespannt ist, gehen Wohnungsbaugesellschaften und -genossenschaften dazu über, ihren Mietern Gästewohnungen für ihre Bekannten und Verwandten zur Verfügung zu stellen. Einige Gesellschaften vermieten auch direkt an auswärtige Gäste und machen daraus ein gutes Geschäft: In der Wilhelmstraße beschweren sich die langjährigen Mieter bereits über nebenan feiernde Touristen. Die komplett ausgestatteten Wohnungen kosten je nach Größe ab 35 € pro Tag, befinden sich aber überwiegend fernab vom Zentrum.

Beispiele: **Wohnungsgenossenschaft „Hellersdorfer Kiez",** ✆ 99 27 77-0, www.wbg-hellersdorfer-kiez.de/gaeste.htm
Wohnungsgenossenschaft DPF, www.wogedo.de

Einchecken am Campingplatz

Camping

Kladow, liegt am Ende der Welt; Bus 134 ab U-Bhf. Rathaus Spandau bis Alt-Kladow, dann Bus 234 bis zum Campingplatz oder ab S-Bhf. Wannsee mit der Fähre F10. Ganzjährig geöffnet. Schattiger, ruhiger Platz (660 Dauercamper, 140 Gästeplätze) mit Restaurant und kleinem Laden; ca. 250 m zum Sacrower See. Es werden auch einige DZ vermietet (um 30 € zzgl. Bettwäsche), Erwachsene 6 €, Kleinzelt 5 € und Wohnwagen 8 € pro Nacht; Strom extra. Krampnitzer Weg 111–117 (Spandau), ✆ 365 27 97, ℻ 365 12 45. www.dccberlin.de.

Gatow, an der Durchgangsstraße gelegen; Anfahrt ab U-/S-Bhf. Rathaus Spandau mit dem Bus 134 oder vom U-Bhf. Theodor-Heuss-Platz mit dem Bus X 34 bis Haltestelle General-Steinhoff-Kaserne. Ganzjährig geöffnet. Gute – sogar behindertengerechte – Sanitärausstattung, Imbiss, kleine Verkaufsstelle. Erwachsene 6 €, Kleinzelt 5 € und Wohnwagen 8 € pro Nacht; Strom extra. Kladower Damm 207–213 (Spandau), ✆ 365 43 40, ℻ 36 80 84 92, www.dccberlin.de.

Am Krossinsee, ganzjährig geöffneter, ruhiger, behindertengerechter Platz am bewaldeten Seeufer. Boots- und Fahrradverleih, Surfschule, Restaurant/Café, Friseur. Es werden auch einige DZ vermietet (um 30 € zzgl. Bettwäsche). Erwachsene 6 €, Kleinzelt 5 € und Wohnwagen 8 € pro Nacht; Strom extra. Auch Vermietung von Bungalows (knapp 20 € für 2 Pers., Bettwäsche inkl.). Wernsdorfer Str. 45 (Köpenick), ✆ 675 86 87, ℻ 675 91 50, www.dccberlin.de.

Dreilinden, ab S-Bhf. Zehlendorf mit Bus 623 bis Kleinmachnow, Meiereifeld. Hier umsteigen in den Bus 628 bis Kleinmachnow, Lindenbahn. Dann die Straße Bäkehang entlang bis zum winzigen Campingplatz in Autobahnnähe (ca. 10 Min.). Geöffnet von März bis Okt. 13 Gäste- und 52 Dauerplätze. Erwachsene 6 €, Kleinzelt 5 € und Wohnwagen 8 € pro Nacht; Strom extra. Albrechts Teerofen 1–39 (Zehlendorf), ✆ 805 12 01, www.dccberlin.de.

Jugendcamp Backpacker's Paradise des Berliner Jugendclub e.V., Anreise ab U-Bhf. Alt-Tegel mit der Buslinie 222, Richtung Alt-Lübars (4 Stationen, bis Titusweg). Geöffnet Mitte Juni bis Anfang Sept. Fahrradverleih, Cafeteria und Internetzugang vorhanden. Gruppen ab 10 Personen bekommen ein eigenes Zelt. Ein Schlafplatz im 15-Personen-Zelt kostet inkl. Isomatte und Decke 7 € pro Nacht, Frühstück 2,50 €. Ziekowstr. 161 (Tegel), ✆ 433 86 40, ℻ 434 50 63, backpackers@berlinerjugendclub.de, www.backpackersparadise.de.

Tentstation, (3) → Karte S. 108/109, hoffentlich kann man auch 2010 noch im Herzen der Stadt auf dem Gelände des ehemaligen Freibads im Poststadion campen, denn angeblich soll dort schon bald gebaut werden. Man muss den morbiden Charme verfallender 50er-Jahre-Bauten mögen und mit eingeschränktem Komfort zufrieden sein, um sich hier wohlzufühlen. Das Angebot richtet sich vor allem an jüngere Berlin-Besucher: im ehemaligen Schwimmbecken kann man Beachvolleyball spielen, am Wochenende finden hier auch kulturelle Veranstaltungen statt. Pro Pers. 11 €; Zelt (4–6 €) und Isomatte (1 €) können nächteweise gemietet werden, Kinder übernachten umsonst. Seydlitzstraße 6 (Tiergarten), ✆ 39 40 46 50, www.tentstation.de.

Unterkünfte nach Stadtteilen

Mitte

***** **Hotel de Rome (55)**, → Karte S. 126/127, 2006 eröffnete in absolut zentraler Lage in der früheren Staatsbank der DDR ein Luxushotel mit stupender Bar und 20-m-Schwimmbecken im historischen Kellergewölbe. Das protzige Bauwerk am Bebelplatz wurde 1889 als Zentrale der Dresdner Bank eröffnet und beherbergt nach gründlichem Umbau Zimmer und Suiten im Stil des 19. Jh. sowie modern gestaltete Räume. 650 Kunstwerke schmücken das Haus, von dessen Dachterrasse man einen exklusiven Blick über die Innenstadt hat. DZ ab 325 €, Suiten ab 595 €, inkl. Frühstück. Behrenstr. 37 (U-Bhf. Hausvogteiplatz), ✆ 46 06 09-0, ℻ 46 06 09-200, www.roccofortehotels.com.

Garden-Hotel Honigmond (1), → Karte S. 126/127, das liebevoll restaurierte Haus aus der Mitte des 19. Jh. wird nur noch vom mediterran angehauchten, künstlerisch gestalteten Garten übertroffen. Individuell eingerichtete DZ mit Ölgemälden, z. T. mit Blick in den Garten und mittlerweile alle mit eigenem Bad. DZ 125–230 €; EZ 105–175 €, Parkplatz 10 €. Invalidenstr. 122 (U-Bhf. Zinnowitzer Str.), ✆ 284 45 5-0, -77, ℻ 28 44 55-88, www.honigmond-berlin.de.

Im Regierungsviertel

Arte Luise Kunsthotel (11), → Karte S. 108/109, eine außergewöhnliche Adresse direkt beim Regierungsviertel. 2003 wurde der Neubau-Trakt (mit Lärmschutzfenstern!) eröffnet, der den Altbau gegen die Bahntrasse abschirmt. Jedes der 46 Zimmer wurde von einem anderen Künstler (z. B. Elvira Bach, Volker März und dem Usbeken Shukrat Babadjan) gestaltet; die Künstler erhalten einen kleinen Teil vom Zimmerpreis. DZ mit eigener Dusche/WC 99–210 €, EZ 79–115 €, Suite 130–240 €. Die Zimmer mit Etagenbad sind günstiger: DZ 79–110 €, EZ 49–70 €; Frühstück 11 € extra. Luisenstr. 1, ✆ 284 48-0, ✆ 284 48-448, www.luise-berlin.com.

MitArt (18), → Karte S. 126/127, Bio-Hotel mit 30 Zimmern (mit eigenem Duschbad) in einer ehemaligen Druckerei im Galerienviertel. Daher übernachten hier auch viele Künstler, deren Werke die Zimmer schmücken. Kein TV stört die Nachtruhe, die durch die Hinterhoflage garantiert ist, überwiegend Nichtraucherzimmer, alle allergikerfreundlich und schlicht-geschmackvoll ausgestattet. Im angeschlossenen Restaurant gibt es Gerichte in Bio-Qualität, das Frühstück (auch Specials für Allergiker) ist natürlich auch bio. EZ 88–140 €, DZ 110–180 €, Zustellbett 35 € (alle inkl. Frühstück). Linienstr. 139–140, ✆ 28 39 04 30, www.mitart.de.

Hotel am Scheunenviertel (5), → Karte S. 108/109, an der trubeligen Oranienburger Straße. Das seit 1996 bestehende, eigentümergeführte Hotel im 1. Stock (einige ruhige Zimmer nach hinten) hat sich rasch etabliert. Hier übernachten Professorin, junge Familie und Monteur – eben alle, die direkt an der Touristenmeile wohnen wollen. Alle Zimmer mit TV, Telefon, Dusche, WC. Netter Frühstücksraum. Leider sind die Zimmer teilweise ziemlich klein. Gebührenpflichtiger Parkplatz. Preisreduzierungen am Wochenende, bei längeren Aufenthalten und für Stammgäste. 12 DZ ab 80 €, 6 EZ ab 70 € (inkl. Frühstück; bis 13 h); Zusatzbett 20 €. Oranienburger Str 38, ✆ 2822125. www.hotelas.com.

The Circus Hotel (4), → Karte S. 126/127, im Herbst 2008 eröffnete die „Circus-Hostel-Gruppe" gegenüber ihrem Hostel ein schickes Hotel für all jene, die sich zwar nach wie vor jung fühlen, für Übernachtungen im Schlafsaal aber zu alt sind. Man bemüht sich, möglichst umweltverträglich zu wirtschaften, und so gibt es Shampoo, Seife etc. nur auf Nachfrage. Die Zimmer, Suiten (einige mit Balkon) und Apartments sind zwar klein, aber sauber, farbenfroh eingerichtet und gut ausgestattet. EZ 70 €, DZ 80–90 €, Junior-Suite 100 €, Apt. 110–160 €; alle mit eigenem Duschbad. Auf

Wunsch Kinderbetten, Babyphone, Babysitter-Vermittlung etc. Frühstück 4–8 € extra. Rosenthaler Str. 1, ℡ 20 00 39 39, skype: circusberlin, ℻ 28 39 14 84, www.circus-berlin.de.

Hotel Märkischer Hof (4), → Karte S. 108/109, historisches, familiäres Haus mit 20 Zimmern in sehr zentraler Lage zwischen den Theatern und der Szenegegend Scheunenviertel/Spandauer Vorstadt. Service: Organisation von Theater- und Konzertkarten für die Gäste. Nostalgisch eingerichtete Zimmer. DZ 75–85 €, EZ 50–60 €, 3-Bett-Zi. 95 € (Frühstück 5 € extra), preiswerte Miet-Fahrräder. Linienstr. 133 (U-Bhf. Oranienburger Tor), ℡ 28271-55, ℻ 28243-31, www.maerkischer-hof-berlin.de.

Frauenhotel Intermezzo (16), → Karte S. 108/109, einfaches Hotel im Plattenbau. Nicht alle 17 Zimmer verfügen über ein eigenes WC. Es gibt ein behindertengerechtes DZ. Eine Schweizer Leserin fühlte sich hier unwohl, da die Gegend nachts reichlich unbelebt ist. DZ 75 € (mit eigenem Duschbad 95 €), EZ 50 € (mit Dusche/WC 60 €), 3-Bett-Zi. 90 €, Kinder bis 10 Jahre (auch Jungen) zahlen 10 €/Nacht. Frühstück 6 € extra. Gertrud-Kolmar-Str. 14, ℡ 22 48 90-96, ℻ 22 48 90-97, www.hotelintermezzo.de.

Meininger-Hotel am Hauptbahnhof (8) → Karte S. 108/109, im Herbst 2009 eröffnete das Budget-Haus der Meininger-Gruppe direkt am Hbf. In knapp 300 (Nichtraucher-)Zimmern, deren Standard deutlich über dem der Hostels liegt, befinden sich fast 900 Betten. Schallschutzfenster schirmen den Umgebungslärm ab, alle Zimmer mit Dusche/WC, Klimaanlage und Flachbildschirm-TV. EZ ab 41 €, DZ ab 60 €, Schlafsaal (auch getrennte Räume für max. 4 Frauen) ab 15 €/Pers., meist mindestens 6–15 € mehr. Ella-Trebe-Str. 9, ℡ 666 36-100, ℻ -222, www.meininger-hotels.com.

Baxpax downtown Hostel Hotel (37), → Karte S. 126/127, das 2006 eröffnete Kind der Baxpax-Hostelfamilie liegt in einer ruhigen Straße nahe der Spandauer Vorstadt. Überdurchschnittlich ausgestattete Zimmer (überwiegend mit Dusche/WC), Café-Bar, Dachterrasse, Pool und Lounge mit Kamin sprechen ein Publikum jenseits von Schulklassen an. Viele Zimmer mit TV/Telefon; behindertengerecht. Also eine edlere Hostel-Variante. EZ bis 8-Bett-Zi., 13–92 €/Pers., Apartments und Studios (20–77 €/Pers.). Ziegelstr. 28, (U-Bhf. Oranienburger Tor, S-Bhf. Oranienburger Str.), ℡ 27 87 48 80, ℻ 27 87 48-899, www.baxpax.de.

Mitte's Backpacker Hostel (1), → Karte S. 108/109, die Zimmer und Schlafsäle auf 3 Etagen der ehemaligen Hutfabrik sind von Künstlerhand gestaltet und heißen z. B. Honeymoon Suite oder Underwater Room. Kochgelegenheiten und Waschmaschinen vorhanden. Infomaterial und Fahrradvermietung werden geboten. Ein russisches Jugendzentrum sowie das Ballhaus Berlin befinden sich im Haus. Rund um die Uhr geöffnet. Übrigens gibt es im ältesten Hostel Deutschlands extra Mädchen-Schlafsäle. EZ bis 6-Bett-Zi., 17–36 €/Pers., im Schlafsaal und in der Nebensaison etwas preiswerter. Chausseestr. 102 (U-Bhf. Zinnowitzer Str., S-Bhf. Nordbahnhof), ℡ 28 39 09-65, ℻ 28 39 09-55, www.backpacker.de.

Helter Skelter Hostel (36), → Karte S. 126/127, im Keller des sanierten Altbaus liegt der Danceclub, im Erdgeschoss die Veranstaltungsbühne Kalkscheune – darüber wird geruht (mehr oder weniger). Übernachtungspreise pro Pers. in schlicht möblierten Zimmern zwischen 11 € und 27 €, je nach Bettenzahl. Außerdem gibt es Appartements und Gästewohnungen ab 120 €. Kalkscheunenstr. 4–5, ℡ 28 09 79-79, ℻ 28 09 79-77, www.helterskelterhostel.com.

Citystay Hostel (44), → Karte S. 126/127, 2005 in super-zentraler Lage eröffnetes Hostel in einem schön sanierten, 1896 erbauten ehemaligen Kaufhaus, das ewig leer stand. Auf Anfrage separate Schlafräume für Frauen. Über das Übliche hinausgehende Services: Bio-Restaurant-Café, Kulturführungen, Internet, Zeitungen, Wäscheservice etc. EZ bis 7-Bett-Zi., z. T. mit eigenem Duschbad; 17–55 €/Pers., bei Kurzaufenthalt und zu Großveranstaltungen etwas teurer. Rosenstr. 16 (S-Bhf. Hackescher Markt, U- und S-Bhf. Alexanderplatz), ℡ 23 62 40 31, ℻ 27 90 71 70, www.citystay.de.

A & O Hostel & Hotel (3)**, → Karte S. 194/195, Neueröffnung des Jahres 2004 war der 800-Betten-Zwitter zwischen Hotel und Hostel: Alle Zimmer mit eigener Dusche/WC, Föhn, TV. Dazu Tagungsräume. EZ, DZ, 4-Bett-Zi. und 6-Bett-Zi., 12–99 €/Pers. – je nach Auslastungsgrad und Buchungstermin. Köpenicker Str. 127–129 (U-Bhf. Heinrich-Heine-Str.), ℡ 809 47 52-00, ℻ -90, reception@aohostels.de, www.aohostels.de.

City West

Louisa's Place (51), → Karte S. 160/161, ein nobles Boardinghouse in einem 1904 erbauten großbürgerlichen Berliner Stadthaus,

Unterkünfte nach Stadtteilen

das sehr gediegen möbliert ist. Wer private Atmosphäre den genormten Fünf-Sterne-Hotels vorzieht, ist hier richtig. Die Services können auch abbestellt werden, wenn der Gast sein Bett selber machen möchte. Holzvertäfelte Bibliothek mit Kamin, Ohrensesseln und altrosa Samtvorhängen. 47 individuell gestaltete Suiten mit 50–100 m², einige mit Balkon oder Wintergarten. Alle haben komplett eingerichtete Küchen und laden zu längeren Aufenthalten ein. Kurzaufenthalt 275–595 €/Suite, bei Sonderpreis-Aktionen ab 135 €. Langzeitmiete preiswerter. Frühstück 20 €/Pers. extra. Kurfürstendamm 160, ✆ 631 03-0, ✆ 631 03-100, www.louisas-place.de.

**** **Bleibtreu Hotel (49)**, → Karte S. 160/161, komplett ökologisch umgebauter Altbau mit 60 kleinen, aber sehr gewitzt eingerichteten Zimmern. Das Hotel hat nichts von rustikaler Birkenstock-Gemütlichkeit, sondern ist ganz modern designed. Die verbauten Materialien sind vom Feinsten: helles Eichenholz, Schurwollteppiche usw. Alle Zimmer mit Safe, Telefon, TV und Stereoanlage. Einige Nichtraucher- und einige behindertengerechte Zimmer. Bibliothek, Wellness-Bereich mit Dampfbad und Heilpraktikerin im Haus. Das hat seinen Preis: EZ 189 €, DZ 212 €/Nacht (mit leckerem Bio-Frühstück), je nach Buchungslage auch schon ab 119 € – am günstigsten über die BTM. Bleibtreustr. 31, ✆ 884 74-0, 884 74-603, ✆ 88474-444, www.bleibtreu.com.

*** **Hotel Kudamm 101 (52)**, → Karte S. 160/161, 2003 eröffnetes Hotel mit 170 Zimmern im schlicht-eleganten Design der Le-Corbusier-Tradition. Das Hotel hat sich blitzschnell einen sehr guten Ruf erarbeitet. Das Bio-Frühstück wird in der Dachetage mit Blick auf den Funkturm serviert. Viele Besonderheiten wie DVD-Verleih, Wellness-Bereich, rollstuhl- und blindengerechte Zimmer. Das Hotel ist in Raucher- und Nichtraucher-Etagen aufgeteilt; überall WLAN. EZ 99–219 €, DZ 119–250 € (Frühstück extra 15 €, sonntags bis 13 h!). Buchung über die BTM verspricht die günstigsten Preise. Kurfürstendamm 101, ✆ 52 00 55-0, ✆ 5200 55-555, www.kudamm101.com.

Hotel Art Nouveau (36), → Karte S. 160/161, das Künstlerhotel liegt in einer ruhigen Seitenstraße des Ku'damms, die meisten der 22 Zimmer gehen in den grünen Innenhof hinaus. Alle (Nichtraucher-)Zimmer sind im schönen Jugendstilhaus individuell und teilweise mit kräftigen Farben gestaltet und mit Antiquitäten eingerichtet. Das Gastgeber-Ehepaar Schlenzka legt Wert auf extrem bequeme Betten und die Vermeidung jeglichen Schnickschnacks. EZ 96–146 €, DZ 126–176 €, Suite 176–236 €. Leibnizstr. 59, ✆ 32 77 44-0, ✆-40, www.hotelartnouveau.de.

**** **Hotel Gates (6)**, → Karte S. 160/161, hinter der frisch getünchten Jahrhundertwende-Fassade des komplett umgebauten vormaligen Hotels Consul verbergen sich 104 ruhige, gut ausgestattete Zimmer, darunter auch Nichtraucherzimmer. Das Hotel mit moderner Ausstattung wie PC mit Highspeed-Internet (ohne Zusatzkosten) in jedem Zimmer und kostenlosen Leih-Fahrrädern liegt in der beschaulichen Gegend am Savignyplatz in der West-City, die zum Einkaufs- und Kneipenbummel einlädt. EZ und DZ ab 75 €, Frühstück 15 €/Pers., Parkplatz in der Tiefgarage 16 €. Buchbar online oder über die BTM (Bestpreis-Garantie). Knesebeckstr. 8–9, ✆ 311 06-0, ✆ 312 20 60, www.hotel-gates.com.

Frauenhotel Artemisia (55), → Karte S. 160/161, Männer dürfen nur zum geschäftlichen Gespräch im Seminarraum die von Renata Bühler und Manuela Polidori betriebenen heiligen Hallen betreten. Im 1989 gegründeten ersten deutschen Frauenhotel, übrigens teilweise mit Stilmöbeln ausgestattet, gibt es eine Bar, eine Bibliothek sowie ein Spielzimmer für Kinder. Gefrühstückt wird im Sommer auf der Sonnenterrasse auf dem Dach. Buchen sollten interessierte (Geschäfts-)Frauen allerdings frühzeitig; das Hotel hat seit 2008 19 (Nichtraucher-)Zimmer (teilweise mit Etagenbad) und die Nachfrage ist riesig. EZ 54–74 €, DZ 78–108 €, Last-Minute-Preise auf Anfrage; Frühstück 7 €. Brandenburgische Str. 18 (U-Bhf. Konstanzer Str.), ✆ 86 09 32-0, ✆ -14, www.frauenhotel-berlin.de.

Propeller Island City Lodge (54), → Karte S. 160/161, ein Gesamtkunstwerk des Künstlers Lars Stroschen. Nachdem er 1997 ein Hotel mit 5 Zimmern eröffnet hatte, kaufte er 1998 ein benachbartes Hotel hinzu, um das Propeller um 22 Zimmer erweitern zu können. Jedes Zimmer ist ein Kunstwerk, so dass Zwergenzimmer, mit reichlich Gartenzwergen dekoriert und nur 1,40 m hoch (bietet nur einer Person Platz), ein anderes völlig verspiegelt und bemalt, aber auch beruhigende Zimmer sind vorhanden. Stereoanlagen mit speziell gemischten Sounds, Selbstversorgerküchen und Natursteinbäder ergänzen das außergewöhnliche Ange-

56 Übernachten

bot. Ein ganz besonderer Tipp! Zimmerpreise 69–115 € für eine Person (Suite 190 €), die zweite Person zahlt 15 € extra. Frühstück 7 €. Albrecht-Achilles-Str. 58 (U-Bhf. Adenauerplatz), ✆ 891 90 16 (8–12 h), ✉ 892 87 21, www.propeller-island.com.

Hotel Bogota (46), → Karte S. 160/161, das 1912 erbaute Gebäude, das heute das 130-Zimmer-Hotel beherbergt, hat eine wechselvolle Geschichte hinter sich. Die spiegelt sich auch im liebevoll zusammengewürfelten Interieur des Hauses wider: So finden sich etwa Möbel, die der kolumbianische Emigrant, der dem Haus seinen Namen gab, aus der zweiten Heimat mitgebracht hat, neben ausrangiertem Kempinski-Mobiliar. Ein Gesamtkunstwerk, das Vater und Sohn Rissmann, die Besitzer, bewusst so erhalten. In einer der ehemals großbürgerlichen 14-Zimmer-Wohnungen des Hauses hat vor ihrer Ermordung durch die Nazis die Modefotografin Yva gewohnt, zeitweise auch ihr damaliger Schüler Helmut Newton. 1942 wurde das Haus enteignet und die Reichskulturkammer zog ein. Hier wurden Hans Albers und Wilhelm Furtwängler verhört – und nach dem Krieg fanden sich neben Akten über alle deutschen Kulturschaffenden auch Gemälde aus der Kunstsammlung des Jüdischen Museums wieder. Der Kulturbund wurde hier gegründet, ungezählte Künstler zogen in das unzerstört gebliebene Haus. Von den 1960ern bis Mitte der 70er-Jahre war jede Etage von einer Pension belegt, deren Möbel zum Teil noch da sind. EZ ab 40–49 € (Etagenbad!), mit eigenem Duschbad 66–98 €; DZ ab 64 € bis max. 150 € (dann mit eigenem Bad), inkl. Frühstück. Bestpreis-Garantie der BTM. Schlüterstr. 45 (Ecke Ku'damm), ✆ 881 50 01, ✉ 883 58 87, www.bogota.de.

Hotel-Pension Nürnberger Eck (45), → Karte S. 160/161, sehr familiäre, kleine Künstlerpension mit 8 Zimmern (davon 5 mit eigenem Bad), die völlig unterschiedlich im Stil der 1920er- und 30er-Jahre möbliert sind – schon zu dieser Zeit wurden hier Zimmer vermietet. Besonderheit: das Hochzeitszimmer. Inhaberin Helma Baalmann ist seit den 1980er-Jahren mit vielen Künstlern befreundet, die einige Kunstwerke im Hotel hinterlassen haben. EZ 45–60 €, DZ 70–92 € (inkl. Frühstück), niedrigste Preise über die BTM. Nürnberger Str. 24a (U-Bhf. Augsburger Str.), ✆ 23 51 78-0, ✉ 23 51 78-99, www.nuernberger-eck.de.

Hotel garni Astrid (39), → Karte S. 160/161, klassisches familiäres Hotel in einem prächtigen Altbau. Die 16 Zimmer wurden vor einigen Jahren modernisiert. EZ 59–69 €, DZ 79–99 €, alle mit Dusche/WC, inkl. Frühstück. Auch ein 3- und ein 4-Bett-Zimmer sind vorhanden. Bleibtreustr. 20 (Ecke Ku'damm), ✆ 881 59 59, ✉ 882 20 40, www.hotel-astrid.de.

***Hotel Wittelsbach (57), → Karte S. 160/161, einziges Berliner Hotel, das wegen der familiengerechten Ausstattung zu den Familotels gehört. Die Inhaberin Irmgard Arzt nennt es auch Märchenhotel. Warum, sieht man auf den ersten Blick: Ritterburgen, Dornröschen-Zimmer und überall Spielzeug – zumindest in der Familienetage. Ein Traum für die Kleinen! Geschäftsreisende, die keinen Buggy, kein Kinderbett, kein Babyphon und keine Wickelkommode brauchen (alles mehrfach vorhanden), bekommen hier ein ruhiges Zimmer fernab vom Kindergeschrei. Das etwas altmodische Hotel verfügt über eine Hinterhofterrasse. Alle Zimmer mit eigenem Bad/Dusche und WC. DZ ab 49 €, EZ ab 39 €, 3-Bett-Zi. ab 65 € (inkl. Frühstück). Wittelsbacher Str. 22 (U-Bhf. Konstanzer Str.), ✆ 81 09 69 50, ✉ 81 09 69 5-25, www.wittelsbach-hotel.de.

Hotel-Pension Waizenegger (31), → Karte S. 160/161, ruhige 9-Zimmer-Pension in sehr schönem Altberliner Haus, dem sog. Mommsenschlösschen, mit klassischem Innenhof. EZ 40 € (mit Etagenbad), 70 € (mit eigenem Bad), DZ 60 € (mit Etagenbad), 90 € (mit eigenem Bad), Frühstück inkl. Bestpreis-Garantie der BTM. Mommsenstr. 6, ✆ 883 17 09, ✉ 881 45 28, hotel-waizenegger@t-online.de, www.hotel-waizenegger.de.

Jugendgästehaus Central (59), → Karte S. 160/161, im herben Jugendherbergs-Charme der 1960er erhaltenes Haus mit Einzel- bis 6-Bett-Zimmern (insgesamt 456 Betten). Behindertengerechtes Bad. Übernachtung inkl. Frühstück pro Pers. 23,50 €; äußerst preiswert: Halb- und Vollpension, Aufschlag von 4 bzw. 6 €. Nikolsburger Str. 2–4, ✆ 873 01 88, 873 01 89, ✉ 861 34 85, www.jugendgaestehaus-central.de.

Hostel Die Etage (43), → Karte S. 160/161, seit Mai 2000 bestehendes, absolut unhippes Hostel mit 54 Betten. Pro Pers. im DZ ab 20 €, im EZ ab 22 €, im 3- und 4-Bett-Zimmer etwas günstiger, im Schlafsaal ab 15 €; Sonderpreise für Gruppen. Katharinenstr. 14 (am westlichen Ende des Ku'damms), ✆ 89 09 08 20, ✉ 89 09 08 27, www.die-etage.de.

Unterkünfte nach Stadtteilen

Ankunft im Luxushotel

Aletto Jugendhotel Schöneberg, das Interieur ist etwas spartanisch, aber sauber und neu. 71 Zimmer, keine Schließzeiten. EZ mit Dusche/WC/TV 35–55 €, 3-Bett-Zi. 51–105 €, 6-Bett-Zi 90–180 €. Hier sind Bettwäsche, Handtuch und Frühstück inklusive! Bestpreis-Garantie der BTM. Grunewaldstr. 33 (U-Bhf. Eisenacher Str.), ✆ 21 00 36 80, ✆ 21 96 66 42, www.aletto.de.

Jugendherberge Berlin International (23), → Karte S. 108/109, Mitgliedschaft im Jugendherbergswerk erforderlich (Beitritt bei Ankunft möglich, 12,50 €, für über 26-Jährige 21 €, jeweils für ein Jahr); rechtzeitig telefonisch anmelden. Ausländer zahlen für die ersten 6 Übernachtungen je 3,10 € oder einmalig 15,50 € für die DJH-Mitgliedschaft extra! Keine Nachtschließzeiten. Übernachtung für Leute bis 27 Jahre im Schlafsaal 15 €, im 3- bis 5-Bett-Zimmer ab 22 € und im DZ 28 €/Pers., inkl. Frühstück und Bettwäsche. Familien-Specials. Kluckstr. 3 (Bus 129, Haltestelle Gedenkstätte Deutscher Widerstand), ✆ 747 68 79-10, ✆ -11, www.jh-berlin-international.de

A & O Hostel am Zoo (18), → Karte S. 160/161, seit 2003 existiert der Preisbrecher direkt am Bhf. Zoo: Da das 24-räumige Hostel direkt an der Bahnlinie liegt und außerdem von mehrspurigen Straßen umgeben ist, muss mit Lärm gerechnet werden. Übernachtung im 8- bis 10-Bett-Zimmer ab 11–17 € und im spartanischen EZ stolze 29–90 €, hier gibt's allerdings für fast jeden Raum ein eigenes Bad, Bettwäsche und Frühstück. Günstigere Winterpreise. Bestpreis-Garantie der BTM. Joachimstaler Str. 1–3, ✆ 0800/222 67 14 (freecall), 88 91 35-53 00, www.aohostels.com.

Meininger Hotel, 2000 wurde das ehemalige Jugendhotel mit 6 Etagen (Aufzug!) runderneuert als Hostel wiedereröffnet und firmiert inzwischen als Hotel mit Ein-Sterne-Standard. Die Keimzelle des rasch wachsenden Meininger-Imperiums bietet 201 Betten in 51 Zimmern. Weil Bettwäsche inbegriffen ist (Handtücher kosten extra!), ist dies eine der günstigsten Übernachtungsmöglichkeiten der Stadt. Es gibt ein Café (im Sommer auch im Innenhof). Schlafsaal ab 9 €/Nacht, EZ ab 31 € und DZ ab 24 €/Pers. Auch Halb- und Vollpension sind im Angebot. Meininger Str. 10 (U-Bhf. Rathaus Schöneberg), ✆ 666 36 100, ✆ 66 63 62 22, www.meininger-hotels.de.

Prenzlauer Berg

Ackselhaus (45), → Karte S. 172/173, liebevoll individuell und romantisch eingerichtete Appartements mit 1 oder 2 Zimmern und komplett ausgestatteter Küche. Frühstücken kann man im Sommer nebenan im schönen Café „Club del Mar" oder im italienisch begrünten Hof. Jüngst wurde das Ackselhaus um das „bluehome" erweitert, das ganz im Zeichen des Wassers steht: Aquarien, Muscheln und Meeres-Deko allerorten. Dazu modernste Technik wie WLAN und DSL sowie altmodische Services wie Wäsche- und Bügeldienst. Das Ganze in ruhiger Lage in der Nähe des Kollwitzplatzes. Ein Tipp für alle, die nicht so aufs Geld schauen müssen. Preis pro Appartement ab 120 € (mit Frühstück). BTM Bestpreis-Garantie. Belforter Str. 21, ✆ 44 33 76 33, ✆ 441 61 16, www.ackselhaus.de.

Schönhauser Apartments (52), → Karte S. 172/173, neue, modern eingerichtete und sehr zentral gelegene Mini-Wohnungen für 2–6 Pers., Babybett gratis. Bettwäsche und Handtücher inkl., Frühstück – falls gewünscht – 3,50 €/Pers. Stark variierende Preise: 75–234 €. Schönhauser Allee 185, ✆ 473 73 97-0, www.schoenhouse.de.

Pfefferbett (48), → Karte S. 172/173, neues Hostel im Kulturzentrum Pfefferberg, das in einem sanierten Brauereikomplex residiert. Garten mit Terrasse, 24-h-Barbetrieb, Billard, Kicker und Tischtennis, WLAN etc. DZ ab 64 €, Bett im Schlafsaal ab 12 €. Vermietet werden auch schöne Apartments für 2–6 Personen in verschiedenen Häusern. Schönhauser Allee 175, ✆ 93 93 58 58, www.pfefferbett.de.

Hotel Transit Loft (47), → Karte S. 172/173, recht neues (Jugend-)Hotel in einem umgebauten Fabrikgebäude aus der Gründerzeit. Im gläsernen Fahrstuhl geht es in die Obergeschosse. 47 1- bis 5-Bettzimmer (alle mit Dusche/WC), inkl. Frühstücksbuffet bis 12 h. EZ 62 €, DZ 72 €, im Schlafsaal 21 €/Pers. Immanuelkirchstr. 14a, ✆ 48 49 37 73, ✆ 44 05 10 74, www.transit-loft.de.

Apartment Guesthouse Berlin (3), → Karte S. 172/173, bei Schwulen beliebte, modern eingerichtete Pension mit angeschlossenem Café. Neben EZ und DZ auch geräumige Apartments für 2–6 Pers., nettes Personal. DZ 66–76 €, EZ 40–45 €, Frühstück 5 €. Kinder bis 5 J. frei, bis 10 J. 5 €. Gleimstr. 24, ✆ 448 07 92, ✆ 44 04 74 89, www.berlin-guesthouse.com.

The Circus (3), → Karte S. 126/127, in einem 2001 sanierten 5-stöckigen Jahrhundertwende-Bau. Wäscheservice, Vermittlung von Mitfahrgelegenheiten und (teilweise verbilligten) Tickets für Veranstaltungen aller Art. Kostenloser Safe, Gepäckaufbewahrung, Infomaterial usw. EZ bis 8-Bett-Zimmer, 19–40 €/Pers., je nach Zimmergröße; EZ mit eigenem Duschbad 50 €, DZ 70 €, Apartments bis max. 4 Pers. 85–140 €. Weinbergsweg 1a (U-Bhf. Rosenthaler Platz), ✆ 20 00 39 39, skype: circus-berlin, ✆ 28 39 14 84, www.circus-berlin.de.

Lette'm sleep (9), → Karte S. 172/173, ein rollstuhlgerechtes Backpacker-Hostel; alle Zimmer mit Waschgelegenheit. Internationales Publikum und Personal. DZ ab 49 €, Bett im 3- bis 7-Bett-Zimmer ab 17 €, mit eigenem Duschbad ab 23 €; im Winter günstiger. Lettestr. 7 (zwischen U-Bhf. Eberswalder Str. und S-Bhf. Prenzlauer Allee), ✆ 44 73 36 23, ✆ 44 73 36 25, www.backpackers.de.

EastSeven Berlin Hostel (43), → Karte S. 172/173, 2005 eröffnetes kleineres Hostel, das 2009 von der Hostelworld (Dublin) zu „Germany's Top Hostel" gekürt wurde. Auf vier Etagen verteilen sich die 60 Betten in 17 individuell gestalteten Räumen. Fahrradverleih, Gepäckaufbewahrung und diverse weitere Services. Gemeinschaftsküche und Lounge im Gartenhaus; begrünter Hof. Im 6-Bett-Zimmer kostet die Nacht je nach Saison zwischen 13 und 17 €, im DZ 21–25 €/Pers. Schwedter Str. 7 (U-Bhf. Senefelder Platz), ✆ 93 62 22 40, ✆ 93 62 22 39, www.eastseven.de.

Entspannen auf der Hotelterrasse

Unterkünfte nach Stadtteilen

Kreuzberg

**** relexa Hotel Stuttgarter Hof (6), → Karte S. 194/195, eines der nettesten in der Reihe der neuen Hotels am Anhalter Bhf. ist das 208-Zimmer-Hotel der relexa-Kette, das über einen angenehmen Wellness-Bereich (Sauna, Solarium, Fitness) verfügt. Leckeres Frühstück mit vielen frischen Komponenten. Buchbar über die BTM mit Bestpreis-Garantie, auch direkt über die Website. Die Preise variieren stark, einige Raucherzimmer. EZ und DZ ab 85 € (inkl. Frühstück). Anhalter Str. 8–9, ✆ 26 48 3-0, ✉ 26 48 39 00, www.relexa-hotel.de.

** Hotel Am Anhalter Bhf, einfaches Hotel in recht ruhiger Lage, gemischtes Publikum: Monteure wie Studenten. 72 Betten, nicht alle Zimmer mit eigenem Bad. EZ 38–75 €, DZ 55–140 € (inkl. Frühstück), auch preiswerte Mehrbettzimmer (Bestpreis-Garantie der BTM nutzen!). Stresemannstr. 36 (gegenüber Hebbel-Theater), ✆ 251 03 42, ✉ 251 48 97, www.hotel-anhalter-bahnhof.de.

Hotel Transit (52), → Karte S. 194/195, 142 Betten, alle Zimmer sind mit Dusche ausgestattet. Internationales Publikum und viele Rucksack-Touristen, Fernsehraum, Münzwaschmaschine. Nach einer Komplettrenovierung sind die Übernachtungspreise deutlich angehoben worden. Das EZ kostet nun inklusive Frühstück 62 €, das DZ 72 €. Auch größere Zimmer (Übernachtung im Schlafsaal 21 €), alles inklusive Frühstücksbuffet. (bis 12 h). Hagelberger Str. 53–54, im Hinterhof (U-Bhf. Mehringdamm), ✆ 789 04 70, ✉ 78 90 47 77, www.hotel-transit.de.

Pension Kreuzberg (43), → Karte S. 194/195. Die winzige Pension verfügt zwar nur über 12 – allerdings großzügige – Zimmer (einige mit eigenem Duschbad), gilt aber unter Berlinkennern als der Tipp. Aus Überzeugung keine Fernseher; spezialisiert auf schwule Gäste. Viele Tipps vom freundlichen Rezeptionspersonal. DZ ab 60 €, EZ ab 42 €, Mehrbettzimmer ab 25 €/Pers. (jeweils mit Frühstück); über die BTM buchbar. Großbeerenstr. 64/Ecke Yorckstr. (U-Bhf. Mehringdamm), ✆ 251 13 62, ✉ 251 06 38, www.pension-kreuzberg.de.

Die Fabrik (22), → Karte S. 194/195. Früher wurden hier Telefone produziert, heute stehen müden Gästen 44 einfach, aber nicht spartanisch möblierte Räume zur Verfügung. Das in einem Fabrikgebäude der Jahrhundertwende untergebrachte Hotel bietet große, helle Zimmer nicht nur für (etwas ältere) Rucksacktouristen – hier steigen auch viele Musiker ab, z. B. Guildo Horn. EZ ab 38 €, DZ ab 52 €, 3-Bett-Zimmer ab 69 €, 4-Bett-Zimmer ab 84 €, 7-Bett-Zimmer 18 €/Pers.; Frühstück 7 € extra, wird ab 7.30 h im hauseigenen Café serviert. Nur Barzahlung! Schlesische Str. 18 (U-Bhf. Schlesisches Tor), ✆ 611 71 16, 617 51 04, ✉ 618 29 74, www.diefabrik.com.

Meininger Hotel Hallesches Ufer (29), → Karte S. 194/195, hier hat jedes der 75 Zimmer ein eigenes Bad. Ein EZ mit TV und Telefon kostet im Winter ab 55 €; im Schlafsaal ab 15 €/Pers., im Sommer teurer. Bettwäsche und Safe/Gepäckaufbewahrung inbegriffen. Hallesches Ufer 30 (U-Bhf. Möckernbrücke), ✆ 666 36 100, www.meiningerhotels.com.

Meininger Hotel Tempelhofer Ufer (32), → Karte S. 194/195, ebenfalls ein Kind des Meininger-Expansionsdrangs ist das 19-Zimmer-Nichtraucher-Hotel in einem freundlich sanierten Altbau. Auch Familien, Paare und Einzelreisende sind hier gut aufgehoben. 18 Zimmer (alle mit Dusche/WC) auf 3 Etagen, angenehme Aufenthaltsräume, Schließfächer und kostenloser Parkplatz. Für Mädchen/Frauen gibt es extra Schlafsäle. EZ mit TV und Telefon im Winter ab 39 €; im Schlafsaal ab 11 €/Pers., im Sommer mehr. Bettwäsche und Safe/Gepäckaufbewahrung inbegriffen. Tempelhofer Ufer 10, ✆ 666 36 100, www.meininger-hostels.de.

Gästehaus Freiraum (34), → Karte S. 194/195, seit 1996 besteht das Gästehaus im schön sanierten Altbau im ruhigen zweiten Hinterhof. Jeweils 2 Zimmer teilen sich ein Duschbad, die Apartments verfügen über eigene Bäder. Schlicht möbliert EZ ab 20 €, DZ (z. T. Stockbetten!) ab 36 €, 3-Bett-Zimmer ab 51 € und 4-Bett-Zimmer ab 60 €, Apartment ab 47 €; kein Frühstück. Rabatt für Gruppen. Wiener Str. 14 (U-Bhf. Görlitzer Bahnhof), ✆ 6182008, ✉ 6182006, www.uebernachten-berlin.de.

36 Rooms Hostel (31), → Karte S. 194/195, in der ehemaligen Traditionspension Wendenhof von 1911 residiert neuerdings ein Hostel. Auf die schönen alten Holzfußböden hat man, den Zeichen der Zeit folgend, Etagenbetten gestellt – so lässt sich Gewinn maximieren. Übernachtung im 8-Bett-Zimmer ab 14 €/Pers. EZ ab 35 €, DZ ab 50 € (WC im Flur). Spreewaldplatz 8, ✆ 53 08 63 98, www.36rooms.com.

BaxPax Kreuzberg Hostel (24), → Karte S. 194/195. In einer 750 m² großen ehemaligen Fabriketage eröffnete 2000 ein kleiner Ableger vom Mitte's Backpacker Hostel. Übernachtung je nach Bettenzahl und Jahreszeit 8–37 €/Pers, Selbstversorgerküche und preiswerte Bar im Haus. Fahrradvermietung. Skalitzer Str. 104, ✆ 69 51 83 22, ✉ 69 51 83 72, www.baxpax.de.

Friedrichshain

East-Side-City-Hotel (31), → Karte S. 182/183, aufgehübschter Altbau an der verkehrsreichen Mühlenstraße, dafür spektakulärer Blick auf die Oberbaumbrücke. Wegen seiner exponierten Lage war das Hotel schon in einigen Filmen zu sehen. 35 (recht kleine) Zimmer mit Dusche und WC. EZ 59–98 €, DZ 69–108 €. Bestpreis-Garantie der BTM. Mühlenstr. 6, ✆ 29 38 33, ✉ 29 38 35 55, www.eastsidehotel.de.

Michelberger Hotel (28), → Karte S. 182/183, die Neueröffnung des Spätsommers 2009 ist ein außergewöhnliches Designhotel in der Nähe der O₂-World. 14 Freunde haben ein leider recht laut gelegenes denkmalgeschütztes Fabrikgebäude an der Spree mit vielen Ideen in ein schönes, aber nicht überteuertes 250-Betten-Hotel verwandelt, das sich mit Bar, Bühne, Tour-Organisation und Probenraum (schallgeschützt) besonders an Musiker und Musikbegeisterte wendet. Da die Zimmer eher hoch als groß sind, wurden teilweise über den Duschbädern Zwischenebenen eingezogen, auf denen man schläft. EZ ab 55 €, DZ ab 75 €, auch große Mehrbettzimmer. Frühstück 8 €. Buchbar über www.hotel.de. Warschauer Str. 39–40, ✆ 29 77 85 90, www.michelbergerhotel.de.

Hostelschiff Eastern Comfort (33), → Karte S. 182/183, auf der Spree an der Oberbaumbrücke. Seit 2005 lädt das 60er-Jahre-Schiff alle über 6 Jahre zur Nacht auf seine schwankenden Planken, 2008 kam das 18-Kabinen-Schwesterschiff „Western Comfort" auf der Kreuzberger Seite hinzu. 24 Kabinen mit 1–6 Kojen, am preiswertesten schläft es sich im Zelt oder im Freien an Deck – ein einmaliges Erlebnis. 16–50 €/Pers. (zzgl. Bettwäsche). Mühlenstr. 73–77, ✆ 66 76 38 06, ✉ 66 76 38 05, skype: eastern comfort hostel boat berlin, www.easterncomfort.com.

Globetrotter Hostel Odyssee (9), → Karte S. 182/183, im Hinterhof gelegenes 100-Betten-Hostel mit farbenfroh gestalteten Räumen. Frühstück bis 12 h, Restaurant- und Barbetrieb bis zum Morgengrauen; Gästeküche. EZ mit eigener Dusche ab 29 €, DZ mit Dusche ab 45 €. im 8-Bett-Zimmer 13,50 €, im Winter 10 €. Grünberger Str. 23 (U-/S-Bhf. Warschauer Str.), ✆ 29 00 00 81, ✉ 29 00 33 11, www.globetrotterhostel.de.

A & O Hostel (26), → Karte S. 182/183, ruhiges, in einem Hof gelegenes Hostel im angesagten Kiez am Ostkreuz. Von 22 bis 6 h wird das internationale Publikum um Nachtruhe gebeten, wobei man offensiv mit der Polizei droht – vermutlich nicht ohne Grund. Sehr variable Preise je nach Auslastung: DZ mit eigenem Bad und Bettwäsche ab 15 €/Pers., im 4- bis 6-Bett-Zimmer ab 13 €. Parkplatz 3 €/Tag. Boxhagener Str. 73, ✆ 0800/222 57 22 (freecall), ✉ 29 77 81 20, hostel@web.de, www.aohostels.com.

Pegasus Hostel (5), → Karte S. 182/183, Hostel in einer ehemaligen jüdischen Mädchenschule in Friedrichshain, nahe der Karl-Marx-Allee. Auf 4 Etagen verteilen sich 30 helle, einfach eingerichtete Zimmer mit eigenen Waschgelegenheiten. Duschen und WCs liegen auf der Etage (WC-Anzahl nicht ausreichend; morgens oft längere Wartezeiten). Frühstücksraum, Hofgarten, eigene Parkplätze. Für Reisegruppen gibt es eigene Etagen mit Gruppenleiterzimmern. Im Angebot u. a. Fahrradvermietung, Skate-Touren, Shuttle- und Ticketservice, Internetzugang, Infos zum Nachtleben und zum schwulen Berlin usw. Das Publikum ist sehr gemischt: hier treffen österreichische Schulklassen auf allein reisende Rentner und Dienstreisende mit Fluggepäck. Übernachtungspreise je

Unterkünfte nach Stadtteilen 61

nach Zimmergröße: DZ ab 49 €, als EZ ab 39 €, Mehr-Bett-Zimmer ab 13 €/Pers. Straße der Pariser Kommune 35 (U-Bhf. Weberwiese, S-Bhf. Ostbahnhof), ℡ 29 77 36-0, ℻ 29 77 36-10, www.pegasushostel.de.

Ostel (8), → Karte S. 182/183, am 1. Mai 2007 war die Zeit wieder reif für's Pionierlager, wie in diesem Hostel die 4- bis 6-Bett-Zimmer heißen. Gemäß seinem Namen ist das gesamte Hostel im DDR-Stil gehalten, von der Tapete über die Möbel bis hin zum Wandschmuck. Die Übernachtung kostet ab 9 €, es gibt auch Zimmer mit eigenem Bad und im 13. bis 16. Stockwerk des Plattenbaus sogar 8 Ferienwohnungen für bis zu 6 Pers. (ab 120 € zzgl. Endreinigung). Wriezener Karree 5, ℡ 25 76 86 60, ℻ 25 76 88 07, contact@hostel.eu, www.ostel-berlin.de.

Generator Hostel Berlin (41), → Karte S. 172/173, supermodern und diebstahlfeindlich (Personalausweispflicht, festgeschraubte Stühle, Schlüsselkarten, Spinde, für man ein eigenes Vorhängeschloss mitbringen muss) eingerichtetes Mega-Hostel mit 800 Betten mit allgemein gelobter Matratzenqualität. Ableger des Londoner „The Generator" in mäßig guter Lage. Viel schwules Publikum, separate Mädchen- und Frauen-Schlafsäle. Der Plattenbau lässt Atmosphäre völlig vermissen. Übernachtungspreise je nach Bettenzahl des Zimmers von 18,50–50,50 €/Pers. inkl. Bettwäsche, Willkommensgetränk und Frühstück. Bestpreis-Garantie der BTM. Storkower Str. 160 (S-Bhf. Landsberger Allee), ℡ 417 24 00, ℻ 41 72 40 80, www.generatorhostels.com.

Köpenick

*** Hotel Kubrat an der Spree (3), → Karte S. 200/201, neben der örtlichen Feuerwache direkt am Wasser gelegen mit Terrasse, Pool, Leih-Fahrrädern etc. 23 Zimmer mit Dusche/Bad und WC. EZ ab 40–65 €, DZ ab 60–85 €, Apartment ab 80 €. Freiheit 10–11, ℡ 65 01 35-0, ℻ -222, www.hotel-kubrat.de.

*** Hotel Bölsche 126, alle 12 neu gestalteten, in einem denkmalgeschützten Bauensemble ruhig gelegenen Zimmer mit Dusche/WC. EZ mit Frühstück ab 42 €, DZ ab 69 €; für Reisende mit Kindern sind die 3- und 4-Bett-Zi. sowie v. a. die Studios (ab 80 €) geeignet; auch Gruppen bis 25 Personen können hier bequem wohnen. Empfehlenswert ist die preiswerte Halbpension; buchbar über die BTM. Bölschestr. 126 (S-Bhf. Friedrichshagen), ℡ 645 14 95, ℻ 64 48 81 32, www.hotel-boelsche.de.

Hotel-Pension Karolinenhof, geschmackvoll nostalgisch eingerichtetes 10-Zimmer-Haus; Special: überlange Bettdecken für große Gäste. Leihfahrräder und Nordic-Walking-Stöcke, Segelbootvermietung am nahen Langen See. Alle Zimmer mit Bad/WC oder Dusche/WC. EZ 45–54 €, DZ 60–72 €, ab 3 Nächten günstiger. Pretschener Weg 42 (Tram 68), ℡ 675 09 70, ℻ 67 50 97 17, www.karolinenhof.com.

Hostel am Flussbad (8), → Karte S. 200/201, der Geschichtsverein „Der Cöpenicker" eröffnete 1996 sein Jugendhotel direkt am Flussbad Gartenstraße. Kindergerecht. 9 Mehrbettzimmer mit Etagendusche, im Winter ab 12,50 €/Pers. (Sommer 17 €), Frühstück 6 €. DZ mit Dusche/WC 66 €, EZ 46 € (inkl. Frühstück). Gartenstr. 46–48 (S-Bhf. Köpenick), ℡ 65 88 00 94, ℻ 65 88 00 93, www.der-coepenicker.de.

Spandau

*** Hotel Benn (4), → Karte S. 211, familiäres Hotel garni mit 24 Zimmern im schick renovierten Altbau in ruhiger Lage. EZ ab 75 €, DZ ab 85 €. Ritterstr. 1 a, ℡ 353 92 70, ℻ 333 99 78, www.hotel-benn.de.

Hotel Lindenufer (7), → Karte S. 211, ruhige Lage in der Fußgängerzone. EZ ab 65 €, DZ ab 86 €; diverse Arrangements. Breite Str. 36, ℡ 353 77 00, ℻ 35 37 70 55, www.lindenufer.com.

Hotel Herbst (8), → Karte S. 211, schlichtes traditionelles 20-Zimmer-Hotel in ruhiger Altstadt-Lage. Hunde erlaubt. EZ ab 49 €, DZ ab 69 €, buchbar über die BTM. Moritzstr. 20, ℡ 353 70 00, ℻ 333 73 65, hotels@wohnkonzept.com, www.hotel-herbst.com.

Hotel Altstadt Spandau (12), → Karte S. 211, idyllisch und ruhig an der Mündung der Spree in die Havel gelegener Altbau, die Zimmer wirken etwas verstaubt. EZ 60–85 €, DZ 75–110 €. Bestpreis-Garantie der BTM. Wasserstr. 4+8, ℡ 353 93 20, ℻ 35 39 32 13.

Brauhaus in Spandau (1), → Karte S. 211, neben Großgastronomie ein kleines Hotel für die, die zu viel vom hausgebrauten Bier genossen haben. Schöne, recht ruhige Lage am Kolk. 18 Betten in sieben geschmackvoll gestalteten Zimmern mit Dusche/WC. EZ 73 €, DZ 98 €, Suite ab 145 €; Brauerei-Arrangement mit Brauereiführung, Mittelaltermahl auf der Zitadelle etc. für Gruppen ab 6 Pers. Neuendorfer Str. 1, ℡ 353 90 70, ℻ 35 39 07 11, www.brauhaus-spandau.de.

Während der Sanierung zieht die Staatsoper ins Schiller-Theater

Oper, Theater, Kino, Sport ...

Berlin hat allein drei Opernhäuser, weit über hundert Theater-, Tanz- und Kleinkunstbühnen, mehr als hundert Kinos sowie unzählige weitere Veranstaltungsorte. Auch hochkarätige und ausgefallene Sportveranstaltungen kann man in der Stadt besuchen.

Bei so viel Fülle hat der Kulturfreund die Qual der Wahl: Klassisches Ballett oder Kabarett? Oper, Sprechtheater oder Musical? Einen Abend im mondänen Varieté genießen oder lieber ein Zwei-Personen-Drama auf einer Hinterhaus-Kleinkunstbühne ansehen? Oder vielleicht modernes Theater in der Schaubühne erleben? Dann gibt es ja auch noch die Konzerte, von Klassik über Jazz, Weltmusik, Rock, Pop bis Minimal Music. Daneben locken große Kinos wie das 3-D-Kino, aber auch kleine Alternativkinos mit zuweilen skurrilen Filmen, die selten gezeigt werden. Sogar alteingesessene Berliner verlieren hier ab und zu den Überblick und die Entscheidungsfreude. Oft spielt der Zufall bei der Abendgestaltung eine Rolle, manchmal ist einfach ausschlaggebend, wofür es noch Karten gibt. Die Eintrittspreise beeinflussen die Auswahl natürlich ebenfalls. Das aktuelle Tagesprogramm findet man in den Tageszeitungen und den (teilweise kostenlosen) Veranstaltungs- und Stadtmagazinen sowie im Internet. Plakate an Litfaßsäulen und in den U- und S-Bahnhöfen weisen ebenfalls auf Veranstaltungen hin. Auf einer gemeinsamen Website der größeren Bühnen der Stadt sind ausführliche Spielplaninformationen zu finden, und es können auch Karten bestellt werden: www.berlin-buehnen.de. Eintrittskarten gibt es generell an der Abendkasse, oft auch im Vorverkauf der jeweiligen Häuser und bei diversen Vorverkaufsstellen, die überwiegend in der City liegen.

Oper, Theater, Kino, Sport

> **Eintrittskarten**
> Eine Vorverkaufsstelle, die sich auf den Versand von telefonisch bestellten Karten spezialisiert hat, ist TAKS, www.tickets24berlin.de, ☏ 341 01 33. Die Bezahlung erfolgt per Lastschrift oder Kreditkarte, die Tickets werden zugesandt. Auch über www.berlin.de, www.meinberlin.de und die Websites vieler Veranstaltungsorte kann man Eintrittskarten online bestellen. Das Kartenbüro Hektiket bietet preisreduzierte Eintrittskarten (meist 50 %) für Vorstellungen am selben Tag an, ☏ 230 99 30, Alexanderplatz 8 und Hardenbergstr. 29d, im Hochhaus am Zoo (U-/S-Bhf. Zoologischer Garten). Internet-Buchung unter www.hekticket.de. Restkarten zum halben Preis gibt es am Veranstaltungstag auch in den Berlin-Infostores der BTM (s. S. 50).

Immer noch überaus beliebt ist Comedy aller Art, von den musizierenden Geschwistern Pfister und Gayle Tufts mit ihren One-Woman-Shows auf „Denglisch", einem Sprachgemisch aus Deutsch und Englisch, die gern in der *Bar jeder Vernunft* oder im *Tipi* auftreten, bis zu Cindy aus Marzahn, Kurt Krömer und dem Duo Pigor & Eichhorn im *Quatsch Comedy Club*. Auch Varieté und Klezmer-Musik bleiben angesagt. Seit einigen Jahren sind Lesungen en vogue, allerdings nicht in ihrer klassischen, eher drögen Form, sondern als Pop-Veranstaltungen in Szene-Kneipen.

Sprechtheater

Berliner Ensemble (BE) (Mitte), Bertolt-Brecht-Platz 1 (S-/U-Bhf. Friedrichstr.), ☏ 28 40 81 55, www.berliner-ensemble.de. Karten 2–30 €. Ehem. Brecht-Theater, das seit 1999 von Claus Peymann geleitet wird. Oft ausverkauft!

Deutsches Theater (DT) (Mitte), Schumannstr. 13, (U-/S-Bhf. Friedrichstr. oder Oranienburger Tor, Tram M 1, M 6, 12; Bus 147, TXL), ☏ 284 41-225, www.deutschestheater.de. Karten 4–45 €, Schüler, Studenten, Azubis und ALG-I-Empfänger 9 €, Hartz-IV-Empfänger 3 € (nur mit Nachweis und nicht bei Premieren!). Seit 2009 unter der Intendanz von Ulrich Khuon, der zuvor preisgekrönt am Hamburger Thalia-Theater wirkte. Klassisches Programm und Uraufführungen zeitgenössischer Stücke; hervorragende Schauspieler, die Khuon zum Teil aus Hamburg mitgebracht hat.

Hebbel am Ufer (HAU), die Neugründung des Jahres 2003 vereinigt drei Kreuzberger Theater unter dem Namen HAU, ☏ 25 90 04 27, www.hebbel-am-ufer.de. Gezeigt werden unter der Leitung von Matthias Lilienthal zeitgenössische Formen der darstellenden Kunst, also modernes und sehr modernes Theater. Der Auftakt im Herbst 2003 war fulminant, die Preise sind wirklich moderat: 11–18 €, für Schüler, Studenten etc. 7 €.
HAU 1 (ehem. Hebbel-Theater), Stresemannstr. 29 (U-Bhf. Hallesches Tor, Möckernbrücke, S-Bhf. Anhalter Bhf., Bus M 41), ein kleines, altes Theater.
HAU 2 (ehem. Theater am Halleschen Ufer), Betonbau aus den 1960ern. Hallesches Ufer 32.
HAU 3 (ehem. Theater am Ufer), Tempelhofer Ufer 10.

Komödie und **Theater am Kurfürstendamm** (Char.), Kurfürstendamm 206 (U-Bhf. Uhlandstr., Bus M 19, M 29), Karten ☏ 88 59 11 88, www.komoedie-berlin.de, 13–47 €. Die beiden Häuser werden seit 2004 vom Gründer-Enkel Martin Woelffer geleitet, der mit Stars wie Bastian Pastewka und Manon Straché ein jüngeres Publikum anziehen will. Derzeitiger Publikumsmagnet ist die Komödie „Männerhort" unter der Regie von Andreas Schmidt. Seit den alljährlichen Verkäufen des Gebäudes an verschiedene Immobiliengesellschaften ist der dauerhafte Bestand der Theater, die in den 1920er-Jahren für Max Reinhardt errichtet wurden, aber nicht unter Denkmalschutz stehen, nicht gesichert. Derzeit sieht es nach einem Abriss und anschließendem Neubau eines Saales aus.

Maxim-Gorki-Theater (Mitte), Am Festungsgraben 2 (S-Bhf. Hackescher Markt, U-/S-Bhf. Friedrichstr., Bus 100, 200), ☏ 202 21-0, -115, www.gorki.de. Karten 10–30 €, Er-

Oper, Theater, Kino, Sport

Provokation oder Klamauk?
Die Inszenierungen in der Volksbühne sind umstritten

mäßigung für Studierende und Arbeitslose. Seit 2006 ist Armin Petras Intendant des schönen kleinen Theaters in zentraler Lage. Behutsam entstaubt er das Traditionshaus, das er als „Stadttheater für alle Berliner" bezeichnet. 1952 wurde das Sprechtheater in der einstigen Singakademie mit der Absicht gegründet, den DDR-Bürgern das russische und sowjetische Theater nahe zu bringen, äußerte sich ab 1968 systemkritisch und ist seit den 1990ern immer von Subventionskürzungen bedroht.

Renaissance-Theater (Char.), Hardenbergstr. 6 (U-Bhf. Ernst-Reuter-Platz, Bus M 45, 245), ✆ 312 42 02, www.renaissance-theater.de. Karten 12–48 €. Das einzige Art-déco-Theater Europas mit sehenswerten Holzintarsien im ganzen Zuschauerraum wurde von Oskar Kaufmann entworfen.

Schaubühne (Wilm.), Kurfürstendamm 153 (U-Bhf. Adenauerplatz, Bus M 19, M 29), ✆ 89 00 23, www.schaubuehne.de. Karten 6–38 €, erm. 8 € (nur im Vorverkauf und mit entsprechendem Ausweis); Rollstuhlplätze vorhanden. 1999 von Thomas Ostermeier und der Choreographin Sasha Waltz übernommenes Theater, das mit großem Elan versucht hat, modernes Sprech- und Tanz-Theater in einem Haus zu verbinden. Dieser Versuch ist 2005 endgültig gescheitert, das Tanztheater von Waltz hat sich inzwischen ins neue Radialsystem V davongemacht. Gespielt werden klassische und moderne Stücke, manchmal in Kooperation mit ausländischen Bühnen.

Volksbühne (Mitte), Rosa-Luxemburg-Platz (U-Bhf. Rosa-Luxemburg-Platz, U-/S-Bhf. Alexanderplatz, Straßenbahnen M 8, Bus TXL, 240), ✆ 247 67 72 (Kasse), ✆ 247 76 94 (Besucherservice), www.volksbuehne-berlin.de. Karten 10–25 €. Die Leitung des jüngst grundlegend sanierten Hauses hat seit 1992 Frank Castorf, bekannt durch seine spektakulären Klassikerinszenierungen. Kritiker nennen so etwas Effekthascherei, aber dem (jungen) Publikum gefällt's. Nebenspielort im **Prater** (Pren.), Kastanienallee 7–9.

Oper, Operette und Musical

Die weltweit einzigartige Berliner Opernlandschaft ist berühmt – und bedroht. Nach jahrelangen Diskussionen, ob zumindest eins der drei staatlichen Häuser geschlossen werden soll, wurde 2003 die „Stiftung Oper in Berlin" gegründet, die den drei Berliner Opernhäusern übergeordnet ist. Ihr Ziel ist Einsparung von Kosten und Koordination der Spielpläne, die unter www.oper-in-berlin.de auf einer gemeinsamen Internet-Seite präsentiert werden.

Vorerst sind die Schließungspläne damit vom Tisch. Zwischen Oper und Operette angesiedelt ist das Programm der Neuköllner Oper; ein eigenes Operettenhaus hat Berlin nicht mehr. Nachdem über ein Jahrzehnt lang fast jedes Musical in Berlin gefloppt war, scheint man nun den Publikumsgeschmack besser zu kennen. Kein Musical im eigentlichen Sinn ist die Show der „Blue Man Group", die im Bluemax Theater am Potsdamer Platz Abend für Abend die Massen begeistert.

Bluemax Theater (Tier.), im ehemaligen 3D-Kino IMAX, Marlene-Dietrich-Platz 4 (U-/S-Bhf. Potsdamer Platz oder Mendelssohn-Bartholdy-Park), ✆ 01805/44 44, www.bluemangroup.de. Karten 49–69 €. In kein Schema passt das rhythmische, mit Farbe und Effekten spielende Mitmach-Spektakel der drei Herren in Blau, das schon über 1 Mio. Besucher begeistert hat.

Deutsche Oper Berlin (Char.), Bismarckstr. 35 (U-Bhf. Deutsche Oper), ✆ 34 38 43 43, www.deutscheoperberlin.de. Karten 5–84 €, je nach Kategorie; bei Sonder-Veranstaltungen auch mehr. Erfahrungsgemäß sind meist nur die Vorstellungen am Wochenende langfristig ausverkauft, an der Abendkasse sind an Wochentagen häufig noch ermäßigte Restkarten erhältlich. Nach dem Tod des langjährigen Generalintendanten Götz Friedrich schien die Nachfolge schwierig, bis Kirsten Harms 2004 die Intendanz übernahm. Dank ihres innovativen Programms mit vielen modernen Werken steigt das Haus in der Gunst des Publikums wieder.

Komische Oper (Mitte), Behrenstr. 55–57 (U-Bhf. Französische Str., S-Bhf. Friedrichstr., Bus 100, 147, 200). Opernkasse um die Ecke Unter den Linden 41, ✆ 20 26 06 66, Kartenbestellungen über Reservierungs-Service Papagena, ✆ 47 99 74 00 oder www.komische-oper-berlin.de. Neuer Generalmusikdirektor ist der etwas blass wirkende US-amerikanische Dirigent Carl St. Clair. Immer wieder aufsehenerregende Inszenierungen, meist hervorragende Textverständlichkeit. Karten 8–72 €.

Neuköllner Oper (Neuk.), Karl-Marx-Str. 131–133 (U-Bhf. Karl-Marx-Str., S-Bhf. Neukölln, Bus 104). ✆ 688 90 7-0, -77 (Vorbestellungen), www.neukoellneroper.de. Karten 12–21 €. Erarbeitet seit ca. 30 Jahren sehr professionell Musicals und Operetten, aber auch Opern. Etwas schwankendes Niveau, aber immer hohe Besucherzahlen. Besonders bemerkenswert sind die vielen Uraufführungen unbekannter Werke. Ambitionierte Inszenierungen mit aktuellen Bezügen.

Staatsoper Unter den Linden (Mitte), nur noch bis Anfang Juni 2010 Unter den Linden 7. Dann wird das Opernhaus saniert, deshalb spielt man vom 3. Okt. 2010 bis zum Frühsommer 2013 im Schiller-Theater an der Bismarckstraße 110 (Char.), U-Bhf. Ernst-Reuter-Platz, ✆ 20 35 45 55 (Vorbestellungen), ✆ 20 35 44 38 (Spielplanauskunft), www.staatsoper-berlin.de. Karten 5–126 €, bei Sonderveranstaltungen auch mehr. Generalmusikdirektor ist seit 1992 Daniel Barenboim, Intendant ab 2010 Jürgen Flimm.

Theater des Westens (Char.), Kantstr. 12 (S-Bhf. Savignyplatz, U-/S-Bhf. Zoologischer Garten), ✆ 01805/44 44, www.stage-entertainment.de. Über hundert Jahre ist der Bau alt, in dem die niederländische Stage Holding derzeit das Musical „Der Schuh des Manitu" spielen lässt (Eintritt 39–104 €). Bis zur Wiedereröffnung 2003 hat sie das Haus für fast 12 Mio. Euro umbauen und modernisieren lassen.

Theater am Potsdamer Platz (Tier.), Marlene-Dietrich-Platz 1 (U-/S-Bhf. Potsdamer Platz od. Mendelssohn-Bartholdy-Park, Bus M 41, M 48, 200), ✆ 01805/44 44, www.stage-entertainment.de. Bereits nach wenigen Jahren konnte die Stella AG das 1999 im debis-Gebäude mit modernster Bühnentechnik eröffnete Musicaltheater nicht mehr halten. Seither wird es von Stage Entertainment mit wechselnden Musical-Ensembles bespielt, derzeit läuft „Dirty Dancing". Karten 39–110 €.

Tanztheater

Klassisches Ballett tanzt das **Staatsballett Berlin,** das aus den ehemaligen Ballett-Ensembles der staatlichen Opernhäuser hervorgegangen ist. Aufführungsorte sind weiterhin die Opernhäuser. Moderneres Tanztheater gibt es auf mehreren Bühnen:

Radialsystem V (Frie.), Holzmarktstr. 33 (S-Bhf. Ostbahnhof), ✆ 288 78 85 88, www.radialsystem.de. Eintritt 14–22 € (erm. 11–14 €). Sasha Waltz' neue Spielwiese ist wieder eine Nummer größer als die letzte – seit 2006 gibt es das Haus für modernen Tanz direkt am Spreeufer gegenüber dem Ostbahnhof. Hier finden neben hochgelobtem modernem Tanztheater auch Konzerte,

Oper, Theater, Kino, Sport

Showtheater wie in Las Vegas ist die Spezialität des Friedrichstadtpalasts

Lesungen und Partys statt. Tango-Begeisterte können hier am So auch selbst das Tanzbein schwingen.

Dock 11 (Pren.), Kastanienallee 79 (U-Bhf. Eberswalder Str., Rosenthaler Platz; Tram M 1, 12), ✆ 448 12 22, www.dock11-berlin.de. Gastspielort für modernes Tanztheater, auch Tanzkurse sind im Angebot.

Friedrichstadtpalast (Mitte), Friedrichstr. 107 (U-Bhf. Oranienburger Tor, U-/S-Bhf. Friedrichstr.), ✆ 23 26 23 26, www.friedrichstadtpalast.de. Kasse: ⓘ Mo, So 9–18 h, Di–Sa 9–19 h. Karten 19–89 €. Aus dem DDR-Revuetheater ist inzwischen ein modernes Showtheater geworden, das aufwändige Shows mit Live-Musik und atemberaubenden akrobatischen Einlagen bietet.

Sophiensaele (Mitte), Sophienstr. 18, Hinterhaus (U-Bhf. Weinmeisterstr., S-Bhf. Hackescher Markt), ✆ 283 52 66, www.sophiensaele.de. Im 1997 gegründeten Theater wird Tanz- und Sprechtheater gegeben, oft reichlich Dekonstruktivistisches. Leiterin ist seit September 2007 Heike Albrecht, die in der Tanz-Szene einen hervorragenden Ruf genießt. Allerdings kam es in letzter Zeit zu Querelen, die wohl zu Albrechts Ablösung führen werden. Eintritt 13–40 €, je nach Vorstellung (ab und zu Gastspiele), erm. ab 8 €.

Comedy, Kabarett, Varieté, Kleinkunst

Bar jeder Vernunft (Wilm.), Schaperstr. 24 (U-Bhf. Spichernstr.), ✆ 883 15 82, www.bar-jeder-vernunft.de. Sehr beliebt – kein Wunder, da die Shows in einem Spiegelzelt der vorletzten Jahrhundertwende stattfinden, das knapp 300 Besuchern Platz bietet. Es steht auf einem offenen Parkhaus, der sogenannten Parkpalette, deren misslungene Statik das Parken von Autos nie erlaubt hat. Meist sehr lange im Voraus ausverkauft. Karten 15–35 €. Biergarten im Sommer open end. Ableger der Bar jeder Vernunft ist das

Tipi am Kanzleramt (Tier.), Große Querallee (S-Bhf. Unter den Linden oder Hbf., Bus M 85, 100), ✆ 01803/27 93 58 (9 Ct./Min.), www.tipi-am-kanzleramt.de. Karten 14,50–44,50 €. Fast genau an jenem Ort, von dem das Tempodrom einst weichen musste, steht seit 2002 ein kleineres Zelt: das Tipi, in dem Wort- und Klangkünstler sowie Akrobaten auftreten.

BKA (Kreu.), Mehringdamm 32–34 (U-Bhf. Mehringdamm, Bus M 19, 140), ✆ 202 20 07, www.bka-theater.de. Karten 8–26 €. Viele Gastspiele und Mitternachtsprogramm in der Berliner **K**abarett **A**nstalt. Jugendliches bis mittelaltes Publikum. Hier gastierten Stars wie Matthias Deutschmann und Tom Gerhard.

Chamäleon (Mitte), Rosenthaler Str. 40/41 (S-Bhf. Hackescher Markt, U-Bhf. Weinmeisterstr.), ℘ 40 00 59-0, www.chamaeleonberlin.com. Karten 25–42 €. Nachdem sich das Varieté in den alten Festsälen in den Hackeschen Höfen jahrelang in finanzieller Schieflage befand, hat es nun neue Betreiber, die hier ein modernes Show-Konzept verwirklichen.

Comedy Club Kookaburra (Pren.), Schönhauser Allee 184 (U-Bhf. Senefelder Platz, Tram M 2), ℘ 48 62 31 86, www.comedyclub.de. Karten 8–14 € (Open Stage nur 5 €). 2002 gegründete Mini-Bühne mit jüngerem Publikum, das die Newcomer-Comedians bejubelt. So 19 h Open Stage – spontane Comedy der anwesenden Künstler.

Distel (Mitte), Friedrichstr. 101 (U-/S-Bhf. Friedrichstr.), ℘ 204 47 04, www.distel-berlin.de. Karten 13–27 €. Ehemaliges DDR-Kabarett mit Geschichte, auch zur Stasi-Geschichte, wie sich 1999 herausstellte. Die langjährige Chefin Gisela Oechelhäuser wurde als IM enttarnt. Das Publikum blieb dem Haus aber treu – das ab 2006 erstmals unter der Leitung eines „Wessis" stand, der bereits 2008 wieder das Handtuch warf.

Mehringhof Theater (Kreu.), Gneisenaustr. 2a (U-Bhf. Mehringdamm, Bus M 19, 140), ℘ 691 50 99, www.mehringhoftheater.de. Karten 10–20 €. Seit über 20 Jahren besteht der Gastspielort von hohem Niveau im 2. Hinterhof, hier geben sich die Kleinkunst-Preisträger die Klinke in die Hand. Publikumslieblinge sind z. B. Fil, Horst Evers und die Popette Betancor.

Quatsch Comedy Club (Mitte), Friedrichstr. 107 – im Souterrain des Friedrichstadtpalasts (U-Bhf. Oranienburger Tor, S-Bhf. Friedrichstr.), ℘ 23 26 23 26, Tickets unter ℘ 01805/25 55 65 (14 Ct./Min.), www.quatschcomedyclub.de. Karten ab 21 €. Thomas Hermanns' aus dem Fernsehen bekannter Club in original erhaltenem DDR-Ambiente.

Scheinbar (Schö.), Monumentenstr. 9 (U-/S-Bhf. Yorckstr.), ℘ 784 55 39, www.scheinbar.de. Eintritt 5–12 €. Wechselnde KünstlerInnen, z. T. mit Fußgängerzonenerfahrung, gestalten ein abwechslungsreiches, oft musikbetontes Programm in diesem wohnzimmergroßen Varieté, das schon seit 1986 besteht.

Stachelschweine (Schö.), im Untergeschoss des Europa-Centers Tauentzienstr. 9–10 (U-/S-Bhf. Zoo), ℘ 261 47 95, www.die-stachelschweine.de. Karten 13–28 €. Alte Westberliner Institution. Auch nach Wolfgang Gruners Tod wird weitergespielt.

UFA-Fabrik (Temp.), Viktoriastr. 10–18 (U-Bhf. Ullsteinstr., Bus 170), ℘ 75 50 30, www.ufafabrik.de. Seit 1979 alternatives Wohnprojekt und selbstverwalteter Gastspielort in den ehemaligen Filmproduktionshallen. Drei Bühnen, auf denen Tanz, Comedy und Kabarett zu Hause sind; hier wird auch das Andenken an Wolfgang Neuss hochgehalten. Viel Programm für Kinder, wie der Kindercircus ist auch der Kinderbauernhof auf dem Ufa-Gelände Anziehungspunkt für Familien (⏲ Mo–Fr 12–18 h, Sa/So 12–15 h).

Wühlmäuse (Char.), Pommernallee 2–4 (U-Bhf. Theodor-Heuss-Platz), ℘ 30 67 30 11, www.wuehlmaeuse.de. Seit 2000 residiert „Dieter Hallervordens Privattheater" in einem ehrwürdigen ehemaligen Club der britischen Besatzungsmacht am Theodor-Heuss-Platz. Gastspiele mit aus Film und Fernsehen bekannten Kabarettisten wie Dieter Nuhr, Mathias Richling, Herbert Feuerstein, Sissi Perlinger und Arnulf Rating, aber auch Konzerte. Karten 16,50–29,50 € (Ermäßigungen nur So–Do).

Musik

A-Trane (Char.), Bleibtreustr. 1/Ecke Pestalozzistr. (S-Bhf. Savignyplatz), ℘ 313 25 50, www.a-trane.de. Kleiner schicker Jazzclub, in dem u. a. Ray Anderson, Ray Brown, George Gruntz, Till Brönner und Simon Nabotov hinter den absolut schalldichten Fenstern zu sehen waren. Konzertbeginn 22 h; jede Nacht so auf So um 0.30 h Late-Night-Jamsession (Eintritt frei).

Arena Berlin (Trep.), Eichenstr. 4 (U-Bhf. Schlesisches Tor, S-Bhf. Treptower Park), ℘ 533 20 30, www.arena-berlin.de. Beliebte mittelgroße Halle, die vor der Sanierung ein Bus-Depot war. Daneben das **Glashaus**, ein kleinerer Veranstaltungsort mit Sandstrand an der Spree für die sommerliche Erholung nach Konzert (mäßige Akustik) und Tanz; im Fluss liegen das Restaurant- und Partyschiff MS Hoppetosse (siehe Nachtleben) und das Badeschiff (siehe Sport).

ColumbiaHalle (Temp.), Columbiadamm 13–21 (U-Bhf. Platz der Luftbrücke), ℘ 698 09 80, www.columbiahalle.de. 1998 mit einem Konzert von Iggy Pop feierlich eröffneter Veranstaltungsort neben dem ehemaligen Kino der US-Streitkräfte am Flughafen Tempelhof. 1.800 Fans passen in die große Halle, der stilvoll renovierte 50er-Jahre-Kinobau nebenan (Columbia Club) ist kleiner.

Oper, Theater, Kino, Sport

Huxley's Neue Welt (Kreu.), Hasenheide 107–113 (U-Bhf. Hermannplatz), ✆ 78 09 98 18, www.huxleysneuewelt.de. Schöne alte Halle, nach Jahren der Zweckentfremdung wieder als Veranstaltungssaal genutzt. Konzerte von Mark Medlock bis UB 40.

Konzerthaus Berlin (Schauspielhaus am Gendarmenmarkt) (Mitte), Gendarmenmarkt 2 (U-Bhf. Stadtmitte, U-Bhf. Hausvogteiplatz, Bus 100, 147), ✆ 203 09 21-01, -02, www.konzerthaus.de. Karten 10–60 €, diverse Ermäßigungen, auch im Vorverkauf. Prächtiger, von Schinkel entworfener Bau am Gendarmenmarkt. Berlins schönster Ort für klassische Musik – bei leider mäßiger Akustik.

Philharmonie und **Kammermusiksaal** der Philharmonie (Tier.), Herbert-von-Karajan-Str. 1 (U-/S-Bhf. Potsdamer Platz, U-Bhf. Mendelssohn-Bartholdy-Park, Bus M 29, M 41, M 48, 200), ✆ 254 88-0, -132, -999 (Vorverkauf), www.berliner-philharmoniker.de. Ein in Zusammenarbeit mit Karajan (der bis zu seinem Tode hier Hausherr war) von Hans Scharoun entworfener Konzertsaal mit außergewöhnlicher Raumaufteilung und legendärer Akustik. Neben den Konzerten der Berliner Philharmoniker, die bis 2018 von Simon Rattle dirigiert werden, und zahlreicher Gastorchester sind auch die Klänge aktuellerer Musikrichtungen wie Jazz und Chanson in den Sälen zu hören.

Angeblich in finanzieller Schieflage – der Admiralspalast

Quasimodo (Char.), Kantstr. 12a (U-/S-Bhf. Zoologischer Garten), ✆ 312 80 86, www.quasimodo.de. Berlins traditionsreichster Jazzklub, klein genug, um echte Atmosphäre entstehen zu lassen. Auf der Bühne allerdings stehen die Größen der internationalen Jazz-, Funk- und Soulszene, denen aus nächster Nähe auf die Finger geschaut werden kann.

Diverses

Admiralspalast (Mitte), Friedrichstr. 101 (U-/S-Bhf. Friedrichstr.), ✆ 47 99 47 99, www.admiralspalast.de. 2006 eröffnete der Admiralspalast nach langem Leerstand und Sanierung wieder. Im sehenswerten Theatersaal finden diverse Gastspiele statt.

Amphitheater (Mitte), im Monbijoupark neben der Strandbar Mitte werden im Sommer auf einer rohen Bretterbühne Open-Air-Stücke von Shakespeare über Molière bis Goldoni gezeigt. Nur Mai bis Mitte Sept., Infos und Karten unter ✆ 47 99 74 41, www.amphitheater-berlin.de.

Berliner Kriminal Theater (Frie.), Palisadenstr. 48 (U-Bhf. Weberwiese), ✆ 47 99 74 88, www.kriminaltheater.de. Nach kurzer Zeit in der City West, wo das Theater 2000 gegründet wurde, zog es 2003 in das Restaurant „Umspannwerk Ost". Erste Produktion im neuen Haus war Agatha Christies „Die Mausefalle", das Stück wurde mittlerweile schon fast 1000-mal aufgeführt und läuft noch weiter. Eintritt 19–33 €.

Freie Theateranstalten e. V. (Char.), Klausenerplatz 19 (S-Bhf. Westend, Bus M 45), ✆ 321 58 89, www.freietheateranstalten.de. Dauerbrenner seit Jahrzehnten ist das Stück „Ich bin's nicht, Adolf Hitler ist es gewesen". Eintritt 18–33 €.

English Theatre Berlin (Kreu.), Fidicinstr. 40 (U-Bhf. Platz der Luftbrücke), ✆ 691 12 11, www.etberlin.de. Das kleine Hinterhof-Theater spielt fast jeden Abend ein Stück in englischer Sprache.

Grips Theater (Tier.), Altonaer Str. 22 (U-Bhf. Hansaplatz), ✆ 39 74 74 77, www.grips-theater.de. Eintritt 6–18 €. Bundesweit bekannt wurde das 1969 gegründete Grips-Theater ab 1984 mit dem Erfolgs-Musical „Linie 1", aber auch mit seinen emanzipatorischen Kinderstücken. Das Theater unter der Leitung von Volker Ludwig hat im Podewil eine zweite Spielstätte (Mitte, Klosterstr. 68, U-Bhf. Klosterstr.).

Diverses

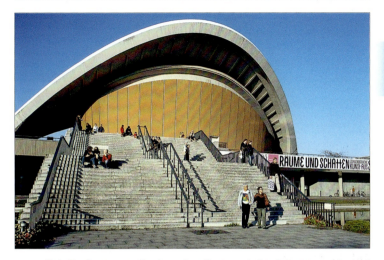

Kein Berliner nennt die ehemalige Kongresshalle „Schwangere Auster"

Haus der Kulturen der Welt (HKW) (Tier.), John-Foster-Dulles-Allee 10 (Bus 100, S-Bhf. Hauptbahnhof), ✆ 397 87-0, -175, www.hkw. de. Kultur aus aller Welt, häufig sehr interessante Tanz- und Theateraufführungen. 2007 wurde die denkmalgeschützte ehemalige Kongresshalle nach langer Sanierung in neuem Glanz und mit neuer Technik wieder eröffnet. Auch der Außenbereich am Spreeufer wurde neu gestaltet und wird im Sommer als Open-Air-Bühne genutzt.

Kulturbrauerei (Pren.), Knaackstr. 97/Ecke Danziger Str. (U-Bhf. Eberswalder Str.), ✆ 44 31 51-52 (Infos), -51 (Tickets), www. kulturbrauerei-berlin.de. Veranstaltungen aller Art in mehreren Räumlichkeiten der ehemaligen Schultheiss-Brauerei, die von Grund auf saniert wurde.

Schaubude (Pren.), Greifswalder Str. 81–84 (S-Bhf. Greifswalder Str.), ✆ 423 43 14, www. schaubude-berlin.de. Karten 9,50–12,50 € (erm. 6–8 €), Kindervorstellungen 4 € (Erw. 6 €). Etwas ganz Besonderes auf der seit DDR-Tagen bestehenden Bühne in einem schönen Gründerzeit-Haus: Puppen- (bzw. Figuren-)Theater auch für Erwachsene, zu Recht mit Senats-Subventionen „verwöhnt".

Schlot (Mitte), Chausseestr. 18, Eingang von der Schlegelstr. 26 (in den Edison-Höfen; U-Bhf. Zinnowitzer Str., S-Bhf. Nordbahnhof), ✆ 448 21 60, www.kunstfabrikschlot.de. 2000 vom Prenzlauer Berg nach Mitte umgezogene Bühne für Jazz und Kabarett; So ab 13 h literarisch-kabarettistischer Frühschoppen (Eintritt frei).

Tempodrom (Kreu.), Möckernstr. 10 (U-Bhf. Möckernbrücke, S-Bhf. Anhalter Bahnhof), ✆ 01805/55 41 11 (14 Ct./Min.), www.tempo drom.de. 2001 wurde der exotische Bau am Anhalter Bahnhof eröffnet, dessen Vorläufer ein Zirkuszelt war. Mit dem riesigen Betonbau übernahm sich Tempodrom-Gründerin Irene Moessinger allerdings gewaltig und musste sich 2004 endgültig von ihrem Projekt trennen. Ende 2006 übernahm die Betreibergesellschaft Treugast den Veranstaltungsbetrieb. Das runde Dach mit den 12 in den Himmel ragenden Spitzen soll an ein Zeltdach und damit an die Vergangenheit erinnern: Gegründet wurde das Tempodrom 1980 in einem ausrangierten Zirkuszelt am Potsdamer Platz. Später zog es neben das Haus der Kulturen der Welt, wo es dem Bau des Kanzleramts im Weg war. Der kleine Saal fasst 500, der große 3750 Besucher. Heute finden hier unterschiedlichste Gastspiele statt.

Theater an der Parkaue, Kinder- und Jugendtheater des Landes Berlin (Lich.), Parkaue 29 (U-/S-Bhf. Frankfurter Allee, Tram M 13, 16), ✆ 55 77 52-52, www.parkaue.de. Eintritt 7–13 €, Sozialticket 3 €. Seit über 60 Jahren besteht das größte deutsche Kinder- und Jugendtheater, das ästhetisch sehr anspruchsvolle Inszenierungen auf die Beine stellt, darunter auch viele Uraufführungen. Auch für Erwachsene ein Genuss!

Kinos

Auf fast 300 Leinwänden in knapp 100 Kinos werden in Berlin allabendlich Filme gezeigt. In den letzten Jahren verschwanden viele kleine „Schachtelkinos" – aber leider auch traditionsreiche Stuck-Kinos wie das Marmorhaus am Ku'damm – zu Gunsten von Multiplex-Kinos. Davon gibt es mittlerweile so viele, dass sie sich kräftig Konkurrenz machen. Ein Kinotag mit Billig-Angebot jagt den anderen ... Im Folgenden sind einige Kinos aufgelistet, die aufgrund von Lage, Atmosphäre oder Programm einen Besuch lohnen. Leider scheint das Berliner Kinosterben weiterzugehen; zuletzt traf es im Sommer 2009 das kleine Nickelodeon (aktueller Stand unter www.kinokompendium.de). Ein heißer Tipp für die warme Jahreszeit sind die großen **Freiluftvorführungen** im *Volkspark Friedrichshain* (℡ 29 36 16 29, www.freiluftkino-berlin.de), in der *Waldbühne* (℡ 01805/33 24 33, www.deag.de), der *Hasenheide* (℡ 283 46 03, www.freiluftkino-hasenheide.de) und an vielen weiteren, von Jahr zu Jahr wechselnden Orten. Die Programme findet man in der Tageszeitung, den Stadtillustrierten, auf Plakaten und im Internet.

Filme in **Originalversion** – egal in welcher Sprache – liegen auch in Berlin im Trend. Einige Kinos wie das *Odeon* zeigen sogar ausschließlich fremdsprachige Filme.

Acud (Mitte), Veteranenstr. 21 (S-Bhf. Nordbahnhof, U-Bhf. Rosenthaler Platz), ℡ 44 35 94 98. Kino in einem 2001 überraschend vor dem Umbau in ein Bürohaus geretteten Kulturzentrum.

Arsenal (Tier.), Potsdamer Str. 2 (im Keller des Filmhauses im Sony-Center; U-/S-Bhf. Potsdamer Platz), ℡ 26 95 51 00, www.fdk-berlin.de. Der Klassiker unter den Programmkinos wird von den „Freunden der Deutschen Kinemathek" betrieben. Zwei Säle mit historischer Projektionstechnik und Klavier für die Stummfilm-Begleitung.

Astor Film Lounge, Kurfürstendamm 225 (U-Bhf. Ku'damm), ℡ 883 85 51, www.astor-filmlounge.de. Weihnachten 2008 eröffnete Kino-Urgestein Hans-Joachim Flebbe das edle Lounge-Kino mit seinen bequemen Ledersitzen. Ein Chauffeur parkt das Auto, dann wird ein Begrüßungscocktail serviert. Das hat natürlich seinen Preis (12,50–17 €). Etwas erschwinglicher am Di (Kinotag).

Babylon Mitte, Rosa-Luxemburg-Str. 30 (U-Bhf. Rosa-Luxemburg-Platz), ℡ 247 27-803, ℡ 24 25 969 (Programminfo), www.babylonberlin.de. Das 1929 eröffnete Kino mit dem inzwischen restaurierten großen Saal des Architekten Hans Poelzig (erbaut 1928–29) zeigt eine Mischung aus kommerziellem und anspruchsvollem Programm. Stummfilme werden auf der historischen Orgel begleitet. Special: Mi um 11 h Kinderwagenkino für Eltern mit Babys.

Central Hackescher Markt (Mitte), Rosenthaler Str. 39 (S-Bhf. Hackescher Markt, U-Bhf. Weinmeisterstr.), ℡ 28 59 99 73, www.kino-central.de. Wer dem blauen Band durch den Hinterhof folgt, erreicht ein niedliches kleines Kino mit anspruchsvollem Programm, auch Filme in OF mit Untertiteln. Kinotage: Di und Mi.

UCI Kinowelt Colosseum (Pren.), Schönhauser Allee 123 (U-Bhf. Schönhauser Allee), ℡ 44 01 81 80. 10 Säle im umgebauten Colosseum, dessen Fassade zur Schönhauser Allee unter Denkmalschutz steht. Di Kinotag.

CinemaxX Potsdamer Platz (Tier.), Potsdamer Platz 5, Eingang Voxstr. (U-/S-Bhf. Potsdamer Platz), ℡ 01805/24 63 62 99, www.cinemaxx.de. Wurde 1998 eröffnet und zeigt in 19 Sälen auch cineastische Leckerbissen; Di Kinotag.

CineStar IMAX im Sony Center (Tier.), Potsdamer Str. 4 (U-/S-Bhf. Potsdamer Platz), ℡ 01805/11 88 11 (14 Ct./Min.), www.cinestar-imax.de. 3D-Kino vom Feinsten; meist Naturfilme von „Grand Canyon" bis „Delfine und Wale". Daneben auch Säle mit normalen Filmen und Filmen in Originalfassung.

CineStar Cubix Filmpalast Alexanderplatz (Mitte), Rathausstr. 1 (U-/S-Bhf. Alexanderplatz), ℡ 25 76 10, www.cinestar.de. Neubau mit edler schwarzer Naturstein-Verkleidung, verkehrsgünstig gelegen. Di Kinotag.

Die Kurbel (Char.), Giesebrechtstr. 4 (U-Bhf. Adenauerplatz, S-Bhf. Charlottenburg), ℡ 88 91 59 98, www.die-kurbel.com. Von der UFA

Heimstätte der Hertha – das Olympiastadion

in die Pleite gerissenes und 2004 wiederauferstandenes über 70-jähriges Kino. Drei Säle, in denen aktuelle Filme und Kino-Klassiker zu sehen sind. Niedrige Eintrittspreise; Mi Kinotag.

Filmkunst 66 (Char.), Bleibtreustr. 12 (S-Bhf. Savignyplatz), ☎ 882 17 53, www.filmkunst66.de. 1971 gegründetes und Ende der 1980er in einen (barrierefreien) Neubau gezogenes Programmkino mit interessanten Filmreihen und einem großen Stammpublikum. Mo–Do Kinotage.

Filmrauschpalast in der Kulturfabrik Lehrter Str. (Tier.), Lehrter Str. 35 (S-Bhf. Hauptbahnhof), ☎ 394 43 44, www.filmrausch.de. Mit dem neuen Hbf. von der gefühlten Peripherie ganz ins Zentrum gerücktes Programmkino in der ehemaligen Heeresschlachterei. Viele Low-Budget- und Underground-Filme, oft aus den USA. Mo–Mi Kinotage.

Intimes (Frie.), Niederbarnimstr. 15 (U-Bhf. Samariterstr.), ☎ 29 66 46 33. Dem von zwei engagierten Cineastinnen betriebenen winzigen Traditionskino (es besteht seit 1915!) steht immer wieder wegen Mieterhöhungen das Aus bevor. Also schnell noch mal hin und das außergewöhnlich hochwertige Programm, das im Kontrast zum Namen steht, begucken! „Intimes" hat nichts mit Porno zu tun, sondern bezieht sich auf die Größe des Kinos. Mo–Mi Kinotage.

Kino in der Kulturbrauerei (Pren.), Schönhauser Allee 36 (Eingang Sredzkistr.; U-Bhf. Eberswalder Str.), ☎ 44 35 44 22, www.cinestar.de. Im Frühjahr 2000 eröffnete – trotz erbitterter Abwehrkämpfe der Betreiber des gegenüberliegenden CinemaxX Colosseum – ein Multiplex in der Kulturbrauerei. Es bietet 1.550 Plätze in 8 Sälen. Di Kinotag.

Krokodil (Pren.), Greifenhagener Str. 32 (U-/S-Bhf. Schönhauser Allee), ☎ 44 04 92 98, www.kino-krokodil.de. Untertitelte Filme aus Russland und anderen osteuropäischen Ländern; Website und Programminfos auch auf Russisch.

Lichtblick Kino (Pren.), Kastanienallee 77 (U-Bhf. Eberswalder Str.), ☎ 44 05 81 79, www.lichtblick-kino.org. Immer ein außergewöhnliches Programm zeigt das Kino-Kollektiv Stattkino in der ehemaligen Metzgerei mit 32 Kinosesseln. Eintritt 5 €.

Odeon (Schö.), Hauptstr. 116 (S-Bhf. Schöneberg, U-Bhf. Innsbrucker Platz, Bus M 46, M 48, 104), ☎ 78 70 40 19, www.yorck.de. Filme ausschließlich auf Englisch – mit oder ohne Untertitel – auch nach Abzug der US-Soldaten, die früher hier Stammgäste waren.

UCI-Kinowelt Zoo-Palast (Char.), Hardenbergstr. 29a (U-Bhf. Kurfürstendamm, U-/S-Bhf. Zoologischer Garten), ☎ 25 41 47 77. Von der Eröffnung 1957 bis 1999 der zentrale Spielort der Filmfestspiele; in den größten Saal passen über 1000 Zuschauer. Seit Ende 2000 kann hier digital projiziert werden. Im Herbst 2009 wurde eine Entscheidung gegen die Abrisspläne und für den Erhalt des großen Premieren-Saals getroffen. Ende 2010 soll mit Umbau und Modernisierung begonnen werden. Di Kinotag.

Union (Köpe.), Bölschestr. 69 (S-Bhf. Friedrichshagen, Tram 60, 61), ☎ 65 01 31 41, www.kino-union.de. Die Kino-Sensation des Jahres 2003: Das uralte Kino, das dem Abriss geweiht schien, eröffnete wieder. Kinotage: Mo und Do.

Z-inema (Mitte), Bergstr. 2 (S-Bhf. Oranienburger Tor, U-Bhf. Rosenthaler Platz), ✆ 28 38 91 21, www.z-bar.de. Nur am So-Abend um 21 h wird hinter der gar nicht schicken Z-Bar ein Film gezeigt; meist deutsche oder amerikanische Klassiker. Dazu kann man preiswerte Cocktails genießen. Mi um 20 h sind Low-Budget-Produktionen zu sehen, meist von DVD.

Sportveranstaltungen

Wenn Hertha BSC (www.herthabsc.de) ein Heimspiel im Olympiastadion absolviert, sind die S- und U-Bahnen zum und vom Stadion mit Fans und martialisch ausgerüsteten Polizisten überfüllt. Größere Ausschreitungen sind zum Glück selten. Kult ist das Sechstagerennen im Velodrom (s. Veranstaltungskalender), und auch die Eishockey-Spiele der Berliner Eisbären und der Capitals, die derzeit im an der Berliner Peripherie gelegenen Sportforum Berlin (Hohenschönhausen) stattfinden, sind immer gut besucht. Basketball-Heimspiele von Alba Berlin (www.albaberlin.de) werden in der O₂-World ausgetragen. Ein ganz spezielles Flair haben die Traber- und Galopper-Derbys. Ein Nachmittag auf der Pferderennbahn ist auf jeden Fall ein Erlebnis – egal ob man mitwettet oder nur zuschaut; die Eintrittspreise sind sehr moderat.

Olympiastadion (Char.), Olympischer Platz (S-Bhf. Olympiastadion; U-Bhf. Olympia-Stadion), ✆ 30 68 81 00, www.olympiastadion-berlin.de. Zur Olympiade 1936 errichteter Monumentalbau, der bis 2006 saniert und modernisiert wurde. Besichtigung und Führungen im Sommer tägl. außer an Veranstaltungstagen 9–19 h, im Winter bis 16 h, Eintritt ohne Führung 4 € (erm. 3 €), Familienkarte 8 €; Audio-Guide 2,50 €. Eingang: Olympischer Platz 3 (Osttor), ✆ 25 00 23 22.

O₂-World (Frie.), O₂-World-Platz 1 (S-Bhf. Ostbahnhof), ✆ 20 60 70 88 66, www.o2world.de. 2008 mit einem Metallica-Konzert eröffnete Großveranstaltungshalle, in der auch Boxwettkämpfe und andere Sportereignisse stattfinden. Hier spielt die Basketball-Bundesliga-Mannschaft von Alba Berlin vor bis zu 15.000 Zuschauern.

Max-Schmeling-Halle (Pren.), Am Falkplatz (U-/S-Bhf. Schönhauser Allee), ✆ 44 30 44 30, www.gegenbauer-ticketservice.de. Mit dem Bau dieser Halle und des Velodroms wurde als Vorleistung für die Olympiabewerbung 1992 begonnen. Obwohl damals Sydney gewonnen hat, stehen die neuen Hallen nun da und müssen auch genutzt werden: für Sportveranstaltungen und Konzerte.

Velodrom (Pren.), Paul-Heyse-Str. (direkt am S-Bhf. Landsberger Allee), ✆ 44 30 44 30, www.gegenbauer-ticketservice.de. Nein, hier ist kein UFO gelandet. Das runde Ding, das da in der Gegend liegt, ist die neue Radsporthalle, die auch für andere Sportveranstaltungen und für große Konzerte genutzt wird. Man sieht allerdings fast nur das Dach, da das meiste unterirdisch gebaut ist. Gleich nebenan:

Schwimmhalle im Europa-Sportpark (Pren.), Paul-Heyse-Str. 26 (S-Bhf. Landsberger Allee), ✆ 42 18 61 20. Ende 1999 eröffnete olympiataugliche Halle – auch sie wurde vom französischen Star-Architekten Dominique Perrault für die Olympiabewerbung geplant. Wenn keine Wettkämpfe und kein Training stattfinden, ist das größte Hallenbad der Stadt für Publikum geöffnet: Sprungbecken mit 10-m-Turm, zwei 50-m-Becken, zwei Kinderbecken und eins für Behinderte.

Galopprennbahn Hoppegarten, Goetheallee 1, Dahlwitz-Hoppegarten bei Berlin (5 Min. Fußweg vom S-Bhf. Hoppegarten), ✆ 03342/38 93 0, www.hoppegarten.com. Auf der 1868 gegründeten und seit 2008 privatisierten Bahn finden mehrmals monatlich Rennen statt, Eintritt ab 7 €.

Pferdesportpark Karlshorst (Lich.), Treskowallee 129 (S-Bhf. Karlshorst), ✆ 500 17-121, www.pferdesportpark-berlin-karlshorst.de. Totgesagte leben länger: Immer wieder war in den vergangenen Jahren vom bevorstehenden Ende der Trabrennbahn die Rede. Aber es geht weiter, nachdem das halbe Areal als Baugrundstück verkauft worden ist …

Trabrennbahn Mariendorf (Temp.), Mariendorfer Damm 222–298 (Bus X 76, 179 ab U-Bhf. Alt-Mariendorf), ✆ 74 01-212, www.berlintrab.de. Auf der Bahn im Westteil der Stadt finden in den Sommermonaten an manchen Wochentagen und an jedem Sonntag Rennen im 70er-Jahre-Ambiente statt. Geld kam bereits in der Vergangenheit durch Grundstücksverkäufe in die Kassen; u. a. errichtete man ein Altersheim am Rand der Rennbahn.

▲ Pärchen-Schaulaufen am Christopher Street Day 2009

Veranstaltungskalender

In Berlin finden zahlreiche Sport- und Kulturveranstaltungen statt, über die in der Presse und im Internet rechtzeitig informiert wird. Aktuelle Informationen zu ausgewählten Veranstaltungen finden Sie auch in den Reise-News zu diesem Buch unter www.michael-mueller-verlag.de. Hier ein Überblick über die wichtigsten regelmäßig stattfindenden Ereignisse:

Januar

Sechstagerennen, seit 1909 radeln die Aktiven an 6 Tagen im Januar immer linksherum im Kreis, seit 1997 im neuen Velodrom, das nächste Mal vom 27.1.–1.2.2011. Kartenvorverkauf ✆ 44 30 44 30, www.sechstagerennen-berlin.de.

Fashion Week, seit 2007 präsentieren internationale Modehäuser jeweils im Januar und Juli ihre Kollektionen für den kommenden Sommer bzw. Winter. Historische Gemäuer wie der Postbahnhof, das Olympiastadion und der Flughafen Tempelhof verwandeln sich zu dieser Gelegenheit in Kulissen und Laufstege; www.fashion-week-berlin.com.

Bread & Butter, die internationale Modemesse für Street- und Urbanwear findet seit 2009 Ende Januar und Anfang Juli im Empfangsgebäude des stillgelegten Flughafens Tempelhof statt und steht nur Fachbesuchern offen. Rundherum gibt es aber ein buntes Programm für die Öffentlichkeit; www.breadandbutter.com.

Januar/Februar

Lange Nacht der Museen (s. August).

Februar

Berlinale, internationale Filmfestspiele, seit 2000 überwiegend in den Kinos am Potsdamer Platz und neuerdings auch im Friedrichstadtpalast. Um Karten muss man sich sehr frühzeitig kümmern, Infos unter www.berlinale.de.

Karneval, seit die Bonner in Berlin regieren, gibt es am Faschings-Sonntag im Stadtzentrum einen Karnevalszug auf wechselnden Routen (Start: 11.44 h). Ab 2011 soll der Umzug um eine Woche vorverlegt werden; Infos unter www.karnevals-zug-berlin.de.

März/April

Internationale Tourismusbörse (ITB), in den Messehallen am Funkturm trifft sich seit 1966 die internationale Reisebranche, an den letzten beiden Tagen sind auch Privatbesucher willkommen, www.messe-berlin.de.

MaerzMusik, Festival für aktuelle Musik im Haus der Berliner Festspiele, www.berlinerfestspiele.de.

Lange Nacht der Opern und Theater, an einem Freitag im April präsentieren die Bühnen der Stadt kleine Häppchen ihres Programms. Ein Bus-Shuttle pendelt zu dieser Gelegenheit ab Bebelplatz zwischen den einzelnen Veranstaltungsorten; www.kulturprojekte-berlin.de.

Mai

Lange Buchnacht, in der Kreuzberger Oranienstraße, beginnt an einem Samstag am frühen Nachmittag. Die sechs Buchhandlungen der Straße sowie Verlage, Cafés etc. bieten bei freiem Eintritt Autorenlesungen, dazu ein buntes Rahmenprogramm; ✆ 615 76 58, www.lange-buchnacht.de.

Beim **Theatertreffen** stellen die wichtigsten deutschsprachigen Bühnen dem Berliner Publikum ausgewählte Inszenierungen vor, seit 2001 im Haus der Berliner Festspiele (ehem. Freie Volksbühne) in der Schaperstr. (City-West). Infos unter www.berlinerfestspiele.de, Karten unter ✆ 25 48 90.

Mai/Juni

Am Pfingstwochenende findet seit 1996 in Kreuzberg der **Karneval der Kulturen** statt. Verschiedenartigste Musik- und Tanzgruppen ziehen durch die Straßen, jedes Jahr kommen mehr Zuschauer; ein Großereignis. Infos beim Veranstalter „Werkstatt der Kulturen", ✆ 609 77 00-22, www.karneval-berlin.de.

Juni

Lange Nacht der Wissenschaften, Höhepunkt des Wissenschaftssommers: Über 60 wissenschaftliche Institute in Berlin und Potsdam bieten einen Einblick in ihre Arbeit – und das zu nachtschlafender Zeit. Ein Bus-Shuttle ermöglicht es, überall einmal hineinzusehen. Auch interessant für Kinder. Infos und Karten (Vorverkauf ab Ende Mai):

📞 20 05 41 95, www.langenachtderwissenschaften.de.

Köpenicker Sommer, am 2. oder 3. Juniwochenende in der Altstadt Köpenick, mit Festumzug in historischen Kostümen, Mittelalterspektakel, Höhenfeuerwerk und Kammerkonzert.

Am gleichen Wochenende wird als Vorgeschmack zum CSD seit 1993 mit dem **Schwul-lesbischen Straßenfest** rund um den Nollendorfplatz das größte Homosexuellenfest Europas gefeiert (fast eine halbe Million Besucher); Infos unter 📞 21 47 35 86, www.gay-stadtfest.de.

Christopher Street Day (CSD), am letzten Sa im Juni feiert sich die Homosexuellenszene mit einem riesigen Umzug. Der politische Anspruch der frühen Jahre ist karnevaleskem Frohsinn gewichen; ab 2010 endet die Parade am Brandenburger Tor. Infos: www.csd-berlin.de.

Fête de la Musique, am 21. Juni, überall in der Stadt kostenlose Open-Air-Konzerte von Amateur-Chor bis Profi-Band. Infos: www.fetedelamusique.de.

Bergmannstraßenfest, am letzten Juniwochenende findet in Kreuzberg mit Freiluftbühnen, Essensständen und ausgelassener Stimmung das größte Berliner Jazzfestival statt; www.bergmannstrassenfest-kreuzbergjazzt.de.

Juli

Fashion Week, s. Januar
Bread & Butter, s. Januar

August

Int. Tanzfest **Tanz im August** auf den Brettern mehrerer Bühnen. Neuerdings auch Mitmach-Angebote. Karten: 📞 24 74 97 77, www.tanzimaugust.de.

In der **Langen Nacht der Museen** am letzten Samstag im August sind die meisten Berliner und einige Brandenburger Museen bis 5 h morgens geöffnet. Shuttle-Busse pendeln ab 18 h zwischen den Museen. Allerdings eher ein Spaß-Event als ernsthafter Kulturgenuss – dazu ist es mit mehreren Hunderttausend Besuchern viel zu voll. Infos unter 📞 90 26 99 444, www.langenacht-der-museen.de.

September

Jüdische Kulturtage, Infos unter 📞 88 02 82 54, www.juedische-kulturtage.org.

Berlin Music Days, 2009 fand das neue Festival der elektronischen Musik, deren Hochburg Berlin nach wie vor ist, erstmals statt; www.bermuda-berlin.de.

Internationales Literaturfestival, knapp zwei Wochen lang lesen Autorinnen und Autoren aus aller Welt an verschiedenen Orten in der Stadt; www.literaturfestival.com, www.berlinerfestspiele.de.

Berlin-Marathon, Zehntausende laufen durch Berlin, mindestens genauso viele feuern die Läufer an. Infos unter www.berlin-marathon.com.

September/Oktober

Art Forum Berlin, über 100 Galerien präsentieren sich in den Messehallen am Funkturm. Infos unter www.art-forum-berlin.de.

November

Jazzfest Berlin, die meisten Konzerte finden im Haus der Berliner Festspiele statt (s. o.), einige im A-Trane, Quasimodo etc. Programm unter www.berlinerfestspiele.de.

Dezember

Silvesterparty rund ums Brandenburger Tor; www.silvesterparty-in-berlin.de.

Oper, Theater, Kino, Sport

Beachvolleyball im Köpenicker Flussbad Gartenstraße

Sport – aktiv

Wer selbst sportlich aktiv werden will, hat diverse Möglichkeiten – vom Sportklettern bis zum Golf-Spielen. Bademöglichkeiten bietet Berlin im Sommer in Hülle und Fülle. Neben den gekachelten Freibädern gibt es zahlreiche Naturgewässer – mit und ohne offizielle Badeanstalten. Im Winter eine echte Attraktion sind die altertümlichen Hallenbäder, von denen einige die Jahrzehnte überlebt haben.

Warum nicht mal einen Berlin-Besuch mit sportlichen Aktivitäten verbinden? Sportschuhe oder Badezeug sind schnell im Reisegepäck verstaut und bieten die Möglichkeit, die Stadt aus einer ganz anderen Perspektive kennenzulernen.

Wer länger in der Stadt bleibt und ausgefallene Sportarten ausüben möchte, erhält beim Landessportbund Informationen zu den Angeboten der mehr als 1900 Berliner Sportvereine. Infos im Internet unter www.lsb-berlin.org.

Klettern

In den letzten Jahren ist der Klettersport immer beliebter geworden. Einen besonderen Reiz übt das Klettern in der Stadt aus; hier bietet Berlin mit seinen alten Hochbauten einiges. Natürlich sollte sich nur daran wagen, wer über Erfahrung und die nötige Ausrüstung verfügt. Hier einige Berliner Klettergebiete:

Magic Mountain (Wedd.), Böttgerstr. 20–26 (U-/S-Bhf. Gesundbrunnen), ℡ 88 71 57 90, www.magicmountain.de. 2.500 m² Kletterwände in verschiedenen Schwierigkeitsgraden verlocken auch Anfänger dazu, das Klettern unter Anleitung und mit geliehenem Equipment einmal auszuprobieren. Diese Halle hat außerdem einen Wellness-Bereich.

T-Hall (Neuk.), Thiemannstr. 1 (S-Bhf. Sonnenallee), ℡ 68 08 98 64, www.t-hallberlin.de. Halle mit über 130 Kletterrouten, im Winter bis 24 h geöffnet!

Mercedes-Welt am Salzufer (Tier.), Salzufer 1–5. Von den beiden 17 m hohen Kletterwänden mit Überhang blickt man auf fa-

brikneue Luxuslimousinen – ein außergewöhnlicher Spaß für Geübte. Infos und Anmeldung beim Dt. Alpenverein, Sektion Berlin, ℅ 251 09 43, www.alpenverein-berlin.de.
Kirchbachspitze (Schö.), Alvenslebenstr. 19 (in der Spiel- und Grillanlage; U-Bhf. Bülowstr.). Vom Deutschen Alpenverein (s. o.) aufgebauter und betreuter 13 m hoher Kletterturm aus dem Material Berliner Abrissbalkons.
Bunker im Humboldthain (Wedd., U-/S-Bhf. Gesundbrunnen), beliebtes Kletterareal, allerdings nur für Mitglieder des DAV! Infos über den Dt. Alpenverein (s. o.).
Schillerpark (Wedd., U-Bhf. Rehberge), bis zu 7 m hohe Natursteinmauer, ca. 700 m lang.
Weitere Adressen, Tipps und Infos unter www.klettern-in-berlin.de.

Skaten

Besonderen Spaß macht das Skaten auf abgesperrten Straßen durch die Innenstadt – unter dem Namen **Skate Night** an Sommer-Sonntagen ab 15 h auf wechselnden Strecken (www.berlinparade.com). Los geht's meist am Roten Rathaus.
Die klassischen Skater-Strecken liegen außerhalb des Stadtzentrums; am beliebtesten ist der auf knapp 4 km autofreie **Kronprinzessinnenweg** zwischen Hüttenweg und Havelchaussee. Kleinere Übungsreviere sind der Parkplatz vor dem **Olympiastadion**, der **Falkplatz** und der Rundkurs im **Volkspark Friedrichshain**, aktuelle Streckentipps findet man auf www.berlinparade.com.
Kaufen oder mieten kann man Inline-Skates, Protektoren und Helme z. B. bei BoarderLine, Köpenicker Str. 9 (U-Bhf. Schlesisches Tor), ℅ 611 64 84, www.boarderline.de.
Ähnliches Angebot bei California Boarding, Emser Str. 45 (U-Bhf. Hohenzollernplatz), ℅ 882 37 28, www.californiaboarding.com.
Per Internet kann man Miet-Skates ordern im Ski-Shop, Otto-Suhr-Allee 155 (U-Bhf. Richard-Wagner-Platz), ℅ 341 48 70, www.skishop-charlottenburg.de.

Schwimmen und Baden

Aktuelle Infos zu Öffnungszeiten etc. bei den Berliner Bäderbetrieben, www.berlinerbaederbetriebe.de, Service-Hotline 01803/10 20 20 (9 Cent/Min.). Hier sind einige Änderungen zu erwarten, denn langfristig sollen alle Berliner Sommerbäder privat betrieben werden. Eigentümer bleiben aber die Berliner Bäderbetriebe.

Sonnenbaden am Oststrand

Infos zur Wasserqualität der Naturgewässer gibt es am **Badegewässertelefon** ℅ 902 29-55 55 und im Internet unter www.berlin.de/badegewaesser.
Stadtbad Charlottenburg, Krumme Str. 9/10 (U-Bhf. Deutsche Oper), ℅ 34 38 38 60. Zwei Hallen, davon eine sehr schön renovierte Halle der Jahrhundertwende (25-m-Becken), neue Halle (50-m-Becken); Sauna, Solarium usw. Di, Fr, So ab 20 h FKK-Baden.
Stadtbad Mitte, Gartenstr. 5 (S-Bhf. Nordbhf.), ℅ 30 88 09-0. 1930 eröffnetes schlichtes Bauhaus-Bad (Architekt: Heinrich Tessenow), 1994 nach 8-jähriger Sanierung wiedereröffnet und schon 2009 wieder monatelang saniert. 50-m-Becken (leider teilweise extrem flach), Wassertemperatur 29°C! Russisch-Römisches Dampfbad mit Glasmalerei von Max Pechstein; Di, Do nur für Frauen, sonst gemischt.
Stadtbad Neukölln, Ganghoferstr. 5 (U-Bhf. Karl-Marx-Str.), ℅ 68 24 98 12. Eine der schönsten Schwimmhallen in ganz Berlin, um die Wende vom 19. zum 20. Jh. erbaut und kürzlich saniert. Man schwimmt zwi-

schen hohen Säulen, die eine Tonnengewölbe-Decke tragen. Behindertengerecht; 20- und 25-m-Becken, Sauna, Solarium.

Stadtbad Schöneberg, Hauptstr. 38–39 (U-Bhf. Rathaus Schöneberg, Bus 104, M 48), ✆ 780 99 327. Ende 1999 wurde das 1930 erbaute Bad nach über 10-jähriger Schließung wegen Rundum-Sanierung wiedereröffnet und muss bis zum Spätsommer 2010 erneut saniert werden. 25-m-Becken, 3-m-Brett, Nichtschwimmerbecken mit Rutsche, Außenschwimmbahn, Sauna, Solebecken, Whirlpool etc.

Badeschiff (Trep.), Eichenstr. 4, an der Arena, ✆ 533 20 30, www.badeschiff.de. Der Name „Schiff" ist etwas irreführend, ein richtiges Schwimmbecken ist hier in die Spree eingelassen. Große Holzterrassen, die auf Pfählen in der Spree stehen, laden zum Sonnenbaden ein. Wer schnell ist, belegt eins der beiden großen Betten oder eine der Hängematten, die am Rand der Terrasse baumeln. Hier herrscht Schwimmbad-Atmosphäre; der Bademeister pfeift streng alle zurück, die auf den Rand des kleinen Beckens steigen, von dem man aus die Molecule Men, die Treptowers und – ganz in der Ferne – die Oberbaumbrücke sowie das Universal-Music- und das MTV-Gebäude sieht. Für sportliches Schwimmen ist das Becken jedoch viel zu klein. Im Winter wird ein Dach übergestülpt und eine Sauna in Betrieb genommen.

Sommerbad Prinzenstraße (Kreu.), Prinzenstr. 113–119 (direkt am gleichnamigen U-Bhf.), ✆ 616 18-80. Im „Prinzenbad" erlebt man die Stadt von ihrer rauen Seite – mit Blick auf die Hochbahngleise der U-Bahn und unter Bewachung eines Sicherheitsdienstes. Zwei 50-m-Becken, Kinderbecken, Rutsche, FKK-Bereich. Ähnlich:

Sommerbad Neukölln, Columbiadamm 169–190 (U-Bhf. Boddinstr., Bus 104), ✆ 627 88 30. 50-m-Becken, Kinderbecken mit Riesenrutsche, Sprungturm, Spielplatz; Bistro.

Freibad Jungfernheide, Jungfernheideweg 60 (U-Bhf. Siemensdamm, Bus 123), ✆ 70 71 24 11. An einen privaten Pächter abgegebenes Naturbad mit Sandstrand, Badeinsel, Strandkörben und Stegen. Das Wasser entspricht hier gegen Ende des Sommers nur selten dem vorgeschriebenen Standard.

Freibad Grünau, Sportpromenade 5 (S-Bhf. Grünau, Tram 68), ✆ 25 09 06 83. Von privatem Pächter betriebenes Bad mit Sandstrand, Strandkörben, Liegen, Sauna, Bistro. Das Wasser gilt hier als sauber.

Freibad Wendenschloss, Möllhausenufer 30 (S-Bhf. Köpenick und Tram 62 oder S-Bhf. Grünau und Tram 68 oder Fähre F 12), ✆ 651 71 71. Schön gelegenes Naturbad, ebenfalls in privater Regie. Die Wasserqualität entspricht in letzter Zeit dem europäischen Standard für Badegewässer.

Strandbad Wannsee, Wannseebadweg 25 (S-Bhf. Nikolassee), s. S. 235.

Am Eingang zum Tiergarten wartet das Restaurantschiff Capt'n Schillow auf Gäste

Essen und Trinken

In Berlin gibt es Hunderte von Restaurants in allen Qualitätsstufen und „Geschmacksrichtungen". Dabei ist die traditionelle Berliner Küche à la Eisbein und Solei seit Jahren auf dem Rückzug, im Trend liegt wie in anderen Metropolen auch eine mediterran und/oder asiatisch inspirierte internationale Küche. Aber natürlich können Sie auch weiterhin „sortenrein" ägyptisch, russisch, sri-lankisch usw. essen. Hier eine Auswahl der Möglichkeiten, die Berlin kulinarisch bietet (detaillierte Beschreibungen der genannten Lokalitäten finden Sie in der Rubrik „Praktische Infos" am Ende eines jeden Stadtspaziergangs):

Deutsch

Brauhaus Lemke	→ S. 220
Dicke Wirtin	→ S. 168
Gasthaus zur Rippe	→ S. 154
Joe's Wirtshaus zum Löwen	→ S. 167
Kolk	→ S. 213
Lindenbräu im Sony-Center	→ S. 119
Löwenbräu am Gendarmenmarkt	→ S. 153
Lutter & Wegener	→ S. 154
Mutter Hoppe	→ S. 154
Repke Spätzlerei	→ S. 168
Stube und Küche	→ S. 213
Tiergartenquelle	→ S. 169
Treffpunkt Berlin	→ S. 138
Waschhaus Alt-Köpenick	→ S. 206
Weltrestaurant Markthalle	→ S. 198

Historisch-rustikale Gaststätten

Brauhaus in Spandau	→ S. 213
Bräustübl	→ S. 233
Max und Moritz	→ S. 198
Ratskeller Köpenick	→ S. 206
Zitadellen-Schänke	→ S. 213
Zur Henne	→ S. 198
Zur letzten Instanz	→ S. 154

International

Ars Vivendi (Restaurantschiff)	→ S. 206
Borchardt	→ S. 154
Capt'n Schillow (Restaurantschiff)	→ S. 169
Dachgarten-Restaurant im Deutschen Bundestag	→ S. 120
Frannz	→ S. 179

Kaspar + Hauser	→ S. 189
Klipper (Restaurantschiff)	→ S. 230
Krokodil	→ S. 206
Nocti Vagus (Dunkelrestaurant)	→ S. 179
Paris–Moskau	→ S. 120
Refugium	→ S. 154
Restaurant im Ermelerhaus	→ S. 154
Umspannwerk Ost	→ S. 189

Spitzenküche

Ana e Bruno	→ S. 220
Goldener Greif im Schloss Glienicke	→ S. 236
Hartmanns	→ S. 197
Le Cochon Bourgeois	→ S. 198
Lorenz Adlon	→ S.120
Margaux	→ S. 120
MA Tim Raue	→ S. 120
VAU	→ S. 154
Weinbar Rutz	→ S. 139

Amerikanisch

Frida Kahlo	→ S. 179
Midtown Grill	→ S. 120

Arabisch/Nordafrikanisch

Kasbah	→ S. 138
Lavandevil	→ S. 220
Maroosh	→ S. 169

Französisch

Buonaparte	→ S. 213
Café de Paris	→ S. 178
Diekmann	→ S. 169
Gugelhof	→ S. 179

Griechisch

Defne	→ S. 197
Terzo Mondo	→ S. 168

Italienisch

12 Apostel	→ S. 138, S. 168
Cantamaggio	→ S. 139
Famiglia Pascarella	→ S. 168
Il Casolare	→ S. 197
Mora Mora	→ S. 189
Osteria Caruso	→ S. 120
Osteria Numero Uno	→ S. 198
Papageno	→ S. 220

Porta Capuana	→ S. 169
Sale e Tabacchi	→ S. 153

Indisch/Sri-lankisch

Amrit I	→ S. 197
Suriya Kanthi	→ S. 179

Koscher

Gabriel's	→ S. 169

Ostasiatisch

Daitokai	→ S. 169
Good Friends	→ S. 168
Kuchi	→ S. 168
Mao Thai	→ S. 179
Ostwind	→ S. 179
Papaya	→ S. 189
Samadhi	→ S. 120
Sarod	→ S. 198
Tianfu	→ S. 168
Van Long	→ S. 139

Osteuropäisch/Russisch

Pasternak	→ S. 179
Tadschikische Teestube	→ S. 138

Österreichisch

Austria	→ S. 197
Jolesch	→ S. 197
Riehmer's	→ S. 198
Wirtshaus Halali	→ S. 236

Spanisch

Tapas Antonio	→ S. 220
Vivolo	→ S. 139

Türkisch/Kurdisch

Hasir	→ S. 139, S. 168, S. 197, S. 213
Lehmofen-Restaurant	→ S. 206
Miro	→ S. 179

Mit Kindern

Charlottchen	→ S. 220
Esskultur	→ S. 226
Famiglia Pascarella	→ S. 168
Klipper	→ S. 230
Miro	→ S. 179
Osteria Numero Uno	→ S. 198

Seit Jahren in: die Ankerklause auf der Grenze von Neukölln zu Kreuzberg

Nachtleben

Unüberschaubar und im raschen Wandel begriffen ist das Berliner Nachtleben. Eine Bar, die heute noch hip und entsprechend überfüllt ist, kann morgen schon out und gähnend leer sein. Noch extremer gilt das für Clubs, in denen getanzt wird: Hier kommt es ganz auf den DJ des jeweiligen Abends an – und auf dessen Verfassung.

Bars und Kneipen

Seit Jahren sind die Altbaugebiete von *Mitte*, *Friedrichshain* und *Prenzlauer Berg* die bevorzugten Ausgehviertel der Berliner Jugend; seit einiger Zeit wieder im Aufwind ist *Kreuzberg* und neuerdings der angrenzende Teil *Neuköllns*, in dem die Lokalitäten aber zu rasch wechseln, als dass man schon Tipps geben könnte. Junge Touristen aus aller Welt kommen wegen des Nachtlebens in die Hauptstadt, um für ein Wochenende durchzumachen – oft mit dem Billigflieger und ohne Quartier. Die mittleren Jahrgänge fühlen sich eher in der seit den 1970er-Jahren gewachsenen Kneipenstruktur von *Schöneberg* und *Charlottenburg* wohl. Wer schicke Bars mit hoher Promi-Dichte sucht, ist rund um den Gendarmenmarkt sowie – eingeschränkt – in der Spandauer Vorstadt/Scheunenviertel richtig. Aber auch andere Stadtteile verfügen über ein Nachtleben, das nicht zuletzt die Einwohner dieser Gebiete anzieht. Hier soll von allem etwas vorgestellt werden, wobei neben Bars insbesondere Kneipen mit Programm berücksichtigt wurden. Jüngster Sommertrend sind Strandbars mit Liegestühlen, Strandkörben und Sand sowie – wo immer möglich – Wasserblick, im Winter bevorzugt man orientalische Shisha-Bars. Das seit 2008 geltende Rauchverbot wird in der Berliner Gastronomie ganz unterschiedlich eingehalten, sodass Angaben dazu schnell überholt sein können.

Berlin-Mitte

Hier grenzt eine Bar oder Kneipe an die nächste, insbesondere am **Hackeschen Markt** und in der **Oranienburger Straße**. Ohne lange suchen zu müssen, findet jeder bestimmt einen Ausgehort, der ihm zusagt. Dabei reicht die Palette von Luxus bis zu Absturzkneipen, in die Touristen-Horden im Rahmen geführter „Pub-Crawls" heuschreckenartig einfallen.

Bar im Restaurant VAU (56), → Karte S. 126/127, Jägerstr. 54/55, ✆ 202 97 30, www.vau-berlin.de. ⏰ Mo–Sa ab 19 h. Absolute Edel-Adresse zum Wein- oder Cocktail-Trinken; Abendgarderobe ist unbedingt erforderlich, wenn man die Treppe in die kleine Kellerbar hinabsteigen will. Hingucker sind die Bücherregale mit eigenwilligen „Büchern".

Bebel Bar im Hotel de Rome (55), → Karte S. 126/127, Behrenstr. 37, ✆ 460 60 90, www.hotelderome.de. ⏰ tägl. 9–1 h, Mi–Sa 20–1 h Live-Musik. Ende 2006 eröffnete die modern-kühl gestylte Bar im neuen 5-Sterne-Hotel am Bebelplatz. Exzellente Cocktails, Live-Musik, noble Gäste und ein schöner Blick auf den Platz.

Brokers Bierbörse – Berliner Republik (43), → Karte S. 126/127, Schiffbauerdamm 8, ✆ 30 87 22 93, www.die-berliner-republik.de. ⏰ tägl. 10–6 h, ab 18 h verändern sich die Bierpreise nach Angebot und Nachfrage. Vor allem in der größeren Gruppe ist das Bieten recht spaßig.

Bundespressestrand (10), → Karte S. 108/109, Kapelleufer 1, ✆ 28 09 91 19, www.bundespressestrand.de. ⏰ Ostern bis Okt. tägl. ab 10 h, im Winter nur Sa ab 19 h. Seit ihrer Eröffnung 2003 wechselte die bekannteste Strandbar Berlins zunächst jährlich ihren Standort, der jetzige soll angeblich dauerhaft sein. Hier sitzen vor allem Touristen jeden Alters im Sand unter Sonnenschirmen oder in Palmhütten, der Weg zur Bar ist schuhfreundlich aus Holzbohlen gebaut. Wer keinen Strandkorb oder Liegestuhl ergattert hat, nimmt auf Holzbänken Platz. Für Schatten sorgen Zeltdächer. Der halbe Liter Bier kostet 3,80 €, dafür gibt's abends sogar Live-Musik.

Café Zapata im Tacheles (23), → Karte S. 126/127, Oranienburger Str. 54–56a, ✆ 281 61 09, www.cafe-zapata.de. ⏰ tägl. ab 12 h. Selbstbedienung ist angesagt in diesem „abgefahrenen" Laden mit stilisiertem Sperrmüll und Selbstgeschweißtem im Erdgeschoss des alternativen Kunsthauses Tacheles. Das Tacheles wurde kurz nach der Jahrhundertwende erbaut und war bis 1928 ein Kaufhaus. Dann wegen Pleite der Geschäftsinhaber von der AEG zum „Haus der Technik" umgebaut. 1933 nistete sich die SS ein und zu DDR-Zeiten residierte hier der FDGB (Freier Dt. Gewerkschaftsbund).

Eschschloraque Rümschrümp (32), → Karte S. 126/127, Rosenthaler Str. 39, ✆ 30 87 25 73, www.eschschloraque.de. ⏰ tägl. ab 14 h. Eigenwillig wie schon der Name ist auch das ganze Lokal, das sich im Haus Schwarzenberg befindet. Nicht jede(r) kann einen Eindruck vom hier konservierten Wendezeit-Flair gewinnen, denn es herrscht eine strenge Auswahl durch den Türsteher. Ben Becker hat sich hier 2007 krankenhausreif getrunken.

Kaffee Burger (5), → Karte S. 126/127, Torstr. 58–60, ✆ 28 04 64 95, www.kaffeeburger.de. ⏰ Mo–Sa ab 22 h, So ab 19 h. Im original DDR-Blümchentapeten-Ambiente treffen sich Künstler wie Wladimir Kaminer und

Der Charme der Nachwende-Jahre prägt das Café Zapata

Bars und Kneipen

Gegenüber der Museumsinsel die Füße in warmen Sand stecken – Strandbar Mitte

solche, die es vielleicht noch werden wollen. Schnell kommt man miteinander ins Gespräch; regelmäßig Veranstaltungen verschiedenster Art, darunter Lesungen (So 20 h Reformbühne Heim & Welt) und viel Balkan- und Klezmer-Musik. Sehenswert.

Newton Bar (15), → Karte S. 144/145, Charlottenstr. 57 (am Gendarmenmarkt), ✆ 20 29 54-0, www.newton-bar.de. ⏰ tägl. ab 10 h. In gepflegtem klassischen Bar-Ambiente nippen Promis und Normalos an ihren Cocktails – mit Blick auf Helmut Newtons überdimensionierte Nackte, die eine ganze Wand zieren. An den Wochenenden hat Glück, wer noch einen Stehplatz findet.

Riva Bar (40), → Karte S. 126/127, Dircksenstr., im S-Bahn-Bogen 142, ✆ 24 72 26 88, www.riva-berlin.de. ⏰ tägl. ab 18 h. Sehr elegante, ziemlich teure Bar im Seventies-Style unter italienischer Leitung. Cocktail-Experten loben die Qualität der Drinks. Einlass findet nur, wer die Gesichtskontrolle besteht – und natürlich elegant gekleidet ist.

Strandbad Mitte (10), → Karte S. 126/127, Kleine Hamburger Str. 16, ✆ 24 62 89 63, www.strandbad-mitte.de. ⏰ tägl. 9–2 h oder länger, Frühstück bis 16 h, Küche bis 24 h. Entspannend unschicke Kneipe im Scheunenviertel, mit großen Fensterscheiben zum Betrachten des Straßenlebens. Sehr freundliche Bedienung. Hier gibt's Cocktails und den beliebten Frappé. Im Sommer stehen Liegestühle und sogar Strandkörbe vor der Tür.

Strandbar Mitte (41), → Karte S. 126/127, Monbijoustr. 1–3, ✆ 24 08 47 88, www.strandbar-mitte.de. ⏰ Mai–Sept. tägl. ab 10 h. Hippe Mitte-Berliner und -Berlinerinnen, teilweise mit Nachwuchs, schlürfen ihre Cocktails in der Strandbar Mitte am westlichen Ende des Monbijou-Parks. Der Blick aus dem gestreiften Liegestuhl oder von der mitgebrachten Decke ist hitverdächtig: am anderen Spreeufer liegt das Bode-Museum, etwas weiter entfernt sind der Berliner Dom, der Fernsehturm und das Rote Rathaus zu sehen. Oft überfüllt.

Prenzlauer Berg

Die vor allem im Sommer schönste Gegend zum gepflegten Bier- oder Cocktailkonsum ist ohne Frage das Gebiet um den **Kollwitzplatz** und den **Wasserturm**, auch wenn es dort von Touristen nur so wimmelt. Hier gibt es Kneipen und Restaurants aller Couleur, wobei die wilden Wendejahre mit ihren Kurzzeit-Locations schon lange vorbei sind.

Weitere Ausgehmeilen mit großem gastronomischem Angebot sind die Gegend um den **Helmholtzplatz**, die **Oderberger Straße** sowie die hippe **Kastanienallee**, die gegen den Protest vieler Anwohner autofreundlich umgestaltet werden soll.

Anita Wronski (37), → Karte S. 172/173, Knaackstr. 26, ✆ 442 84 83. ⏱ Mo–Sa 9–2 h. Ältere Café-Kneipe mit schönem Blick auf den Wasserturm. Moderates Preisniveau.

Tres (12), → Karte S. 172/173, Lychener Str. 30, ✆ 41 71 57 18, www.tres-tapas.de. ⏱ Mo–Sa ab 17 h, So ab 10 h (Brunch). Edelschlicht möblierte Tapas-Bar mit einem großen Sortiment an spanischen Weinen.

Weinstein (11), → Karte S. **172/173**, Lychener Str. 33, ✆ 441 18 42, www.weinstein.eu. ⏱ Mo–Sa 17–2 h, So 18–1 h. Gemütliche Weinstube mit großem Sortiment an wirklich guten Weinen, dazu leckere Menüs sowie kleine Gerichte.

Typisch für Berlin – eine temporäre Bar, die bei Sanierung des Hauses wieder verschwindet

5 Ziegen (8), → Karte S. 172/173, Lychener Str. 63, www.5ziegen.de. ⏱ tägl. ab 20 h. Inzwischen schon als kultig bezeichnete Kiezkneipe mit Selbstbedienung. So ziemlich das Gegenteil von elegant, entsprechend niedrige Getränkepreise – der halbe Liter Bier kostet derzeit ab 2 €.

Roberta (44), → Karte S. 172/173, Zionskirchstr. 7, ✆ 44 05 55 80, www.roberta-bar.de. ⏱ tägl. ab 19 h. In dieser niedlichen Fifties-/Sixties-Bar legen freitags wechselnde DJs auf. Eintritt frei, moderates Getränkepreis-Niveau.

Nemo (24), → Karte S. 172/173, Oderberger Str. 46, ✆ 448 19 59. ⏱ Mo–Sa ab 18 h, So ab 11 h. Echte Kiez-Kneipe mit günstigen Preisen und un-schickem Publikum; Kicker. Die Wände wurden in den 1990ern vom Comic-Künstler OL bemalt.

Schwarzsauer (22), → Karte S. 172/173, Kastanienallee 13, ✆ 448 56 33, www.schwarzsauer.com. ⏱ tägl. ab 9 h, bis 17 h Frühstück. Seit 1993 besteht die Café-Kneipe mit leicht blasiertem jungem Publikum; im Sommer viele Tische draußen auf dem breiten Bürgersteig.

Becketts Kopf (7), → Karte S. 172/173, Pappelallee 64, ✆ 0162/237 94 18, www.beckettskopf.de. ⏱ Di–So ab 20 h. Klassisch möblierte Cocktailbar der Spitzenklasse, in die man ausreichend Bargeld mitnehmen sollte; Kreditkarten werden nicht akzeptiert – schließlich gab es diese modernen Zahlungsmittel in den goldenen Zeiten der Mixgetränke, aus denen die Cocktailrezepte stammen, auch nicht.

Friedrichshain

Seit Jahren ist Friedrichshain abendliches Ausgehgebiet. Insbesondere um den **Boxhagener Platz** und die **Simon-Dach-Straße** liegt Lokal neben Lokal; aber auch die Gegend um die **Sonntagstraße** wurde zur Kneipenzone.

Astro-Bar (13), → Karte S. 182/183, Simon-Dach-Str. 40, ✆ 29 66 16 15, www.astro-bar.de. ⏱ tägl. ab 20 h. DJs und wechselndes Programm in spacigem Ambiente, das ein Publikum aus weiter entfernten Bezirken anzieht. Seit Jahren sehr angesagt bei allen, die aufs Geld achten müssen, denn teuer ist es hier nicht.

Dachkammer (19), → Karte S. 182/183, Simon-Dach-Str. 39, ✆ 296 16 73, www.dachkammer.com. ⏱ Mo–Fr 12–2 h, Sa/So 10–2 h. Trotz des rustikalen Wohnzimmer-Stylings ein angenehmer Ort; vor allem die Balkonplätze im 1. Stock sind sehr begehrt. Cocktail-Preise im unteren Bereich, 17–21 h Happy Hour. Zu empfehlen ist der Sonntags-Brunch.

Die Tagung (20), → Karte S. 182/183, Wühlischstr. 29, ✆ 292 87 56. ⏰ tägl. ab 19 h. Ebenfalls eine Kiez-Institution, in der einige Ost-Reminiszenzen (z. B. Bilder von Lenin und Karl Liebknecht) präsentiert werden.

Café Em (15), → Karte S. 182/183, Gabriel-Max-Str. 17, ✆ 29 00 39 29, www.em-bar.de. ⏰ tägl. 10–2 h. Morgens gibt es Frühstück, mittags kleine Speisen und So 10–16 h mediterranes Brunch-Buffet (reservieren!). Ab 18 h wird die umfangreiche Cocktailkarte ausgelegt, anatolische Speisen sind ebenfalls erhältlich. Seit in der Simon-Dach-Straße wegen anhaltender Anwohnerproteste im Sommer die Stühle um 22 h hineingestellt werden, ist das Café Em eine prima Freiluft-Alternative: Am Boxhagener Platz kann man länger draußen sitzen.

Filmrisz (1), → Karte S. 182/183, Rigaer Str. 103, ✆ 42 21 96 27, www.filmrisz.org. ⏰ tägl. ab 20 h. Drogen- und hundefreie Kneipe mit trashigem Interieur. Den Namen gab die Leinwand, die Mi und So um 21 h ausgerollt wird. Dann gibt es kostenlos Filme (von Amateur-Videos bis zu hochwertigen Independent-Streifen) zu sehen.

Kauf-Bar (22), → Karte S. 182/183, Gärtnerstr. 4, ✆ 29 77 88 25, www.kaufbar-berlin. de. ⏰ Mo–Fr 9–24 h, Sa/So 10–24 h. Alles, was in der 2003 eröffneten Kauf-Bar steht, liegt oder hängt und ein kleines Preisschildchen hat, kann gekauft und mitgenommen werden – vom Tisch über das Geschirr bis zur Lampe. Im selben Haus ist ein Möbellager, sodass niemand auf dem Boden sitzen muss, wenn sein Stuhl gerade den Eigentümer gewechselt hat. Übrigens sind auch echte Antiquitäten im Angebot! Wer zuvor schon einmal stöbern möchte, kann sich im Internet die aktuellen Stücke ansehen. Dazu viele Speisen und Getränke in Bio-Qualität.

Café Intimes (7), → Karte S. 182/183, Boxhagener Str. 107, ✆ 29 66 64 57. ⏰ tägl. 10–2 h. Angenehmer Ort zum Essen (Mittelmeerküche) und/oder Trinken neben dem ältesten Friedrichshainer Kino, dessen Name nichts mit Pornofilmen zu tun hat, sondern sich auf die geringe Größe des Kinos bezieht.

Oststrand (29), → Karte S. 182/183, hinter der East-Side-Gallery an der Mühlenstr. nähe

Outdoor-Gastronomie in Friedrichshain

Straße der Pariser Kommune, ✆ 24 08 47 88, www.oststrand.de. ⏰ Mai–Sept. tägl. ab 10 h. Hier chillt die Kreuzberger und Friedrichshainer Szene. Kulinarischer Höhepunkt ist die Holzofen-Pizza, die in einem ausrangierten Container zubereitet wird. Die wirklich zahlreichen Liegestühle sind bei schönem Wetter schnell besetzt, es ist aber genug Platz, um eine mitgebrachte Decke im tiefen Sand auszubreiten. An Bord des alten Kahns, der hier vor Anker liegt, sitzen die echten Sonnenanbeter.

Kreuzberg

War der Stadtteil in den 1990ern völlig out, so ist er in den letzten Jahren wieder das angesagte Ausgehviertel. Neben den Kneipenklassikern aus Hausbesetzerzeiten ist hier viel Neues entstanden. Wem Kreuzberg bereits zu arriviert ist, der geht ins angrenzende Neukölln …

Ex-Kreuzberg 36

Bateau Ivre (14), → Karte S. 194/195, Oranienstr. 18, ✆ 61 40 36 59. ⏰ tägl. 9–3 h. Immer gut besuchte Bistro-Bar unter französischer Leitung (Küche bis 16 h, Tapas bis 3 h) mit bestem Blick auf das Straßenleben.

Bierhimmel (16), → Karte S. 194/195, Oranienstr. 183, ✆ 615 31 22. ⏰ tägl. 13–3 h. Legendär sind die Kuchen und Torten, die

86 Nachtleben

Relikt aus den Eighties – die Milchbar

hier nachmittags serviert werden. Kühler Kachelboden, eng zusammen gestellte Tischchen. Abends unedler Barbetrieb, heterosexuelles und schwul-lesbisches Publikum.

Madonna (35), → Karte S. 194/195, Wiener Str. 22, ✆ 611 69 43. ⏱ tägl. ab 15 h. Legendärer Treffpunkt der Hausbesetzer-Szene in den 1980ern, heute wird hier etwas gepflegter getrunken: 250 verschiedene Whisk(e)ys stehen zur Auswahl! Sehenswert ist die Deckenbemalung.

Möbel Olfe (27), → Karte S. 194/195, Dresdener Str. 12, ✆ 23 27 46 90, www.moebel-olfe.de. ⏱ Di–So 18–1.30 h (oder länger). Schon lang existiert das namengebende Möbelgeschäft im Betonklotz NKZ (Neues Kreuzberger Zentrum) am Kottbusser Tor nicht mehr. Aber die 2002 eröffnete Kneipe in den ehem. Ladenräumen entwickelte sich innerhalb kürzester Zeit zum Kreuzberger Klassiker mit Sperrmüll-Mobiliar, Billig-Snacks und polnischem Fassbier. Gemischtes Homo- und Hetero-Publikum.

Milchbar (19), → Karte S. 194/195, Manteuffelstr. 40/41, ✆ 611 70 67, www.milchbar-berlin.de. ⏱ tägl. 17 bis ca. 5 h; bei Fußball-Bundesliga-Spielen, die hier gemeinsam angeschaut werden, schon ab 14 h. Reine Koketterie, der Name. Was über Kreuzbergs längsten Tresen (grobe Schätzung) wandert, ist meist Bier (ab 2 €) oder Hochprozentiges. Keine cool-distinguierte Bar, eher ein skurril-gemütlicher In-Platz der 1980er.

Roses (18), → Karte S. 194/195, Oranienstr. 187, ✆ 615 65 70. Von 22 bis etwa 6 Uhr haben Herren hier die Gelegenheit, sich im plüschigen Ambiente tief in die Augen zu sehen – oder mehr. Auch Damenpaare sowie geschlechtlich gemischte Duos sind präsent.

Rote Harfe (17), → Karte S. 194/195, Oranienstr. 13, ✆ 618 44 46, www.roteharfe.de. ⏱ tägl. ab 10 h. Uralte Kiez-Institution, mittlerweile aufgefrischt. Im Parterre der einst 2-geschossigen Kneipe herrscht weiterhin Kneipenbetrieb, neben Bier gibt's auch Cocktails und ein bisschen Fingerfood.

Orient Lounge (17), → Karte S. 194/195, Oranienstr. 13, im 1. Stock über der Roten Harfe, ✆ 69 56 67 62, www.orient-lounge.com. ⏱ tägl. ab 16 h. Einem Zelt nachempfundene Shisha-Lounge, in der Tabak mit Fruchtaroma aus Wasserpfeifen geraucht wird. Dazu passend: Cocktails, orientalische Speisen und moderne morgenländische Musik.

Wiener Blut (30), → Karte S. 194/195, Wiener Str. 14, ✆ 618 90 23, www.wiener-blut.de. ⏱ tägl. 18 bis ca. 3 h. Grüne Tapeten, orangefarbene Ledersofas usw. erzeugen die loungige Seventies-Gemütlichkeit, die Menschen um die Dreißig so anzieht. Man trinkt Cocktails oder Wein. Mi DJs oder Live-Musik. Di, Sa/So Fußballübertragungen (Champions League und Bundesliga – dann ent-

sprechend früher geöffnet).
Würgeengel (10), → Karte S. 194/195, Dresdener Str. 122, ✆ 615 55 60, www.wuergeengel.de. Tägl. ab 19 h kann man hier Cocktails, die es in sich haben, und Häppchen zu sich nehmen; die Kellner tragen Weste und Krawatte. So etwas vermutet man in dieser Gegend eigentlich nicht.

Ex-Kreuzberg 61

Bar Centrale (41), → Karte S. 194/195, Yorckstr. 82, ✆ 786 29 89, www.barcentrale.net. ⌚ tägl. ab 14 h. Edles, aber authentisches italienisches Bar-Restaurant. Sehr elegant, ziemlich teuer. Die beste Grappa-Auswahl in Berlin und ausgezeichnete italienische Weine.

Golgatha (65), → Karte S. 194/195, auf dem Kreuzberg im Viktoriapark (Zugang von der Katzbachstr., Höhe Monumentenstr.; im Park an der ersten Wegkreuzung rechts), ✆ 785 24 53, www.golgatha-berlin.de. ⌚ April–Sept. tägl. 10–6 h. Seit Jahrzehnten existiert diese Mischung aus Disco und Biergarten, vielleicht ein Vorläufer der Strandbars? Frühstück bis 15 h, spätestens wenn es dunkel ist, wird draußen getanzt.

Haifischbar (61), → Karte S. 194/195, Arndtstr. 25, ✆ 691 13 52, www.haifischbar-berlin.de. ⌚ tägl. ab 19 h. Stimmt es, dass die meisten studentischen Beziehungen in Ex-61 hier ihren Anfang nehmen? Die Cocktails, Tapas und roten Sessel sind jedenfalls allabendlich sehr gefragt.

Junction Bar (49), → Karte S. 194/195, Gneisenaustr. 18, ✆ 694 66 02, www.junction-bar.de. ⌚ tägl. 20–5 h. Eintritt 5–10 €, So–Do ab 23 h für Damen freier Eintritt. Club mit allabendlicher Live-Musik! Die Konzerte beginnen um 21 h, am Wochenende um 22 h. Anschließend legen DJs auf. Ziemlich voll, ziemlich laut.

Clash (45), → Karte S. 194/195, Gneisenaustr. 2a (Innenhof, im Mehringhof), ✆ 32 52 63 87, www.clash-berlin.de. ⌚ Mo–Fr ab 12 h, Sa/So ab 18.30 h. Bis 2004 bewirtschaftete ein brasilianisches Kulturkollektiv die legendäre autonome Mehringhof-Kneipe „Ex", die bis 2001 bestand. Seitdem heißt das Ex-„Ex" „Clash"; hier finden Konzerte, Partys und ab und an auch noch politische Veranstaltungen statt. Im Sommer ist der ruhige Biergarten Anziehungspunkt für linke Kreuzberger.

Yorckschlösschen (40), → Karte S. 194/195, Yorckstr. 15/Ecke Hornstr., ✆ 215 80 70, www.yorckschloesschen.de. ⌚ tägl. 10–3 h. Eine original Berliner Kneipen-Konserve (angeblich schon 100 Jahre alt) mit Kiezpublikum. Hier wird grundsätzlich nichts renoviert. Deftiges Essen, Frühstück bis 15 h. Im Sommer auch Außenbetrieb. Fast tägl. Live-Musik, und zwar Jazz und Blues.

Zyankali-Bar (46), → Karte S. 194/195, Großbeerenstr. 64, ✆ 251 63 33, www.zyankali.de. ⌚ tägl. ab 20 h. Cocktails mit ziemlich abgefahrenen Namen, dazu donnerstags Karaoke, So um 20.30 h Gratis-Kino.

Schöneberg

Der Stadtteil, in dem sich die Szene in den späten 1980ern feierte. Vor allem in der Gegend um den **Winterfeldtplatz**, die **Goltzstraße** und den **U-Bahnhof Eisenacher Straße** wimmelt es bis heute von Cafés, Bars und Kneipen, die inzwischen teilweise reichlich verstaubt wirken, aber dafür so gut wie frei von Touristen sind. Dennoch – oder vielleicht gerade deshalb – eine interessante Gegend für einen Kneipenbummel. Rund um den **Nollendorfplatz** hat die Schwulenszene ihre Traditionslokale (Übersicht unter www.gayschoeneberg.de).

Neues Ufer (32), → Karte S. 108/109, Hauptstr. 157, ✆ 78 95 79 00. ⌚ tägl. 11–2 h (oder länger). Aus der traditionsreichen Schwulen-Kneipe „Anderes Ufer" wurde vor einigen Jahren das Neue Ufer. Außer dem Namen hat sich aber nicht viel geändert. Riesige einschlägige Zeitschriften-Auswahl. Auch Lesben und Heteros/Heteras nehmen hier ihren Kaffee.

Café M (29), → Karte S. 108/109, Goltzstr. 33, ✆ 216 70 92. ⌚ Mo–Fr 8–3 h, Sa/So ab 9 h, Küche bis 23 h. Das ehemalige Café Mitropa, in den 1980ern umstrittene Institution der Schöneberger Szene, ist immer noch gut besucht; im Sommer auch draußen auf dem Bürgersteig.

Destillerie E. & M. Leydicke (36), → Karte S. 108/109, Mansteinstr. 4, ✆ 216 29 73. ⌚ So–Fr 18–1 h, Sa 16–1 h. Eine wirklich urige Kneipe, in der seit 1877 die im Familienbetrieb hergestellten Fruchtweine und -liköre ausgeschenkt werden. Ein Zugeständnis an die Jugend sind die Motto-Partys, die an den Winter-Wochenenden stattfinden.

Eldorado (25), → Karte S. 108/109, Motzstr. 20, ✆ 84 31 69 02, www.eldorado.de. Durchgehend geöffnet. Plüschige Schwulenbar mit langer Tradition; eher älteres Publikum.

Felsenkeller (34), → Karte S. 108/109, in der Akazienstr. 2/Ecke Hauptstr., ℡ 781 34 47. ⏰ Mo–Fr ab 16 h, Sa ab 12 h und So ab 18 h – immer bis 2 h. Ein kleines, schmales und musikfreies (!) Bierlokal im Seefahrt-Look, das vor allem intellektuelle Männer zwischen 30 und 40 schätzen. Unter ihnen auch Jeffrey Eugenides, in dessen Bestseller „Middlesex" es eine kleine Rolle spielt.

Green Door (28), → Karte S. 108/109, Winterfeldtstr. 50, ℡ 215 25 15, www.greendoor.de. ⏰ tägl. 18–3 h, im Sommer erst ab 20 h. Eine Mitte der 1990er gegründete Bar mit relativ strenger Gesichtskontrolle (man muss klingeln); voll wird's hier schon ziemlich früh. Das Publikum ist amüsierwillig und gesprächig – allein muss hier niemand bleiben.

Hafen (26), → Karte S. 108/109, Motzstr. 19, ℡ 211 41 18, www.hafen-berlin.de. ⏰ tägl. ab 20 h. Schwul-lesbische Szene-Bar, in der keine/r lange allein bleibt.

Mr. Hu (30), → Karte S. 108/109, Goltzstr. 39, ℡ 217 21 11, www.misterhu-berlin.de. ⏰ tägl. ab 18 h, mindestens bis 3 h. Der Indonesier Husen Xiawi gab dieser Bar ihren Namen. Ausgefallene Namen gab er auch den von ihm kreierten Cocktails, und zwar ziemlich schcußliche – wie „Cabrio Akkuschrauber".

Jeden Sonntag Live-Musik

Auf jeden Fall ein netter Ort für Cocktail-Liebhaber mittleren Alters, auch die Einrichtung ist sehenswert. Happy Hour tägl. 18–21 h, So den ganzen Abend.

Zoulou-Bar (33), → Karte S. 108/109, Hauptstr. 4, ℡ 70 09 47 37, www.zouloubar.de. ⏰ tägl. 20–6 h, erst zu später Stunde voll mit flirtbereitem Publikum. Bar im Stil der amerikanischen 1930er, garantiert ohne Prohibition. Hier kann man zünftig bis zum Absturz zechen.

Charlottenburg

Um den **Savignyplatz**, über den die Kantstraße verläuft, haben sich seit den 1980er-Jahren neben den wenigen verbliebenen alten 68er-Institutionen eine Vielzahl schicker Cafés und Bars angesiedelt, in denen heute die älter gewordene Charlottenburger Szene residiert.

Anda Lucía (16), → Karte S. 160/161, Savignyplatz 2, ℡ 54 71 02 71, www.andalucia-berlin.de. ⏰ tägl. 17–1 h. Das ehemalige „Drei" wurde umgestaltet und firmiert jetzt unter neuem Namen. Opulent möbliertes Tapasbar-Restaurant, das ein mittelaltes Publikum anzieht. Zum spanischen Essen gibt's entsprechende Weine. Große Sommerterrasse.

Gainsbourg (11), → Karte S. 160/161, Savignyplatz 5, ℡ 313 74 64, www.gainsbourg.de. ⏰ 17–6 h. Stilvolle American Bar mit endlos langer Cocktailkarte, stilvolles Publikum; ab und zu Live-Musik. Neigt zur Überfüllung.

Hefner (24), → Karte S. 160/161, Kantstr. 146 (Ecke Savignyplatz), ℡ 31 01 75 20, www.hefner-berlin.de. ⏰ tägl. ab 14 h. Schicke, 2001 eröffnete Bar im Seventies-Stil, wie er in Mitte allerorten vorherrscht. Hohes Preisniveau.

Zwiebelfisch (15), → Karte S. 160/161, Savignyplatz 7–8, ℡ 312 73 63, www.zwiebelfisch-berlin.de. ⏰ tägl. 12–6 h. Seit Jahrzehnten beliebte, gleichbleibend abgewetzte Charlottenburger Institution mit ziemlich gemischtem Stammpublikum. Bis 3 h gutes, einfaches Essen, wohlportioniert und preiswert. Im Sommer Tische unter Riesenschirmen am Platz. Ein Zwiebelfisch ist übrigens ein Buchstabe einer anderen Schriftart, der sich in einen Drucktext geschlichen hat – ein Wort, das im Computer-Zeitalter genauso antiquiert wirkt wie das gleichnamige Lokal.

Amüsiertempel am Spreeufer– der Speicher

Diskotheken und Clubs

Da die Tanz- und Club-Szene groß und außerdem einem raschen Wandel unterworfen ist, kann hier nur ein Teil der Berliner Diskotheken und Clubs vorgestellt werden, wobei die meist kurzlebigen, illegalen Lokalitäten unberücksichtigt bleiben. Aus den über 200 einschlägigen Adressen wurden einige Partyorte ganz unterschiedlicher Stilrichtung ausgewählt, sodass für jeden Geschmack etwas dabei sein dürfte.

Insgesamt sind die Lokalitäten heute viel edler als noch vor einigen Jahren. Daneben existieren weiter alteingesessene Diskotheken und „Schmuddel-Clubs". Parallel dazu feiert die große Latino-Szene, die Tango oder Salsa tanzt. Auch Rock'n'Roll- und Standard-Tänzer finden Gleichgesinnte.

An den Kreuzberger und Friedrichshainer Ufern der Spree hat sich eine Meile des Nachtlebens etabliert, die bis zur Treptower Arena mit dem Partyschiff MS Hoppetosse reicht. Allerdings ist die Club-Meile von Neubau-Projekten bedroht und teilweise schon verdrängt. Eine neue Entwicklung ist die Anfeindung alteingesessener Clubs durch die Bewohner edler Neubauten in deren Nähe. So muss das Kreuzberger SO 36 in teuren Schallschutz investieren, will es weiter bestehen. Akut in seiner Existenz bedroht ist der über 50-jährige Knaack-Club, der offenbar einem Schildbürgerstreich zum Opfer fällt: An seiner Rückseite wurde der Bau eines neuen Wohnhauses genehmigt, ohne die Lärmemissionen aus dem Club einzukalkulieren. Nun beharren die Bewohner des Neubaus auf der Einhaltung der Dezibel-Grenzwerte; eine Lösung des Konflikts an diesem Standort scheint ausgeschlossen, das Knaack muss wohl umziehen.

Von Zeit zu Zeit findet in Berlin die „Clubnacht" statt. Dann kann etwa ein Dutzend Clubs mit einer Eintrittskarte besucht werden; Infos unter www.clubcommission.de.

Nachtleben

Abraxas (Char.) **(20)**, → Karte S. 160/161, Kantstr. 134, ☏ 312 94 93. ⏰ Di–Sa 22 bis 5 bzw. 6 h. Die Wellen vollsynthetischer Musikmoden plätschern ungehört am Abraxas vorbei. Die DJs legen gekonnt Funk, Soul und Latin aus alten Tagen auf, an den Wänden sind Musikinstrumente statt Laserkanonen befestigt. Das Publikum dankt's – der Club ist seit Jahrzehnten stets randvoll.

Alte Kantine in der Kulturbrauerei (Pren.) **(21)**, → Karte S. 172/173, Knaackstr. 97, ☏ 44 34 19 52, www.alte-kantine.de. ⏰ Mi–So ab 22 h. Themen-Partys und auch an Ältere wird gedacht (jeden Mi freier Eintritt für über 27-Jährige; alle anderen zahlen 3 €).

Berghain (Frie.) **(10)**, → Karte S. 182/183, Am Wriezener Bahnhof, www.berghain.de. ⏰ Fr/Sa ab 24 h. Der 2004 in einem ehemaligen Heizkraftwerk eröffnete Club gilt seit Jahren als eine der angesagtesten Adressen der Stadt. Techno und House auf mehreren Etagen, das industrielle Flair des Baus ist erhalten, Kunstwerke sind dazugekommen. Viel homosexuelles Publikum.

Cassiopeia (Frie.) **(25)**, → Karte S. 182/183, Revaler Str. 99, ☏ 47 38 59 49, www.cassiopeia-berlin.de. Im malerisch verfallenen ehemaligen Reichsbahn-Ausbesserungswerk gibt's Di–Sa Live-Musik und Party, alle möglichen Stilrichtungen. Im Sommer lockt der Gartenbereich tagsüber auch junge Familien an.

Centrum Berlin (Mitte) **(1)**, → Karte S. 144/145, Alexanderstr. 7, ☏ 24 63 22 37, www.centrum-berlin.de. ⏰ Fr–So durchgehend. 2007 eröffnete der kleinere Bar-Club im ehemaligen Sternradio. Zwei Bars und mehrere Tanzflächen; die DJs wechseln in rascher Folge.

Clärchens Ballhaus (Mitte) **(17)**, → Karte S. 126/127, Auguststr. 24/25. ☏ 282 92 95, www.ballhaus.de. ⏰ tägl. ab 12 h, Fr/Sa Live-Musik. Das 1913 gegründete Ballhaus wurde 2005 von jungen Betreibern übernommen, die aber nahezu unverändert weiterführen. Hier kennt man ihn noch, den wahren Walzerschwung. Aber auch Moderneres wie Cha-Cha-Cha und Swing werden aufgelegt. Der 75-jährige Garderobier Günther ist eine Legende, die Stimmung sektheiter, die Gäste zwischen 18 und 80. Eine Lokalität mit Seele und Tradition. Gepflegte Garderobe erforderlich.

Connection (Schö.) **(27)**, → Karte S. 108/109, Fuggerstr. 33/Ecke Welserstr., ☏ 218 14 32, www.connection-berlin.com. ⏰ Fr/Sa ab 23 h. In der traditionellen Schwulengegend gelegene Großdisko mit Schwerpunkt auf Techno, House und Disco. Darkroom, Cruising Area.

Delicious Doughnuts (Mitte) **(9)**, → Karte S. 126/127, Rosenthaler Str. 9, ☏ 28 09 92 74, www.delicious-doughnuts.de. ⏰ tägl. 21–7 h, DJ ab 23 h. Seit Jahren ist der kleine Bar-Club am Wochenende proppenvoll mit jungem Publikum. Musik von Sixties über Jazz bis House, je nach Wochentag.

Duncker (Pren.) **(5)**, → Karte S. 172/173, Dunckerstr. 64, ☏ 445 95 09, www.dunckerclub.de. ⏰ tägl. ab 22 h. Eintritt um 3 €, moderate Getränkepreise. Traditionsreicher Club mit sehr abwechslungsreichem Programm von Independent Rock bis Gothic/Dark (s. Tagesprogramm der Stadtillustrierten oder Szene-Magazine). Elektronikmusikfreie Zone, in der Jeans und Leder dominieren.

Grüner Salon (Mitte) **(14)**, → Karte S. 126/127, Rosa-Luxemburg-Platz 2, ☏ 28 59 89 36, www.gruener-salon.de. ⏰ Di–So ab 19 h. Im Herbst 2009 wurde der ehemalige Pausenraum der Volksbühne nach umfangreichen Sanierungsarbeiten wieder eröffnet. Wechselnde Veranstaltungen (Swing & Charleston, Salsa, Rock'n'Roll etc.).

Infos zu DJs und Partys gibt es in den Stadtillustrierten **tip** und **zitty**, die alle 14 Tage (im Wechsel) erscheinen und bundesweit im Bahnhofs-Zeitschriftenhandel erhältlich sind. Beide auch im Netz: www.zitty.de bzw. www.tip-berlin.de.

Kostenlos informieren diverse Flyer, die wie das Party-Magazin **[030]** (für 14 Tage, auch unter www.berlin030.de) oder das Stadtmagazin **Stadtkind** (www.stadtkind.de) in Berliner Kneipen, Läden, Kinos etc. ausliegen. Tipps zum schwul-lesbischen Nachtleben gibt das ebenfalls kostenlose Magazin **Siegessäule** (www.siegessaeule.de).

Tangofreunde finden Infos unter www.tangoberlin.de, die Salsa-Szene informiert sich unter www.salsa-berlin.de. Eine Seite zu Standard/Latein, Swing und Rock'n'Roll ist www.tanzeninberlin.de.

Havanna – La Discoteca Latina (Schö.) **(35)**, → Karte S. 108/109, Hauptstr. 30, ☏ 784 85 65, www.havanna-berlin.de. ⏰ Mi ab 21 h, Fr/Sa ab 22 h; Eintritt 3–7 €. Auf den weiträumigen Tanzflächen des ehemaligen

Diskotheken und Clubs 91

Mehrere Clubs beherbergt die riesige Kulturbrauerei

Ecstasy gibt es seit 1997 Salsa, Merengue, Mambo etc. Vergnügen auf drei Etagen!

Icon (Pren.) **(6)**, → Karte S. 172/173, Cantianstr. 15/Ecke Milastr., ✆ 48 49 28 78, www.iconberlin.de. ⌚ Fr/Sa ab 23.30 h, Di ab 23 h. Im ehemaligen Brauereikeller tanzt man lässig gekleidet zu Drum'n'Bass (Sa), Hip-Hop, Funk, Elektro etc.

Kalkscheune (Mitte), Johannisstr. 2, ✆ 59 00 43 40, www.kalkscheune.de. ⌚ Fr/Sa ab 22 h diverse Themen-Partys auf drei Etagen im schick sanierten Bauwerk (vier Tanzflächen). Hier mischen sich die Generationen. Ab und zu Partys mit Radio-Eins-Moderatoren als DJs (Eintritt 10 €).

Knaack Club (Pren.) **(51)**, → Karte S. 172/173, Greifswalder Str. 224, ✆ 442 70 60, www.knaack-berlin.de. ⌚ Mo ab 20 h, Mi 22–5 h, Fr/Sa ab 22 h. Der 1952 als „Jugendheim Ernst Knaack" gegründete einstige FDJ-Jugendclub ist seit Jahrzehnten ein Wallfahrtsort der tanzenden Jugend. Mehrmals wöchentlich Konzerte; hier startete u. a. die Kultband „Knorkator" ihre Karriere. Gegen die Existenzbedrohung durch die neuen Nachbarn (s. Einleitungstext) hat sich der „Fightklub" gegründet; mehr unter www.knaack-fightklub.de.

Magnet-Club (Pren.) **(46)**, → Karte S. 172/173, Greifswalder Str. 213, ✆ 44 00 81 40, www.magnet-club.de. ⌚ wechselnd, je nach Veranstaltung. Partys beginnen nicht vor 23 h. Geräumiger, 2001 gegründeter Club mit zwei Tanzflächen und Cocktailbar, fast tägl. Live-Musik – hier spielten schon Mia und Silbermond. Günstige Eintrittspreise.

Maria am Ostbahnhof (Frie.) **(18)**, → Karte S. 182/183, an der Schillingbrücke, ✆ 21 23 81 90, www.clubmaria.de. ⌚ Fr/Sa 23–9 h. Mo–Do unregelmäßig Konzerte. Hochwertige elektronische Musik in kellerartigen Räumen mit rohen Betonwänden. Mittelaltes, eher intellektuelles Publikum.

Matrix (Frie.) **(30)**, → Karte S. 182/183, Warschauer Platz 18, Gewölbe 3, ✆ 29 49 10 47, www.matrix-berlin.de. ⌚ tägl. ab 22 h. Eintritt um 5 €. Direkt unter dem U-Bhf. Warschauer Str. befinden sich zwei Tanzflächen, auf denen Funk-, Soul- und Seventies-Partys gefeiert werden; auch Rock und Mainstream. Viel junges Umlandpublikum (Mindestalter 18 J., Ausweiskontrolle!).

Monarch (Kreu.) **(28)**, → Karte S. 194/195, Skalitzer Str. 134, ✆ 618 73 43. ⌚ Di–Sa ab 21 h. Kleiner, aber feiner Club im ersten Stock über einem Supermarkt, schräg gegenüber der Bausünde Neues Kreuzberger Zentrum. Mit Blick auf die Hochbahn amüsiert sich hier am sehr späten Abend ein überwiegend studentisch-intellektuelles Publikum zu Garage und Sixties.

MS Hoppetosse (Trep.), Eichenstr. 4, ✆ 53 32 03 40, www.arena-berlin.de. Vor der Arena in der Spree vertäutes Club- und Restaurantschiff mit drei Decks. Abends diverse Mottopartys.

Oxymoron (Mitte) **(28)**, → Karte S. 126/127, Rosenthaler Str. 40/41, ✆ 28 39 18 86, www.oxymoron-berlin.de. ⌚ Mi–Sa ab 20 h, Eintritt frei. In den hochsanierten Hackeschen

Höfen (1. Hof) liegt das edle Café-Restaurant, das auch eine 70er-Jahre-Lounge hat, in der spät abends getanzt wird; Schwerpunkte: Jazz, Swing, Latin und Black Music. Jüngeres Publikum.

Sage-Club (Mitte) **(1)**, → Karte S. 194/195, Köpenicker Str. 76/Brückenstr. 1, direkt im U-Bhf. Heinrich-Heine-Str., ✆ 28 89 83-0, www.sage-club.de. ⌚ Do ab 19 h, Fr/Sa 23–9 h, So ab 24 h. Im ehemaligen Boogaloo tanzt man in mehreren Bereichen, die von verschiedenen DJs bespielt werden. Do Rock, sonst Independent und ab und zu Konzerte.

SchwuZ (Kreu.) **(53)**, → Karte S. 194/195, Mehringdamm 61, ✆ 62 90 88-0, www.schwuz.de. Fr/Sa 23–6 h wird im Schwulen Zentrum auf zwei Tanzflächen getanzt, jeden 4. Fr im Monat lassen sich unter dem Motto „L-Tunes" ausschließlich Lesben hier sehen, die sich an anderen Abenden unter die Herren mischen.

SO 36 (Kreu.) **(20)**, → Karte S. 194/195, Oranienstr. 190, ✆ 61 40 13 07, www.so36.de. Legendärer, unkommerzieller Club, dessen Überleben bedroht ist (s. Einleitungstext). Mo ab 23 h Techno, an den anderen Tagen Konzerte und Partys, am letzten Sa im Monat „Gayhane"; So ab 18 h Tanzkurs „Café Fatal" (viele Lesben). Auch sonst sehr gemischt – House, Schlager und Soul. Wenn das Publikum bis vor die Tür Schlange steht, ist Kiezbingo-Abend (Di). Ab und zu Live-Musik.

Soda Club (Pren.) **(23)**, → Karte S. 172/173, Knaackstr. 97, ✆ 44 31 51 55, www.soda-berlin.de. Do, So Salsa mit einstündiger Anleitung ab 20 bzw. 19 h, Fr/Sa Party ab 23 h. Über dem gleichnamigen Restaurant in der alten Fassbier-Lagerhalle der Kulturbrauerei, deutlich intimer und edler (und teurer) als die Alte Kantine.

Speicher (Frie.) **(32)**, → Karte S. 182/183, Mühlenstr. 78–80, ✆ 293 38 00, www.speicher-discothek.de. ⌚ Mo–Do 20–2 h, Fr/Sa 20–5 h, So 8–2 h. Eintritt 5 €. Multifunktionshaus für 1500 Gäste, die hier essen, trinken und in drei verschiedenen Bereichen tanzen können. Das allein stehende ehemalige Speicherhaus wurde völlig umgebaut und glänzt in pseudoamerikanischem Neon und Chrom. Entsprechendes Publikum (Umland!).

Tresor Club (Mitte) **(2)**, → Karte S. 194/195, Köpenicker Str. 70, ✆ 69 53 77 13, www.tresorberlin.de. Mi, Fr/Sa Einlass ab 24 h, relativ hoher Eintritt und rigide Türpolitik. Nach einigen Jahren Pause ist der 2005 geschlossene legendäre Nachwende-Techno-Club wieder auferstanden, jetzt in einem alten Kraftwerk ein paar Kilometer weiter östlich. Zusätzlich legen hier auch an anderen Wochentagen ab und zu DJs aus aller Welt auf.

Walzerlinksgestrickt (Kreu.) **(60)**, → Karte S. 194/195, Am Tempelhofer Berg 7d, ✆ 69 50 50 00, www.walzerlinksgestrickt.de. Standard-/Latein-Tanzkurse und Tanzveranstaltungen in einem schönen alten ehemaligen Brauerei-Saal. Kurse ohne Anmeldung, z. B. Mi 19.15 h Discofox, Sa 12 h Tango (45 Min. 7 €).

Watergate (Kreu.) **(15)**, → Karte S. 194/195, Falckensteinstr. 49, ✆ 61 28 03 95, www.water-gate.de. ⌚ Mi, Fr, Sa ab 24 h. Tanzen in schickem Ambiente und mit Blick auf die Spree, die Oberbaumbrücke und das farbig illuminierte Universal-Music-Gebäude, das ist einzigartig in Berlin. Und sehr beliebt! Besonders schön in lauen Sommernächten ist die Terrasse zur Spree.

White Trash Fast Food (Pren.) **(49)**, → Karte S. 172/173, Schönhauser Allee 6–7, ✆ 50 34 86 68, www.whitetrashfastfood.com. ⌚ Mo-Fr ab 12 h, Sa/So ab 18 h. Zuerst gibt's riesige Burger (mittags mit Getränk 7,50 €), anschließend Live-Musik, zu der gern Pogo getanzt wird. Junges internationales Publikum.

Wild at Heart (Kreu.) **(33)**, → Karte S. 194/195, Wiener Str. 20, ✆ 61 07 47 01, www.wildatheartberlin.de. ⌚ tägl. ab 20 h, bei Konzerten geringer Eintritt. Ganz gemischtes Musikangebot in ehemaligem Kino, von Rock'n'Roll über Independent bis Punk. Auch das Publikum ist beste „Kreuzberger Mischung", versetzt mit jungen Touristen aus aller Welt.

Die Galeries Lafayette sind bekannt für ihr nobles Warenangebot

Einkaufen

Beim Bummel über den Ku'damm, den Potsdamer Platz, durch die Friedrichstraße oder eine der zahlreichen Shopping Malls sieht man neben Nobel- und Nobelst-Boutiquen überwiegend Filialen von Handelsketten, die es fast überall gibt. Wer etwas Spezielles, Ausgefallenes oder Skurriles sucht, findet es eher in den zahlreichen kleinen Lädchen der Stadt, die so individuell sind wie ihre Besitzer. Besonderes Flair haben die Märkte und Markthallen, deren Warenangebot von Obst und Gemüse über Kunsthandwerk bis Trödel und Antiquitäten reicht.

Nach der Freigabe der Wochentags-Ladenöffnungszeiten in Berlin legt jedes Geschäft individuell seine Öffnungszeiten fest, sodass der eine oder andere vor verschlossenen Türen stehen wird. Nach der anfänglichen Euphorie wegen der langen Öffnungszeiten, die teilweise bis in die Nacht reichen, schließen inzwischen viele Geschäfte spätestens um 20 Uhr oder (meist nur freitags) um 21 Uhr.

Märkte

Wochenmärkte und Markthallen

Neben den traditionellen Wochenmärkten etablierten sich in den letzten Jahren Ökomärkte, auf denen Bio-Produkte verkauft werden. Einige Wochen- und Ökomärkte haben sich zu samstäglichen Treffpunkten entwickelt. Wichtiger als das Einkaufen ist hier das Sehen und Gesehenwerden; man trifft sich auf einen Kaffee am Bagelstand oder einen Saft am Obststand. Das Warenangebot ist auch schon längst über Obst, Gemüse, Blumen und Eier hinausgewachsen: Es gibt asiatische Heilkräuter, portugiesisches Backwerk, hölzernes Kinderspielzeug, afrikanisches Kunsthandwerk und vieles mehr. Drei der ehemals 14 Berliner Markthallen aus dem späten 19. Jh. haben Pleiten und Krieg überlebt, zwei davon in den Original-Gebäuden. Hier werden zu den üblichen Ladenöffnungszeiten neben Lebensmitteln Waren von Schreibpapier bis Hundeleine angeboten, außerdem gibt es beliebte Imbiss-Stände.

Winterfeldtplatz-Markt (Schö.), auf dem Winterfeldtplatz, Mi 9–13 h, Sa 9–15 h. Der wohl bekannteste und am häufigsten beschriebene Wochenmarkt der Stadt liegt im ersten Hausbesetzerviertel Berlins, wo Ende der 1970er-Jahre Häuserkämpfe tobten. Die ehemaligen Hausbesetzer, mittlerweile ergraut und gesettelt, kaufen hier nun toskanische und portugiesische Spezialitäten. Für viele ist der samstägliche Marktbesuch ein gesellschaftliches Muss. Publikum, Markthändler und Warenangebot sind äußerst bunt und vielfältig.

Kollwitzplatz-Markt (Pren.), Kollwitzplatz, Sa 9–16 h. Der Shootingstar unter den Berliner Wochenmärkten: sobald ein Strahl Sonne zu sehen ist, sofort hoffnungslos überfüllt. Stammgast ist Wolfgang Thierse, der hier um die Ecke wohnt. Ex-Bonner, Ex-Charlottenburger und Alt-Prenzlauer-Berger tätigen hier ihre Samstagseinkäufe, was angesichts der vielen Bekannten, die man dabei trifft, stundenlang dauern kann.

Hackescher Markt (Mitte), nicht übermäßig großer, sehr touristischer Wochenmarkt, auf dem auch Kunsthandwerk angeboten wird. Do und Sa ganztags.

Maybachufer-Markt (Neuk.), Maybachufer, Di/Fr 11–18 h. Der pittoresk am Neuköllner Ufer des Landwehrkanals gelegene so genannte Türkenmarkt hat sich in den letzten Jahren ebenfalls veredelt. Neben Grünzeug gibt es hier auch frisch gemischte Gewürze und allerlei orientalische Küchenausrüstung.

Ökomarkt Chamissoplatz (Kreu.), Chamissoplatz, Sa 8–13 h. Der baumbestandene rechteckige Gründerzeitplatz bildet einen schönen Rahmen für den Markt, den vor allem die älter gewordenen Ex-Autonomen aus dieser ehemaligen Hausbesetzergegend frequentieren.

Marheineke-Markthalle (Kreu.), Marheinekeplatz, www.meine-markthalle.de. Die in den 1950er-Jahren gebaute und vor einigen Jahren komplett umgestaltete Halle steht frei auf dem Marheinekeplatz an der beliebten Einkaufsmeile Bergmannstraße. Breites Bio-Angebot und viele Imbiss-Stände.

Eisenbahn-Markthalle (Kreu.), Eisenbahnstr. 43–44. In eine Häuserzeile eingebaute Gründerzeithalle mit eher einfachem Sortiment.

Arminius-Markthalle (Tier.), Arminiusstr. 2. Über hundert Jahre alt ist die hinter dem Rathaus Tiergarten gelegene, schön renovierte Halle. Traditionelles Warenangebot an Lebensmitteln, Haushaltsbedarf etc. und einige Imbiss-Stände. Die beiden letztgenannten Hallen möchte der Berliner Senat privatisieren.

Floh- und Kunsthandwerksmärkte

Vom Profi-Markt mit echten Antiquitäten bis zum Trödelmarkt im eigentlichen Sinn, auf dem Nachlässe und Fundstücke verkauft werden, ist in der Stadt alles vertreten. Fast überall kann gehandelt werden. Aktuelle Markttermine werden in Tageszeitungen und Stadtillustrierten angekündigt. Hier einige der wichtigsten Märkte:

Trödel- und Kunstmarkt Straße des 17. Juni (S-Bhf. Tiergarten), Sa/So 10–17 h, im Winter eher kürzer. Auskünfte unter ☎ 26 55 00 96, www.berliner-troedelmarkt.de. Die östliche Hälfte des lang gestreckten Marktes bildet der Trödelmarkt. Die meist auf eine Warengruppe spezialisierten Profi-Händler stehen an den beiden breiten Marktgassen, die Amateure im schmalen Gang in der Mitte. Im westlichen Teil des Marktes bieten Kunsthandwerker ihre Produkte an, von Schmuck über Kleidung bis zu Spiegeln und Gemälden.

Kunst-, Antik- und Buchmarkt (Mitte), an der Museumsinsel, am Zeughaus und Kupfergraben, Sa/So 11–17 h. Ähnlich edel und professionell wie der Markt am 17. Juni, aber wesentlich kleiner. Man hofft auf Touristen, denen die Geldbörse locker sitzt. ☎ 0172/301 88 73.

Flohmarkt am Boxhagener Platz (Frie.), So 10–17 h. Sehen und gesehen werden ist vielen wichtiger als das Kaufen. Daher auch die vielen Stände, die das leibliche Wohl befriedigen. Nette Atmosphäre.

Mauerpark-Flohmarkt (Mitte), an der Bernauer Str. 63–64, So 7–17 h. Bei gutem Wetter Treffpunkt für halb Berlin, gemischtes Warenangebot mit Schwerpunkt auf Kleidung und Hausrat. ☎ 0176/29 25 00 21, www.mauerparkmarkt.de.

Edel-Shops im Quartier 206

Antik- und Trödelmarkt am Ostbahnhof (Frie.), Erich-Steinfurth-Str., So 9–17 h (im Winter kürzer). Recht kleiner Markt mit vielen Händlern; Schwerpunkt auf Möbeln und Kuriosa. ✆ 29 00 20 10.

Flohmarkt am Rathaus Schöneberg, John-F.-Kennedy-Platz, Sa/So 9–16 h, Auskünfte unter ✆ 03322/21 08 68. Nachfolger des legendären Trödelmarktes am Kreuzberger Reichpietschufer, auf dessen Areal heute die debis-Bauten stehen. Überwiegend „echter Trödel".

Shopping Malls und Einkaufsstraßen

Touristen-Magnet ist der **Potsdamer Platz** mit der Mall Potsdamer Platz Arkaden und dem Sony Center. In den *Potsdamer Platz Arkaden* findet sich von Aldi über Wöhrl bis Swarovski die gesamte Palette an Ketten-Läden: von preiswert bis edel. Dasselbe gilt für die Gastronomie: McDonald's und Nobel-Restaurants, in denen man für ein Abendmenü problemlos über 100 Euro ausgeben kann, sind nur wenige Schritte voneinander entfernt. Homogener ist das Angebot im *Sony Center* – und eher auf die dickere Geldbörse ausgerichtet.

Die **Friedrichstraße** (www.friedrichstrasse.de) und einige ihrer Nebenstraßen mit ihren modernen Passagen sind ein weiterer Touristen-Sammelpunkt. Doch gekauft wird hier nicht ganz so viel, wie die Planer vorgesehen hatten. So sind hier und Unter den Linden mittlerweile zahlreiche „Autosalons" in Gebäude eingezogen, die für Einzelhandelsgeschäfte gebaut worden sind. Das wirkt reichlich skurril, ist aber vielleicht nur eine Übergangserscheinung. Neben preiswerten Läden wie H & M hat sich hier bereits früh der französische Kaufhauskonzern *Galeries Lafayette* (direkt am U-Bhf. Französische Straße) niedergelassen. Sehenswert sind vor allem die (Innen-)Architektur mit dem gläsernen Trichter im Zentrum und die exklusive französische Lebensmittelabteilung. Edle Mode-Labels wie Donna Karan und Prada haben ihre Geschäfte vor allem im *Quartier 206* (Friedrichstr. 71, ✆ 20 94 62 40, www.quartier206.com) mit seinem sehenswerten Treppenhaus.

Außen puristisch...   *...innen prunkvoll*

Das KaDeWe

1906/07 wurde das Kaufhaus nach Plänen von *Johann Emil Schandt* erbaut, die eine einfache Fassade vorsahen – prunkvoll war nur der Haupteingang, durch den man in eine zweigeschossige Halle kommt. Eine kleine Sensation war seinerzeit der Teesalon und Erfrischungsraum im Kaufhaus. Daneben gab es eine Leihbibliothek, einen Frisiersalon, eine Bank, ein Fotoatelier, eine Galerie und verschiedenes mehr. 1929–31 wurden auf den Bau vier weitere Stockwerke aufgesetzt, weil die Ladenfläche nicht mehr ausreichte.

Viel ist von der alten Bausubstanz nicht erhalten, denn 1943 brannte das Haus aus, zudem stürzte ein Flugzeug in die Trümmer. Bis 1956 wurde das Gebäude mit vereinfachter Fassade wiedererrichtet und 1978 erneut ausgebaut. 1992 und 1995 wurde schließlich das Dachgeschoss noch einmal verändert und erweitert. Das Image des KaDeWe, eines der größten Kaufhäuser Europas zu sein, rechtfertigt vor allem die Lebensmittelabteilung im 6. Stockwerk, in der alles nur Erdenkliche zur Auswahl steht. Im 6. und 7. Stock kann vieles von den angebotenen Leckereien gleich an Ort und Stelle verzehrt werden – mit grandiosem Blick über die West-City.

Zu einem interessanten Einkaufsviertel mit vielen kleinen Läden, darunter Berliner Modedesign, hat sich die **Spandauer Vorstadt** entwickelt. Bei einem Bummel durch den *Hackeschen Höfen* (www.hackesche-hoefe.com), den *Heckmann-Höfen* an der Oranienburger Straße 32, den benachbarten *Rosenhöfen* und durch die *August-* und die *Rosenthaler Straße* lässt sich einiges entdecken.

2007 eröffnete das riesige Shopping-Center *Alexa* am **Alexanderplatz** (Grunerstraße), ein rosafarbener Betonklotz von zweifelhafter Architektur, der von außen bereits etwas vergammelt wirkt.

Shopping Malls und Einkaufsstraßen 97

Auf 56.000 m² kann bis 21 h geshoppt werden was die Geldbörse hergibt, Kinder können sich derweil in einer „Kindercity" vergnügen.

Umsatzstarke Einkaufsmeilen sind nach wie vor der **Kurfürstendamm** (www.kurfuerstendamm.de) und die **Tauentzienstraße** mit Umgebung in der West-City. Hier haben Levi's, Adidas, Diesel und Nike ihre Flagship-Stores, liegt mit dem *KaDeWe* das größte Kaufhaus der Stadt, wird ständig Altes abgerissen und Neues, wie das *Neue Kranzler-Eck*, gebaut.

Seit Jahrzehnten haben sich exklusive Läden in den Seitenstraßen des Kurfürstendamms zwischen *Fasanenstraße* und *Leibnizstraße* etabliert. Vor allem in Richtung Kantstraße findet man viele interessante Boutiquen und Geschäfte. Cafés für Verschnaufpausen finden sich besonders zahlreich um den *Savignyplatz*. Ein Tipp für Freunde edlen Designs und ausgefallener Gebrauchsgegenstände ist das *Stilwerk* in der Kantstraße 17 (✆ 31 51 50, www.stilwerk.de). In der luxuriösen Einkaufsgalerie, die mit den üblichen Shopping Malls nichts gemein hat, haben sich 60 Geschäfte mit gehobenem Sortiment niedergelassen. In die nähere Umgebung sind in jüngster Zeit weitere Geschäfte mit hochwertigen Design-Produkten gezogen.

Nach dem Niedergang der **Wilmersdorfer Straße** zwischen *Stuttgarter Platz* und *Bismarckstraße* in den 1990ern geht es jetzt mit dieser traditionsreichen Einkaufsstraße, seit 1978 Fußgängerzone, wieder bergauf. Wesentlicher Neubau sind die **Wilmersdorfer Arcaden** (www.wilmersdorfer-arcaden.de), eine neue Shopping-Mall.

Auch an der Steglitzer **Schloßstraße** zwischen Rathaus Steglitz und Walther-Schreiber-Platz findet derzeit eine gewaltige Neugestaltung statt, mit der man das Kaufhaussterben und den Wegzug traditionsreicher Geschäfte kompensieren will. Im Bau ist das Shopping-Center *Boulevard Berlin* in der Nähe des kultigen Bierpinsels, das 2011 eröffnet werden soll. Besuchenswert sind die *Galleria*, angeblich Deutschlands größtes Naturwaren-Kaufhaus (Schlossstr. 101, www.naturkaufhaus-berlin.de), und das postmoderne Shopping-Center *Das Schloss*, welches das historische Rathaus Steglitz integriert (www.dasschloss-steglitz.de).

In **Kreuzberg** haben sich zwei Einkaufsstraßen mit vielen kleinen Läden etabliert, die *Bergmannstraße* und die *Oranienstraße*. Beide sind Tag und Nacht belebt, denn zwischen den Läden liegen Cafés und Bars. Die Bergmannstraße war noch vor gut zehn Jahren eine Trödelladen-Straße mit einigen Secondhand-Klamotten-Läden. Heute ist das Angebot teurer und vielfältiger, aber weiterhin bunt. „Hauptstraße" des ehemaligen SO 36 ist die Oranienstraße, in der inzwischen Kleidungs- und Schallplattengeschäfte sowie außergewöhnlich viele Buchhandlungen die türkischen Läden abgelöst haben.

Ganz unterschiedliche Einkaufsstraßen in **Prenzlauer Berg** sind die *Kastanienallee* und die *Schönhauser Allee*. Letztere beherbergt Filialen bekannter Ladenketten – vor allem in der Shopping Mall *Schönhauser Allee Arcaden*. Die Kastanienallee steht für Szene-Geschäfte aller Couleur. Ein ähnliches Angebot findet sich auch rund um den *Helmholtzplatz*.

In **Friedrichshain** konzentrieren sich die kleinen Geschäfte in der *Wühlischstraße*, der *Libauer Straße* und rund um den *Boxhagener Platz*.

Antiquitäten kauft man in fast 30 Läden an der Charlottenburger *Suarezstraße* und unmittelbar angrenzend in der Pestalozzi- und der Windscheidstraße.

Berlin – praktische Infos

Szene-Shopping im Prenzlauer Berg

Kleidung, Schuhe und Accessoires

Die Schwerpunkte liegen auf Secondhand-Klamotten und Schöpfungen Berliner Modedesigner. Es lohnt sich, selbst auf die Suche zu gehen, denn ständig eröffnen neue Geschäfte. Viele Läden findet man in der Spandauer Vorstadt, der Kastanienallee, der Bergmann- und der Oranienstraße, zwischen Ku'damm und Bismarckstraße – von der Bleibtreu- bis zur Leibnizstraße – sowie um den Ludwigkirchplatz in Wilmersdorf. Bei der Jugend beliebte Fundgrube für preiswerte Secondhand-Kleidung ist das Humana-Kaufhaus am Frankfurter Tor.

> Tipp für Shopping-Süchtige: Die Stadtmagazine **zitty** und **tip**, die in jedem Berliner Zeitungskiosk erhältlich sind, geben regelmäßig umfangreiche Sonderhefte zum Thema Einkaufen in Berlin heraus (Preis ca. 9 €).

Mr & Mrs Peppers (Pren.) **(30)**, → Karte S. 172/173, Kastanienallee 91/92, ☏ 448 11 21, www.mrandmrspeppers.de. ⏲ Mo–Fr 11–20 h, Sa 11–18 h. Spezialisiert auf Secondhand-Mode der 60er-Jahre und eigene Kollektion, die sich von dieser Epoche inspirieren lässt.

Taschenrausch (Pren.) **(18)**, → Karte S. 172/173, Danziger Str. 45, ☏ 440 85 58, www.taschenrausch.de. ⏲ Mo–Fr 11–20 h, Sa bis 18 h. Praktische und schöne Taschen für Stadt und Natur, viele von kleinen Berliner Herstellern.

Woodstock (Pren.) **(39)**, → Karte S. 172/173, Danziger Str. 145, ☏ 83 10 44 24, www.greenzone.de. ⏲ Di–Fr 11–19 h, Sa bis 16 h. Die junge Mutter Annegret Banse lässt ein altes Handwerk wieder aufleben, den Holzstempeldruck. Sie veredelt damit Textiles wie Bettwäsche und Schals, aber auch Kleinigkeiten.

Charming Styles (Pren.) **(1)**, → Karte S. 172/173, Erich-Weinert-Str. 3, ☏ 91 20 88 28, www.charmingstyles.de. ⏲ Di–Fr 13–18 h, Sa 11–16 h. Da sie dem Stil längst vergangener Tage verfallen ist, schneidert Andrea Kiersch Mode der 1920er- bis 1940er-Jahre nach. Neben Retrokleidung sind auch stilechte Accessoires und Schuhe der Epoche im Angebot – Berlins Swing-Enthusiasten gehören zur Stammkundschaft.

SchmuckAnziehen (Pren.) **(40)**, → Karte S. 172/173, Diedenhofer Str. 4, ℡ 69 50 91 37, www.schmuckanziehen.de. ⏱ Mo 14–19 h, Di–Fr 12–19 h, Sa 11–15 h. Außergewöhnlicher Kombinations-Laden zweier Berliner Designerinnen, wobei Julia Stolz für den Schmuck und Maria Schorr für die Kleidung zuständig ist.

Rock-a-Tiki-Laden (Pren.) **(2)**, → Karte S. 172/173, Kopenhagener Str. 69, ℡ 43 73 97 60, www.rock-a-tiki.de. ⏱ Di–Fr 12–19 h, Sa 12–15 h. Treffpunkt der Berliner Rockabilly-Szene; im Angebot Original- und Remake-Klamotten, Accessoires. Außerdem jede Menge Szene-News.

To die for (Mitte) **(31)**, → Karte S. 126/127, Neue Schönhauser Str. 10, ℡ 28 38 68 34. ⏱ Mo–Fr 12–20 h, Sa bis 18 h. Kollektionen Berliner Labels.

Waahnsinn (Mitte) **(13)**, → Karte S. 126/127, Rosenthaler Str. 17, ℡ 282 00 29, www.waahnsinn-berlin.de. ⏱ Mo–Sa 12–20 h. Original Fifties- bis Eighties-Klamotten und -Accessoires sowie Neuware.

Sterling Gold (Mitte) **(26)**, → Karte S. 126/127, Oranienburger Str. 32 (Heckmann-Höfe), ℡ 28 09 65 00, www.sterlinggold.de. ⏱ Mo–Sa 12–20 h. Edelstes aus 2. Hand: US-amerikanische Cocktail- und Ballkleider der 50er- bis 80er-Jahre – Glamour pur. Daneben auch historische Brautkleider.

Calypso Shoes (Mitte) **(20)**, → Karte S. 126/127, Rosenthaler Str. 23, ℡ 28 54 54 15, www.calypsoshoes.com. ⏱ Mo–Sa 12–20 h. Rosemarie Mohamed machte ihre Passion zum Geschäft, das sie einst auf dem Flohmarkt gestartet hat: historische Schuhe – neu und getragen – aus den 1940ern bis 90ern. Hier statten sich auch Kostümbildner für Film und Theater aus.

American Apparel (Mitte) **(29)**, → Karte S. 126/127, Münzstr. 19, ℡ 28 09 63 18, www.americanapparel.net. ⏱ Mo–Sa 11–20 h. Seit einiger Zeit auch in Berlin: der US-Klamottenproduzent, der nicht in Sweatshops produzieren lässt, sondern nur in den USA – zu akzeptablen Arbeitsbedingungen. Die körperbetonenden Kleidungsstücke aus farbenfrohen Baumwollstoffen sprechen Menschen aller Altersklassen an. Ein weiterer Laden befindet sich ganz in der Nähe (Alte Schönhauser Str. 41, ℡ 24 08 59 82) und ein weiterer in der City West am Wittenbergplatz (Bayreuther Str. 35, ℡ 23 60 74 56).

Evelin Brandt (Mitte) **(51)**, → Karte S. 126/127, Friedrichstr. 153a, ℡ 204 44 44, www.evelin-brandt.de. ⏱ Mo–Sa 10.30–20 h. Schlichte, klassische Damenkleidung; ein mittlerweile bis weit über die Stadtgrenzen hinaus bekanntes Berliner Label. Weitere Läden in Char., Savignyplatz 6, und in der Galleria in der Steglitzer Schlossstr. 101 sowie in Potsdam, Brandenburger Str. 19. Ein Outlet finden Sie in Friedrichshain, Frankfurter Allee 69.

Berlinomat (Frie.) **(6)**, → Karte S. 182/183, Frankfurter Allee 89, ℡ 42 08 14 45, www.berlinomat-shop.com. ⏱ Mo–Sa 11–20 h. Im Angebot sind nur Entwürfe Berliner Designer, vom T-Shirt bis zur Tasse. Versand über den Internetshop ab einem Warenwert von 30 € innerhalb Deutschlands kostenlos.

Superschlüpfer (Frie.) **(21)**, → Karte S. 182/183, Wühlischstr. 25, ℡ 83 03 01 52, www.superschlüpfer.de. ⏱ Mo–Fr 11–20 h, Sa 11–18 h. Die gebürtige Münchnerin Nina Tönnies sorgt dafür, dass die Zeiten von „außen hui, innen pfui" ihrem Ende entgegensehen. Vom klassischen Schlüpfer bis zu Boxershorts hat sie alles, was erfreut und nicht zwickt, aber dennoch gut aussieht. Wer nicht vorbeikommen kann, bestellt im Internet-Shop.

Molotow (Kreu.) **(42)**, → Karte S. 194/195, Gneisenaustr. 112 (U-Bhf. Mehringdamm), ℡ 693 08 18, www.molotowberlin.de. ⏱ Mo–Fr 14–20 h, Sa 12–16 h. Zeitlose Mode Berliner Designer, die auf gute Stoffe und beste Verarbeitung achten. Eingehende Beratung; was nicht in der richtigen Größe oder Farbe vorrätig ist, wird nachgeschneidert.

Mientus (Char.) **(32)**, → Karte S. 160/161, Wilmersdorfer Str. 73, ℡ 323 90 77, www.mientus.com. Auf vier Etagen riesige Auswahl an Männerbekleidung in allen Größen, von sportlich bis festlich. Ein Tipp für alle, die es leid sind, von Laden zu Laden zu laufen.

Solebox (Schö.) **(38)**, → Karte S. 160/161, Nürnberger Str. 16, ℡ 91 20 66 90, www.solebox.de. ⏱ Mo–Sa 12–20 h. Außergewöhnliche Turnschuhe – hier gibt es auch ausgefallene Modelle aus den USA und limitierte Serien namhafter Hersteller.

Bücher und Comics

Buchhandlungen mit einem weit gefächerten Angebot und viel Berlin-Literatur findet man vor allem in der City (West und Ost). Eine Berliner Besonderheit sind die spezialisierten Buchhandlungen, die meist vom Inhaber geführt werden und in denen sehr fachkundiges Personal bedient. Es gibt sie für die unterschiedlichsten Themen und Genres bis hin zu Comics.

Hugendubel (Wilm.) **(33)**, → Karte S. 160/161, Flaggschiff der süddeutschen Kette in der Tauentzienstr. 13 (gegenüber Europacenter), ✆ 21 40 60, www.hugendubel.de. Weitere Filialen z. B. in den Potsdamer-Platz-Arkaden (Tier.), ✆ 253 91 70, in der Schlossstr. 110 (Steg.), und in der Wilmersdorfer Str. 121 (Char.).

Thalia, Großbuchhandlung mit umfassendem Sortiment – auch modernes Antiquariat, freundlicher Service. Filialen u. a. im Forum Köpenick, Bahnhofstr. 33–38, ✆ 656 67 10; in den Schönhauser Allee Arcaden (Pren.), Schönhauser Allee 78, ✆ 44 71 06-0; im Gesundbrunnencenter (Wedd.), Badstr. 4, ✆ 493 06 80; im Ringcenter II (Frie.), Frankfurter Allee 113–117, ✆ 558 80 90. www.thalia.de.

Kulturkaufhaus Dussmann (Mitte) **(48)**, → Karte S. 126/127, Friedrichstr. 90. Großes allgemeines Sortiment, viel Berlin-Literatur. Öffnungszeiten etc. s. Schallplatten/CDs.

Schropp (Schö.) **(9)**, → Karte S. 160/161, Hardenbergstr. 9a, ✆ 235 57 32-0, ✎ -10, www.schropp.de. ⏲ Mo–Fr 10–20 h, Sa 10–18 h. Große Fachbuch- und Landkartenhandlung (Schwerpunkte Osteuropa und Skandinavien). Spezialgebiete: Reise, Geographie, Touristik und Sprachen. Übrigens wurde das Geschäft vor über 250 Jahren als Landkarten-Handlung gegründet und ist nach Jahrzehnten an der Potsdamer Straße nun zur Technischen Universität gezogen. Gute Beratung.

Berlin Story (Mitte) **(53)**, → Karte S. 126/127, Unter den Linden 26, ✆ 20 45 38 42, www.berlinstory.de. ⏲ tägl. (!) 10–20 h. Riesiges Angebot an Berlin-Literatur, daneben eine Ausstellung zur Stadtgeschichte inkl. Kurzfilm (Eintritt frei).

Chatwins (Schö.) **(31)**, → Karte S. 108/109, Goltzstr. 40, ✆ 21 75 69 04, www.chatwins.de. ⏲ Mo–Fr 10–20 h, Sa 10–16 h. Reiseliteratur – Reisebücher, Romane, Thriller, Impressionen, Kochbücher usw. – alles nach Ländern und Kontinenten sortiert. Auch englischsprachige Bücher.

Knesebeck Elf (Char.) **(7)**, → Karte S. 160/161, Knesebeckstr. 11, ✆ 312 28 36, www.knesebeckelf.de. Anheimelnd enge Buchhandlung mit Lesesofa und der andächtig-geistvollen Leseatmosphäre, die die großen Bücher-Kaufhäuser so sehr vermissen lassen.

Marga Schoeller Bücherstube (Char.) **(30)**, → Karte S. 160/161, Knesebeckstr. 33–34, ✆ 881 12 12, www.margaschoeller.de. Neben einem großen Angebot an Taschenbüchern findet man in diesem über 75 Jahre alten Laden, der vom Sohn der namengebenden Gründerin geführt wird, auch viele englischsprachige Bücher und eine mehr als passable Film- und Theaterabteilung. Ein weiterer Schwerpunkt: klassische und moderne jüdische Literatur. Ausgezeichnete Beratung und ab und zu Autorenlesungen.

Bücherbogen (Char.) **(23)**, → Karte S. 160/161, am Savignyplatz, unter dem S-Bahn-Bogen 593/Ecke Knesebeckstr., ✆ 318 69 5-11 und in der Neuen Nationalgalerie, Potsdamer Str. 50, ✆ 261 10 90, www.buecherbogen.de. ⏲ Mo–Fr 10–20 h, Sa bis 18 h. Großes Angebot an Büchern über Kunst, Architektur, Design, Foto und Film, auch fremdsprachig. Ein interessantes modernes Antiquariat ist auch mit drin.

Cantus 139 (Char.) **(21)**, → Karte S. 160/161, Kantstr. 139, ✆ 31 10 23 61, www.cantus139.de. 2000 von einigen Mitarbeitern des zuvor geschlossenen Musikalienhandels Bote und Bock gegründeter Laden mit Noten, Partituren und Musikliteratur von Klassik bis Pop, Rock und Jazz. Stöbern und Fragen ist hier erwünscht, eine kleine Café-Ecke lädt zum Blättern und Plaudern ein. Wer nicht herkommen kann, kann den weltweiten Bestell- und Versandservice nutzen.

Autorenbuchhandlung (Char.) **(13)**, → Karte S. 160/161, Carmerstr. 10, ✆ 313 01 51, www.autorenbuchhandlung-berlin.de. ⏲ Mo–Fr 10–20 h, Sa 10–18 h. Nach längerer Schließung eröffnete die legendäre Buchhandlung, die 1976 von Autorinnen und Autoren gegründet wurde, komplett renoviert wieder. Nun wird sie von zwei Buchhändlern betrieben, die versuchen, die alte Kundschaft zu halten und neue hinzuzugewinnen. Ab und zu Lesungen.

Prinz Eisenherz (Char.) **(50)**, → Karte S. 160/161, Lietzenburger Str. 9a, ✆ 313 99 36, www.prinz-eisenherz.com. ⏲ Mo–Sa 10–20 h. Seit fast 30 Jahren besteht die Homosexuellen-Buchhandlung mit einem umfangreichen Sortiment; seit 2004 in größeren Räumen, in denen auch DVDs angeboten werden.

Artificium (Mitte) **(30)**, → Karte S. 126/127, Rosenthaler Str. 40/41 (Hackesche Höfe, Hof 2), ✆ 30 87 22 80, www.artificium.com. ⏲ Mo–Do 10–21 h, Fr 10–23 h, Sa 10–24 h! Kunstbuchhandlung und Galerie. Viele Pub-

likationen zu Literatur und Theater, aber auch zu Berlin, daneben Judaica und Kinderbücher.
Anagramm (Kreu.) **(50)**, → Karte S. 194/195, Mehringdamm 50, ✆ 785 95 10, www.anagramm-buch.de. ⏲ Mo–Fr 9–19 h, Sa 10–16 h. Ambitionierter Buchladen für Kinder und Erwachsene.
Hammett Krimibuchhandlung (Kreu.) **(59)**, → Karte S. 194/195, Friesenstr. 27, ✆ 691 58 34, www.hammett-krimis.de. ⏲ Mo–Fr 10–20 h, Sa 9–18 h. Deutsche und englische Krimis, auch antiquarisch.
Kochlust (Mitte) **(24)**, → Karte S. 126/127, Alte Schönhauser Str. 36/37, ✆ 24 63 88 83, www.kochlust-berlin.de. ⏲ Mo–Fr 12–20 h, Sa 12–18 h. Wahrscheinlich Berlins größte Auswahl an Kochbüchern. Nach Anmeldung (online) kann man hier auch an Kochkursen teilnehmen.
NiK (Noten in Kreuzberg) (Kreu.) **(66)**, → Karte S. 194/195, Friesenstr. 7, ✆ 694 55 75, www.nik-noten.de. ⏲ Mo–Fr 10–19 h, Sa bis 16 h. „The World of Printed Music" – also neue und gebrauchte Noten, Unterrichtsbücher und -videos.
Otherland (Kreu.) **(64)**, → Karte S. 194/195, Bergmannstr. 25, ✆ 69 50 51 17, www.ufoberlin.de. ⏲ Mo–Fr 11–19 h, Sa bis 17 h. Anspruchsvolle Science-Fiction-, Horror- und Fantasy-Buchhandlung mit sehr umfassendem Angebot, das auch Bücher kleiner und kleinster Verlage umfasst. Daneben viele Bücher auf Englisch, neu und antiquarisch. Hier darf man ungestört stundenlang stöbern, das kompetente Personal hat immer reichlich Tipps.
Schwarze Risse (Kreu.) **(44)**, → Karte S. 194/195, Gneisenaustr. 2a, ✆ 692 87 29, www.schwarzerisse.de. ⏲ Mo–Fr 11–18.30 h, Sa 11–14 h. Politische Bücher und anspruchsvolle Belletristik sowie ausgefallene Zeitschriften im Ex-Autonomen-Zentrum Mehringhof. Filiale in Prenzlauer Berg, Kastanienallee 85, ✆ 440 91 58.
Grober Unfug (Kreu.) **(54)**, → Karte S. 194/195, Zossener Str. 33, ✆ 69 40 14 90, www.groberunfug.de. ⏲ Mo–Fr 11–19 h, Sa 11–18 h. Ein Comic-Spezialgeschäft, das auch Importe aus USA, England, Frankreich, Italien, Spanien und Japan führt. Filiale in Mitte: Weinmeisterstr. 9, ✆ 281 73 31. ⏲ Mo–Mi 11–19 h, Do/Fr bis 20 h und Sa bis 18 h.
Modern graphics – Comics & more (Kreu.) **(11)**, → Karte S. 194/195, Oranienstr. 22, ✆ 615

Eine der kleinen Berliner Buchhandlungen

88 10, www.modern-graphics.de. ⏲ Mo–Fr 11–20 h, Sa 10–19.30 h. Comics aus Europa und den USA; Toys, Videos, Poster usw. Filiale in der City West: Tauentzienstr. 9–12 (Europa-Center, UG), ✆ 85 99 90 54. ⏲ Mo–Sa 11–20 h.

Schallplatten und CDs

Auch auf diesem Sektor hat Berlin ein sehr breit gefächertes Angebot. Neben riesigen CD-Geschäften gibt es Läden, in denen nur Vinyl steht.

Dussmann Kulturkaufhaus (Mitte) **(48)**, → Karte S. 126/127, Friedrichstr. 90, ✆ 20 25 11 11, www.kulturkaufhaus.de. ⏲ Mo–Sa 10–24 h. Riesiges Angebot an Musik aller Richtungen, die hier auch angehört werden kann, was ja selten geworden ist. Besonders interessant für Klassikfreunde: die CD-Abteilung im Untergeschoss. Das Verkaufspersonal weiß extrem gut Bescheid – hier arbeiten viele Musiker.

Rotation Records (Mitte) **(2)**, Weinbergsweg 3, ✆ 25 32 91 16, www.rotation-records.de.

Mo–Do 12–20 h, Fr 14–22 h und Sa 14–20 h. Nur Vinyl, viel Elektro, Techno und House, gebraucht und neu.

L & P Classics (Char.) **(53)**, → Karte S. 160/161, Welserstr. 82, ℡ 88 04 30 43, www.lpmusics.de. ⏱ Mo–Sa 10–20 h. Wie der Name schon sagt: Klassische Musik auf LP (und CD), von mittelalterlichen Werken bis zu Avantgarde. Daneben Welt- und Filmmusik, Jazz und Hörbücher sowie ein gutes Sortiment für Kinder und Jugendliche.

DNS Recordstore (Pren.) **(14)**, → Karte S. 172/173, Eberswalder Str. 30, ℡ 247 98 35, www.dns-music.de. ⏱ Mo, Mi, Do 11–20 h, Di, Fr bis 23 h, Sa bis 18 h. Viel Vinyl, neu und gebraucht; eine Einkaufsstätte auch für DJs – TripHop, Drum'n'Bass, Ambient, Elektro usw. Mittlerweile selten geworden: echte Plattenspieler zum Anhören der Platten, für die man sich interessiert.

Vopo-Records (Pren.) **(17)**, → Karte S. 172/173, Danziger Str. 31, ℡ 442 80 04, www.voporecords.de. ⏱ Mo–Fr 12–20 h, Sa bis 16 h. CDs, LPs, auch importiert und secondhand; daneben Konzert-Tickets und T-Shirts. Schwerpunkt auf Punk und Hardcore.

Freak out (Pren.) **(29)**, → Karte S. 172/173, Prenzlauer Allee 49, ℡ 442 76 15, www.freakoutrecords.com. ⏱ Mo–Fr 11–19.30 h, Sa 11–16 h. Vinyl und CDs, darunter viele Importe aus Großbritannien und den USA. Anspruchsvolle moderne Musik.

da Capo (Pren.) **(27)**, → Karte S. 172/173, Kastanienallee 96, ℡ 448 17 71, www.dacapo-vinyl.de. ⏱ Di–Fr 11–19 h, Sa 11–16 h. Nur antiquarisches Vinyl; Klassik, Jazz, Rock, Pop und Schlager der 1920er bis 70er, daneben Musik-Bücher und Noten.

Core tex (Kreu.) **(25)**, → Karte S. 194/195, Oranienstr. 3, ℡ 61 28 00 50, www.coretexrecords.com. ⏱ Mo–Fr 11–20 h, Sa bis 16 h. Punk, Hardcore, HipHop (viel Independent) auch im Versand. Schwerpunkt: Vinyl und Importe. Auch Fanzines, Videos, Bücher etc.

Soultrade (Kreu.) **(56)**, → Karte S. 194/195, Zossener Str. 31, ℡ 69 81 75 91, www.soultrade.de. ⏱ Mo–Fr 11–20 h, Sa bis 18 h. Tausch wie auch An- und Verkauf von LPs und CDs vieler Stilrichtungen, z. B. Hip-Hop, Soul, Funk, Trip Hop, Jazz. Gut sortiert und übersichtlich präsentiert.

Mr Dead & Mrs Free (Schö.) **(24)**, → Karte S. 108/109, Bülowstr. 5 (U-Bhf. Nollendorfplatz), ℡ 215 14 49, www.deadandfree.com. ⏱ Mo–Fr 12–19 h, Sa 11–16 h. Traditionsreicher Independent-Laden (besteht seit 1983); viel Vinyl, aber auch CDs, Videos und DVDs. Importe und Bestellservice.

Musicland (Span.) **(16)**, → Karte S. 211, Klosterstr. 12, ℡ 332 20 72, www.musicland-berlin.de. ⏱ Mo–Fr 10–20 h, Sa bis 16 h. Fantastisch sortierter Laden alter Schule, gute Beratung.

Schokolade, Confiserie & Bonbons

Für die Befriedigung der Naschsucht gibt es Allerwelts-Schokoladen und luxuriöse Produkte, die man nicht überall bekommt. Einige davon werden sogar exklusiv in Berlin hergestellt.

Erich Hamann (Wilm.) **(58)**, → Karte S. 160/161, Brandenburgische Str. 17, ℡ 873 20 85. ⏱ Mo–Fr 9–18 h, Sa bis 13 h. Die bitteren Schokoladen aus der traditionsreichen Berliner Schokolade-Manufaktur sind sogar in Übersee begehrt und werden dorthin verschickt. Seine hauchdünnen Schoko-Plättchen soll Hamann bereits in den 1920er-Jahren erfunden haben! Auch die Verpackungen scheinen seitdem nicht mehr redesigned worden zu sein. Nicht so empfehlenswert sind die Milchschokoladen, die einen deutlichen Milchpulver-Geschmack aufweisen. Unbedingt sehenswert ist die Ladeneinrichtung des Familienbetriebs im Stil der Neuen Sachlichkeit.

Fassbender & Rausch (Mitte), **(17)**, → Karte S. 144/145, Charlottenstr. 60, ℡ 20 45 84 40, www.fassbender-rausch.de. ⏱ Mo–Sa 10–20 h, So 11–20 h. 1863 wurde in Berlin die Schokoladen-Fabrikation Fassbender gegründet, die heute nicht mehr existiert. Unter dem Traditionsnamen werden im Confiseriegeschäft am Gendarmenmarkt Rausch-Schokoladen und -Pralinen verkauft, die nicht von schlechten Eltern sind. Wer ein originelles Mitbringsel sucht, kann hier VW-Käfer, Berliner Bären, das Brandenburger Tor und vieles andere aus Schokolade kaufen.

Confiserie Mélanie (Char.) **(8)**, → Karte S. 160/161, Goethestr. 4, ℡ 313 83 30. ⏱ Mo–Mi 10–19 h, Sa 10–14 h. Seit 2008 führt Frau Dubenkropp die traditionsreiche Confiserie. Sie importiert höchstpersönlich die feinsten Rohstoffe für die süßen Erzeugnisse, die sie 2-mal monatlich frisch herstellt. Diese Qualität hat natürlich ihren Preis.

Das süße Leben (Schö.), Salzburger Str. 7, ℡ 74 76 05 00, www.das-suesse-leben.de. ⏱ Mo–Fr 10–19 h, Sa 10–14 h. Schokolade, Kekse und andere Süßwaren aus traditio-

Schokolade in allen Formen bei Fassbender & Rausch

nell produzierenden kleinen Betrieben.
In't Veld Schokoladen (Pren.) **(12)**, → Karte S. 126/127, Auguststr. 26a, ✆ 48 62 34 23, www.intveld.de. ⏱ Mo–Sa 12–21 h. Tafelschokoladen aus aller Welt sowie selbst Hergestelltes. Fr/Sa frische Trüffel, daneben Eierlikör und spezielle Kaffee-Röstungen.
Bonbonmacherei Kolbe & Stecher (Mitte), Oranienburger Str. 32 (Heckmann-Höfe), ✆ 44 05 52 43, www.bonbonmacherei.de. ⏱ Mi–Sa 12–20 h. Zwei Berliner mittleren Alters kauften sich einige antike Bonbon-Herstellungsmaschinen und kochen nun mit großem Erfolg über offener Flamme Maiblätter, Himbeerdrops und viele andere Traditions-Bonbons. Dabei kann man ab und an zuschauen. Immer zu haben: käufliche Kindheitserinnerungen (zumindest für über 30-Jährige). Achtung: Im Juli und August sowie von Weihnachten bis Anfang Januar wird nicht produziert!

Diverses

In Berlin gibt es ungezählte Geschäfte, die sich auf Besonderheiten spezialisiert haben, darunter:
1000 & 1 Seife (27), → Karte S. 126/127, Rosenthaler Str. 36, ✆ 28 09 53 54, www.1001seife.de. Die ehemalige Buchbinderin Xenia Trost ist seit einigen Jahren Seifensiederin. In ihrem schönen Laden in den Rosenhöfen verkauft sie ihre Erzeugnisse aus natürlichen Fetten und Duftextrakten, die auch Allergiker vertragen. Ihre alte Profession lebt in den nostalgischen Verpackungen von Seife, Shampoo & Co. weiter, die Trost selbst entwirft.
Besen- und Bürsteneinzieherei (Kreu.) **(12)**, → Karte S. 194/195, Oranienstr. 26, ✆ 28 50 30-121, www.u-s-e.org. ⏱ Mo–Fr 10–19 h, Sa 11–16 h. Aufsehen erregte vor einigen Jahren die Rettung der damaligen „Blindenanstalt" durch Berliner Künstler: Sie entwarfen Kunstwerke aus Besen- und Bürsten-Material, die nun von den Blinden hergestellt werden, die hier arbeiten. Dadurch wurde die drohende Pleite des Ladens abgewehrt. Neben künstlerisch Gestaltetem gibt es im sehenswerten Ambiente des frühen 20. Jh. auch ganz normale Besen, Bürsten und Korbwaren zu kaufen: hochwertige und schöne Stücke in traditioneller Machart. Heute werden die Werkstätten von der gemeinnützigen GmbH Union sozialer Einrichtungen betrieben.
Ampelmannshop (Mitte) **(25)**, → Karte S. 126/127, Rosenthaler Str. 40/41 (Hackesche Höfe, Hof 5), ✆ 44 04 88 01, www.ampelmann.de. ⏱ Mo–Sa 9.30–22 h, So 10–19 h. Die kultigen DDR-Ampelmännchen gibt es hier auf Mousepads, Taschen und diversen anderen Gegenständen. Außerdem ausgewählte Dinge in realsozialistischem (Retro-)Design. Filialen im DomAquaree am Berliner Dom (Karl-Liebknecht-Str. 5), Markgrafenstr. 37 (am Gendarmenmarkt), und in den Potsdamer-Platz-Arkaden, UG im Durchgang zur S-Bahn.

Berlin – Stadttouren und Ausflüge

Vom Kulturforum ins Regierungsviertel ... 107	Friedrichshain ... 180
Unter den Linden und Spandauer Vorstadt ... 121	Kreuzberg ... 190
	Köpenick ... 199
Vom Checkpoint Charlie zum Alexanderplatz ... 140	Spandau ... 207
	Grünes Berlin ... 214
City West ... 156	Ausflug nach Potsdam ... 237
Prenzlauer Berg ... 170	

Stadttouren und Ausflüge

Die folgenden Kapitel begleiten Sie zu den wichtigsten Sehenswürdigkeiten und in die interessantesten Stadtviertel Berlins. Wenn Ihnen die Beine vom vielen Herumlaufen schmerzen und Ihre Aufnahmefähigkeit sich langsam erschöpft, begeben Sie sich einfach ins Grüne: Traditionelle Ausflugsziele innerhalb der Stadtgrenzen sind der Wannsee, der Müggelsee und der Treptower Park, wo Ausflugsdampfer in alle Richtungen starten. Sehr zu empfehlen – auch bei einem kurzen Berlin-Aufenthalt – ist ein Tagesausflug nach Potsdam.

Spaziergänge

Die acht Touren durch ganz unterschiedliche Bereiche der Berliner Innenstadt sind als Spaziergänge angelegt, die man an einem Tag bewältigen kann. Wer jedoch jede Sehenswürdigkeit, jedes Museum ausgiebig besucht und zwischendurch zum Essen oder auf einen Kaffee einkehrt, wird Abkürzungen der Routen nicht vermeiden können. Auch ist es möglich, Teilstrecken mit öffentlichen Verkehrsmitteln zurückzulegen und mehrere Rundgänge miteinander zu verbinden. Dafür empfiehlt sich die Anschaffung einer Zeitkarte für die öffentlichen Verkehrsmittel (s. Kapitel „Unterwegs in Berlin"). Welche Interessen mit welchem Rundgang abgedeckt werden, steht im Kapitel „Berlin-Highlights". Darüber hinaus wird jeder Rundgang zu Beginn des jeweiligen Kapitels kurz charakterisiert.

Grünes Berlin

Empfehlungen für einen ruhigeren Tag nach den Besichtigungstouren: der Wannsee mit seinem berühmten Strandbad, der Müggelsee mit Wassersport- und Wandermöglichkeiten, Schloss und Park Charlottenburg, Dahlem mit seinen Museen und dem Botanischen Garten sowie der Treptower Park, der neben Erholung auch einiges Sehenswerte bietet.

Ausflug nach Potsdam

Wer in Berlin ist und ein bisschen Zeit erübrigen kann, sollte sich auf jeden Fall auch Potsdam ansehen. Mit seinen berühmten Schlössern und Gärten, seiner kleinstädtischen Innenstadt mit dem einmaligen Holländischen Viertel und der russischen Kolonie Alexandrowka bildet es ein beschauliches Kontrastprogramm zu Berlin. Potsdam ist rasch und bequem mit öffentlichen Verkehrsmitteln erreichbar; die Fahrzeit vom Berliner Zentrum liegt deutlich unter einer Stunde.

Was besichtigen wir als nächstes?

Endpunkt des ersten Rundgangs – das Museum für Gegenwart im Hamburger Bahnhof

Rundgang 1: Vom Kulturforum ins Regierungsviertel

Potsdamer und Leipziger Platz lagen jahrzehntelang im Mauer-Ödland, heute befinden sich hier die Zentralen von Weltkonzernen sowie Gebäude der Bundesregierung. Zwischen den zahlreichen Neubauten auf der ehemaligen Staatsgrenze stehen das Brandenburger Tor und das Reichstagsgebäude. Nördlich der Spree sind das Museum für Gegenwart und das Naturkundemuseum lohnende Ziele.

Was nicht der Krieg in Schutt und Asche gelegt hatte, wurde auf Ost-Berliner Seite nach 1961 planiert oder dem Zutritt der Öffentlichkeit entzogen. Auf der West-Berliner Seite der Mauer wucherten neben den wenigen verbliebenen Bauwerken wie der Ruine des Hotels Esplanade Gras und Sträucher, zwischen denen Kaninchen hoppelten. Diese Zeiten sind lange vorbei; heute steht hier das Sony-Center, nebenan flanieren Shopping-Enthusiasten durch die Potsdamer Platz Arkaden. Das nahe gelegene **Kulturforum** wurde schon in den 1950er-Jahren geplant und während der folgenden Jahrzehnte an zentraler „Gesamtberliner" Stelle errichtet. Dabei hatte man immer die Wiedervereinigung Berlins im Sinn, nach der die Museen, die Staatsbibliothek und die Philharmonie mitten in der Stadt liegen würden. In den 1970er- und 80er-Jahren glaubte kaum einer mehr daran, dass jemals Realität werden könnte, was uns heute völlig normal erscheint.

Von 1961 bis 1989 verlief die Mauer westlich der Wilhelmstraße und dem Brandenburger Tor, die damit in der „Hauptstadt der DDR" lagen. Im Kaiserreich fungierte die Wilhelmstraße als

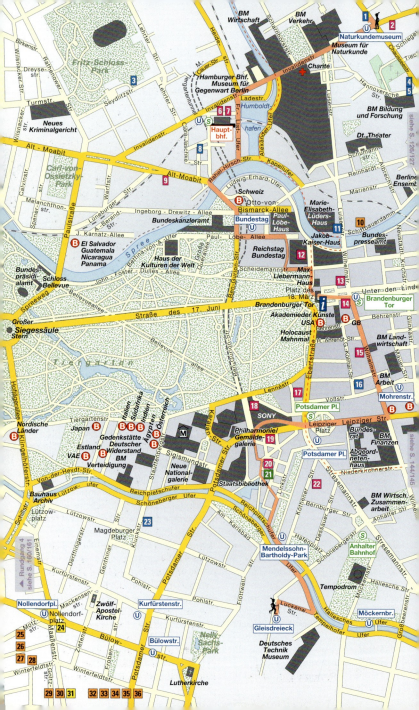

Ü bernachten (S. 52–54, 57)
1 Mitte's Backpacker Hostel
3 Tentstation
4 Hotel Märkischer Hof
5 Hotel am Scheunenviertel
8 Meininger Hotel am Hauptbahnhof
11 Arte Luise Kunsthotel
16 Frauenhotel Intermezzo
23 Jugendherberge Berlin International

E ssen & Trinken

Restaurants (S. 120)
9 Paris-Moskau
12 Dachgarten-Restaurant
13 Margaux
14 MA Tim Raue
15 Samadhi
17 Midtown Grill
22 Osteria Caruso

Imbisse & Schnellrestaurants (S. 119)
2 Marcann's Sandwich
6 Tokio Sushi Soup Sake
7 Gosch Sylt
19 Sushi Circle
20 Salomon Bagels

Biergärten (S. 119)
18 Lindenbräu

C afés (S. 119)
17 Tea Lounge Ritz Carlton
21 Meyerbeer Café

N achtleben

Bars & Kneipen (S. 82, 87/88)
10 Bundespressestrand
25 Eldorado
26 Hafen
28 Green Door
29 Café M
30 Mr. Hu
32 Neues Ufer
33 Zoulou Bar
34 Felsenkeller
36 Destillerie Leydicke

Diskotheken & Clubs (S. 90)
35 Havanna
27 Connection

E inkaufen (S. 100, 102)
24 Mr Dead & Mrs Free
31 Chatwins

250 m **Rundgang 1**

Rundgang 1 109

Vom Kulturforum ins Regierungsviertel Karte S. 108/109

Regierungsmeile, in der Weimarer Republik und der NS-Zeit blieb sie es. Hier ließ Hitler seine überdimensionierte Reichskanzlei erbauen, deren Marmorplatten später als Wandverkleidung im U-Bahnhof Mohrenstraße eine friedliche Verwendung fanden: Die DDR-Regierung setzte alles daran, die nationalsozialistische Vergangenheit dieser Gegend vergessen zu machen. Letzter und deutlichster Ausdruck dieser Bemühungen ist die Wohnbebauung auf der Westseite der Wilhelmstraße, die fast bis zum Brandenburger Tor reicht. Das Tor stand 1989 übrigens ganz einsam am Pariser Platz; alle Gebäude am Platzrand sind erst seit Mitte der 1990er-Jahre entstanden.

Der Reichstag lag im Westteil der Stadt; die Mauer stand wenige Meter hinter dem Gebäude, vor dem in den 1980er-Jahren ab und zu Rockkonzerte stattfanden. Ansonsten wurde hier Fußball gespielt. Heute ist der Umbau des Areals auf dem ehemaligen Mauerstreifen im Zentrum der Stadt so gut wie abgeschlossen. Nur rund um den neuen Hauptbahnhof liegen noch größere Brachflächen, die in den nächsten Jahren bebaut werden sollen. Aus dem verwunschenen Niemandsland auf West- und dem streng bewachten Grenzstreifen auf Ost-Berliner Territorium ist die sog. **Neue Mitte Berlins** geworden.

Spaziergang

Ausgangspunkt ist der U-Bhf. Gleisdreieck, der sich hoch über dem Erdboden befindet. Von hier oben sieht man schon den Potsdamer Platz mit seinen zahlreichen Neubauten. Technikbegeisterte sollten aber zunächst einmal in die andere Richtung gehen, denn an der Trebbiner Straße liegt Deutschlands größtes Technikmuseum: das **Deutsche Technikmuseum Berlin** mit alten Schiffen, Flugzeugen, Automobilen, Lokomotiven, Dampfmaschinen, dem ersten

Computer, einem Fernsehstudio der TV-„Steinzeit" und vielem mehr.

Am Landwehrkanal entlang, an dem auch der Berliner Sitz des **Bundesministeriums für Verteidigung** mit der **Gedenkstätte Deutscher Widerstand** liegt, geht es dann zum **Kulturforum** mit der von Hans Scharoun Ende der 1950er-Jahre entworfenen **Philharmonie** und dem zugehörigen Kammermusiksaal, der 1998 eröffneten Gemäldegalerie, dem Kunstgewerbe- und dem Musikinstrumenten-Museum, der Neuen Nationalgalerie von Ludwig Mies van der Rohe und Hans Scharouns eindrucksvollem Bau der Staatsbibliothek (Haus 2).

Auf der Rückseite der „Stabi" erheben sich die Bauten des debis-Areals, das einige Jahre vor dem Sony-Center fertig gestellt war. Oft werden alle diese Neubauten zusammen **Potsdamer Platz** genannt. Das ist eigentlich nicht richtig, denn der namengebende Platz, dessen Bilder aus den 1920er-Jahren berühmt sind, ist – wie schon damals – nur eine große Straßenkreuzung. Herzstück des Neubau-Areals sind die Potsdamer Platz Arkaden, eine überdachte Shopping Mall nach US-Vorbild. Am Marlene-Dietrich-Platz baden Touristen ihre müden Füße im Brunnen, vielleicht steht noch ein Besuch im Theater am Potsdamer Platz an.

Abends, wenn das Dach des Sony-Centers, die Leuchtschriften vom Hyatt-Hotel, der Spielbank, den Kinos und Bars leuchten, sieht das Areal vom Kulturforum aus fast wie ein Raumschiff aus. Einziges altes Haus auf dem Potsdamer Platz ist das Weinhaus Huth, in dem die **Daimler-Kunstsammlung** wechselnde Ausstellungen präsentiert. Wer sich das Ganze von oben ansehen möchte, der fährt mit dem angeblich schnellsten Aufzug Europas in den 24. Stock zum zweistöckigen **Panoramapunkt** im Kollhoff-Gebäude am Potsdamer Platz 1. Bei gutem Wetter reicht der Blick von hier bis an die Stadtgrenzen Berlins. ① tägl. 11–20 h. Eintritt 5 €, www.panoramapunkt.de.

Direkt am neu gestalteten U- und S-Bahnhof Potsdamer Platz erheben sich die gläsernen Fassaden des **Sony-Centers**, in das ein Rest des alten Hotels Esplanade nach einer spektakulären Umsetzungsaktion integriert wurde. Hungrige Besucher profitieren dort von einem breiten Angebot preiswerterer Gastronomie wie dem gern von japanischen Touristen besuchten Lindenbräu. Etwa zwei Stunden verbringen kleinere Kinder begeistert im ersten **Indoor-Legoland** Europas, das 2007 eröffnet wurde. Cineasten sollten einige Stunden für den Besuch des Museums für Film und Fernsehen und/oder des Arsenal-Kinos im **Filmhaus** einplanen. Modernste 3-D-Technik macht das **IMAX-Kino** am Potsdamer Platz zum Kassenfüller. Besonders eindrucksvoll sind die Natur- und Stadtfilme. Manch einer duckte sich schon vor einem anfliegenden Adler weg …

Ungefähr in Nord-Süd-Richtung verläuft der **Tiergartentunnel** unter dem Potsdamer Platz und nahe den Regierungs-Neubauten unter dem Tiergarten zum neuen Hauptbahnhof.

Der **Leipziger Platz** ist noch für mehrere Jahre Baustelle. Nachdem Mitte der 1990er-Jahre das Mosse-Center erbaut wurde, passierte erst einmal nichts. Mittlerweile ist der achteckige Grundriss des Platzes wiederhergestellt, wenn auch teilweise nur durch Gebäude-Attrappen. Öffentlich zugänglich sind das Beisheim-Center, das ein Hotel und Restaurants beherbergt, die **Dalí-Ausstellung** und die **Botschaft Kanadas**, die – symbolisch für die kanadische Gastfreundschaft – wechselnde Ausstellungen zeigt. In einem Medienraum können Besucher kanadische Musik hören, Filme sehen und Internet-Prä-

Das Holocaust-Mahnmal inmitten der Stadt

sentationen über Kanada betrachten. Weiterhin unbebaut ist das größte Grundstück, das ehemalige Wertheim-Gelände, das bis zur Wilhelmstraße reicht. Dieses Grundstück wurde erst 2005 den Erben der Kaufhaus-Familie Wertheim rückübereignet, nachdem der Karstadt-Quelle-Konzern den beschämenden Rechtsstreit darum endgültig verloren hat. Hier war 1906 das größte Kaufhaus Europas errichtet worden, in dessen Tresorräumen, die den Krieg überstanden hatten, bis 2005 der Techno-Club Tresor untergebracht war. Obwohl Georg Wertheim schon 1906 den jüdischen Glauben aufgegeben hatte, zwangen ihn die Nazis 1937 dazu, seinen Konzern auf seine nichtjüdische Ehefrau zu übertragen. Später beschlagnahmten sie das Grundstück an der Leipziger Straße und begannen sofort damit, hier die Neue Reichskanzlei zu bauen. Auf der anderen Seite der Leipziger Straße stehen das ehemalige Preußische Herrenhaus, in dem seit 2000 der **Bundesrat** zusammentritt, und das ehemalige Reichsluftfahrtministerium. Der vor einigen Jahren in Detlev-Rohwedder-Haus umbenannte Kolossalbau beherbergt das **Finanzministerium**. An die Rückseite des Bundesratsgebäudes grenzt übrigens das Berliner Abgeordnetenhaus.

Auf der Wilhelmstraße geht es – vorbei an Botschafts- und Regierungsgebäuden – zum Pariser Platz mit dem **Brandenburger Tor**. Direkt am Tor liegt das neu gebaute **Max Liebermann Haus**, das dem Ursprungsbau von *Friedrich August Stüler* nachempfunden ist. Einen Einblick in die US-Geschichte bietet die Ausstellung **The Kennedys** am Platzausgang zur Straße Unter den Linden.

Südlich der Behrenstraße liegt das am 8. Mai 2005 eröffnete **Denkmal für die Ermordung der europäischen Juden** nach einem Entwurf von *Peter Eisenman*. War bereits der Bau des Stelenfeldes fast 20 Jahre lang heftig umstritten, so setzt sich jetzt der Streit fort: nun geht es um die angemessene Nutzung des Mahnmals. Trotz überall aufgestellter Verbotsschilder werden die Stelen nämlich als Spielgeräte, Picknickplätze

Das Marie-Elisabeth-Lüders-Haus beherbergt neben Büros und der Parlamentsbibliothek auch einen Mauer-Gedenkraum

etc. genutzt. Eisenman findet das nicht tadelnswert; er wollte keine Nutzungsart vorgeben. Ernsthafte Beschäftigung mit der Geschichte des massenhaften Judenmords konzentriert sich am unterirdischen **Ort der Information**, der Kindern unter 12 Jahren auf keinen Fall empfohlen werden kann.

Gegenüber dem Holocaust-Mahnmal steht seit Mai 2008 eine Stele mit einem Videobildschirm, der bis Mai 2010 eine endlose Kussszene zweier Männer zeigt. Ab Juni 2010 küssen sich dann zwei Frauen; die Stele ist das **Mahnmal für die homosexuellen Opfer des Nationalsozialismus**.

Geht man durchs Brandenburger Tor, in dessen südlichem Torhäuschen sich eine Tourist-Info befindet, sieht man bereits das **Reichstagsgebäude** mit der begehbaren Glaskuppel von Norman Foster. Allein ist man hier nie; jährlich ersteigen mehrere Millionen Besucher die spiralförmige Rampe an der Innenwand der Kuppel. Südlich des Reichstags wurde 2009 nach über 15 Jahre währenden Debatten das **Mahnmal für die von den Nazis ermordeten Sinti und Roma** erbaut.

Hunderte von Verwaltungs- und Abgeordnetenbüros des Bundestages befinden sich in den neuen Gebäuderiegeln **Jakob-Kaiser-** sowie **Paul-Löbe-** und **Marie-Elisabeth-Lüders-Haus**, die eine Fußgängerbrücke über die Spree miteinander verbindet. Das Ende 2003 nach etlichen Baupannen endlich fertig gestellte Lüders-Haus beherbergt auch die Parlamentsbibliothek und den Wissenschaftlichen Dienst des Bundestages sowie Sportstätten für Abgeordnete und Bundestagsangestellte. Schon bevor es komplett bezogen war, galt es als zu klein. Deshalb spekuliert man auf einen Anbau am östlichen Ende – dort werden demnächst jahrelang umkämpfte DDR-Plattenwohnungen abgerissen. Zwar sind nur kleine Teile der Neubauten öffentlich zugänglich, riesige Fenster erlauben aber zumindest Einblicke.

Vom Kulturforum ins Regierungsviertel

Die optische Verlängerung des Paul-Löbe-Hauses bildet das im Frühjahr 2001 bezogene **Bundeskanzleramt**. Ruhe und Entspannung findet man auf den Uferwegen an der Spree, an denen sich Freiluft-Gastronomie angesiedelt hat. Von hier aus sieht man den neuen Hauptbahnhof, in dem es viele preiswerte Imbisse gibt, und den eingemauerten Garten des Bundeskanzleramts. Wer das Museum für Gegenwart besuchen möchte, geht über die Spree zum alten **Hamburger Bahnhof**. Im museumseigenen Café lässt es sich stilvoll rasten. Wenige hundert Meter weiter – hinter dem Wirtschafts- und dem Verkehrsministerium – liegt das **Museum für Naturkunde**, dessen teilweiser Wiederaufbau in naher Zukunft abgeschlossen sein wird. Nach der Besichtigung kann man am Bahnhof Naturkundemuseum in die U-Bahn steigen.

Hinter den Museen auf dem riesigen Areal des ehemaligen „Stadions der Weltjugend" an der Chausseestraße wird voraussichtlich 2013 der Bundesnachrichtendienst (BND) mit 4.000 Mitarbeitern in einem riesigen Neubau sein Quartier nehmen. Das Gelände soll nicht umzäunt, sondern durch einen fast 3 Meter tiefen Graben gesichert werden; sogar die Baustelle darf nicht fotografiert werden.

Die meisten der genannten Museen werden von der **Stiftung Preußischer Kulturbesitz** verwaltet. Auch die Museen auf der Museumsinsel (s. S. 132) und einige Museen im und um das Schloss Charlottenburg (s. S. 215) zählen dazu. Sie können alle mit einer einzigen Eintrittskarte besucht werden (s. Kasten S. 215).

Sehenswertes

Deutsches Technikmuseum: 2005 wurde mit der Dauerausstellung „Vom Ballon zur Luftbrücke" der letzte neue Ausstellungsteil im 12.000 m² großen Neubau für Luft- und Schifffahrt eröffnet. Glanzstücke der Ausstellung sind Teile von Bernhard Grzimeks Flugzeugwrack „Zebra" sowie der „Kaffenkahn" von 1840, ein 33 Meter langer Frachtkahn aus Holz, der 1987 im Schlick der Spree in Berlin-Spandau entdeckt wurde und nun im Zentrum der neuen Ausstellungshalle festgemacht hat. Hier, im Altbau, sowie auf den Freiflächen kann man problemlos einen ganzen Tag verbringen, um z. B. uralte Fortbewegungsmittel zu bestaunen, einen Fahrsimulator auszuprobieren oder eigenhändig technische und naturwissenschaftliche Experimente durchzuführen. Für jeden ist etwas Interessantes dabei: Ausstellungen zu Film- und Fototechnik, Papier-, Textil-, Energie- und Nachrichtentechnik, Schmuckherstellung etc. Auf dem riesigen, teilweise verwildert-verwunschenen Außengelände des Museums gibt es zudem eine für Blinde mit einem speziellen Leitsystem ausgestattete „Naturoase Museumspark" mit seltenen Pflanzen und Tieren; dort findet man auch zwei funktionsfähige Windmühlen, eine Wassermühle und eine historische Brauerei. Für die nahe Zukunft ist eine erhebliche Erweiterung, das Technoversum, geplant.

Adresse: Trebbiner Str. 9 (U1, U2 Gleisdreieck; U1, U7 Möckernbrücke; Bus M 29), ℡ 90 25 4-0, www.sdtb.de. ⏱ Di–Fr 9–17.30 h, Sa/So 10–18 h. Eintritt 4,50 € (erm. 2,50 €), Kinder und Jugendl. haben ab 15 h freien Eintritt. Audio-Guides für Kinder (1 €) und Erw. (2 €).

Gedenkstätte Deutscher Widerstand: Im Bendlerblock, in dessen Hof die Widerständler vom 20. Juli 1944 erschossen wurden, befindet sich heute eine Ausstellung zum Widerstand gegen den Nationalsozialismus. Diese beschränkt sich nicht auf den militärischen Widerstand, sondern bezieht auch den studentischen, jüdischen, christlichen, bürgerlichen und den kommunistischen Widerstand ein. Hier werden sonntags um 11 h wechselnde Filme zur NS-Vergangenheit gezeigt.
Adresse: Stauffenbergstr. 13/14 (U2, S1, S2, S25 Potsdamer Platz; U2 Mendelssohn-Bartholdy-Park; Bus M 29 Haltestelle Gedenkstätte Deutscher Widerstand), ✆ 26 99 50 00, www.gdw-berlin.de. ⏱ Mo–Mi, Fr 9–18 h, Do 9–20 h, Sa/So 10–18 h. Eintritt frei, Führungen So 15 h und nach Vereinbarung.

Gemäldegalerie: In großzügigen Räumen sind hier ungefähr 1.400 bedeutende Gemälde ausgestellt, von mittelalterlichen Bildern aus Deutschland und den Niederlanden über berühmte flämische und niederländische Werke des 17. Jh. bis hin zu englischer und französischer Malerei sowie italienischen Kunstwerken des 18. Jh. Diese hochkarätige Ausstellung mit Werken von *Albrecht Dürer, Peter Paul Rubens, Lucas Cranach* und vielen anderen ist – vielleicht wegen ihres Standorts – selten überfüllt und auch deshalb ein echter Tipp!
Adresse: Matthäikirchplatz 4–6 (U2, S1, S2, S25 Potsdamer Platz; Bus M 29, M 41, M 48, 200, 347), ✆ 266-0, Infos unter ✆ 266 42 30 40, www.smb.museum. ⏱ Di, Mi, Fr–So 10–18 h, Do 10–22 h. Eintritt (Kombi-Tagesticket für alle Museen des Kulturforums) 8 € (erm. 4 €), Do ab 18 h Eintritt frei, Kinder bis 16 Jahre haben stets freien Eintritt (s. Kasten S. 215), rollstuhlgeeignet.

Kunstgewerbemuseum: Reliquien aus dem 11. Jh. sind die ältesten Exponate dieser umfassenden Sammlung im 1985 eröffneten behindertengerechten Neubau. Hier findet man Goldschmiedearbeiten, kunstvoll bemalte Gläser, Porzellan, Teppiche und vieles mehr, was den Menschen früherer Zeiten wertvoll und teuer war, darunter mehrere mittelalterliche Kirchenschätze und das Lüneburger Ratssilber. Daneben gibt es wechselnde Sonderausstellungen.
Adresse: Matthäikirchplatz 10 (U2, S1, S2, S25 Potsdamer Platz; Bus M 29, M 41, M 48, 200, 347), ✆ 266 42 43 01, www.smb.museum. ⏱ Di–Fr 10–18 h und Sa/So 11–18 h. Eintritt (Kombi-Tagesticket für alle Museen des Kulturforums) 8 € (erm. 4 €), Do ab 14 h Eintritt frei, Kinder bis 16 Jahre haben stets freien Eintritt (s. auch Kasten S. 215).

Musikinstrumenten-Museum: Highlights sind die größte erhaltene Kino-Orgel Europas (Vorführung Sa 12 h), vier Cembali des 17. Jh. und Querflöten aus dem Besitz von Friedrich II. Daneben viele andere Musikinstrumente vom 16. bis zum 20. Jh.; manchmal Konzerte und Vorträge.
Adresse: Ben-Gurion-Str. (U2, S1, S2, S25 Potsdamer Platz), ✆ 25 48 10, www.mim-berlin.de. ⏱ Di, Mi, Fr 9–17 h, Do 9–22 h, Sa/So 10–17 h. Führungen Do 18 h und Sa 11 h. Eintritt 4 € (erm. 2 €), es gilt auch das Kombi-Tagesticket für alle Museen des Kulturforums, Do ab 18 h Eintritt frei, Kinder bis 16 Jahre haben stets freien Eintritt (s. auch Kasten S. 215).

Neue Nationalgalerie: Im lichten Ausstellungsbau der 1960er-Jahre finden spektakuläre wechselnde Ausstellungen statt, wie 2004 Meisterwerke des Museum of Modern Art New York oder 2007 die Ausstellung „Die schönsten Franzosen kommen aus New York" mit bedeutenden Gemälden des Metropolitan Museum of Art.
Adresse: Potsdamer Str. 50 (U2, S1, S2, S25 Potsdamer Platz; U2 Mendelssohn-Bartholdy-Park; Bus M 29, M 41, M 48, 200, 347), ✆ 266 0, www.smb.museum. ⏱ Di, Mi, So 10–18 h, Do 10–22 h, Fr/Sa 10–20 h. Eintritt 10 € (erm. 5 €). Kurz vor dem Ende vielbesuchter Ausstellungen ist die Ausstellungshalle bis 24 h geöffnet.

Staatsbibliothek (Haus 2): Nach der Vereinigung gab es die Staatsbibliothek doppelt: einmal im Ost- und einmal im Westteil der Stadt. Der gelbe Scharoun-

Deutsches Technikmuseum am Landwehrkanal

Bau, der – vor allem im Inneren – einem Ozeandampfer ähnelt, lag in West-Berlin. Heute beherbergt er die Medien-Bestände ab dem Erscheinungsjahr 1946, daneben wertvolle Sonderbestände. Sehenswert sind die Katalog- und Lesezonen, die allerdings nur nach Erwerb einer Monatskarte besichtigt werden können (10 €); große Teile des Katalogs sind online verfügbar.

Adresse: Potsdamer Str. 33 (U2, S1, S2, S25 Potsdamer Platz), ✆ 26 60, http://staatsbibliothek-berlin.de. ◷ Mo–Fr 9–21 h, Sa 9–19 h. Sonderlesesäle haben z. T. kürzere Öffnungszeiten. Zutritt nur für Erwachsene mit Monatskarte (10 €, Personalausweis erforderlich), Jahreskarte (25 €) oder im Rahmen einer Führung. Kostenlose Führung zu Geschichte, Architektur und Aufgaben des Scharoun-Baus jeden 3. Sa im Monat, 10.30 h (Dauer ca. 90 Min., Treffpunkt am Verkaufsstand im Foyer). Jeden Fr 15 h halbstündiger Rundgang durch den Lesesaal; Treffpunkt Eingangshalle (Katalogauskunft).

Museum für Film und Fernsehen: Auf 1.500 m² sind über 1.000 Ausstellungsstücke zu sehen. Unter den vielen filmhistorischen Kostbarkeiten befinden sich u. a. auch Teile von Marlene Dietrichs Nachlass sowie der Nachlass von Hildegard Knef. Im 5. Stock gibt es eine sehr gut bestückte Film-Bibliothek. Das neu hinzugekommene Fernsehmuseum zeigt ein halbes Jahrhundert deutsche Fernsehgeschichte (West und Ost), sicherlich ein interessantes Ziel für ältere Kinder.

Adresse: Potsdamer Str. 2, im Filmhaus im Sony-Center (U2, S1, S2, S25 Potsdamer Platz); Bus M 29, M 41, M 48, 200, 347), ✆ 300 90 30, www.deutsche-kinemathek.de. ◷ Di/Mi/Fr–So 10–18 h, Do 10–20 h. Eintritt 6 € (erm. 4,50 €), Familienticket 12 €.

Legoland Discovery Centre: Seit 2007 locken die bunten dänischen Plastiksteinchen im Sony-Center auf gut 3.000 m² die Jüngsten an, die hier auch hemmungslos selber bauen können. Voraussetzung: Jemand bezahlt ihnen den mehr als saftigen Eintritt.

Adresse: Potsdamer Str. 4, im Sony-Center am Potsdamer Platz (U2, S1, S2, S25 Potsdamer Platz; Bus M 48, 200, 347 Varian-Fry-Str. oder Bus M 41 Potsdamer Platz), ✆ 30 10 40-0, www.legolanddiscoverycentre.com. ◷ tägl. 10–18 h. Eintritt 14,50 €, Kinder (3–11 Jahre) 11,50 €; im Internet zeitweise Sonderangebote.

Dalí-Ausstellung: 2009 öffnete die Dauerausstellung mit 400 Werken des exzentrischen Spaniers ihre Pforten. Zu sehen sind nur wenige Gemälde, aber viele Zeichnungen, Buch-Illustrationen sowie einige Skulpturen.
Adresse: Leipziger Platz 7 (U2, S1, S2, S25 Potsdamer Platz; Bus M 29, M 41, M 48, 200), ✆ 83 22 35 20, www.daliberlin.de. ⊙ Mo–Sa 12–20 h, So 10–20 h. Eintritt 11 €, erm. 9 €.

Brandenburger Tor: Das 1791 nach Plänen von *Carl Gotthard Langhans* erbaute Tor mit der Quadriga obenauf war früher nicht nur Symbol, sondern diente auch einem praktischen Zweck, es war Stadttor zum Westen. Wer es passieren wollte, wurde durchsucht, musste sein Gepäck vorlegen und abgabepflichtige Waren versteuern. Die Durchfahrten wurden am Tag mit eisernen Türen, nachts noch zusätzlich mit Holztüren verschlossen. Erst 1861, als die Stadtgrenze nach Westen verlegt wurde, fielen Riegel und Gitter. Nun war die Durchfahrt frei. Für genau 100 Jahre … Heute bietet im nördlichen Torhaus der „Raum der Stille" tägl. von 11–18 h Gelegenheit zur stillen Einkehr mitten im größten Touristen-Trubel. Das südliche Torhaus beherbergt einen BERLIN-Infostore (s. S. 50).

Max Liebermann Haus: 1989 war vom ehemaligen Wohnhaus Max Liebermanns nichts mehr zu sehen. Heute steht ein Neubau, wo Liebermann 1933 angesichts der Nazi-Aufmärsche am direkt benachbarten Brandenburger Tor den berühmten Ausspruch tat: „Ich kann gar nicht so viel fressen, wie ich kotzen möchte". Heute werden hier wechselnde Ausstellungen gezeigt.
Adresse: Pariser Platz 7 (U55, S1, S2 Brandenburger Tor; Bus 100, M 41, TXL), ✆ 22 63 30 30, www.brandenburgertor.de. ⊙ Mo, Mi–Fr 10–18 h, Sa/So 11–18 h. Eintritt 5 € (erm. 3 €).

Museum „The Kennedys": Großformatige Fotos, Briefe, Kleidungsstücke und andere Exponate zeigen Aspekte der Familiengeschichte der Kennedys, die durch John F. Kennedys bejubelten Ausspruch „Ich bin ein Berliner" einen sehr bekannten Bezug zu Berlin hat.
Adresse: Pariser Platz 4a (U55, S1, S2 Brandenburger Tor; Bus TXL, M 41, 100,), ✆ 20 65 35 70, www.thekennedys.de. ⊙ tägl. 10–18 h. Eintritt 7 € (erm. 3,50 €). Führungen in deutscher oder englischer Sprache nach Vereinbarung.

Ort der Information: Hier werden die erschütternden Schicksale von 800 jüdischen Frauen, Männern und Kindern anhand von Briefen, Tagebüchern, Fotos und privaten Filmen nachgezeichnet. Sicherheitskontrollen am Eingang führen häufig zu Wartezeiten. Der Materialien-Band der Stiftung Denkmal für die ermordeten Juden Europas, der im Buchhandel 24,90 € kostet, ist hier broschiert für 9,90 € erhältlich.
Adresse: Cora-Berliner-Str. 1 (U55, S1, S2 Brandenburger Tor; U2, S1, S2, S25 Potsdamer Platz; Bus TXL, M 41, M 48, 200), ✆ 200 76 60, www.stiftung-denkmal.de. ⊙ Di–So 10–20 h, letzter Einlass 19.15 h; im Winter nur bis 19 h, letzter Einlass 18.15 h. Führungen So 11 und 14 h. Eintritt frei.

Reichstagsgebäude, Deutscher Bundestag: 1894 legte der Kaiser den letzten Stein des von Paul Wallot entworfenen Gebäudes, 1895 tagte das Parlament erstmals darin. 1918 rief Scheidemann von hier die Republik aus, und am 27. Februar 1933 brannte der Reichstag ab – willkommener Anlass für Hitler, die demokratischen Grundrechte abzuschaffen. Im Zweiten Weltkrieg brannte das Gebäude völlig aus, wurde in den 1960er-Jahren ohne Kuppel rekonstruiert und beherbergte bis Anfang der 1990er die Ausstellung „Fragen an die deutsche Geschichte". 1995 wurde es von Christo und Jeanne-Claude verhüllt, anschließend völlig entkernt und zum Bundestag umgebaut. Im Sommer 1999 fand eine Bundesrats- und kurz darauf die erste Bundestagssitzung hier statt. Seitdem hat sich die **Kuppel** zum Touristenmagneten Nr. 1 und zu einem

Vom Kulturforum ins Regierungsviertel

Hinter hohem Gitterzaun – das Bundeskanzleramt

Erster Anlaufpunkt der meisten Touristen ist das Brandenburger Tor

neuen Wahrzeichen Berlins entwickelt. Leider ist die Aussicht bei Sonnenschein gar nicht so berauschend, weil das Glas heftig spiegelt. Gerade dann muss man oft mit mehr als einer Stunde Wartezeit bis zum Aufstieg rechnen. Tipp: An einer geführten Tour teilnehmen (s. S. 40) oder möglichst früh am Tag anstellen, wenn die Schlangen am kürzesten sind. Auch eine Tisch-Reservierung im Dachgarten-Restaurant sorgt für Einlass ohne Wartezeit.

Adresse: Platz der Republik 1 (U55 Bundestag; Bus TXL, M 41, 100). Kuppel: ⏲ tägl. 8–24 h, letzter Einlass 22 h. Eintritt frei, kostenloser Audio-Guide. ✆ 22 73 21 52 (Besucherdienst des Bundestages, www.bundestag.de. Dachgarten-Restaurant: ⏲ tägl. 9–16.30 h ohne Reservierung möglich, die aber sehr zu empfehlen ist, 18.30–24 h nur nach Reservierung unter ✆ 226 29 90, letzter Einlass 21.30 h, rollstuhlgeeignet.
Besichtigung des Deutschen Bundestages mit Vortrag und Besuch einer Plenarsitzung sowie Führungen zur Architektur nur nach schriftlicher Anmeldung (Besucherdienst des Deutschen Bundestages, 11011 Berlin).

Bundeskanzleramt: 1995 von Helmut Kohl in Auftrag gegeben und im Mai 2001 von Gerhard Schröder bezogen. Architekt Axel Schultes entwarf dieses massige Bauwerk mit 310 Büroräumen und eingemauertem Garten. Die Baukosten des streng bewachten Komplexes blieben wider Erwarten unter einer halben Milliarde Mark, allerdings müssen immer wieder Bauschäden beseitigt werden. Zutritt nur im Rahmen geführter Touren (Termine s. Stadtmagazine, Berlin-Programm oder BTM).

Hauptbahnhof: Zur Fußball-WM 2006 wurde er in Betrieb genommen, der kolossale Bahnhof, für dessen Bau die Spree einige Jahre lang umgeleitet worden ist. Auf dem Gelände des ehemaligen Lehrter Bahnhofs kreuzen sich die Nord-Süd- und die Ost-West-Strecken der Fernbahn. Der Bahnhof hat fünf Ebenen, eine Halle liegt 15 Meter unter der Erde an der Nord-Süd-Strecke. Kommt man hier unten an, ist das auf dem Fahrplan als „Hauptbahnhof tief" gekennzeichnet. Der Boden dieser Halle wurde von Tauchern unter Wasser betoniert und ist 1,5 Meter dick. Insgesamt 2.000 Lkw-Ladungen Beton waren dafür nötig. Die Ost-West-Strecke, auf der auch die S-Bahn fährt, liegt 10 Meter über der Erde. Sie wird durch ein riesiges Glasdach überwölbt, das von

Kolossal – der neue Hauptbahnhof

zwei sogenannten „Bügelbauten" überragt wird. Ihre stählernen Gerippe wurden in mehreren spektakulären Aktionen über das Glasdach geklappt. Noch vor der Eröffnung begannen die Streitigkeiten zwischen dem Architekten *Meinhard von Gerkan* und der Deutschen Bahn über die Länge der gläsernen Bahnsteig-Überdachung und die Gestaltung der Decken im Untergeschoss. Beim ersten großen Sturm lösten sich dann riesige Glasplatten der Fassade, was zu einem erneuten Streit führte.

Hamburger Bahnhof, Museum für Gegenwart: 1996 wurde nach jahrelangem Hin und Her das Museum für Gegenwart im vollständig restaurierten und erweiterten ehemaligen Hamburger Bahnhof eröffnet. Schon von weitem fällt nachts die blaue Illumination auf, die ihn schmückt – eine Lichtinstallation von *Dan Flavin*. In der ehemaligen Bahnhofshalle und den neu angebauten Seitenflügeln geht's weiter mit moderner Kunst der Spitzenklasse: *Andy Warhol, Joseph Beuys, Cy Twombly, Keith Haring,* um nur einige Namen zu nennen. Seit 2009 ist die Ausstellungskonzeption unter dem neuen Leiter *Udo Kittelmann* völlig neu. Kittelmann kombiniert extrem gegensätzliche Werke und verabschiedet sich von einer chronologischen Reihung der Arbeiten. Integriert sind Teile der Privat-Sammlung Marx und der aus politischen Gründen umstrittenen Friedrich-Christian-Flick-Collection. Achtung: Am Wochenende tritt man sich hier ab dem Mittag gegenseitig auf die Füße!

Adresse: Invalidenstr. 50/51 (U55, S1, S5, S7, S75, S9 Hauptbahnhof; Bus M 41, 120, 147, 245), ✆ 39 78 34 39, www.smb.museum. ⏰ Di–Fr 10–18 h, Sa 11–20 h, So 11–18 h. Eintritt 12 € (erm. 6 €), Do ab 14 h Eintritt frei (außer bei Sonderausstellungen), Kinder bis 16 Jahre Eintritt immer frei (s. auch Kasten S. 215).

Museum für Naturkunde: Erdgeschichtliches, Fossilien, Mineralien und natürlich Saurier-Skelette sind im 1810 gegründeten Museum, das zu den größten naturhistorischen Museen der Welt zählt, zu sehen. In der zentralen Eingangshalle ist das höchste in einem Museum aufgestellte Saurierskelett, das des Brachiosaurus brancai, zu bestaunen – ein Magnet für viele Kinder.

Wechselnde Ausstellungen, derzeit „Hominiden-Evolution". Besonderheit ist der wöchentliche „Kindersonntag" ab 15 h, an dem den Kleinen ein bestimmtes Thema nahegebracht wird.

Adresse: Invalidenstr. 43 (U6 Naturkundemuseum; Bus 120, 123, 147, 240, 245; Tram M 6, M 8, 12), ✆ 20 93 85 91, www.naturkundemuseum-berlin.de. ⓘ Di–Fr 9.30–17 h, Sa/So 10–18 h. Eintritt 5 € (erm. 3 €), Familienkarte 10 €, Mini-Familienkarte (1 Erw.) 6 €.

Praktische Infos (Karte s. S. 108/109)

Von Fast-Food-Läden am Potsdamer Platz und am Hauptbahnhof bis zu Sterne-Restaurants am Brandenburger Tor reicht das Angebot. Kaum vertreten ist naturgemäß die Kategorie „beständig gut und günstig", denn die meisten Besucher sind Touristen, die man nicht zu Stammgästen machen muss.

Cafés

Caffè e Gelato, in den Potsdamer Platz Arkaden, ✆ 25 29 78 32. ⓘ So–Do 9.30–23 h, Fr/Sa bis 24 h. Bietet seit Jahren das beste Eis der Gegend (Kugel zum Mitnehmen inzwischen 1,20–2 €) und guten italienischen Kaffee.

Meyerbeer Coffee (21), Eichhornstr. 1, ✆ 25 29 14 25. ⓘ Mo–Fr 7.30–19 h, Sa 12–18 h. Durchgehend Frühstück; ab mittags auch kleine warme Speisen zu akzeptablen Preisen. Die Backwaren aus hauseigener Konditorei lassen sich überwiegend Touristen schmecken.

Tea Lounge Ritz Carlton (17), Potsdamer Platz 3, ✆ 337 77 63 40, www.ritzcarlton.com. ⓘ So–Fr 14–18.30 h. Wer sich im englischen Stil verwöhnen lassen will, bestellt sich im 5-Sterne-Hotel den Nachmittagstee. Zur gewählten Sorte des Heißgetränks gibt es typisch britische Sandwiches, Scones mit Clotted Cream und feine Petits Fours. Leider sitzt man im Eingangsbereich; schön nur für die, die zum Tee gern die Hotelgäste beobachten möchten. 28 €/Pers.; reservieren.

Sarah Wiener im Hamburger Bahnhof, Invalidenstr. 50/01, ✆ 70 71 36 50, www.sarahwiener.de. ⓘ Di–Fr 10–18 h, Sa/So 11–18 h. In schlicht-edlem Ambiente isst und trinkt man in einem der Restaurants der im TV omnipräsenten Sarah Wiener – den Namen zahlt man natürlich mit, zu Gesicht bekommt man die Köchin hier eher nicht. Leckeres Frühstück, von 12–17.30 h gibt's kleine Gerichte ab 5 €.

Imbisse und Schnellrestaurants

Gosch Sylt (7), Europaplatz 1 (im Hauptbahnhof, EG), ✆ 20 65 39 06. ⓘ tägl. 8–22 h. Von Sylt aus erobert die Qualitäts-Imbiss-Kette auch Berlin mit erlesenem Fisch. Diverse Gerichte deutlich unter 10 €, einige Sitzplätze.

Salomon Bagels (20), Alte Potsdamer Str. 7 (in den Potsdamer Platz Arkaden, 1. OG. Shop 102), ✆ 25 29 76 26, www.salomonbagels.de. ⓘ Mo–Sa 9–22 h, So 10–22 h. Hier kann man schon ab 1,80 € einen belegten Bagel bekommen; außerdem gibt es Suppen.

Sushi Circle (19), Alte Potsdamer Str. 7 (1. UG der Potsdamer-Platz-Arkaden), ✆ 25 89 93 98, www.sushi-circle.de. ⓘ Mo–Sa 10–20.30 h, So bis 18 h. Am laufenden (Förder-)Band Sushi und Sashimi, Stückchen ab 1 €. Aber zum satt werden braucht es einige ... Günstiger sind die Bento-Boxen zum Mitnehmen, die ein Sortiment verschiedener Häppchen enthalten.

Marcann's Sandwich (2), Invalidenstr. 112, ✆ 28 38 61 71, www.marcanns.com. ⓘ Mo–Fr 7–18 h, Sa 8.30–14 h. Italienisch oder französisch belegte Panini und Croissants sowie ein paar warme Gerichte zu gemäßigten Preisen. In letzter Zeit scheint man sich mehr auf's Catering-Geschäft zu konzentrieren, was dem Imbiss-Café nicht so gut bekommt.

Tokio Sushi Soup Sake (6), Europaplatz 1 (im Untergeschoss des Hauptbahnhofs), ✆ 33 77 60 00. ⓘ tägl. 8–22 h. Edlerer Imbiss in geschmackvollem Ambiente, die fischigen oder auch veganen Häppchen nimmt jeder selbst vom Laufband. Abgerechnet wird anhand der leeren Teller. Ab 17 h reduzierte Preise.

Biergarten

Lindenbräu im Sony-Center (18), ✆ 25 75 12 80, www.lindenbraeu-berlin.de. ⓘ So–Do 11–1.30 h, Fr/Sa 11–2.30 h. Wenn man einen der

90 Plätze auf der Dachterrasse erwischt, ist es hier gar nicht so schlecht. Allerdings ist die Musikauswahl etwas krass – dennoch: ein geeigneter Ort, um Touristen aus aller Welt zu beobachten, gutes Bier zu trinken und deftige bayerische Schmankerln zu akzeptablen Preisen zu essen (Hauptgerichte 10–16 €). Ableger „Hopfingerbräu" im Hbf. und im Palais am Brandenburger Tor.

Restaurants

Midtown Grill (17), Ebertstr. 3 (im Beisheim-Center am Potsdamer Platz), ✆ 22 00 06 41-0, www.midtown-grill.de. ⏱ tägl. 12–23 h. In dieser amerikanischen Showküche kann man den Köchen beim Grillen der Steaks und Zubereiten der anderen Speisen auf die Finger schauen. Nicht dass das nötig wäre ... Edle Möblierung, entsprechend hohe Preise. Tipp: An Wochentagen gibt es mittags den Businesslunch inkl. Suppe oder Salat für 15,50 €, das Tagesgericht kostet einzeln 11,50 €.

Dachgarten-Restaurant im Deutschen Bundestag (12), Platz der Republik 1, ✆ 22 62 99-0, www.feinkost-kaefer.de. ⏱ tägl. 9–24 h. Die meisten Gäste reservieren hier, um die Warteschlangen an der Reichstagskuppel zu umgehen. Die Qualität des Gebotenen ist also nicht ausschlaggebend – die grandiose Aussicht entschädigt für die vielleicht nicht ganz so grandiosen kulinarischen Genüsse.

Lorenz Adlon (14), Unter den Linden 77, ✆ 22 61 19 60, www.hotel-adlon.de. ⏱ Di–Sa 19–22.30 h. Im Jahr 2000 eröffnetes Restaurant im Hotel Adlon, das mit perfekter, kreativer Küche in französischer Tradition beeindruckt. So will man sich – als erstes Restaurant in der Stadt – mehr als einen Michelin-Stern erkochen, seit 2001 wurde fast jedes Jahr einer (aber nur einer) vergeben. Auch Gault Millau und Varta halten das Lorenz Adlon für eines der besten Restaurants der Hauptstadt. Derzeit kocht hier Thomas Neeser. Zu haben sind neben Menüs auch einzelne Gerichte, die Hauptspeisen kosten 25–35 €.

MA Tim Raue (14), Behrenstr. 72 (auch im Hotel Adlon), ✆ 301 11 73 33, www.ma-restaurants.de. ⏱ Di–Sa 12.30–14 und 18–22 h. Im Sommer 2008 eröffnete das jüngste der Adlon-Restaurants, das bereits kurz darauf einen Michelin-Stern einheimsen konnte. Der Schwerpunkt liegt auf modern interpretierten asiatischen Gerichten („Low Carb"), die abends um 40–70 € kosten.

Osteria Caruso (22), Köthener Str. 38, ✆ 23 00 45 74, www.osteria-caruso.de. ⏱ tägl. 12–24 h. Familiär geführte Osteria und Pizzeria mit rustikalem Interieur. Hierher verirren sich kaum Touristen, dennoch ist es häufig voll: ein untrügliches Zeichen für Qualität. Klassische süditalienische Gerichte zu akzeptablen Preisen; Pasta 6–12 €, Pizza 6–12 €, Fleisch- und Fischgerichte 10–21 €; Mittagstisch (11–17 h) preiswerter.

Samadhi (15), Wilhelmstr. 77, ✆ 22 48 88 50, www.samadhi-vegetarian.de. ⏱ tägl. 12–23 h. Vegetarisches Restaurant mit asiatischer Küche, überwiegend vegane Gerichte: Tofu und Seitan in vielen leckeren Variationen. Besonders zu empfehlen ist das günstige Mittagsmenü, abends kosten die Hauptgerichte zwischen 10 und 15 €. Im Sommer stehen auch draußen Tische. Ein Tipp für alle, die gern wirklich scharf essen.

Margaux (13), Unter den Linden 78 (Eingang von der Wilhelmstr.), ✆ 22 65 26 11, www.margaux-berlin.de. ⏱ Mo–Sa 19–22.30 h. Sehr teuer, aber das geht in dieser Lage wohl nicht anders. Küchenchef Michael Hoffmann lernte bei Witzigmann; insbesondere die Fischgerichte sollen ihm unübertroffen gelingen. Das 7-Gänge-Menü kostet (natürlich ohne Getränke) knapp 165 €, das 3-gängige 95 €; neuerdings ist auch ein vegetarisches Menü im Angebot. Gepflegtes Outfit und Reservierung empfehlenswert. 2001 wurde das Margaux vom Gault Millau als Berliner „Aufsteiger des Jahres" ausgezeichnet, der Michelin-Stern ließ auch nicht lange auf sich warten und konnte seither gehalten werden ...

Paris-Moskau (9), Alt-Moabit 141, ✆ 394 20 81, www.paris-moskau.de. ⏱ Mo–Fr 12–15 und 18–1 h, Sa/So 18–1 h. Das traditionsreiche, spitzenmäßige (und deshalb nicht ganz billige) Restaurant liegt an der historischen Nord-Süd-Bahntrasse, also an der Eisenbahnlinie von Paris nach Moskau. Die französisch inspirierte Küche ist eine der feinsten der Stadt, das Lokal ist dennoch nicht etepetete. Viel Stammkundschaft, darunter einige Promis. Tischreservierung ist unbedingt erforderlich, da das Restaurant sehr klein ist. Hauptgerichte abends um 25 €, 5-Gänge-Menü mit Wein um 100 €. Mittags gibt's eine kleine Karte; empfehlenswert ist das 3-gängige Überraschungsmenü für 30 €.

Vor einigen Jahren wieder eröffnet – das Bodemuseum auf der Museumsinsel

Rundgang 2: Unter den Linden und Spandauer Vorstadt

Berlins berühmteste Straße heißt Unter den Linden. Seit dem Parlaments- und Regierungsumzug gibt sie zusammen mit dem Gendarmenmarkt das Parkett ab, auf dem sich Prominente aus Wirtschaft, Politik und Kultur der Öffentlichkeit zeigen. Neben einer erstaunlichen Anzahl von Auto-Ausstellungssalons prägen vor allem Kulturbauten und Gastronomie die Prachtstraße. Nördlich davon liegt die Spandauer Vorstadt, der Berliner Touristenmagnet Nummer eins.

Aus der grauen Trabi-Rennstrecke hat sich in den letzten beiden Jahrzehnten eine Flaniermeile entwickelt, auf der im Sommer Tausende von Touristen unterwegs sind. Man erkennt sie am bedächtigen Schritt, am Fotoapparat und am ausgestreckten Zeigefinger. Auf den breiten Gehwegen werden sie überholt von denen, die hier in einer Behörde, einem Fernsehsender – z. B. der ARD, deren Infocenter einen Besuch wert ist – oder einer Landesvertretung arbeiten. Zum Kaffee oder Mittagessen treffen sie in den zahlreichen Cafés und Restaurants der Straße aufeinander. Immer wieder wird das Flair der „Goldenen Zwanziger Jahre" beschworen, wenn über die Linden und die Friedrichstraße gesprochen wird. Die Mischung aus Kultur, Kommerz und Attraktivität für zielloses Umherschlendern, die damals diese Gegend prägte, versucht man heute wiederherzustellen. Ob das gelungen ist, muss jeder selbst beurteilen. Kulturelle Glanzpunkte der Straße sind das **Forum Fridericianum** und die zum UNESCO-Weltkulturerbe ernannte **Museumsinsel** mit dem jüngst eröffneten Neuen Museum. Jenseits der Spree liegt die in weiten Teilen kleinstädtisch wirkende **Spandauer Vorstadt**, oft fälschlich als Scheunenviertel bezeichnet. In den 1990er-Jahren hat sich dieses Stadtquartier vom heruntergekommenen Abrissviertel in ein belebtes Vergnügungsareal verwandelt. Vor allem an der Oranienburger Straße und am Hackeschen Markt ist an lauen Sommerabenden kaum ein Stehplatz zu finden. Den Anwohnerforderungen nach Verkehrsberuhigung und Lärmschutz wird bereits in Ansätzen Rechnung getragen. Dennoch sind seit 1990 mindestens zwei Drittel der damaligen Bewohner des Viertels weggezogen. Neben unzähligen Cafés, Restaurants und Bars konzentrieren sich hier die Galerien der Stadt, ausgefallene Geschäfte, die aber inzwischen durch gewaltige Mietsteigerungen bereits wieder verdrängt werden, und diverse Bühnen. Die viel zitierte jüdische Tradition dieses Quartiers wurde in der NS-Zeit brutal vernichtet; was heute hier an Jüdischem zu sehen ist, entstand überwiegend erst seit den 1990ern.

Spaziergang

Tipp: Zum Besuch von mehr als 70 Berliner Museen berechtigt die 3-Tages-Karte **SchauLUST-Ticket** für 15 € (erm. 7,50 €). Sie ist in den Museen, in Hotels und bei der Berlin Tourismus Marketing GmbH (BTM) (s. S. 49) erhältlich.

Ausgangspunkt ist der U-/S-Bahnhof Brandenburger Tor, der bis zum Sommer 2009 „Unter den Linden" hieß. Er liegt am Pariser Platz, den das Brandenburger Tor (s. Rundgang 1) abschließt. Der Platzrand ist seit Kurzem komplett bebaut; zuletzt wurde 2008 die **US-amerikanische Botschaft** fertiggestellt, deren Architektur von den strengen Sicherheitsvorkehrungen geprägt ist. Ins Auge fällt, dass sich am Pariser Platz mehrere Bank-Konzerne angesiedelt haben; architektonisch bedeutsam ist die von *Frank O. Gehry* entworfene **DZ-Bank**, in deren Foyer von Zeit zu Zeit Kunstsammlungen präsentiert werden

Umstritten ist Günther Behnischs moderner Entwurf der Akademie der Künste am Pariser Platz

(Pariser Platz 3). Publikumsmagnet ist die **Akademie der Künste**, deren alte Säle, die den Krieg überlebt haben, in *Günther Behnischs* Neubau einbezogen wurden. 2005 wurde das wegen seiner modernen Glasfassade umstrittene Bauwerk feierlich eröffnet. Die Straße „**Unter den Linden**" ist noch für einige Zeit Baustelle, denn hier wird die Verlängerung der U-Bahn-Linie 5 gebaut. In Richtung Osten stehen zunächst mehrere Botschaftsgebäude und die Ausstellungshalle der Deutschen Guggenheim. An der Kreuzung mit der noblen Einkaufsmeile Friedrichstraße steht der frisch sanierte Römische Hof, der u. a. einen Ferrari-Showroom beherbergt. Gegenüber wurde unlängst nach dem Abriss des 60er-Jahre-Hotels „Unter den Linden" eine der teuersten Baulücken der Stadt geschlossen. Hier entstand ein weiteres klotziges 08/15-Büro- und Einzelhandelsgebäude mit Arkaden. Dahinter folgen die berühmten Kulturbauten – Staatsbibliothek, Humboldt-Universität, Neue Wache und Zeughaus auf der linken, Alte Bibliothek, Hedwigskathedrale, Staatsoper, Kronprinzessinnen- und Kronprinzenpalais sowie die wieder aufgebaute Kommandantur auf der rechten Straßenseite. Überquert man die Schlossbrücke, befindet man sich auf einer Insel zwischen zwei Spreearmen, deren nördliche Hälfte wegen der weltberühmten Museumsbauten **Museumsinsel** heißt. Alle Gebäude auf der Insel wurden im Zweiten Weltkrieg stark zerstört, die Sanierungs- und Erweiterungsarbeiten werden noch viele Jahre andauern. Zuletzt öffnete im Herbst 2009 das Neue Museum, das über 60 Jahre lang als Kriegsruine dahindämmerte, wieder seine Pforten. Es steht neben dem Pergamon-Museum, dem Bundeskanzlerin Merkel gegenüber wohnt; ihr Hauseingang wird ständig von zwei Polizisten bewacht.

Das Zeughaus Unter den Linden ist ein bedeutender Barockbau

An der Ostseite des Ende der 1990er-Jahre wieder zum Park umgestalteten **Lustgartens** steht der massige Klotz des Berliner Doms, dahinter das Radisson-SAS-Hotel Dom-Aquarée mit seinem spektakulären Aquarium „Aquadom". Direkt am Spreeufer buhlt das kleine DDR-Museum um Besucher, während auf der anderen Seite der Karl-Liebknecht-Straße, der Verlängerung der Linden, auf dem Gelände des ehemaligen Palasts der Republik ein provisorischer Park mit Holzbohlen-Wegen und Audio-Installationen angelegt wurde. Nebenan lockt die Temporäre Kunsthalle zu einem Besuch (s. S. 150). Etwas zurückversetzt ist das ehemalige Staatsratsgebäude zu sehen, das seit 2005 eine private Manager-Hochschule beherbergt.

Über die Friedrichsbrücke und durch die Burgstraße geht es zum Hackeschen

Markt mit den beliebten **Hackeschen Höfen**. Hier findet man von außergewöhnlichen Geschäften über Restaurants und Cafés bis hin zu Galerien, Varieté und Kino auf engstem Raum alles, was das Touristenherz begehrt. Die Berliner allerdings haben dieser „Spaßhölle" längst den Rücken gekehrt und besinnen sich auf ihre Stadtteil-Kieze zurück.

Nur das einstmals besetzte Haus Rosenthaler Straße 39 hebt sich noch ab von der sanierten oder neu gebauten Umgebung: Im **Haus Schwarzenberg** sind unter einem Dach das Kino Central, das Café Cinema, das Anne Frank Zentrum und das kleine Museum Blindenwerkstatt Otto Weidt vereinigt. Beide Ausstellungen haben ein ähnliches Thema: in der NS-Zeit versteckte Juden. 2004 ersteigerte die Berliner Wohnungsbaugesellschaft Mitte das Haus, das nun (behutsam!) saniert werden soll. Damit scheint gesichert, dass die heutige Nutzung bestehen bleiben kann. Bis zur Enteignung durch das NS-Regime hatte dieses Haus einem jüdischen Anwalt gehört, der vermutlich ermordet worden ist. Da seine Erben zerstritten waren, kam es zur Zwangsversteigerung des Hauses (weitere Infos unter www.haus-schwarzenberg.org).

Der Hinterausgang des verwinkelten Hofgeflechts führt auf die **Sophienstraße**, die ebenfalls mit neu belebten Hinterhofkomplexen aufwarten kann. Sehenswert ist die barocke **Sophienkirche** mit ihrem winzigen Friedhof. Die Auguststraße ist die Galerien-Meile der Spandauer Vorstadt, bekanntester Ausstellungsort sind die Kunst-Werke. Die Straße stößt auf die Oranienburger Straße mit dem immer noch leicht alternativen Kulturhaus Tacheles.

Richtung Osten sind das ehemalige Postfuhramt und die **Neue Synagoge** Sehenswürdigkeiten an dieser Straße, in der fast jedes Haus ein Restaurant oder eine Kneipe beherbergt. Im Sommer steht hier Tisch an Tisch und es wird vor allem am Wochenende bis in die Morgenstunden gefeiert. Für Kinder bietet in den Sommermonaten das Kinderbad Monbijou einen erfrischenden Abschluss dieses Rundgangs.

Spektakulär – die Architektur des Jüdischen Museums

Berliner Juden
Von Anbeginn war die jüdische Bevölkerung in der Geschichte Berlins präsent. Im 11. Jh., als in Süddeutschland mit den Kreuzzügen große Judenverfolgungen stattfanden, gelang es einigen, in die Mark zu fliehen. Sie ließen sich dort nieder, wo Fernhandel betrieben wurde, so auch in Berlin und Cölln. 1320 gab es hier bereits eine jüdische Gemeinde. Doch die Juden waren bloß geduldet: Sie mussten am Rand der Stadt im „Judenhof" wohnen (er lag in der heutigen Jüdenstraße). Nachts wurde das Viertel abgeriegelt und bewacht. Auf Eheschließung mit Christen stand die Todesstrafe. Durch das gesamte Mittelalter zog sich die Blutspur der Judenpogrome.

An den Juden ließ man die Frustrationen aus, die in Wirtschaftskrisen und bei Katastrophen entstanden. Nicht den Händlern und Seefahrern, die sie einschleppten, sondern den Juden lastete man die Ausbreitung der Pest an. 1572 zerstörten aufgehetzte Berliner die Synagoge in der Klosterstraße und plünderten Häuser und Wohnungen der Juden.

Erst unter Kurfürst Friedrich Wilhelm I. in der zweiten Hälfte des 17. Jh. änderte sich die Lage der Juden zum Besseren. Er förderte ihre Ansiedlung in Berlin und gab ihnen Privilegien; nicht aus purer Menschenliebe, sondern um damit dem erstarrten Wirtschaftsleben Schwung zu verleihen. Aber erst das 19. Jh. brachte den Juden die staatsbürgerliche Gleichstellung. Jetzt waren sie aus dem wirtschaftlichen und kulturellen Leben Berlins gar nicht mehr wegzudenken.

Theodor Fontane schrieb von einem „berlinisch-jüdischen Geist", der die Stadt erfüllte. *Meyerbeer* und *Mendelssohn-Bartholdy*, die Großbankiers *Bleichroeder*, *Fürstenberg* und *Mendelssohn* waren Berliner Juden, auch *Rathenau*, Gründer der AEG, und viele andere bedeutende Menschen. Nicht zuletzt dank der engen Verbindung der Juden mit der Stadt fanden im damals roten Berlin Antisemitismus und Nationalsozialismus zunächst weniger Anklang als in anderen deutschen Städten. Doch auch in Berlin sahen schon bald einige Kreise „im Juden" einen brauchbaren Blitzableiter für die permanente Krisenstimmung in der Weimarer Republik. Der braune Terror traf auch die Berliner Juden vernichtend. Es spricht aber für Berlin, dass sich hier, so zahlreich wie in keiner anderen deutschen Stadt, jüdische Frauen und Männer bis Kriegsende bei Freunden versteckt halten konnten. Doch waren diese Überlebenden nur eine sehr, sehr kleine Minderheit.

Deutlich präsent ist jüdisches Leben in Berlin erst seit den 1990er-Jahren wieder. Durch die jüdischen Emigranten aus der ehemaligen UdSSR wachsen die Berliner Gemeinden stark an: 2009 hatte die Berliner jüdische Gemeinde knapp 12.000 Mitglieder (weiterführende Infos unter www.jg-berlin.org). Klezmer-Musik ist seit über einem Jahrzehnt en vogue – wie vieles, was jüdisch ist oder zu sein vorgibt. 2001 eröffnete nach jahrelangem Hin und Her das **Jüdische Museum Berlin** im spektakulären Museumsbau von Daniel Libeskind und im angrenzenden ehemaligen Kammergericht. Auf 3.000 m^2 bietet eine Dauerausstellung Einblicke in zwei Jahrtausende deutsch-jüdischer Geschichte.

Adresse: Lindenstr. 9–14 (U6 Kochstr.), ✆ 25 99 33 00, www.jmberlin.de. ⊙ Mo 10–22 h, Di–So 10–20 h (außer an hohen christlichen und jüdischen Feiertagen). Eintritt 5 €, erm. 2,50 €; Familienticket 10 €. Lage s. Karte S. 144/145.

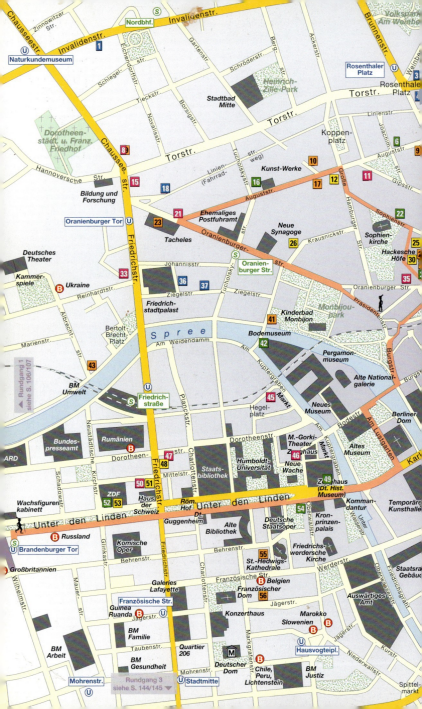

Übernachten (S. 52–54, 58)
1 Garden-Hotel Honigmond
3 The Circus
4 The Circus Hotel
18 MitArt
36 Helter Skelter Hostel
37 Baxpax downtown Hostel Hotel
44 Citystay Hostel
55 Hotel de Rome

Nachtleben

Bars & Kneipen (S. 82/83)
5 Kaffee Burger
10 Strandbad Mitte
23 Café Zapata
32 Eschschloraque
40 Riva
55 Bebel Bar
41 Strandbar Mitte
43 Broker's Bier Börse
56 Bar im Restaurant VAU

Diskotheken & Clubs (S. 90/91)
9 Delicious Doughnuts
14 Grüner Salon
17 Clärchens Ballhaus
28 Oxymoron

Cafés (S. 136-138)
5 Hackbarth's
12 Beth-Café
19 Barcomi's Deli
32 CC Café
42 Café im Bodemuseum
48 Café im Zeughaus
50 Café Einstein
52 Operncafé

Essen & Trinken

Restaurants (S. 138/139)
7 Cantamaggio
8 Weinbar Rutz
11 Kasbah
35 Hasir
46 Tadschikische Teestube
50 Treffpunkt Berlin

Imbisse & Schnellrestaurants (S. 138/139)
8 Weinbar Rutz
15 RisOtto
19 Monsieur Vuong
21 Beckers Fritten
33 Van Long
38 Soupkultur Dolores
39 Vivolo
45 12 Apostel
47 Suppenbörse

Einkaufen (S. 99–101, 103)
2 Rotation Records
12 In't Veld Schokoladen
13 Waahnsinn
20 Calypso Shoes
24 Kochlust
25 Ampelmannshop
26 Sterling Gold
27 1000 & 1 Seife
29 American Apparel
30 Artificium
31 To die for
48 Dussmann
51 Evelin Brandt
53 Berlin Story

Rundgang 2

Treppenhaus des Pei-Baus, der Erweiterung des Zeughauses

Sehenswertes

Akademie der Künste: Hier finden Veranstaltungen statt und werden wechselnde Ausstellungen gezeigt. Das architektonisch interessante Treppenhaus und Sarah Wieners Restauration sind ohne Eintritt zu betreten.
Adresse: Pariser Platz 4 (U55, S1, S2 Brandenburger Tor), ℡ 20 05 70, www.adk.de. ⏰ Di–So 11–20 h. Eintritt je nach Veranstaltung; Gruppenführungen nach Anmeldung.

ARD-Infocenter: Viel Interaktives gibt es im ARD-Hauptstadtstudio, das in fast jeder Tagesschau zu sehen ist.
Adresse: Wilhelmstr. 67a (Ecke Reichstagufer) (U55, S1, S2 Brandenburger Tor; S1, S2, S5, S7, S9, U6 Friedrichstr.), ℡ 22 88 11-10, www.ard-infocenter.de. ⏰ Di–So 10–19 h, Okt.–März nur bis 18 h.

Wachsfigurenkabinett Madame Tussauds: Umstritten ist der wächserne Hitler, dem bereits am Eröffnungstag im Sommer 2008 der Kopf abgerissen wurde; ebenfalls zu sehen sind Herbert Grönemeyer, Albert Einstein, Barack Obama, Angela Merkel und viele andere.
Adresse: Unter den Linden 74 (U55, S1, S2 Brandenburger Tor, Bus TXL, 100, 200), ℡ 40 00 46 10, www.madametussauds.com/berlin. ⏰ tägl. 10–19 h (letzter Einlass 18 h). Eintritt 19 €, Kinder 3–14 J. 14 €. Wer seine Karten online gekauft hat, kann an der Warteschlange vorbeigehen.

Deutsche Guggenheim: Wie der Name andeutet, sind diese Ausstellungsräume einer Kooperation zwischen der Deutschen Bank und der Guggenheim Foundation zu verdanken: Gezeigt werden wechselnde Ausstellungen, meist der Klassischen Moderne oder zeitgenössischer Kunst gewidmet. Angeschlossen ist ein Museumsshop.
Adresse: Unter den Linden 13–15 (U55, S1, S2 Brandenburger Tor; S1, S2, S5, S7, S9, U6 Friedrichstr.; Bus TXL, 100, 200), ℡ 20 20 93-0, www.deutsche-guggenheim-berlin.de. ⏰ So–Mi 10–20 h, Do 10–22 h. Eintritt 4 € (erm. 3 €), Mo Eintritt frei. Kostenlose Führung tägl. 18 h.

Staatsbibliothek (Haus 1): Der 1916 eröffnete Prachtbau erstreckt sich bis zur Dorotheenstraße und nimmt den ganzen Block zwischen Charlotten- und Universitätsstraße ein. Er wurde im Zweiten Weltkrieg stark zerstört. Unter anderem fiel den Bomben der zentrale Kuppellesesaal zum Opfer, der bis 2011 in neuer Form wieder aufgebaut wird. Noch viele Jahre wird das riesige von Ernst *von Ihne* geplante Gebäude saniert. Ein Blick in den ersten Innenhof, in die Eingangshalle und das riesige Treppenhaus ist auf jeden Fall eindrucksvoll. Gesammelt werden hier die Bestände aus der Zeit bis 1945, die fast alle nur in den Lesesälen einsehbar sind.

Adresse: Unter den Linden 8 (U55, S1, S2 Brandenburger Tor; S1, S2, S5, S7, S9, U6 Friedrichstr.; Bus TXL, 100, 200), ✆ 26 60, http://staatsbibliothek-berlin.de. ⏲ Mo–Fr 9–21 h, Sa 9–17 h, Sonderlesesäle haben z. T. kürzere Öffnungszeiten. Zutritt nur für Erwachsene mit Monatskarte (10 €, Personalausweis erforderlich), Jahreskarte (25 €) oder im Rahmen einer Führung. Kostenlose Führungen zu Geschichte, Architektur und Aufgaben des Gebäudes jeden 1. Sa im Monat, 10.30 h (Dauer ca. 90 Min., Treffpunkt beim Pförtner am Lesereingang).

Humboldt-Universität: Das Hauptgebäude entstand Mitte des 18. Jh. als Palais für den Bruder Friedrichs II., Prinz Heinrich. Zwischen 1809 und 1810 wurde es auf Initiative Wilhelm von Humboldts zur Hochschule umgestaltet. Die Seitenflügel sind erst erheblich später angebaut worden. Infos zur Uni, die regelmäßig Informationswochen für Studien-Interessierte abhält, und zum Studium unter www.hu-berlin.de. Vor dem Hauptgebäude stehen täglich (auch sonntags) ambulante Buchhändler mit neuen und antiquarischen Büchern. Hinter dem Hauptgebäude steht jenseits der S-Bahn-Trasse die 2009 eröffnete Universitätsbibliothek, die Star-Architekt *Max Dudler* entworfen hat. Sie ist oft überfüllt.

Neue Wache: Nach einem Entwurf von *Schinkel* 1818 als Königswache erbaut. 1931 wurde sie nach einem Entwurf von *Heinrich Tessenow* zur Gedenkstätte für die Gefallenen des Ersten Weltkrieges umgebaut. Die Nazis modelten die Gedenkstätte in ihrem Sinn für „Heldengedenktage" um. In der DDR erhielt die Neue Wache 1960 als „Mahnmal für die Opfer des Faschismus und Militarismus" eine neue Bestimmung. 1993 wurde die Neue Wache wieder umgewidmet, nun zur „zentralen Gedenkstätte der Bundesrepublik". Seitdem beherbergt sie die stark vergrößerte Plastik „Mutter mit totem Sohn" von *Käthe Kollwitz* (1937). Gegen diese Umgestaltung äußerten zahlreiche Gruppen lautstarke Proteste, so der Zentralrat der Juden in Deutschland und die Verbände der NS-Verfolgten. Sie kritisieren die Gleichsetzung von Opfern und Tätern in der Gedenkstätte „für die Opfer von Krieg und Gewaltherrschaft", in der man nun zugleich eines von Bomben getöteten Nazi-Führers oder Blockwarts und einer ermordeten Jüdin oder „Geisteskranken" gedenken kann.

Adresse: Unter den Linden 4 (S1, S2, S5, S7, S9, U6 Friedrichstr.; Bus TXL, 100, 200). ⏲ tägl. 10–18 h.

Deutsches Historisches Museum: Das 1695–1706 erbaute **Zeughaus**, das bis 1875 als Waffen- und Munitionslager gedient hat und als einer der schönsten Barockbauten Deutschlands gilt, konnte jahrelang wegen Umbaus nur von au-

Im Lustgarten vor dem Dom trifft sich die Jugend

ßen bewundert werden. 2006 wurde das Museum mit dem nun überdachten Innenhof im Zeughaus wieder eröffnet. Ganz neu konzipiert ist die dort gezeigte Ausstellung, die sich mit 2.000 Jahren deutscher Geschichte befasst. Bereits seit 2003 ist der gläserne Erweiterungsbau hinter dem Zeughaus, den der amerikanische Star-Architekt *Ieoh Ming Pei* entworfen hat, zugänglich. Hier werden kleinere Ausstellungen gezeigt.

Adresse: Unter den Linden 2 (S1, S2, S5, S7, S9, U6 Friedrichstr.; S3, S5, S7, S75, S9 Hackescher Markt; Bus TXL, 100, 200 bis Haltestelle Lustgarten oder Staatsoper, Tram M 4, M 5, M 6), ✆ 20 30 40, www.dhm.de. ⏱ tägl. 10–18 h. Eintritt 5 €, für alle unter 18 Jahren ist der Eintritt frei.

Bebelplatz: Gegenüber der Universität öffnet sich der Platz mit der Alten Bibliothek, dem ehemaligen Gebäude der Dresdner Bank, der St.-Hedwigs-Kathedrale und der Deutschen Staatsoper, der 1933 Schauplatz der Bücherverbrennung durch die Nazis wurde. Daran erinnert seit 1995 ein eigenwilliges **Denkmal** in der Mitte des Platzes. Von weitem ist es überhaupt nicht zu sehen, denn es befindet sich unter der Erde und ist durch eine Glasplatte von oben einsehbar. Der israelische Bildhauer und Konzeptkünstler *Micha Ullman* entwarf den unterirdischen Raum, der nur leere Bücherregale beherbergt. Seit 2004 gibt es eine Tiefgarage unter dem Platz, der das historische Pflaster zum Opfer fiel – nach Ansicht des Künstlers eine Zerstörung seines Denkmals.

Alte Bibliothek: Wegen ihrer geschwungenen Form von den Berlinern als Kommode bezeichnet, wurde sie 1755–80 nach Plänen für die Reichskanzlei der Wiener Hofburg gebaut. Trotz des schwierigen Untergrunds – über 1.200 Pfähle mussten in den Boden gerammt werden – gingen die Berliner schneller zur Sache als die Wiener. So kam es dazu, dass die Kopie in Berlin älter ist als das Original in Wien. Heute sind hier u. a. Institute der Humboldt-Universität untergebracht.

St.-Hedwigs-Kathedrale: Architektonisches Vorbild dieser katholischen Bischofskirche war das Pantheon in Rom, die Pläne stammen von *Georg Wenzes-*

laus von Knobelsdorff. Da der Bau durch Sammlungen der katholischen Gemeinde finanziert wurde, zog sich seine Fertigstellung über 26 Jahre (1747–73) hin. Auch der Wiederaufbau nach der Zerstörung im Zweiten Weltkrieg dauerte verhältnismäßig lange.

Adresse: Bebelplatz (U2 Hausvogteiplatz; Bus TXL, 100, 200), ℡ 203 48 10, www.hedwigs-kathedrale.de. ⏰ Mo–Sa 10–17 h, So 13–17 h; jeden Mi um 15 h für 30 Min. Orgelmusik.

Deutsche Staatsoper: 1951–55 wurde der im Krieg stark beschädigte *Knobelsdorff*-Bau originalgetreu wiederhergestellt. Vom Sommer 2010 an bis mindestens zum Sommer 2013 muss er komplett saniert werden und ist daher in diesem Zeitraum nicht zugänglich. Zum Ausweichquartier etc. s. S. 65.

Kronprinzessinnenpalais: Das heute als Opernpalais bekannte Bauwerk wurde ebenfalls im letzten Krieg bis auf die Außenmauern zerstört. Die Fassade entspricht dem historischen Vorbild, die Innenräume sind umgestaltet und beherbergen ein Café und Restaurants. Das schöne schmiedeeiserne Treppengeländer im Inneren stammt aus dem Schloss Berlin-Buch.

Adresse s. Café Opernpalais, (S1, S2, S5, S7, S9, U6 Friedrichstr.; S3, S5, S7, S75, S9 Hackescher Markt; Bus TXL, 100, 200 bis Haltestelle Lustgarten oder Staatsoper, Tram M 4, M 5, M 6).

Kronprinzenpalais: 1664 als erstes privates Adelspalais Berlins erbaut, 1732 von Johann Philipp Gerlach im Barockstil umgebaut und für den Kronprinzen und späteren König Friedrich II. eingerichtet, 1857 erneut verändert und im Zweiten Weltkrieg total zerstört, hat man das Palais Ende der 1960er-Jahre nach alten Stichen rekonstruiert. Bis 1989 diente es als Gästehaus des Magistrats bzw. der Staatsregierung und wird heute sporadisch für Veranstaltungen und Ausstellungen genutzt.

Viel Interaktives lockt ins winzige DDR-Museum

Kommandantur: Unter den Linden 1 steht kein historischer Bau, sondern der erst im Herbst 2003 eröffnete Nachbau des 1799 als Sitz des Berliner Stadtkommandanten errichteten Gebäudes. Innen und an der Rückfront ist alles modern; hier residiert der Medienkonzern Bertelsmann.

Berliner Dom: 1894–1905 von *Julius Carl Raschdorff* als „Hauptkirche des preußischen Protestantismus" und „Hauskirche der Hohenzollern" erbaut. Bei den Luftangriffen 1945 brannte der Dom völlig aus; er wurde von 1975 bis 1993 rekonstruiert und 1996 feierlich wieder eingeweiht. Neben einem Altar von *Schinkel* sind vor allem die Kuppel (270 Stufen sind es bis oben ...), das Treppenhaus und die Hohenzollerngruft sehenswert, in der etwa 100 Särge aus fünf Jahrhunderten stehen. Auch die Prunksarkophage von König Friedrich I. und Königin Sophie Charlotte können besichtigt werden.

Adresse: Am Lustgarten (S3, S5, S7, S75, S9 Hackescher Markt; Bus TXL, M 48, 100, 200,

Pflichtprogramm für Berlin-Besucher aus aller Welt – das Pergamonmuseum

248), ☏ 20 26 91 19, www.berliner-dom.de. ⏰ Mo–Sa 9–20 h, So 12–20 h, im Winterhalbjahr nur bis 19 h, letzter Einlass 1 Stunde vor Schließung. Eintritt 5 € (erm. 3 €), Kinder bis 14 Jahre haben freien Eintritt.

DDR Museum: Einen kleinen Einblick in die DDR-Vergangenheit bietet dieses winzige, privat geführte Museum. Für Kinder interessant sind die interaktiven Elemente, wie aufziehbare Schubladen, in denen historische Dokumente wie ein FDJ-Ausweis oder ein Mietvertrag liegen. Es werden auch Filme gezeigt und man kann historischen Ton-Dokumenten lauschen.

Adresse: Karl-Liebknecht-Str. 1 (S1, S2, S5, S7, S9, U6 Friedrichstr.; S3, S5, S7, S9 Hackescher Markt; Bus TXL, 100, 200 bis Haltestelle Lustgarten, Tram M 4, M 5, M 6), ☏ 84 71 23 73-1, www.ddr-museum.de. ⏰ So–Fr 10–20 h, Sa 10–22 h. Eintritt 5,50 € (erm. 3,50 €).

Aquadom & Sea Life Center Berlin: Nicht nur Hotelgäste, sondern auch viele Berlin-Besucher – vor allem mit Kindern – bestaunen die riesige Aquarienlandschaft des Hotels Dom-Aquarée mit dem zylinderförmigen, angeblich höchsten Salzwasser-Aquarium der Welt, durch das man mit einem gläsernen Aufzug fährt. 30 weitere Becken bilden den Lauf der Spree von der Quelle bis zur Mündung in die Elbe und in die Nordsee nach. Natürlich schwimmen darin die jeweiligen Fische.

Adresse: Spandauer Str. 3 (S5, S7, S75, S9 oder U2, U5, U8 Alexanderplatz; Bus M 48, 100, 200, TXL; Tram M 4, M 5, M 6), ☏ 99 28 0-0, www.sealifeeurope.com. ⏰ tägl. 10–19 h, letzter Einlass um 18 h. Eintritt 16,95 €, Kinder 11,95 €.

Museumsinsel: 1999 wurde ein Masterplan für die Museumsinsel beschlossen, der u. a. den Wiederaufbau des schwer kriegszerstörten Neuen Museums und die Sanierung und Erweiterung des baufälligen Pergamonmuseums festschrieb. Inzwischen wurden die Neu- und Umbaupläne mehrfach geändert. Der Abschluss aller Arbeiten wird derzeit auf 2028 datiert, bis dahin wird dort über 1 Mrd. € verbaut sein.

Anfahrt: S3, S5, S7, S75, S9 Hackescher Markt; Bus 100, 200, TXL bis Haltestelle Lustgarten; Tram M 4, M 5, M 6.

Bode-Museum: Seit 2006 ist das Bodemuseum nach einem Jahrzehnt der Sanierung wieder komplett zugänglich. Gezeigt werden in den 69 lichtdurchfluteten Sälen des behutsam sanierten Hauses die frühchristlich-byzantinische Sammlung, das Münzkabinett und die zuvor über ein halbes Jh. auseinander gerissene Skulpturensammlung, die durch etwa 150 Gemälde Alter Meister ergänzt wird. Kunstfreunden seien nur *Peter Paul Rubens, Tilman Riemenschneider* und *Gian Lorenzo Bernini* genannt, deren Werke hier zu bewundern sind.

Adresse: Bodestr. 1–3, ☏ 20 90 55 77, www.smb.museum. ⏱ Fr–Mi 10–18 h, Do 10–22 h. Eintritt 8 € (erm. 4 €). Do ab 18 h Eintritt frei, Kinder bis 16 Jahre haben immer freien Eintritt.

Neues Museum: Das von *August Stüler* entworfene und 1859 eröffnete Neue Museum, das seit 1945 nicht mehr zugänglich war, wurde zwischen 2003 und 2009 nach Plänen des englischen Architekten *David Chipperfield* für 230 Mio. Euro „kritisch rekonstruiert". Das bedeutet, komplett fehlende Treppen und Wände wurden aus Beton und in moderner Formensprache ergänzt und nicht dem Weggebombten nachempfunden. Seit Oktober 2009 sind hier die Prunkstücke des **Ägyptischen Museums** zu bewundern, allen voran Nofretete in ihrem Extra-Saal unter hoher Kuppel.

Adresse: Bodestr. 1–3, ☏ 20 90 55 77, www.smb.museum. ⏱ So–Mi 10–18 h, Do–Sa 10–20 h. Eintritt 10 € (erm. 5 €). Kinder bis 16 Jahre Eintritt frei, sie müssen sich jedoch vorab ein Zeitfenster-Ticket (s. u.) besorgen. Wegen des großen Andrangs empfiehlt sich generell der Kauf von Eintrittskarten mit einem „Zeitfenster" von 30 Min. vorab im Internet oder an einer der Museumskassen auf der Museumsinsel. So umgeht man die langen Schlangen, muss jedoch innerhalb der 30 Min. das Museum betreten, sonst verfällt die Karte. Bleiben kann man, so lange man will; kein Aufpreis.

Altes Museum: Gebaut nach Plänen von *Karl Friedrich Schinkel* in den Jahren 1825–30, im Krieg stark zerstört und ab 1951 wieder aufgebaut. Nach dem Auszug des Ägyptischen Museums, das hier von 2005–2009 ein Ausweichquartier gefunden hatte, beherbergt der noch nicht sanierte Bau bis auf Weiteres das zuvor im Schloss Charlottenburg untergebrachte **Museum für Vor- und Frühgeschichte** sowie Teile der Antikensammlung. Hauptthemen sind die Troja-Funde *Heinrich Schliemanns* sowie Objekte von der Steinzeit bis zur Bronzezeit. Glanzstück ist der „Berliner Goldhut", eine unglaublich fein gearbeitete kultische Kopfbedeckung aus dünnem Goldblech.

Adresse: Bodestr. 1–3 (Eingang vom Lustgarten aus), ☏ 20 90 50, www.smb. museum. ⏱ So–Mi 10–18 h, Do–Sa bis 20 h (ab 18 h freier Eintritt). Eintritt 10 € (erm. 5 €). Kinder bis 16 J. immer Eintritt frei; auch hier gilt die Zeitfenster-Regelung des Neuen Museums.

Alte Nationalgalerie: Bis 2001 dauerte die Renovierung des 1876 eröffneten Hauses, die über 65 Mio. Euro kostete. Seitdem ist die historische Bausubstanz des *Stüler*-Entwurfs z. T. in ihrer originalen Farbigkeit wieder freigelegt; die Umbauten des 20. Jh. wurden aber überwiegend beibehalten. Gezeigt werden Meisterwerke des 19. Jh., darunter Gemälde von Max Liebermann, Lovis Corinth, Carl Blechen und Caspar David Friedrich. Außerdem sind Plastiken von Auguste Rodin, Johann Gottfried Schadow und anderen bedeutenden Künstlern zu sehen. Der Andrang ist immens, bereits im Februar 2004 wurde die millionste Besucherin nach der Neueröffnung begrüßt.

Adresse: Bodestr. 1, ☏ 20 90 50, www.smb. museum. ⏱ Di, Mi, Fr–So 10–18 h, Do bis 22 h (ab 18 h freier Eintritt). Eintritt 8 € (erm. 4 €), Kinder bis 16 Jahre Eintritt frei (s. S. 215 – SMPK).

Pergamonmuseum: Das 1930 eröffnete Museum war das erste Architekturmuseum der Welt! Mittlerweile ist es extrem sanierungsbedürftig; seit 2003 kommt es immer wieder zu Teilschließungen wegen Einsturzgefahr sowie zu

Sichteinschränkungen auf berühmte Kunstwerke. Seit 2008 wird das Museum abschnittsweise saniert und ist daher nur eingeschränkt zu besichtigen. Für die nähere Zukunft sind zudem gewaltige Umbauten geplant. In den Räumen des Museums sind drei weltberühmte Sammlungen untergebracht:

Antikensammlung: Ganze Altäre, Tore und Teile von Tempeln sind im Original aufgebaut. Ein Großteil der Sammlung geht auf eigene Ausgrabungen des Museums in Kleinasien zurück. Besonderer Anziehungspunkt sind die Reliefs des Pergamonaltars aus dem 2. Jh. v. Chr., der in der Antike zu den Weltwundern zählte und 2004 komplett restauriert wurde, ebenso das seit 2007 restaurierte Markttor von Milet. Teile der Bestände werden im Alten und im Neuen Museum gezeigt.

Vorderasiatisches Museum: Denkmäler der neubabylonischen Baukunst aus dem 6. und 5. Jh. v. Chr. sind hier ausgestellt: das Ischtar-Tor, die Prozessionsstraße von Babylon, das Wasserbecken von Assur. Diese und die vielen anderen Schätze sind zum größten Teil Beute der „Deutschen Orientgesellschaft" aus der Zeit von 1900–1918.

Museum für Islamische Kunst: Das 2000 völlig neu gestaltete Museum im Südflügel zeigt die Entwicklung der islamischen Kunst vom 7. Jh. bis zur Neuzeit. Das wertvollste Ausstellungsobjekt ist die Fassade des jordanischen Wüstenschlosses Mschatta.

Adresse: Bodestr. 1–3, Eingang vom Kupfergraben (S3, S5, S7, S75, S9 Hackescher Markt; S1, S2, S5, S7, S9, U6 Friedrichstr.; Bus TXL, 100, 200; Tram M 1, M 12), ✆ 20 90 50, www.smb.museum. ⏰ Mo–Mi und Fr–So 10–18 h, Do bis 22 h. Eintritt 10 € (erm. 5 €). Do ab 18 h freier Eintritt, Kinder bis 16 Jahre haben immer freien Eintritt (s. S. 215 – SMPK).

Hackesche Höfe: Der heutige Touristenmagnet, ein verschachteltes und in den 1990ern umfassend saniertes Gewirr von acht Hinterhöfen, wurde 1906/07 erbaut. Bereits damals lagen hier Wohnen, Arbeiten und Amüsement dicht beieinander. Die alten Festsäle, heute u. a. vom Varieté Chamäleon genutzt, zeugen davon. Eine eigene Website präsentiert Kommerzielles und Kulturelles dieser Höfe: www.hackeschehoefe.com, (S3, S5, S7, S75, S9 Hackescher Markt).

Sophienkirche: Sie hat als einzige Kirche von Berlin-Mitte den Zweiten Weltkrieg heil überstanden. Die Kirche wurde 1713 ohne Turm eingeweiht; der geschweifte und reich gegliederte Turm folgte 20 Jahre später und zählt zu den schönsten Barocktürmen der Stadt. Das Innere ist protestantisch-schlicht ge-

Allerorten in der Spandauer Vorstadt präsent: moderne Kunst

halten. Auf dem Kirchhof liegen unter riesigen Bäumen die Gräber des Historikers Leopold von Ranke, des Kirchenmusikers Carl Friedrich Zelter und der Dichterin Anna Louisa Karsch (1722–1791), die aus ärmlichsten Verhältnissen stammte und über ihre Dichtkunst die Bekanntschaft Goethes gemacht hat.

Adresse: Große Hamburger Str. 29 (S3, S5, S7, S75, S9 Hackescher Markt; U8 Weinmeisterstraße; Tram M 1, M 6), ✆ 308 79 20, www.sophien.de. ⏱ tägl. 13–18 h, Führung nach Anmeldung.

Kunst-Werke: Seit 1991 wird die ehemalige Margarinefabrik künstlerisch genutzt – zunächst sehr improvisiert, heute sehr professionell. 1996 erfolgte der Totalumbau, und der als Café genutzte Glaspavillon wurde in den Hof gebaut. Auf vier Etagen sind Ausstellungen zeitgenössischer Kunst zu sehen.

Adresse: Auguststr. 69 (U6 Oranienburger Tor; S1, S2 Oranienburger Str.), ✆ 243 45 90, www.kw-berlin.de. ⏱ Di–So 12–19 h (Do bis 21 h), Eintritt 6 € (erm. 4 €).

Tacheles: Im bekannten Kulturzentrum gibt es Ateliers und Werkstätten internationaler Künstler, ein Café, ein Kino und diverse Bühnen. Das Tacheles stammt aus dem frühen 20. Jh. und wurde bis 1928 als Kaufhaus genutzt (mit „Shop-in-Shop-System"!). Dann wurde es wegen der Pleite der Geschäftsinhaber von der AEG zum „Haus der Technik" umgebaut. 1933 nistete sich die SS ein, und zu DDR-Zeiten residierte hier der FDGB (Freier Dt. Gewerkschaftsbund). Heute ist das Tacheles, einst wohl die berühmteste Ruine der Republik, saniert – allerdings nicht völlig glatt, es ist ein bisschen ruinös geblieben. Derzeit kämpfen die Betreiber gegen die drohende Privatisierung des Hauses.

Adresse: Oranienburger Str. 55–56 (U6 Oranienburger Tor; S1, S2 Oranienburger Str.), ✆ 282 61 85, www.tacheles.de.

Das Postfuhramt in der Oranienburger Straße

Postfuhramt: 1875–1881 aus roten und gelben Klinkersteinen erbauter eindrucksvoller Komplex mit Ställen für 240 Postpferde. Seit Jahren kursieren immer wieder Gerüchte über einen baldigen Umbau, bis auf Weiteres serviert das Rodeo-Clubrestaurant im Saal unter der Kuppel hochpreisige Gerichte. Darüber hinaus ist das Gebäude Sitz der Galerie c/o Berlin, deren Ausstellungskonzept schwerpunktmäßig der Fotografie gewidmet ist.

Adresse: Oranienburger Str. 35 (U6 Oranienburger Tor; S1, S2 Oranienburger Str.), ✆ 28 09 19 25, www.co-berlin.info. ⏱ tägl. 11–20 h, Eintritt 10 € (erm. 5 €).

Neue Synagoge/Centrum Judaicum: 1859–1866 wurde die Synagoge im byzantinisch-maurischen Stil erbaut und während der Pogrome der „Reichskristallnacht" geschändet, aber nicht zerstört. Im Krieg wurde das Bauwerk jedoch bei Bombenangriffen stark beschädigt und blieb bis in die 1980er-Jahre eine Ruine. Seitdem ist die Fassade des von *Eduard Knoblauch* entworfenen Baus wiederhergestellt, und ihre vergoldete Kuppel bildet wieder einen der markantesten Punkte in der Berliner Stadtlandschaft.

Der Gebäudekomplex beherbergt ein Archiv und Räume der Jüdischen Volkshochschule. Seit 2006 hat die Jüdische Gemeinde zu Berlin ihren Hauptsitz wieder hier. Öffentlich zugänglich sind Ausstellungsräume, in denen in einer ständigen Ausstellung jüdische Sakralgegenstände gezeigt werden, und eine kleine Synagoge. Das Synagogenhauptschiff, das über 3.000 Personen Platz bot, wird wahrscheinlich nicht wieder aufgebaut. Seine Grundfläche ist im Boden markiert.

Adresse: Oranienburger Str. 28–30 (S1, S2, S25 Oranienburger Str.; Tram M 1, M 6), ✆ 88 02 83-16, www.cjudaicum.de. ☉ Di–Do 10–18 h, Fr 10–17 h (Okt.–März nur bis 14 h), So, Mo 10–20 h (Nov.–Feb. nur bis 18 h). Einlass bis 30 Min. vor Schließung. Eintritt 3 € (erm. 2,50 €), Führungen Mi 16 h, So 14 und 16 h. Vor Betreten muss man sich einem Sicherheitscheck wie am Flughafen unterziehen. Von April–Okt. kann die Kuppel besichtigt werden, Eintritt 1,50 € (erm. 1 €). An jüdischen Feiertagen ist das Centrum Judaicum geschlossen. Gottesdienst Fr 19 h (im Winter 18 h), Sa 10 h, mehr unter www.or-synagoge.de.

Museum Blindenwerkstatt Otto Weidt: Durch Inge Deutschkrons autobiografischen Roman „Ich trug den gelben Stern" wurde Otto Weidt bekannt, der in der NS-Zeit untergetauchte Juden in seiner Blindenwerkstatt arbeiten ließ und damit einige Menschen vor der Ermordung rettete. Erst 1998 wurde die fast unverändert erhaltene Werkstatt wieder entdeckt, heute ist sie Teil der Stiftung Gedenkstätte Deutscher Widerstand. Die Räume sind zum Teil saniert, zum Teil im Zustand der späten 1990er-Jahre belassen. Eine hochinteressante kleine Ausstellung zeigt das Schicksal der hier Versteckten.

Adresse: Rosenthaler Str. 39, (S3, S5, S7, S75, S9 Hackescher Markt), Hinterhof, 2. linker Aufgang, ✆ 28 59 94 07, www.museum-blindenwerkstatt.de. ☉ tägl. 10–20 h, kostenlose 1-stündige Führung So 15 h. Eintritt frei. Gruppenführungen auf Deutsch, Englisch und Französisch – auch für Schulklassen – nach Voranmeldung.

Anne Frank Zentrum: Das Amsterdamer Anne-Frank-Haus hat hier eine kleine Gedenkstätte mit Ausstellung eingerichtet. Sonntags werden während der gesamten Öffnungszeit im Wechsel drei unterschiedliche 30-minütige Filme gezeigt, nähere Infos im Internet.

Adresse: Rosenthaler Str. 39 (S3, S5, S7, S75, S9 Hackescher Markt), ✆ 30 87 29 88, www.annefrank.de. ☉ Mai–Sept. Di–So 10–20 h, Okt.–April Di–So 10–18 h. Eintritt 4 €, erm. 2,50 €, Familienkarte 8 €. Kinder bis 10 Jahre haben freien Eintritt.

Kinderbad Monbijou: Unter alten Bäumen im Herzen der Stadt hat sich eine soziale Einrichtung der DDR erhalten: das Kinderfreibad Monbijou im gleichnamigen Park. Ideal für die ganz Kleinen, für Größere ist das nur etwa einen halben Meter tiefe Wasser uninteressant.

Adresse: Oranienburger Str. 78 (S3, S5, S7, S75, S9 Hackescher Markt), ✆ 282 86 52, www.berlinerbaederbetriebe.de. ☉ Öffnungszeiten variieren monatlich: Mitte Juli–Ende Aug. tägl. 10–19 h, in den anderen Monaten Mo–Fr ab 11 h.

Praktische Infos (Karte s. S. 126/127)

Viele Restaurants, Kneipen und Cafés haben sich in Angebot und Preisen auf die Touristen eingestellt – die ja nicht zu Stammgästen gemacht zu werden brauchen. Dennoch findet man auch hier empfehlenswerte Lokalitäten mit moderatem Preisniveau. Vor allem in der Oranienburger Straße wechseln die Lokale ständig, sodass man hierfür kaum Empfehlungen aussprechen kann.

Cafés

Café Einstein (50), Unter den Linden 42, ✆ 204 36 32, www.einsteinudl.de. ☉ tägl. 7–22 h. 1996 eröffnet, im vorderen Bereich handtuchschmale Dependance des berühmten Wiener Café Einstein an der Kurfürstenstraße, in der man im Sommer auch draußen sitzen kann. Hier ruhen sich überwiegend Touristen aus; sehr hohes Preis-

Praktische Infos

niveau. Auch Politiker lassen sich hier ab und zu sehen, die Räume sind mit wechselnden Kunstwerken geschmückt.

Operncafé im Opernpalais (52), Unter den Linden 5, ✆ 20 26 83, www.opernpalais.de. ⌚ tägl. 9–24 h; tägl. 9–12 h Frühstücksbuffet für 14,90 € inkl. Kaffee und Säften; Kuchentheke mit Riesenauswahl an hausgemachten Leckereien und einige warme Speisen. Das frisch renovierte Traditionscafé spricht mit Events wie Operndinners neuerdings auch ein jüngeres Publikum an. Im Sommer wird auch draußen serviert, hier gibt's 500 Plätze mit Blick auf die Prachtstraße Unter den Linden.

Café im Zeughaus (48), Unter den Linden 2, ✆ 20 64 27 44. ⌚ So/Mo 10–18 h, Di–Sa 10–22 h. Im Zuge des Umbaus des Deutschen Historischen Museums ebenfalls umgebaut und mit einem Zwischengeschoss versehen. Wie so häufig dominieren Glas und dunkles Holz. Besonders schön sitzt man draußen mit Blick auf den Kupfergraben. Freundlicher, flinker Service, mittlere bis gehobene Preise. Neben Kaffee und Kuchen werden auch kleine herzhafte Gerichte angeboten.

Café im Bodemuseum (42), Bodestr. 1–3, ✆ 259 28 90. ⌚ tägl. 10–18 h (Do bis 22 h). Auch Nicht-Museumsbesucher schätzen das stilvolle Café, das neben Süßem auch einige herzhafte Gerichte anbietet.

CC Café (32), Rosenthaler Str. 39, ✆ 280 64 15. ⌚ tägl. 12–2 h. Seit über 40 Jahren bestehendes kleines Galerie-Café, das noch immer die Atmosphäre der Wendezeit verströmt. „CC" bedeutet Café Cinema; der Name leitet sich vom benachbarten Kino her und manifestiert sich in reichlich cineastischer Dekoration. Im Sommer Hofbetrieb. Frühstück und kleine Gerichte sind hier preiswert.

Beth-Café (12), Tucholskystr. 40, ✆ 281 31 35. ⌚ So–Do 12–20 h. Nichtraucher-Café der jüdischen Gemeinde Jadass Jisroel. Im Bistro-Ambiente werden leckere koschere Speisen serviert – im Sommer im wunderhübschen Hof.

Hackbarth's (5), Auguststr. 49a, ✆ 282 77 04. ⌚ tägl. 9–3 h. Einst das Pionier-Café der Spandauer Vorstadt. Von 9–14 h leckere Frühstücks-Variationen; abends gibt es Wein und Tapas.

Barcomi's Deli (19), Sophienstr. 21, 2. Hof, ✆ 28 59 83 63, www.barcomis.de. ⌚ Mo–Sa 9–21 h, So 10–21 h. Der Erfolg der Kreuzberger Bergmannstraße gab Cynthia Barcomi Recht: Berlin braucht Muffins, Bagels

Rasten an einem zentralen Ort – das Café des Deutschen Historischen Museums im Zeughaus

und aromatisierten Kaffee. Seit Jahren ist das alles auch in den Sophien-Gips-Höfen zu haben – im Sommer unter freiem Himmel.

Imbisse und Schnellrestaurants

RisOtto (15), Friedrichstr. 115, ✆ 48 49 63 26, www.ris-otto.de. ⏱ Mo–Fr 11–20 h, Sa 12–20 h. Tägl. vier verschiedene Gerichte aus vorgekochtem Risotto-Reis (5–7 €), ein Salat kostet 2,50 €, Dessert um 2 €; schnell, lecker und gesund.

Beckers Fritten (21), Oranienburger Str. 43. ⏱ So–Do 12–1 h, Fr/Sa bis 4 h. Handgeschnitzte Pommes, an denen die Kartoffelschale noch dran ist, dazu Pickles, Erdnusssoße, Chilisoße etc. – der echt niederländische Pommes-Genuss. Auch Fish 'n' Chips sind im Angebot. Neben dem Imbisswagen stehen ein paar Bänke.

Monsieur Vuong (19), Alte Schönhauser Str. 46, ✆ 99 29 69 24, www.monsieurvuong.de. ⏱ tägl. 12–24 h. Gehobener vietnamesischer Imbiss mit empfehlenswertem Mittagstisch; Tagesgericht um 8 €.

Suppenbörse (47), Friedrichstr. 90, Eingang Dorotheenstr. 43 (am Kulturkaufhaus Dussmann), ✆ 20 64 95 98, www.suppenboerse.de. ⏱ Mo–Fr 11–18 h, Sa 12–18 h. Suppen ab 2,50 € (kleine Portion), darunter viel Vegetarisches und Veganes, auch Trennkost-Fans kommen auf ihre Kosten. Wer Polit-Promis beim Suppeschlürfen beobachten möchte, ist hier richtig. Zum süßen Abschluss wird Milchreis offeriert.

Dolores (38), Rosa-Luxemburg-Str. 7, ✆ 28 89 95 97, www.dolores-berlin.de. ⏱ Mo–Sa 11.30–22 h. Mexikanisch-kalifornischer Imbisslader mit Tortilla, Guacamole, Salaten etc.; viele internationale Touristen. Nach eigener Aussage will man „dich retten vor Döner, Currywurst, Pommes & Co." – und das gelingt auch, sogar unglaublich lecker. Burritos und Quesadillas sowie Suppen jeweils knapp 4 €, dazu frisch gepresste Säfte und hausgemachte Fruchtlimonaden.

Restaurants

Treffpunkt Berlin (50), Mittelstr. 55, ✆ 204 18 19. ⏱ Mo–Fr 11–1 h, Sa 12–1 h, So 12–24 h. Wie komplett aus Zeit und Raum gefallen wirkt das Alt-Berliner Kneipen-Restaurant, an dessen Tresen immer einige Stammgäste stehen. Vor allem im Winter sind die schweren Gerichte von Bulette bis Gänsekeule, die die Mutter der Besitzerin kocht, durchaus attraktiv; Hauptgerichte 8–16 €, auch Kleinigkeiten wie Schmalzstullen sind zu haben.

Tadschikische Teestube (46), Am Festungsgraben 1, ✆ 204 11 12. ⏱ tägl. 17–24 h. Bereits seit 1974 gibt es die kleine, original tadschikische Teestube im Palais am Festungsgraben, in der man auch im Liegen speisen kann. Der Klassiker ist die Samowar-Teezeremonie ab 2 Personen für 10 €/Pers., die neben unbegrenzten Mengen Tee auch kleine süße russische Köstlichkeiten enthält (reservieren!). Etwas für kalte Wintertage und auch für Kinder ein Erlebnis, wobei diese sicher den zwischendurch angebotenen Wodka auslassen. Mo ab 19.30 h Märchenstunde; reservieren!

12 Apostel (45), Georgenstr. 2 (in den S-Bahnbögen nahe dem Kupfergraben), ✆ 201 02 22, www.12-apostel.de. ⏱ So–Do 11–24 h, Fr/Sa 11–1 h. Opulent dekoriertes, häufig volles italienisches Groß-Restaurant direkt unter dem Stadtbahnviadukt. Hier gibt es u. a. Riesenpizzen (z. B. mit Mozzarella, Parmaschinken und Rucola), die nach den 12 Aposteln benannt sind; mit der Qualität soll es in letzter Zeit etwas bergab gehen. Im Sommer werden Tische und Stühle vor dem Restaurant aufgestellt, sodass man dem Rattern der oben vorbeifahrenden S-Bahnen ganz nah ist. Pizzen 8–16 €, Fleisch- und Fischgerichte 10–22 €. Unter der Woche 11.30–16 h Business-Lunch für 6,60 €, Pizzen dann nur 6,95 €. Keine Kreditkarten!

Kasbah (11), Gipsstr. 2, ✆ 27 59 43 61, www.kasbah-berlin.de. ⏱ Di–So 18–24 h. Märchenhaft marokkanisch geht es hier zu, vom palastartig prächtig möblierten Interieur bis zum Tee aus frischer Minze. Die nette Bedienung berät gern bei der Auswahl der leckeren Vorspeisen und der traditionell im Tontopf geschmorten Hauptgerichte (auch viel Vegetarisches). Couscous- und Taginegerichte kosten vegetarisch um 11 €, mit Fleisch ab 14 €. Ein Muss sind die vor Süße schon fast brennenden Leckereien zum Dessert.

Cafébetrieb auf dem Mittelstreifen – Unter den Linden

Cantamaggio (7), Alte Schönhauser Str. 4, ✆ 283 18 95, www.cantamaggio.de. ⏱ tägl. ab 18 h. Seit 1994 hält sich das edle italienische Restaurant in dieser umtriebigen Gegend, ein klarer Beweis für die Qualität der Küche. Hauptgerichte 14–28 €. Umfangreiche Weinkarte.

Hasir (35), Oranienburger Str. 4, ✆ 28 04 16 16, www.hasir.de. ⏱ tägl. 11.30–1 h. Mit handbemalten Kacheln etc. sehr nett gestyltes Restaurant der Hasir-Kette. Angenehm un-ölige Speisen der Oberklasse zu akzeptablen Preisen. Spezialität ist das hausgebackene Brot mit Dorfkäse, das heiß aus dem Ofen serviert wird. Auch sehr empfehlenswert sind die Salate und Schmorgerichte mit vielen frischen Zutaten. Viele vegetarische Gerichte. Gehobenes, aber keinesfalls unangemessenes Preisniveau.

Vivolo (39), Am Zwirngraben 11–12, ✆ 24 63 19 33, www.vivolo.de. ⏱ tägl. 8.30–1 h. Mehrere Leser empfehlen das spanische Restaurant in den S-Bahn-Bögen am Hackeschen Markt. Besonders beliebt ist der Tapas-Teller für 2 Pers. (knapp 20 €), dazu gibt's spanische Rotweine und manchmal Flamenco-Vorführungen. Im Sommer wird auch draußen serviert.

Van Long (33), Reinhardtstr. 8, ✆ 282 35 70, www.van-long.de. ⏱ Mo–Fr 11–24 h, Sa/So 12–24 h. Solide, stets frisch zubereitete vietnamesische und thailändische Küche in modernem, aber warmem Ambiente mit beruhigend plätscherndem Springbrunnen. Freundlicher Service, durchschnittliche Preise: Fleischgerichte 10–18 €, Vegetarisches (z. T. deutlich) unter 10 €. Die Schärfe-Angaben auf der Speisekarte sollte man unbedingt beachten!

Weinbar Rutz (8), Chausseestr. 8, ✆ 24 62 87 60, www.weinbar-rutz.de. Restaurant ⏱ Mo–Sa 18.30–23.30 h. Neben der namengebenden Weinbar, die bereits um 16 Uhr öffnet, liegt das schlicht-elegante Restaurant, dessen bodenständig-klare Küche mit einem Michelin-Stern ausgezeichnet wurde. 5-Gänge-Menü 89 €, Hauptgerichte um 40 €. Reservieren!

Von außen und von innen sehenswert – Konzerthaus am Gendarmenmarkt

Rundgang 3: Vom Checkpoint Charlie zum Alexanderplatz

Vom ehemaligen Grenzübergang für Ausländer geht es ins historische Zentrum Berlins, wo sich in den letzten beiden Jahrzehnten vieles verändert hat. Der älteste Teil der Stadt liegt auf dem südlichen Abschnitt der Spreeinsel, deren nördlicher Teil Museumsinsel genannt wird. Von der mittelalterlichen Stadt sind aber nur wenige Reste erhalten, einiges wird derzeit am Petriplatz ausgegraben. Das zu DDR-Zeiten entstandene Nikolaiviertel soll an die zerstörte Altstadt erinnern.

Am 13. August 2000 schwebte an einem Kran ein Nachbau der Abfertigungsbaracke am ehemaligen Checkpoint Charlie herab. Erst kurz zuvor war der Wachturm abgerissen worden, der hier noch jahrelang an die DDR-Sperranlagen erinnert hat. Heute ist der Verlauf der Mauer nur noch an der Markierung im Straßenbelag zu erkennen.

Das südlich der Prachtstraße Unter den Linden gelegene Innenstadt-Gebiet hat in den letzten 20 Jahren sein Gesicht völlig verändert. Statt der einstigen Öde am Kreuzberger Ende der Friedrichstraße herrscht hier nun reges Treiben, zahlreiche Neubauten wurden aus dem Berliner Sandboden gestampft. Noch massiver sind die Veränderungen der Friedrichstraße zwischen Leipziger Straße und Unter den Linden. Dort standen Ende der 1980er-Jahre Plattenbau-Ladenpassagen im Rohbau, die nach ihrer nie erfolgten Fertigstellung devisenkräftige Ausländer anlocken sollten. Diese kamen über den einzigen Grenzübergang für Ausländer, den Checkpoint Charlie, in die „Hauptstadt der DDR". Heute sind es unglaubliche Massen an Touristen, die den ehemaligen Übergang und das privat geführte Mauermuseum „Haus am Checkpoint Charlie" besuchen. Von ihnen profitiert auch das im Sommer 2009 eröffnete Currywurstmuseum, das sich ganz in der Nähe angesiedelt hat. In den Einkaufspassagen, die nach dem Abriss der DDR-Rohbauten an der Friedrichstraße errichtet wurden, wird nach wie vor mehr geschaut als gekauft; das Preisniveau in den Designer-Boutiquen und Edel-Kaufhäusern ist auch wirklich hoch.

Ganz ähnlich sieht es am Gendarmenmarkt mit seiner Nobelgastronomie aus: Hier tafeln Promis und unbekannte Reiche, der Normaltourist bewundert das Konzerthaus und den Deutschen sowie den Französischen Dom von außen – essen geht er woanders. Beispielsweise im Nikolaiviertel, in dem sich einige historische Gaststätten mit traditioneller Berliner Küche zu angemessenen Preisen verstecken. Zwischen diesen beiden gastronomisch gegensätzlichen Bereichen liegt „die" historische Mitte Berlins: der Schlossplatz, auf dem jahrhundertelang das Stadtschloss der Hohenzollern gestanden hat, dessen Wiederaufbau nach jahrelangen Kontroversen nun zwar beschlossen ist, mit dessen Bau aber voraussichtlich erst im Frühjahr 2011 begonnen wird. Heute wird der Platz von einer großen Wiese eingenommen, über die mehrere Bretterwege führen (bei Nässe rutschig!) – bei einem Spaziergang kann man den Klanginstallationen lauschen, die hier angebracht sind. In unmittelbarer Nachbarschaft befindet sich die Temporäre Kunsthalle.

Auch der Alexanderplatz ist in seiner heutigen Gestaltung heftig umstritten. Viele finden den riesigen, immer zugigen Platz zu „ostig" und möchten ihn

Weltzeituhr am Alex

durch zusätzliche (Hochhaus-)Bebauung „urbaner" gestalten. Andere schätzen gerade seine Weite in der immer dichter zugebauten Innenstadt und möchten ihn als Paradebeispiel des sozialistischen Städtebaus erhalten. Mehrere Investoren haben ihre Hochhauspläne rund um den Alexanderplatz in den letzten Jahren schon begraben, lediglich die Shopping-Mall „Alexa" mit einem Bürohochhaus und einem Hotel zwischen Dircksen- und Alexanderstraße eröffnete tatsächlich 2007. Das ehemalige Centrum-Warenhaus am Bahnhof Alexanderplatz (heute Galeria Kaufhof) wurde vor einigen Jahren umgebaut, erweitert und seiner DDR-Fassade beraubt.

Spaziergang

Ausgangspunkt ist der U-Bhf. Kochstraße. Hier, in der Friedrichstraße/Ecke Zimmerstraße, war bis 1990 der Grenzübergang **„Checkpoint Charlie"**, den nur Ausländer benutzen durften. Eine riesige Tafel mit je einem Porträt eines sowjetischen und eines US-amerikanischen Grenzsoldaten erinnert an die

Vergangenheit. Auf dem Grundstück des eigentlichen Übergangs steht heute eine Ansammlung von modernen Bürohäusern. In die Luft gehen kann man hier mit dem **Hi-Flyer**, einem Fesselballon an einer 150 m langen Leine. Bereits lange vor 1989 bestand das mittlerweile erweiterte **Mauermuseum**. Es zeigt eine etwas skurril wirkende Ausstellung über den Bau der Mauer, die damalige Situation in der DDR und über die teils aberwitzigen Mittel, die zu geglückten und tragisch gescheiterten Republikfluchten entwickelt worden sind. Von hier aus bieten sich Abstecher ins Currywurstmuseum, ins Jüdische Museum (s. S. 125) und in die Berlinische Galerie (s. S. 193) an.

Am Checkpoint Charlie

Jenseits eines unter Denkmalschutz gestellten Rests der **Berliner Mauer** an der Niederkirchnerstraße liegt ein auf den ersten Blick wie Brachland aussehendes Grundstück, das „Prinz-Albrecht-Gelände". Hier befand sich die Schaltzentrale des Verfolgungs- und Terrorapparats der Nazis. Wer mehr darüber wissen möchte, sollte sich die bewegende Ausstellung **Topographie des Terrors** ansehen. Direkt nebenan liegt der **Martin-Gropius-Bau** mit seinen wechselnden Ausstellungen.

In das markante Gebäude des einstigen Reichspostmuseums an der Mauer-/Ecke Leipziger Straße, das „Stammhaus" aller Kommunikations- und Postmuseen, zog 2000 das ganz modern aufgemachte **Museum für Kommunikation** ein. Jenseits der Leipziger Straße wurden in den letzten Jahren zahlreiche Ministerien in Altbauten untergebracht, die zuletzt der DDR-Regierung gedient hatten. Hinter dem **Bundesministerium für Arbeit und Soziales** verbirgt sich eine interessante kleine Ausstellung zur Geschichte von SED und Stasi. Die parallel zur Mauerstraße verlaufende Friedrichstraße ist hier geprägt von Edelgeschäften und dem Kaufhaus **Galeries Lafayette** mit seinem interessanten gläsernen Innenleben. Für Architekturfans empfehlenswert ist auch ein Blick ins außergewöhnlich gestaltete Treppenhaus des **Quartier 206**.

Bedeutend ältere Architektur prägt den **Gendarmenmarkt**, den viele als schönsten Platz Berlins ansehen. König Friedrich I. ließ ihn im streng symmetrischen Barockstil anlegen. In der Mitte steht das früher Schauspielhaus genannte **Konzerthaus**, rechts und links überragt von zwei **Domen** mit riesigen Kuppelbauten. Alle drei Gebäude waren am Ende des Zweiten Weltkriegs nur noch Ruinen. Erst 1984, zum 35. Jahrestag der DDR-Gründung, hatte man sie fertig rekonstruiert. Auf dem Platz finden im Sommer Konzerte statt, im Winter ein Weihnachtsmarkt. Etwas versteckt liegt in der Jägerstraße die Berliner Dependance der **Nolde-Stiftung Seebüll**, in der wechselnde Ausstellungen mit Werken des expressionistischen Malers Emil Nolde zu sehen sind. Noch versteckter liegt die **Mendelssohn-Remise** nebenan im Hinterhof.

Wo die Konfektion erfunden wurde

Mitte des 18. Jh. besiedelten vor allem Hugenotten, die sich als Uniformnäher einen Namen machten, die Gegend um den Hausvogteiplatz. Ab 1806 kamen viele jüdische Schneider dazu, von denen einer im Jahr 1839 die Konfektionsmode erfand, indem er den selben Damenmantel fünfmal zuschnitt und nähte, ohne dass dieser von einer Kundin bestellt gewesen wäre. Kurze Zeit später blühte auf dem Platz der Stoffhandel. Hier kauften sog. Zwischenmeister Stoffe ein, die sie in den armen Berliner Norden zu den Näherinnen fuhren, die daraus in Heimarbeit für wenig Geld Konfektionskleidung nähen mussten. Die fertigen Kleidungsstücke wurden unter den Arkaden der Bauakademie feilgeboten.

Ende des 19. Jh. eröffneten am Hausvogteiplatz immer mehr Konfektionäre ihre eleganten Warenhäuser. Als die Nazis die vorwiegend jüdischen Konfektionäre aus ihren Geschäften vertrieben, verlor Berlin als Modestandort an Bedeutung. Heute ist Berlin wieder als Modestadt bekannt, jedoch nicht für Konfektion – deutlich von Sport- und Streetwear beeinflusste Designermode prägt das Bild. Mehrere hundert Designerlabels kann man zählen; genäht wird oft von den Designern selbst, die ihre Mode in kleinen Läden verkaufen. Einige Labels haben bereits den Sprung in die internationale Liga geschafft, Berliner Modemessen wie „Premium", „Fashion Week" und die jüngst zurückgekehrte „Bread & Butter" erfreuen sich internationaler Bekanntheit.

Einen ganz anderen Charakter und eine ganz andere Geschichte hat der kleine und mittlerweile hübsch rekonstruierte **Hausvogteiplatz**. In früheren Jahrhunderten herrschte hier gedrückte Stimmung, da die Hausvogtei das Gerichts- und Gefängnisgebäude für politische Gefangene war. Um die Wende vom 19. zum 20. Jh. entwickelte sich der Platz dann zum Stammsitz der Berliner Konfektionsindustrie – an die jüdische Tradition erinnern ein Mahnmal auf dem Platz wie auch sogenannte „Denkzeichen" an den Stufen des U-Bahnhofs.

Karl Friedrich Schinkel hat nicht nur das Konzerthaus, sondern zahlreiche andere öffentliche Gebäude Berlins wie die feingliedrige **Friedrichswerdersche Kirche** entworfen, in der sich heute eine Schinkelausstellung und bedeutende klassizistische Skulpturen befinden. Auf der anderen Straßenseite ist die überdimensionale Glasfassade des **Auswärtigen Amts** zu sehen, in das die 1934–37 errichtete Reichsbank integriert wurde. Für dieses Gebäude, in dem zu DDR-Zeiten das Zentralkomitee der SED tagte, war in den 1930er-Jahren ein ganzes Altbauviertel abgerissen worden. Abriss ist an diesem exponierten Ort gang und gäbe: Ganz in der Nähe stand bis 1995 der (viel kleinere) Bau des Außenministeriums der DDR, dem in den 1960ern die Kriegsruine von Schinkels 1836 erbauter **Bauakademie** weichen musste. Ein Raum der Bauakademie, der Rote Saal, ist mittlerweile wieder aufgebaut worden. Bis zur Rekonstruktion des gesamten Bauwerks zeigt eine Attrappe, wie es aussehen wird (weitere Infos unter www.internationale-bauakademie.com).

Ebenfalls wieder aufgebaut werden soll das Hohenzollern-Schloss, das dem Schlossplatz seinen Namen gab und den Krieg relativ glimpflich überstanden hatte. Der auch **Berliner Stadtschloss** genannte, über Jahrhunderte immer wieder vergrößerte Gebäudekom-

Rundgang 3

plex wurde 1950 auf Anordnung des DDR-Ministerpräsidenten Walter Ulbricht gesprengt. Heute sind davon nur einige Kellermauern übrig, die nach dem Abriss des **Palasts der Republik** von Stadtarchäologen ausgegraben wurden. 2002 beschloss der Bundestag, ein Gebäude mit der Fassade des Schlosses bauen zu lassen, das u. a. die Sammlungen der Dahlemer Museen (s. S. 222) und die Zentral- und Landesbibliothek aufnehmen könnte. Im Dezember 2009 wurde der Neubau per Gerichtsentscheid beschlossen, Baubeginn soll voraussichtlich im Frühjahr 2011 sein.

Seit 2008 steht neben dem provisorischen Park auf dem Stadtschloss-Gelände die **Temporäre Kunsthalle**. Die Südseite des Schlossplatzes beherrscht das **Gebäude des Staatsrats**, das seit 2005 von einer privaten Management-Akademie genutzt wird. Die European School of Management and Technology (ESMT) erhielt einen Nutzungsvertrag für die Dauer von 65 Jahren, musste aber beim Umbau Denkmalschutzauflagen beachten. Der verspiegelten Fassade ist das Portal IV des ehemaligen Schlosses eingegliedert. Von hier aus hatte Karl Liebknecht am 9. November 1918 die „freie sozialistische Republik Deutschland" ausgerufen. Hinter dem Staatsratsgebäude liegt der Alt-Neubau des **Bundesbauministeriums**. Alle genannten Bauwerke stehen auf dem Areal des mittelalterlichen Berlin, von dem kaum etwas erhalten ist.

Auf der Ostseite der Breiten Straße sind immerhin noch einige Gebäude aus dem 17. Jh. erhalten: der **Alte Marstall** und das **Ribbeckhaus**. Der **Marstall**, von einem holländischen Bau- und Schleusenmeister Mitte des 17. Jh. erbaut, zählt zu den schönsten frühbarocken Bauwerken Berlins. Im Krieg stark beschädigt, wurde er 1953 wieder aufgebaut. Seit einigen Jahren wird er von der Musikhochschule Hanns Eisler ge-

Das Gebäude des Staatsrats an der Schlossbrücke

nutzt. In der Brüderstraße stehen noch zwei in einen riesigen Nachkriegsbaukomplex integrierte Bürgerhäuser, das **Nicolaihaus**, ein Barockhaus aus dem Jahr 1670, und das **Galgenhaus**.

> ### Das Galgenhaus
>
> Das Haus Brüderstraße 10 ist das 1688 errichtete sog. Galgenhaus. Minister Happe hat hier 1735 seine Dienstmagd hängen lassen, weil er einen silbernen Löffel vermisste. Nach ihrer Hinrichtung fand man den Löffel im Magen einer frisch geschlachteten Ziege wieder. Das Loch, in dem der Galgen stand, an dem die unschuldige Magd baumelte, lässt sich der Sage nach bis heute nicht schließen. Man findet es noch immer vor dem Hausportal, gesichert durch ein Gitter.

Zwischen Gertrauden- und Scharrenstraße liegt der lärmgeplagte **Petriplatz**. Hier gruben Stadtarchäologen von 2007 bis 2009 Reste des mittelalterlichen Berlins aus, darunter das Fundament der Petrikirche, die dem Platz seinen Namen gab. Einige Ausgrabungen sollen in die geplante Neubebauung integriert werden.

Jenseits der Spree liegt das **Nikolaiviertel**, ein „neues Altbauviertel" aus vorgefertigten Betonplatten, das zur 750-Jahr-Feier Berlins 1987 fertig gestellt wurde (www.nikolaiviertel-berlin.de). Die Anlage wurde begeistert aufgenommen und ist auch heute noch eines der touristischen Zentren Berlins. Tatsächlich ist es den Baubrigaden in dreijähriger Arbeit gelungen, so etwas wie Altstadt-Flair mit gepflasterten Gassen und vielen Cafés und Kneipen entstehen zu lassen, wenngleich man den Gebäuden ihre Entstehung in den 1980er-Jahren allzu deutlich anmerkt. Neben Plattenbauten gibt es auch Rekonstruktionen historischer Gebäude: die historische Gaststätte Zum Nussbaum und die **Gerichtslaube**. Eines der wenigen Bauwerke, das bis dahin wenigstens als Ruine erhalten war, ist die 1982–87 wiederaufgebaute **Nikolaikirche**. Als einziges Gebäude im Viertel vollständig

Neptunbrunnen vor dem Roten Rathaus

erhalten ist das **Knoblauchhaus**. Beim Wiederaufbau 20 Meter versetzt wurde das eindrucksvolle **Ephraimpalais** von 1766. Nikolaikirche, Knoblauchhaus und Ephraimpalais gehören zum Stadtmuseum Berlin, hier werden Ausstellungen gezeigt. 2009 wurden im Nikolaiviertel sehr interessante Tafeln zur Geschichte aufgestellt; wer noch mehr wissen möchte, ist im **Märkischen Museum** richtig, das sich jenseits der Spree befindet und das Stammhaus der Berliner Stiftung Stadtmuseum ist. An einen einst sehr populären Künstler, der mit fast karikierenden Zeichnungen der Berliner Unterschicht an der Wende vom 19. zum 20. Jh. weltbekannt wurde, wird im **Heinrich-Zille-Museum** erinnert. Einer ganz anderen Thematik geht das deutschlandweit einzige **Hanf-Museum** nach. Einen Abstecher lohnt bei schönem Wetter die Ruine der **Franziskaner-Klosterkirche**, die sich schon außerhalb des Nikolaiviertels befindet. Ebenfalls in der Klosterstraße stehen zwei interessante barocke Bauten: die **Parochialkirche** – zu DDR-Zeiten Möbellager, heute Veranstaltungsort – und das ehemalige **Palais Podewils**. Das Palais erinnert daran, dass die Straße früher gesäumt war von den Palästen der Lehnsherren, des Bischofs, der Äbte und der reichsten Bürger Berlins. Die Klosterstraße galt damals als die vornehmste Straße der Stadt.

Das **Rote Rathaus** trug diesen Namen schon, als es in seinem Innern noch tiefschwarz und kaisertreu zuging. Der Backsteinbau mit dem über 70 Meter hohen Turm wurde in der 2. Hälfte des 19. Jh. errichtet. Auch der **Neptunbrunnen** vor dem Rathaus stammt aus dem 19. Jh. Überragt wird das alles vom 365 Meter hohen **Fernsehturm** auf dem Alexanderplatz, bei seiner Errichtung 1969 das zweithöchste Bauwerk Europas. Die **Marienkirche**, westlich des Fernsehturms gelegen, ist die älteste erhaltene Pfarrkirche Berlins. Sie wurde im 13. Jh. errichtet. Der größte Teil der Bausubstanz stammt aber wahrscheinlich aus dem 15. Jh.

Sehenswertes

Mauermuseum – Haus am Checkpoint Charlie: Von Touristen aus aller Welt sehr gut besuchte Ausstellung zur Geschichte des Mauerbaus. Zu sehen sind im immer wieder erweiterten privaten Museum u. a. außergewöhnliche Fluchtmittel. Ganztags werden Dokumentarfilme gezeigt; Café im Haus.
Adresse: Friedrichstr. 43–45 (U6 Kochstr.; Bus M 29), ✆ 253 72 50, www.mauermuseum.de. ⏰ tägl. 9–22 h. Eintritt 12,50 € (erm. 7,50 €).

Hi-Flyer am Checkpoint Charlie: Mit Helium ist der Ballon gefüllt, in dessen Gondel man bis 150 m über Straßenniveau schwebt. Für Kinder sicher ein kleines Abenteuer, für Erwachsene ist die Aussicht ebenfalls aufregend. Aufgestiegen wird nur bei schwachem Wind, wer vorher wissen möchte, ob der Ballon steigt, ruft die Windhotline an. Telefonische Vorab-Buchung für Gruppen empfehlenswert.
Adresse: Wilhelm-/Ecke Zimmerstr. (U6 Kochstr.; U2 Mohrenstr.), ✆ 53 21 53 21, Windhotline ✆ 226 67 88 11, www.air-service-berlin.de. ⏰ April–Okt. tägl. 10–22 h, Nov.–März tägl. 11–18 h. Eintritt 19 € (erm. 13 €, Kinder 3–6 Jahre 3 €, darunter frei), Familienkarte 49 €.

Deutsches Currywurstmuseum: Auf dieses Museum hat die Welt bestimmt nicht gewartet, umso gewaltiger war der Medienhype um die Eröffnung der sogenannten Erlebnisausstellung. Für den Eintrittspreis könnte man mehrere Wurstbuden besuchen, Plausch mit den Inhabern inklusive.
Adresse: Schützenstr. 70 (U6 Kochstr., Bus M 29, M 48, 347), ✆ 88 71 86 45, www.currywurstmuseum.de. ⏰ tägl. 10–22 h. Eintritt 11 €, erm. 8,50 €; Kinder 6–13 J. 7 €; Familienkarte 29 €, Audio-Guide 4 €.

Topographie des Terrors: Das feste Haus, das Peter Zumthor für die „Topographie" entworfen hat, wurde aus verschiedenen Gründen nicht vollendet, sondern abgerissen. So ist die Ausstellung immer noch provisorisch neben den ausgegrabenen Folterkellern der Gestapo untergebracht, was ihre Wirkung aber keineswegs schmälert. Derzeit entsteht ein bescheidenerer Bau, der neben der „Topographie" auch Teile von Steven Spielbergs Shoah-Zeitzeugen-Archiv aufnehmen soll.
Adresse: Stresemannstr. 111, Eingang Niederkirchnerstr. 8 (S1, S2, S25 Anhalter Bhf. oder Potsdamer Platz; Bus M 29, M 41), ✆ 25 45 09 50, www.topographie.de. ⏰ Mai–Sept. tägl. 10–20 h, Okt.–April tägl. 10 bis max. 18 h. Eintritt frei, Führung nach tel. Vereinbarung.

Martin-Gropius-Bau: 1877–1881 nach Plänen von *Martin Gropius* und *Heino Schmieden* als Kunstgewerbemuseum errichteter Bau mit beeindruckendem Lichthof. Heute beherbergt er wechselnde Ausstellungen.
Adresse: Niederkirchnerstr. 7 (S1, S2, S25 Anhalter Bahnhof oder Potsdamer Platz), ✆ 25 48 6-0, www.gropiusbau.de. ⏰ Mi–Mo 10–20 h.

Museum für Kommunikation: Ausgestellt ist, was mit Post und Telekommunikation zu tun hat; u. a. Karten früherer Postrouten, alte Telefon- und Telegraphenapparate, Briefe und Briefmarken – sogar eine Blaue Mauritius. Hingucker im 2000 wieder eröffneten Museums sind die drei Roboter, die den Lichthof unsicher machen.
Adresse: Leipziger Str. 16 (U2 Mohrenstr.), ✆ 20 29 40, www.mfk-berlin.de ⏰ Di–Fr 9–17 h, Sa/So 10–18 h. Eintritt 3 € (erm. 1,50 €), Kinder unter 16 Jahren frei.

Stasi-Ausstellung: Diverse Räume zu verschiedenen Aspekten des Staatssicherheitsdienstes der DDR, untergebracht in einem Pavillon hinter der Russischen Botschaft. Zu sehen sind u. a. die skurrilen „Geruchskonserven" – in Einmachgläser verpackte Stoffstücke mit dem Geruch derjenigen, die der

In frischem Glanz – der Französische Dom am Gendarmenmarkt

Stasi verdächtig erschienen. Sie sollten bei Verfolgungen den Stasi-Hunden dazu dienen, Witterung aufzunehmen.

Adresse: Mauerstr. 38 (U55, S1, S2, S25 Brandenburger Tor; U6 Französische Str.; U2 Mohrenstr.), ☎ 23 24 79 51, www.bstu.de. ⏱ Mo–Sa 10–18 h. Eintritt frei.

Deutscher Dom: 1701–1708 für die Reformierte Gemeinde der Friedrichstadt gebaut – allerdings in anderer Form als heute zu besichtigen: Der ursprüngliche Turm war so gewaltig, dass er nach einem Jahr einstürzte. Erst 80 Jahre nach der Einweihung bekam der Dom den heutigen Kuppelbau. Im Dom wird heute die Dauerausstellung „Wege, Irrwege, Umwege – Die Entwicklung der parlamentarischen Demokratie in Deutschland" gezeigt.

Adresse: Gendarmenmarkt 1 (U6 Französische Str.; U2 Hausvogteiplatz), ☎ 22 73 04 31, www.bundestag.de. ⏱ Di–So 10–18 h, Mai bis Sept. bis 19 h, Mo an Feiertagen geöffnet. Eintritt frei. Führungen für Einzelbesucher um 11, 13 und 16 h, kostenlose Filmvorführung tägl. 14 h. Für Schulklassen gibt es eine Reihe spezieller Angebote wie Diavorträge, Filmvorführungen und Projekte.

Französischer Dom: Er entstand zeitgleich mit dem Deutschen Dom für die französische Hugenottengemeinde Berlins. Von der Aussichtsplattform hat man einen tollen Blick auf den Gendarmenmarkt.

Adresse: Gendarmenmarkt 6, (U6 Französische Str.; U2 Hausvogteiplatz; Bus TXL, 100, 147, 200), ☎ 20 64 99 22, www.franzoesischer-dom.de. ⏱ Aussichtsplattform tägl. 10–19 h. Eintritt 2,50 €, erm. 1 €.

Konzerthaus Berlin: Grundmauern und Säulen des ab 1818 errichteten Baus stammen vom 1817 abgebrannten Nationaltheater. Das klassizistische Bauwerk zählt zu den schönsten der von *Schinkel* geschaffenen Gebäude. Das Konzerthaus und die beiden Dome wurden im Krieg zu Ruinen. Hier hatten sich bis in die letzten Kriegstage SS-Truppen verschanzt. Die Wiederherstellung der historischen Bauten war 1984 zum 35. Jahrestag der DDR-Gründung abgeschlossen. Heute werden hier klassische Konzerte gegeben, leider ist die Akustik nicht überragend.

Adresse: Gendarmenmarkt 2, Infos zu Kartenbestellung etc. s. S. 68. Führungen nach Anmeldung unter ☎ 20 30 9-23 43.

Im Nikolaiviertel

Nolde-Stiftung Seebüll: Seit 2007 werden auf 800 m² in wechselnden Ausstellungen jeweils rund 50 Werke des Expressionisten Emil Nolde sowie anderer Künstler gezeigt. Berlin-Bezug hatte Nolde durch zahlreiche winterliche Aufenthalte zu Beginn des 20. Jh.
Adresse: Jägerstr. 55 (U2, U6 Stadtmitte; U2 Hausvogteiplatz), ✆ 40 00 46 90, www.nolde-stiftung.de. ◔ tägl. 10–19 h, Eintritt 10 € (erm. 5 €) inkl. Audio-Guide und Broschüre.

Mendelssohn-Remise: Dauerausstellung „Die Mendelssohns in der Jägerstraße" und wechselnde Veranstaltungen von Vortrag über Führung bis Konzert.
Adresse: Jägerstr. 51 (U2, U6 Stadtmitte; U2 Hausvogteiplatz), ✆ 81 70 47 26, www.jaegerstrasse.de. Ausstellung Eintritt frei.

Friedrichswerdersche Kirche – Schinkel-Museum: Im Krieg wurde die Backsteinkirche stark zerstört, bis 1987 wieder aufgebaut und bis 2001 nach Original-Plänen rekonstruiert. Zu sehen ist hier eine Ausstellung über Leben und Werk *Schinkels*, daneben werden Skulpturen des Berliner Klassizismus gezeigt, darunter auch Friese der Bauakademie.
Adresse: Werderscher Markt (U2 Hausvogteiplatz; Bus 100, 200, 147, TXL), ✆ 208 13 23, www.smb.museum. ◔ tägl. 10–18 h, Eintritt frei.

Auswärtiges Amt: Frei zugänglich sind das Café, der Buchladen und die weitläufige Ausstellungsfläche im verglasten Lichthof mit seinen Bäumchen und Wasserspielen. Kunstinteressierten werden sicher die vielen modernen Kunstwerke auffallen, die das Amt schmücken.
Adresse: Werderscher Markt 1 (U2 Hausvogteiplatz; Bus 100, 200, 147, TXL). Eintritt frei, Sicherheitscheck wie am Flughafen.

Temporäre Kunsthalle: Noch bis mindestens Herbst 2010 steht die privat finanzierte Leichtbau-Halle am Schlossplatz. Sie zeigt wechselnde Ausstellungen moderner Kunst und regt die Debatte über eine dauerhafte Kunsthalle für Berlin an.
Adresse: Schlossplatz (U2 Hausvogteiplatz; Bus 100, 200, TXL), ✆ 25 76 20 40, www.kunsthalle-berlin.com. Wechselnde Öffnungszeiten.

Ribbeckhaus: Das einzige erhaltene Berliner Wohnhaus der Renaissance beherbergt seit 1996 das *Zentrum für Ber-*

lin-Studien der Berliner Zentral- und Landesbibliothek (ZLB). Hier werden Literatur, Kartenmaterial etc. über Berlin gesammelt. Das Original seines sehenswerten Portals (1960 wurde eine Kopie eingebaut) stammt aus dem Jahr 1624. Original erhalten sind nur noch die Fenstergitter im Erdgeschoss und einige Gewölbedecken. In den vergangenen Jahrhunderten wurde das Haus mehrfach umgebaut, seit 1920 dient es – mit Unterbrechungen – als Bibliothek.
Adresse: Breite Str. 35/36 (U2 Klosterstr.), ✆ 90 22 64 85, www.zlb.de. ⏰ Mo–Fr 10–19 h, Sa 13–18 h.

Ephraim-Palais: Das prachtvolle, im Rokokostil gehaltene Bürgerhaus ließ König Friedrich II. als Dank für gelungene Geldgeschäfte während der Schlesischen Kriege für seinen Hofbankier Veitel Heine Ephraim errichten. 1935 wurde es wegen Straßenerweiterungsarbeiten abgetragen, und die meisten der über 2.000 Einzelteile wurden in Westberlin eingelagert. Nach Kriegsende kämpfte die DDR jahrelang um deren Herausgabe, im Westteil erwog man zwischenzeitlich die Wiedererrichtung und hätte so fast erreicht, dass zweimal das gleiche Gebäude in der Stadt steht. Erst 1983 einigte man sich – das Prachtstück durfte im Ostteil der Stadt wieder zusammengesetzt werden. Seit einigen Jahren wird das Palais als Museum für wechselnde Ausstellungen genutzt.
Adresse: Poststr. 16 (U2 Klosterstr.), ✆ 24 00 21-62, www.stadtmuseum.de. ⏰ Di, Do–So 10–18 h, Mi 12–20 h. Eintritt 5 € (erm. 3 €), jeden 1. Mi im Monat frei, Kinder unter 18 J. immer frei.

Märkisches Museum: Das 1999 im Inneren völlig neu gestaltete Museum zeigt eine Dauerausstellung zur Geschichte Berlins sowie wechselnde Ausstellungen. Der 1908 fertig gestellte Museumsbau ist auch architektonisch interessant: Er vereinigt charakteristische Stilelemente berühmter Bauwerke der Mark Brandenburg (u. a. der Bi-

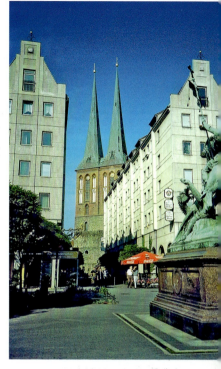

Die Nikolaikirche zwischen historisierenden Plattenbauten

schofsburg in Wittstock und der Katharinenkapelle in Brandenburg).
Adresse: Am Köllnischen Park 5 (U2 Märkisches Museum), ✆ 24 00 21 62, www.stadtmuseum.de. ⏰ Di, Do–So 10–18 h, Mi 12–20 h. Eintritt 5 € (erm. 3 €), jeden 1. Mi im Monat frei, Kinder unter 18 J. immer frei. Mi 15 h Führung zur Berliner Geschichte.

Nikolaikirche: Ihr Fundament stammt aus dem 13., die frühgotische Backsteinfassade aus dem 15. und ihr zweiter Turm aus dem 19. Jh. Nach der Zerstörung der Kirche im Zweiten Weltkrieg stellte man fest, dass sie darüber hinaus noch auf Fundamenten einer älteren romanischen Basilika steht. Die frisch sanierte Kirche beherbergt eine Ausstellung zur Bau- und Kirchen-

geschichte sowie wechselnde Sonderausstellungen.
Adresse: Nikolaikirchplatz (U2 Klosterstr.), ✆ 24 72 45 29, www.stadtmuseum.de. ⓘ Di, Do–So 10–18 h, Mi 12–20 h. Eintritt frei.

Heinrich-Zille-Museum: Seit 2008 zeigt das privat geführte Museum eine erweiterte Dauerausstellung mit Zeichnungen, Gemälde und Fotos von Heinrich Zille, dem kritischen Beobachter der Industrialisierung und des rasanten Wachstums Berlins im späten 19. und frühen 20. Jh. Sein unverwechselbarer Zeichenstil, der mit wenigen Strichen Milieus und Stimmungen festzuhalten vermag, ist zu Recht noch heute berühmt. Weniger bekannt, aber nicht minder interessant sind seine Fotos, in denen er bauliche und soziale Missstände seiner Zeit festhält.
Adresse: Propststr. 11 (U2 Klosterstr.), ✆ 24 63 25 00, www.heinrich-zille-museum.de. ⓘ tägl. 11–18 h, im Sommer bis 19 h. Eintritt 5 € (erm. 4 €).

Hanf-Museum: Alle möglichen Verwendungsarten der vielseitigen Pflanze werden hier thematisiert.
Adresse: Mühlendamm 5 (U2 Klosterstr.), ✆ 242 48 27, www.hanfmuseum.de. ⓘ Di–Fr 10–20 h, Sa/So 12–20 h. Eintritt 3 €.

Knoblauchhaus: Lange Zeit war dieses barocke Gebäude einer der wichtigsten Orte im kulturellen Leben Berlins. Mendelssohn, Tieck, Begas und die beiden Humboldts verkehrten hier. Frisch saniert beherbergt der Bau heute die auch für Kinder interessante Ausstellung „Berliner Leben im Biedermeier".
Adresse: Poststr. 23 (U2 Klosterstr.), ✆ 24 00 21 62, www.stadtmuseum.de. ⓘ Di, Do–So 10–18 h, Mi 12–20 h. Eintritt frei, Spenden erwünscht. Führung nach Anmeldung unter ✆ 24 00 22 33.

Klosterkirche: Ursprünglich stand hier nicht nur eine Kirche, sondern ein ganzes Franziskanerkloster, dessen Ursprünge ins 13. Jh. zurückgehen. Von 1574 bis 1945 beherbergte der Klosterbau eine Schule, das „Gymnasium zum Grauen Kloster". Die Kriegsruine des Klosters opferte man der Verbreiterung der Grunerstraße, lediglich die Ruine der Franziskaner-Klosterkirche blieb stehen. Hier finden heute im Sommer Skulpturen-Ausstellungen statt; dann kann auch ein Teil des Kellers besichtigt werden.
Adresse: Klosterstr. 73 a (U2 Klosterstr.). ⓘ (nur April bis Okt.) Di–So 12–18 h, Sa 15 h bis Sonnenuntergang, www.klosterruine-berlin.de.

Parochialkirche: Sporadisch und vor allem in den Sommermonaten finden Ausstellungen, Gottesdienste und Konzerte im barocken Kirchenbau statt, in dessen Innenraum die Zerstörungen des 2. Weltkriegs bis heute nachhallen.
Adresse: Waisenstr. 28 (U2 Klosterstr.).

St.-Marien-Kirche: In der Barockzeit umgestaltete dreischiffige gotische Hallenkirche, die während des 2. Weltkriegs teilweise zerstört wurde. Bedeutendste Kunstwerke sind die **Alabasterkanzel** von *Andreas Schlüter* aus dem frühen 18. Jh., das **Totentanz-Fresko** aus dem 15. Jh. sowie die mittelalterliche Schutzmantel-Madonna im Bodenfeld hinter der Orgel.
Adresse: Karl-Liebknecht-Str. 8 (S5, S7, S9, U5 Alexanderplatz), ✆ 23 45 74 68, www.marienkirche-berlin.de. ⓘ tägl. 10–21 h, Okt.–März 10–18 h; Führungen tägl. 14 h, Orgelführung Do/Fr 13.30 h und nach Vereinbarung.

Fernsehturm: In über 200 Metern Höhe liegt die Aussichtsplattform, darüber das Tele-Café, das sich stündlich zweimal um die eigene Achse dreht. Hier kann man also von seinem Platz aus das gesamte Berlin überblicken – bei klarem Wetter über 40 Kilometer weit.
Adresse: Panoramastr. 1 a (S5, S7, S9, U5 Alexanderplatz), ✆ 247 57 58 75, www.tv-turm.de. ⓘ März–Okt. 9–24 h, Nov.–Feb. tägl. 10–24 h, letzter Einlass 30 Min. vor Schließung. Eintritt 10 € (Kinder 3–16 J. 5,50 €), sog. VIP-Tickets mit festem Datum und Uhrzeit für den Zutritt ohne Wartezeit für 17,50 €, Kinder 10,50 €. Für Rollstuhlfahrer leider nicht zugänglich.

Aussichtsplattform Hotel Park Inn: Ganz neu ist die preiswerte Alternative zum Fernsehturm: mit dem Aufzug in den 37. Stock des Hotels und dort auf die Dachterrasse mit grandioser Fernsicht. Adresse: Alexanderplatz 7 (S5, S7, S9, U5 Alexanderplatz), ✆ 23 89-0, www.parkinn-berlin.de. ⓣ tägl. 15–3 h. Eintritt 3 €.

Praktische Infos (Karte s. S. 144/145)

Die teuersten Restaurants Berlins ballen sich am Gendarmenmarkt. Wenige Schritte entfernt kann man deutlich preiswerter rasten.

Cafés

Café Deckshaus (12), Märkisches Ufer (an Bord der Jeseniky im Museumshafen), ✆ 21 79 14 04. ⓣ Di–So 12–20 h, ab und zu bis Mitternacht. Vor allem im Sommer an Deck einer der schönsten Plätze zum Kaffeetrinken. Wenn der richtige Hunger kommt, ist es Zeit für ein Paar Würstchen (4 €) oder eins der anderen kleinen Gerichte, die alle unter 10 € kosten. Diverse Kindergerichte.

Café Ephraim's (7), Spreeufer 1, ✆ 24 72 59 47, www.ephraims.de. ⓣ tägl. 12–22 h. Gemütlicher Rastplatz mit altdeutscher Möblierung, hausgemachten Kuchen und Torten. Abends gibt es warme Küche, Hauptgerichte 9–13 €. Besonders schön sitzt man im Sommer auf der leider etwas lauten Terrasse. Keine Kartenzahlung!

Telecafé (2), im Fernsehturm über dem Alex, ✆ 24 75 75 37 (Reservierungen nur per E-Mail!), www.tv-turm.de. ⓣ März–Okt. tägl. 9–24 h, Nov.–Feb tägl. 10–24 h. Rotierendes Lokal in 207 m Höhe zum seekrank werden – dank der nach der Wiedervereinigung verdoppelten Drehgeschwindigkeit (zweimal pro Stunde um die eigene Achse). Der beste Blick über Berlin aus moderat renoviertem DDR-Ambiente. Teuer (Schale Milchkaffee 4 €).

Imbisse/Biergärten

Soupkultur (19), Markgrafenstr. 22, ✆ 20 21 47 14, www.soupkultur.de. ⓣ Mo–Fr 11.30–15.30 h. Frisch gekochte (z. T. Bio-) Suppen und Eintopfgerichte verschiedenster Geschmacksrichtungen für 3–5 € sind das trendige Winter-Essen im Imbiss-Universum. Dazu gibt's frisch gepresste Säfte.

Dom Curry (16), Mohrenstr. 30 (am Hotel Hilton). ⓣ tägl. 11–18 h. Spitzen-Wurstbude mit besonderem Angebot vom Bison-Burger bis zur Straußenfleisch-Currywurst. Natürlich etwas teurer als am Allerwelts-Imbissstand.

Sushi Circle (8), Französische Str. 48, ✆ 20 38 79 60, www.sushi-circle.de. ⓣ Mo–Sa 11–23 h, So 17–23 h. Am laufenden (Förder-) Band Sushi und Sashimi, die Tellerfarbe gibt Auskunft über den Preis. Hier verbringen viele Angestellte hinter den großen Schaufensterscheiben ihre Mittagspause. Spezial: ab 17 h gibt es Sushi satt für 16,90 €.

Löwenbräu am Gendarmenmarkt (18), Leipziger Str. 65, ✆ 20 62 46-32, www.loewenbraeu-berlin.de. ⓣ tägl. 7–24 h. Hauptgerichte ab 5,50 €, der Schwerpunkt liegt auf fleischhaltiger Biergarten-Kost, es gibt aber auch Vegetarisches. Die Gasträume bieten auch bei schlechtem Wetter 580 Plätze, der Biergarten ist eher ein betonierter Hof. Aber das Essen ist bayerisch-gut.

Brauhaus Georgbräu (6), Spreeufer 4, ✆ 242 42 44, www.georgbraeu.de. ⓣ Okt.–März tägl. ab 12 h, in den anderen Monaten ab 10 h. Im geräumigen Biergarten direkt an der Spree wird hausgebrautes Georg Pils ausgeschenkt. Dazu gibt es an großen Tischen, wo man sich – wie in Bayern üblich – zwanglos auch zu Fremden setzt, typische Biergarten-Kost. Sehr kommerziell, aber für eine kurze Rast durchaus empfehlenswert. Bei fast 400 Innenplätzen findet man auch bei schlechtem Wetter immer schnell einen freien Tisch.

Restaurants

Sale e Tabacchi (20), Rudi-Dutschke-Str. 18, ✆ 25 29 50 03, www.sale-e-tabacchi.de. ⓣ tägl. ab 10 h, Küche bis 24 h. Italienische „Kantine" der in die Jahre gekommenen taz-Belegschaft, denn der Verlag der tageszeitung befindet sich im selben Haus. Edle, leider nicht gerade großzügig portionierte Gerichte (Hauptspeisen 15–27 €, Pasta günstiger; umfangreiche Weinkarte). Im vorderen Teil des Restaurants herrscht Bistro-Atmosphäre. Hier kann man preiswertere Kleinigkeiten zu sich nehmen. Empfehlenswert ist der Mittagstisch. Leckere Frühstücksangebote. Übrigens wurde die

Innenarchitektur von *Max Dudler* entworfen. Im Sommer wird auch im kleinen Hofgarten hinter dem Haus serviert.

Borchardt (9), Französische Str. 47, ℡ 81 88 62 62, www.gastart.de. ⏲ tägl. 12–24 h. Das Borchardt war nach der Maueröffnung das erste neue Restaurant am Gendarmenmarkt. Schnell stellte sich eine Promi-Stammkundschaft aus Politik, Film und Fernsehen ein. Wer sich in Ruhe unterhalten möchte, ist hier verkehrt; es geht mehr um Sehen und Gesehen werden. Wunderschön: der Hofgarten. Ohne Reservierung geht abends nichts. Hauptgerichte bis 60 €, mittags ist es wesentlich preiswerter.

VAU (10), Jägerstr. 54/55, ℡ 202 97 30, www.vau-berlin.de. ⏲ Mo–Sa 12–14.30 und 19–22.30 h. 1997 eröffnetes ambitioniertes Restaurant, das bereits nach weniger als einem Jahr einen Michelin-Stern einheimsen konnte und auch von Gault Millau immer wieder ausgezeichnet wird. Seit Jahren kocht hier Sterne-Koch *Kolja Kleeberg*. Die von *Meinhard von Gerkan* entworfene Einrichtung ist sehr schlicht; die an den Wänden aufgereihten Sitzbänke schaffen fast eine Wartehallenatmosphäre. Die genießt mittlerweile jeder, der gern Promis sehen will oder sich für einen hält. Tipp: Ein einzelnes Gericht bekommt man mittags schon für 15 €. Abends kosten 6 Gänge 120 €.

Lutter & Wegener (14), Charlottenstr. 56, ℡ 20 29 54-0, www.l-w-berlin.de. ⏲ tägl. 11–3 h, warme Küche bis 1 h. Auch wenn Gastro-Kritiker Wolfram Siebeck das Restaurant des erfolgreichen Gastronomen Josef Laggner bös verreißt, ist es für normal anspruchsvolle Gaumen wirklich gut. Geboten wird deutsch-österreichische Küche zu angemessenen Preisen; auch kleine Häppchen werden serviert. Besonders schön sind im Sommer die Außenplätze mit Blick auf Konzerthaus und Dom.

Restaurant im Ermelerhaus (13), Märkisches Ufer 10, ℡ 24 06 2-0, www.artotels.de. ⏲ Mo–Sa 12–15 und 18–24 h, Küche bis 22.30 h. Edles Restaurant in der 1. Etage des einstigen Bürgerpalastes des Tabakhändlers Wilhelm Ermeler. Bereits zu DDR-Zeiten konnte man hier im Rokoko-Interieur speisen, nach der Wende sind moderne Gemälde von *Wolf Vostell*, *Albrecht Penck* und anderen dazu gekommen. Hauptgerichte um 20 €. Geboten wird keine schwere Berliner Kost, sondern modern interpretierte leichte deutsche Küche.

Refugium (11), Gendarmenmarkt 5, ℡ 229 16 61, www.restaurant-refugium.de. ⏲ tägl. ab 11 h. Hauptgerichte (feine brandenburgische sowie mediterran inspirierte Küche) mittags 10–18 €, abends 15–30 €. Im Sommer sitzt man direkt am Gendarmenmarkt auf edlem Gestühl zwischen kugeligen Bäumen, die barocken Gewölbe des Restaurants brauchen sich aber auch nicht zu verstecken.

Gasthaus zur Rippe (4), Poststr. 17, ℡ 242 42 48, www.zur-rippe.de. ⏲ tägl. ab 11 h. DDR-Rustikal-Interieur und ebensolche Gerichte. Eher etwas für den Winter und für ausgehungerte Fleischesser; Hauptgerichte überwiegend unter 10 €.

Mutter Hoppe (3), Rathausstr. 21, ℡ 241 56 25, www.prostmahlzeit.de/mutterhoppe. ⏲ tägl. ab 11.30 h. Deftige Altberliner Gerichte mit viel Schweinefleisch; Hauptgericht ab 8 €. Am Wochenende oft voll (Livemusik!), da sollte man besser reservieren. Ebenfalls reservieren muss man das Spanferkelessen (ab 8 Pers.).

Zur letzten Instanz (5), Waisenstraße 14–16, ℡ 242 55 28, www.zurletzteninstanz.de. ⏲ Mo–Sa 12–1 h. Eine der wenigen „historischen" Gaststätten Berlins und vermutlich das älteste Lokal der Stadt; nach dem Krieg originalgetreu rekonstruiert. Wie es sich für die Tradition der Berliner Küche gehört (vor allem schlesische Anleihen), wird erstklassig gewürztes Eisbein mit Kraut geboten, außerdem alle möglichen fleischigen Gerichte; Hauptgerichte ab 9 €, leider eher knapp portioniert. Die Urteile über dieses Lokal schwanken zwischen „Touristenfalle" und „wirklich urige Gaststätte". Es liegt ganz in der Nähe des Stadtgerichts, dadurch ist auch der Name verständlich …

Wichtiger als Essen und Trinken sind im Borchardt am Gendarmenmarkt Sehen und Gesehen werden

Volksfest „Europameile" auf dem Ku'damm

Rundgang 4: City West

Der Kurfürstendamm und die Gegend um den Zoologischen Garten waren zu Mauerzeiten das bevorzugte Ziel bundesdeutscher Berlin-Besucher. Das hat sich mittlerweile gründlich geändert, dennoch lohnt die West-City auf jeden Fall einen Besuch. Ungewöhnlich ist das dichte Nebeneinander von lärmigem Shopping- und Vergnügungszentrum und ruhigem Grün: Der Zoo und der größte Park der Innenstadt liegen nur wenige Schritte von Kaufhäusern und den wenigen verbliebenen Kinos entfernt.

Auch wenn der Ku'damm an Bedeutung verloren hat, seit der Ost-Boulevard Unter den Linden und der Gendarmenmarkt die nobelsten Pflaster der Stadt geworden sind, ist er – allen Unkenrufen zum Trotz – doch nicht verödet. Hier finden sich weiterhin Edelgeschäfte, Kaufhäuser und die „Flagship-Stores" einiger Modeketten und Sportbekleidungs-Firmen. Neben phantastischen Einkaufsmöglichkeiten bietet die City West auch Kultur- und sogar Naturerlebnisse: Entspannung findet man im Großen Tiergarten, wo man Ruderboot fahren und im Winter Schlittschuh laufen kann.

Um den Savigny-, den Olivaer und den Ludwigkirchplatz haben sich Restaurants, Cafés und Bars aller Schattierungen etabliert. Jazzclubs, Kinos und Theater bieten unterschiedlichste Unterhaltung und Kulturgenuss. Insgesamt ist die West-City auf jeden Fall ein großstädtisches Pflaster mit reichlich Hektik, aber auch ruhigen Oasen in den Nebenstraßen.

Spaziergang

Ausgangspunkt ist der U-/S-Bahnhof Zoologischer Garten. Sein „Christiane F."-Image hat der 1934 erbaute **Bahnhof Zoo** seit Jahren verloren. Der Bahnhof ist sauber und elegant, die Drogenszene hat sich weitgehend an andere Orte verlagert. Seit Ende Mai 2006 halten hier nur noch einige Züge des Regionalverkehrs und keine ICEs und ICs mehr, wodurch der Bahnhof erheblich an Bedeutung verloren hat.

Direkt hinter dem Bahnhof geht es schon los mit Kultur – wenn auch großenteils Nacktkultur: Im Juni 2004 eröffnete das **Museum für Fotografie** seine Dauerausstellung mit über 1.000 Fotos von *Helmut Newton*.

Architektonisch interessant ist das riesige, von dem britischen Architekten *Nicholas Grimshaw* entworfene **Ludwig Erhard Haus**, das die Berliner **Börse** beherbergt. Das spektakuläre Bauwerk, das 1998 fertig gestellt wurde, wird wegen seines gewölbten Dachs auch „Gürteltier" genannt. An der Ecke Kantstraße fällt der verspielte Bau des **Theaters des Westens** auf. Gegenüber, auf dem sog. **Kantdreieck**, steht *Joseph Paul Kleihues'* markantes Bürohochhaus mit dem beweglichen dreieckigen Segel auf dem Dach, das in naher Zukunft um mehrere Stockwerke erhöht werden soll.

Bevor man auf den Kurfürstendamm gelangt, verdienen zwei Gebäude Beachtung: Gleich hinter der S-Bahn-Brücke steht das ehemalige **Künstlerhaus St. Lukas**. Schräg gegenüber befindet sich das von außen unscheinbare **Jüdische Gemeindehaus**. Bis zur „Reichskristallnacht" 1938 stand an diesem Ort eine der alten Berliner Synagogen. Zwischen Kurfürstendamm und Lietzenburger Straße besitzt die **Fasanenstraße** noch ein richtig großbürgerliches Aussehen. Besonders beeindruckend sind die großartigen Treppenhäuser und -aufgänge. Seit Mitte der 1980er-Jahre wurde diese Straße zu einer sehr schicken und teuren Einkaufsstraße herausgeputzt. Mittlerweile stehen einige der noblen Geschäfte leer, weil die Inhaber den Sprung in Richtung Gendarmenmarkt gewagt haben.

Rasten kann man im **Literaturhaus**, das in einer schön restaurierten ehemaligen Kapitäns-Villa mit schattigem Garten residiert. Direkt daneben liegt das kleine **Käthe-Kollwitz-Museum**, in dem Zeichnungen, Druckgraphik, Plakate und das gesamte plastische Werk von Käthe Kollwitz gezeigt werden. In der Nähe steht das glücklose Einkaufszentrum **Kudamm-Karree**, in dessen Gebäudekomplex sich Theater und Komödie am Kurfürstendamm (s. Kap. Sprechtheater) befinden. Außerdem kann man hier noch bis zum geplanten Abriss des Komplexes in einem Atomschutzbunker der Nachkriegszeit eine sogenannte Erlebnisausstellung besuchen: **The Story of Berlin**, die sich vorwiegend an ein anglo-amerikanisches Publikum wendet, versucht mittels Kulissen und Installationen sowie vieler Touchscreens 800 Jahre Berliner Geschichte erlebbar zu machen.

Auf dem Joachimstaler Platz fällt eine Kuriosität ins Auge: die unter Denkmalschutz stehende Kanzel, von der aus in der frühen Nachkriegszeit der Verkehr an dieser belebten Ecke geregelt wurde. Ab und zu finden hier Kunst-Aktionen statt. Die Umgebung des kleinen Platzes hat im letzten Jahrzehnt ihr Gesicht stark verändert. Dominiert wird sie vom **Neuen Kranzler-Eck**, dessen Glasfassade nachts farbig beleuchtet ist. Das alte Café Kranzler ist nicht mehr; ein kläglicher Rest behauptet sich in der

Der Nachkriegs-Kirchenbau integriert die Ruine der Gedächtniskirche

Rotunde des Fünfziger-Jahre-Baus. Die ehemaligen Café-Räume belegt heute eine Filiale des Modehändlers Gerry Weber. Im Innenhof des Neuen Kranzler-Ecks lassen sich tropische Vögel in zwei riesigen Volieren bestaunen. Schräg gegenüber vom Kranzler-Eck wurde 2001 das neue **Ku'damm-Eck** eingeweiht. Überhaupt ist das Gebiet am Zoo im baulichen Umbruch. Die mittlerweile von Architekturkennern hoch geschätzten Bauten der 1950er- und 60er-Jahre verschwinden nach und nach und werden durch Hochhäuser ersetzt. So wird bis 2011 im Dreieck zwischen Hardenberg-, Kant- und Joachimstaler Straße das **„Zoofenster"** errichtet, ein städtebaulich umstrittenes Hochhaus des Waldorf-Astoria-Hotel genutzt werden soll. Das denkmalgeschützte Schimmelpfeng-Haus, das die Kantstraße überspannte, wurde 2009 nach Aufhebung des Denkmalschutzes abgerissen und soll durch einen 120 m hohen Neubau ersetzt werden.

Die wenigen 1950er-Jahre-Bauten, die stehen geblieben sind, werden heute neu genutzt. Ins ehemalige Leineweber-Haus, ein Textilkaufhaus, ist das **Erotik-Museum** gezogen, das einstige Bilka-Kaufhaus mit seiner rautenförmig gemusterten Fassade unter der Betonkuppel ist heute ein Karstadt-Sport-Haus und wurde im Inneren stark verändert. Doch einiges hat auch Bestand – wie das Wahrzeichen West-Berlins: Die „restaurierte Ruine" der **Kaiser-Wilhelm-Gedächtniskirche** am Breitscheidplatz, der immer noch Treffpunkt von Touristen aus aller Welt ist, die sich rund um den **Weltkugelbrunnen** sammeln. 2005 wurde der Straßentunnel unter dem Platz geschlossen und mit der Umgestaltung des Breitscheidplatzes begonnen, der dadurch deutlich an Attraktivität gewann.

Die Tauentzienstraße, die am Wittenbergplatz endet, ist eine belebte Einkaufsmeile. Hier liegen das berühmte KaDeWe mit seiner einzigartigen Feinschmecker-Etage, zahlreiche kleinere Geschäfte (s. Kapitel „Einkaufen") und das **Europa-Center**, dessen Aussichtsetage im 20. Stock 2008 einer nur abends geöffneten Skylounge zum Opfer gefallen ist.

Schon seit über 150 Jahren besteht der **Zoologische Garten**, in den man durch das Elefantentor am Olof-Palme-Platz gelangt. Hier leben ca. 12.000 Tiere: Säugetiere, Vögel und – im neu gestalteten **Aquarium** – Fische, Reptilien und Insekten.

Auf dem Weg zurück zum Bahnhof Zoo fällt inmitten von denkmalgeschützter Nachkriegsarchitektur die blaue Kugel eines ehemaligen 3-D-Kinos auf, in dem über zehn Jahre lang sonntags Sabine Christiansen talkte. Anschließend folgt das **Bikini-Haus** mit seinen charakteristischen roten Säulen, das ab 2010 zu einem Hotel umgebaut werden soll. Seinen Namen erhielt es in den 1950er-Jahren, weil damals ein sog. „Luftgeschoss" das mittlere Stockwerk bildete. Und der gerade erst erfundene Bikini ließ auch die Mitte frei.

Im Sommer sehr zu empfehlen ist das Kontrast-Programm zum Ku'damm-Bummel: ein Spaziergang durch den **Tiergarten**, in den ein Fußgängerweg führt, der am Hardenbergplatz beginnt. Auf dem Gelände des alten Wirtschaftshofs des Zoologischen Gartens soll ein 175 m hohes Riesenrad errichtet werden; der Baubeginn wurde aber schon mehrfach verschoben. Immer am Zaun des Zoologischen Gartens entlang geht es zum **Landwehrkanal**, der auf einer Länge von etwa 10 Kilometern von der Oberspree zur Unterspree führt. Für die Schifffahrt heute ziemlich bedeutungslos, erlangte er im Januar 1919 traurige Berühmtheit (s. Kasten).

Der Mord an Luxemburg und Liebknecht

In der Nacht des 15. Januar 1919 wurden die Führer des Spartakusbundes, Rosa Luxemburg und Karl Liebknecht, im Hauptquartier der Garde-Kavallerie-Schützendivision im damaligen Eden-Hotel an der Budapester Straße/Ecke Kurfürstenstraße von rechtsgerichteten Freikorpssoldaten misshandelt (heute steht dort die Grundkreditbank). Vor Mitternacht wurde Karl Liebknecht abtransportiert, zum Neuen See gefahren und erschossen. Wenig später brachte man Rosa Luxemburg auf die Straße. Mit mehreren Kolbenhieben wurde sie bewusstlos geschlagen, in ein wartendes Auto geschleppt und mit einem Kopfschuss getötet. Am Lützowufer (hinter dem heutigen Hotel Berlin Intercontinental) warf man sie in den Landwehrkanal. 2009 machte Luxemburgs Leiche noch einmal Schlagzeilen: Der Rechtsmedizin-Professor Michael Tsokos vermutet, die Leiche der berühmten Sozialistin in der anatomischen Sammlung der Charité aufgefunden zu haben – im Luxemburg-Grab sei ein anderer Leichnam beigesetzt worden. Ein DNA-Vergleich, der die These erhärten könnte, steht noch aus.

Auf einer Insel im Landwehrkanal gleich an der Bahntrasse ragt eine merkwürdige, rosafarbene Konstruktion mit gigantischen Rohren in die Landschaft. Hierbei handelt es sich um den größten **Wasserumlauftank** der Welt. Am Ufer des Landwehrkanals geht es – mit Blick auf Gehege und Volieren des Zoos – Richtung Osten, zum **Neuen See**, dem größten Gewässer im Tiergarten. Hier liegt das Café am Neuen See mit seinem riesigen Selbstbedienungs-Biergarten, wo es sich nach längeren Spaziergängen durch den Tiergarten oder den Zoo gut bis zum Abend sitzen lässt. Dann werden die

Übernachten (S. 54-57)
- 6 Hotel Gates
- 18 A & O Hostel am Zoo
- 31 Hotel-Pension Waizenegger
- 36 Hotel Art Nouveau
- 39 Hotel garni Astrid
- 43 Hostel Die Etage
- 45 Hotel-Pension Nürnberger Eck
- 46 Hotel Bogota
- 49 Bleibtreu Hotel
- 51 Louisa's Place
- 52 Kudamm 101
- 54 Propeller Island City Lodge
- 55 Frauenhotel Artemisia
- 57 Hotel Wittelsbach
- 59 Jugendgästehaus Central

Essen & Trinken

Restaurants (S. 167-169)
- 2 Tiergartenquelle
- 3 Capt'n Schillow
- 10 Famiglia Pascarella
- 12 Dicke Wirtin
- 14 Good Friends/Kuchi
- 17 Porta Capuana
- 20 Joe's Wirtshaus zum Löwen
- 22 12 Apostel
- 26 Repke Spätzlerei
- 27 Gabriel's
- 28 Terzo Mondo
- 29 Daitokai
- 42 Diekmann
- 44 Hasir
- 47 Maroosh
- 56 Tianfu

Imbisse & Schnellrestaurants (S. 167)
- 34 Soupkultur
- 35 Einhorn
- 37 Witty's
- 48 Soupkultur

Biergärten (S. 167)
- 4 Café am Neuen See
- 5 Schleusenkrug

Nachtleben

Bars & Kneipen (S. 88)
- 11 Gainsbourg
- 15 Zwiebelfisch
- 16 Anda Lucía
- 24 Hefner

Diskotheken & Clubs (S. 90)
- 20 Abraxas

Cafés (S. 166)
- 1 Café Victoria
- 25 Schwarzes Café
- 40 Café Wintergarten
- 41 Leysieffer-Café

Einkaufen (S. 99/100, 102)
- 7 Knesebeck Elf
- 8 Confiserie Mélanie
- 9 Schropp
- 13 Autorenbuchhandlung
- 21 Cantus 139
- 23 Bücherbogen
- 30 Marga Schöller Bücherstube
- 32 Mientus
- 33 Hugendubel
- 38 Solebox
- 50 Prinz Eisenherz
- 53 L & P Classics
- 58 Erich Hamann

Rundgang 4

Windlichter angezündet, und es wird richtig voll. In der Nähe gibt es auch Ruderboote zu mieten, mit denen man über die kleinen Wasserläufe des Tiergartens fahren kann. Im Winter dient der zugefrorene See als Schlittschuhbahn. Nach dem Eislaufen (Flutlichtanlage!) wärmt man sich mit Glühwein und heißer Suppe wieder auf.

Vom Neuen See führt der Große Weg zur **Straße des 17. Juni**, benannt nach dem Ostberliner Aufstand im Juni 1953. Die Straße ist Teilstück der sog. Ost-West-Achse – einer breiten und schnurgeraden Straßenverbindung zwischen der Ost-City und Spandau. Kurz vor der Straße des 17. Juni befindet sich das Berliner **Gaslaternen-Museum**. An der Straße des 17. Juni schlagen am Wochenende die Händler des Floh- und des Kunstmarkts ihre Stände auf (s. Kapitel „Einkaufen"). Hinter dem Gebäuderiegel in Höhe des Flohmarkts demonstriert die **Königlich Preußische Porzellanmanufaktur** in der KPM-Welt die Herstellung des „weißen Goldes".

Richtung Osten ist bereits die **Siegessäule** zu sehen, die demnächst wegen Sanierung hinter einem Gerüst verschwinden soll. Ganz in der Nähe befinden sich ein großer Kinderspielplatz und das Café Victoria, zwei andere mögliche Schlusspunkte des Spaziergangs. Wer gut zu Fuß ist, kann hier den zweiten Teil des Rundgangs 1 oder den Rundgang 2 anschließen.

Noch ein Stückchen weiter Richtung Nordosten liegen **Bundespräsidialamt** und **Schloss Bellevue**, die beide mit hohen Zäunen von der Öffentlichkeit abgeschirmt sind.

> **Busrundfahrt**
>
> Auf der **Buslinie 100** verkehrt der „Touristenbus" schlechthin, der vom Zoologischen Garten aus eine beachtliche Anzahl von Sehenswürdigkeiten passiert: Gedächtniskirche (rechts), Elefantentor (links), Bauhausarchiv (rechts), CDU-Parteizentrale (links), Botschaftsviertel, Siegessäule, Bundespräsidialamt (links), Schloss Bellevue (links), Haus der Kulturen der Welt (links), Bundeskanzleramt (links), Reichstagsgebäude (links), Brandenburger Tor (rechts), dann geht es die historische Prachtstraße Unter den Linden entlang, vorbei an der Botschaft Russlands (rechts), der Staatsbibliothek (links), der ehrwürdigen Humboldt-Universität (links), dem Bebelplatz (rechts), der Staatsoper (rechts), der Neuen Wache (links), dem Deutschen Historischen Museum (links), der Museumsinsel (links), dem Gelände des Palastes der Republik – seit 2008 mit der Temporären Kunsthalle bebaut – (rechts), dem Berliner Dom (rechts) und der Marienkirche (rechts) bis zum Alexanderplatz. Und das alles in nur einer halben Stunde! Eine Alternative ist die meist weniger überfüllte **Linie 200**, die die Straße Unter den Linden über Philharmonie und Potsdamer Platz ansteuert.

Sehenswertes

Museum für Fotografie – Helmut Newton Stiftung: Herzstück der Ausstellung, die er eigentlich selbst eröffnen wollte, sind die hageren Nackten des 2004 verstorbenen Fotografen *Helmut Newton*. Sie werden in einem Gebäude präsentiert, das 1908/09 als preußisches Offizierskasino errichtet wurde.

Adresse: Jebensstr. 2 (U2, U9, S5, S7, S9 Zoologischer Garten), ✆ 31 86 48 25, www.smb.museum oder www.helmut-newton.de. ⏰ Di–Fr 10–18 h, Do bis 22 h, Sa–So 11–18 h. Eintritt 8 € (erm. 4 €). Die Eintrittskarte (= Kombikarte Charlottenburg) schließt den Besuch der Sammlung Scharf-Gerstenberg und des Museums Berggruen ein. Do ab 18 h freier Eintritt, Kinder bis 16 Jahre immer frei (s. S. 215 – SMPK).

Heute als Musical-Theater genutzt – das Theater des Westens

Theater des Westens: Außer der Vorlage ist nichts an dem Theaterbau antik, er wurde 1896 errichtet und diente nacheinander vielerlei Zwecken. Heute werden hier Musicals aufgeführt, aktuelles Programm unter www.musicals.de.
Adresse: Kantstr. 12, s. S. 65.

Künstlerhaus St. Lukas: In dem riesigen roten Backsteinbau mit seinen vielen Türmchen und Erkern, den der Architekt des benachbarten Theaters des Westens, *Bernhard Sehring,* 1889 baute, konnten sich Künstler billige Atelierwohnungen mieten. Von deren Schaffen zeugen die Kunstwerke im Innenhof, der allerdings meist abgeschlossen ist.
Adresse: Fasanenstr. 13 (U2, U9, S5, S7, S9 Zoologischer Garten).

Jüdisches Gemeindehaus: Seit 1959 besteht das Versammlungshaus der Jüdischen Gemeinde zu Berlin; hier finden kulturelle Veranstaltungen statt. Das Portal und einige Fassadenteile stammen von der alten Synagoge, die in der „Reichskristallnacht" zerstört wurde. Im Inneren befinden sich eine Gedenkstätte, interessante Ausstellungen, eine umfangreiche Bibliothek und das koschere Restaurant Gabriel's (s. S. 169).
Adresse: Fasanenstr. 79 (U2, U9, S5, S7, S9 Zoologischer Garten), ☎ 88 62 76 63.

The Story of Berlin: Ein Sammelsurium aus echten Exponaten und phantasievollen Installationen versucht ein Berlin-Geschichts-Erlebnis zu vermitteln. Ob so etwas möglich und ob es hier gelungen ist, muss jeder selbst beurteilen. Auf jeden Fall interessant – auch für ältere Kinder – ist der geführte Rundgang durch den Strahlenschutzbunker, der im Notfall knapp 4.000 Berliner für eine kurze Zeit einen Atomkrieg oder einen anderen atomaren Angriff überleben lassen soll. Was mit der Ausstellung passiert, wenn das Ku'damm-Karree tatsächlich in absehbarer Zukunft abgerissen werden sollte, ist noch ungewiss, die Schließung im Jahr 2011 nicht ausgeschlossen.
Adresse: Kurfürstendamm 207–208 (U15 Uhlandstr.; U9 Kurfürstendamm; S5, S7, S9 Zoologischer Garten; Bus X 9, X 10, M 19, 109, 110 Haltestelle Uhlandstr.), ☎ 88 72 01 00, www.story-of-berlin.de. ⏱ tägl. 10–20 h, Einlass bis 18 h. Eintritt 9,80 € (erm. 8 €), Familien mit max. 3 Kindern 21 €.

Literaturhaus Berlin: Autorenlesungen, Ausstellungen und andere Veranstaltungen finden hier statt; viele Gäste lesen auch nur im beliebten Café Wintergarten Zeitungen aus aller Welt.
Adresse: Fasanenstr. 23 (U15 Uhlandstr; U9 Kurfürstendamm; S5, S7, S9 Zoologischer Garten), ✆ 887 28 60, www.literaturhaus-berlin.de.

Käthe-Kollwitz-Museum: Den Grundstock der Sammlung, die auf vier Stockwerken gezeigt wird, trug der Galerist Hans Pels-Leusden zusammen. Neben Arbeiten von Kollwitz werden hier auch Werke anderer Künstler gezeigt. Im Garten hinter dem Haus, der kostenlos zu besichtigen ist, stehen einige Plastiken von Käthe Kollwitz.
Adresse: Fasanenstr. 24 (U9, U15 Kurfürstendamm; U15 Uhlandstr.; Bus M 19, M 29, 109), ✆ 882 52 10, www.kaethe-kollwitz.de. ⏰ tägl. 11–18 h. Eintritt 6 € (erm. 3 €).

Erotik-Museum: Noch zu Lebzeiten hat Beate Uhse ihre private Sammlung von Objekten der Liebeskunst der Öffentlichkeit zugänglich gemacht. Eine Besonderheit ist der *Magnus-Hirschfeld-Raum*, der an den homosexuellen Sexualforscher der Weimarer Republik erinnert. Natürlich wird auch die gesamte Produktpalette des Beate-Uhse-Imperiums verkauft.
Adresse: Joachimstaler Str. 4 (U2, U9, S5, S7, S9 Zoologischer Garten), ✆ 886 06 66, www.erotikmuseum.de. ⏰ Mo–Sa 9–24 h, So 11–24 h. Eintritt bis 12 h 10 €, später 14 €, Paar 25 €. Zutritt erst ab 18 Jahre.

Kaiser-Wilhelm-Gedächtniskirche: Sie wurde von 1891 bis 1895 zum Gedenken an den 1888 verstorbenen Kaiser Wilhelm I. erbaut. Die Reste der im Krieg stark lädierten neoromanischen Kirche ließ man stehen und errichtete 1961 einen neuen achteckigen Turm und einen ebenfalls achteckigen Kirchenraum nach Plänen des Architekten *Egon Eiermann*. Zu jeder vollen Stunde erklingt aus der Turmruine ein Glockenspiel, das von Prinz Louis Ferdinand, dem Urenkel Kaiser Wilhelms I., komponiert wurde. Besuchenswert ist der Innenraum des Neubaus vor allem wegen seines einmaligen Lichts, das durch die blauen Glasbausteine fällt, und wegen der absoluten Ruhe, die hier dank des perfekten Schallschutzes herrscht.
Adresse: Breitscheidplatz (U2, U9, S5, S7, S9 Zoologischer Garten, Bus 100, 200), ✆ 218 50 23, www.gedaechtniskirche-berlin.de. ⏰ tägl. 9–19 h; Sa 18 h Orgelmusik. Führungen Mo–Sa 13.15, 14 und 15 h, Treffpunkt ist die Gedenkhalle.

Weltkugelbrunnen: Die 5 Meter hohe Plastik aus rötlichem Montfort-Granit, entworfen von *Joachim Schmettau*, symbolisiert die gespaltene Weltkugel. 1983, als der Brunnen auf dem Platz aufgestellt wurde, war „Spaltung" das zentrale Thema der Stadt. Die Berliner Schnauze erfand einen weniger würdevollen Namen für den Brunnen: „Wasserklops".

Zoologischer Garten: König *Friedrich Wilhelm IV.* begründete ihn 1841, als er den Berlinern seine hier gelegene Fasanerie sowie Vögel von der Pfaueninsel schenkte. Der Zoo ist flächenmäßig zwar ziemlich klein, rühmt sich aber der „größten Tierschau der Welt". So kommt es, dass die Gehege reichlich klein sind; das ruft Tierschützer auf den Plan. Inzwischen wurde aber die Zahl der Tiere reduziert und ihre Gehege werden sukzessive nach modernen Konzepten umgebaut. Als erste bekamen die Pinguine, Seelöwen und Seehunde ein neues Haus. Das Vogelhaus ist das größte Europas. In den drei riesigen Etagen des **Aquariums** sind nicht nur etwa 800 verschiedene Fische, Quallen, Echsen, Frösche, Krokodile, Salamander, Schildkröten und Schlangen untergebracht, sondern auch Insekten und Spinnen aller Art. Damit ist das Berliner Aquarium die artenreichste Tiersammlung der Welt.
Adresse: Eingänge in der Budapester Str. 34 (Elefantentor) und am Hardenbergplatz 8 (U2, U9, S5, S7, S9 Zoologischer Garten), ✆ 25 40 10, www.zoo-berlin.de. ⏰ tägl. ab 9 h, im Winter bis zum Einbruch der Dun-

kelheit, im Sommer bis max. 21 h. Eintritt 12 € (erm. 9 €, Kinder bis 15 Jahre 6 €). Für Gehbehinderte stehen Leih-Rollstühle bereit.
Aquarium: Eingang Budapester Str. 32/ Olof-Palme-Platz oder vom Zoo, www. aquarium-berlin.de. ⏰ tägl. 9–18 h. Eintritt 12 € (erm. 9 €, Kinder bis 15 Jahre 6 €). Wer Zoo und Aquarium besucht, bezahlt 18 €.

Tiergarten: Der Tiergarten hat seinen Namen nicht etwa vom heutigen Zoo, sondern vom ehemaligen Jagdrevier der Kurfürsten zu Brandenburg. Seit dem 16. Jh. diente die damals große Waldfläche der Jagd. *Friedrich II.* ließ den Wald nach französischem Vorbild in einen Park verwandeln, aber erst im 19. Jh. wurde die Umgestaltung im Sinne eines Volksparks abgeschlossen. Heute verläuft der 3,3 km lange Tiergartentunnel (s. S. 110) unter der zentralen Grünen Lunge der Stadt. Wenn, wie vor einigen Jahren beschlossen, die Yitzhak-Rabin-Str. (früher: Entlastungsstraße) aufgegeben wird, da der Tiergartentunnel sie ersetzt, gewinnt der Park erheblich an Erholungsqualität.

Wasserumlauftank: In dem 1974 erbauten 56 m langen Ringrohr mit 8 m Durchmesser befindet sich eine 11 m lange Versuchsstrecke, auf der das Institut für Schiffs- und Meerestechnik der Technischen Universität auch noch in Zeiten der Computersimulation die Hydrodynamik von Schiffsmodellen erprobt; dazu kann das Wasser mit einer Geschwindigkeit von bis zu 18 km/h durch die Superröhre gepumpt werden. Nur in der Langen Nacht der Wissenschaft (s. S. 74) ist der Umlauftank öffentlich zugänglich.

Gaslaternen-Museum: Eintrittsfreies Open-Air-Museum mit historischen Gaslaternen aus unterschiedlichsten Städten, die nachts am Rande des Weges in den Tiergarten leuchten, wenn sie nicht gerade kaputt sind. An jeder Laterne befindet sich ein Schildchen, das über die wichtigsten Daten informiert. Übrigens waren bei der letzten

Kinderattraktion – das Elefantentor des Zoos

Zählung 2005 in Berlin noch 44.000 Gaslaternen in Betrieb, das dürfte deutschlandweiter Rekord sein.

Gegen die 2009 begonnene Demontage dieser besonderen Straßenbeleuchtung gibt es heftigen Protest; inzwischen hat sich eine Pro-Gaslicht-Initiative gegründet (www. progaslicht.de).

KPM-Welt: In Teilen der alten Manufaktur-Hallen wird gezeigt, mit wie viel Handarbeit der Premium-Porzellanhersteller bis heute seine edlen Stücke herstellt. Zentrum der Ausstellung ist die historische Ringkammerofen-Halle, in der besondere Stücke in Szene gesetzt wurden; angeschlossen ist ein Museumscafé.

Adresse: Wegelystr. 1 (S5, S7, S9 Tiergarten), ☏ 39 00 90, www.kpm-berlin.de. ⏱ tägl. 10–18 h, Eintritt 8 €, erm. 5 €. Führungen Sa/So 15 h; weitere Termine nach Absprache.

Siegessäule: 1873 auf dem Königsplatz (heute Platz der Republik) errichtetes Denkmal für die preußischen Feldzüge gegen Dänemark, Österreich und Frankreich, 1939 an den Großen Stern versetzt. Oben schwebt die vergoldete Siegesgöttin (im Volksmund „Gold-Else" genannt). Zur Aussichtsplattform, die einen herrlichen Blick bietet, führen 285 Stufen. Zur Säule gelangt man durch Unterführungen.

Adresse: Straße des 17. Juni/Großer Stern (Bus 100, 106, 187), ☏ 391 29 61, www.monument-tales.de. ⏱ April–Okt. Mo–Fr 9.30–18.30 h, Sa/So bis 19 h; im Winter nur bis 17 h. Eintritt 2,20 € (erm. 1,50 €).

Bundespräsidialamt: Das moderne ovale Gebäude, das mit schwarzem Stein verkleidet ist, wurde als Erweiterungsbau des nebenan gelegenen Schlosses Bellevue errichtet.

Schloss Bellevue: Im Zweiten Weltkrieg stark beschädigt, wurde das 1785 erbaute Schloss nur außen originalgetreu rekonstruiert. Seit Jahrzehnten dient es als Sitz des Bundespräsidenten. Dass er in Berlin weilt, ist daran zu erkennen, dass die Flagge auf dem Dach weht. Im Inneren erinnert nur der prächtige Langhans-Saal, der repräsentativen Zwecken dient, an die preußische Vergangenheit des Schlosses, zu dem Normalbürger keinen Zutritt haben. Das Innere wurde vor einigen Jahren völlig neu gestaltet. Seitdem befindet sich die Dienstwohnung des Bundespräsidenten nicht mehr im Schloss Bellevue.

Adresse: Spreeweg 1 (Bus 100, 187), ☏ 20 00-0, www.bundespraesident.de.

Praktische Infos (Karte s. S. 160/161)

In der West-City gibt es Hunderte von Kneipen, Restaurants und Cafés aller Art. Mitte-Preise sind hier längst nicht zu erzielen, sehr Jugendliches ist auch rar. In vielen Lokalen herrscht ein gutes Preis-Leistungs-Verhältnis, das treue Stammgäste anzieht.

Cafés

Schwarzes Café (25), Kantstr. 148, ☏ 313 80 38, www.schwarzes-cafe.de. Mi–Mo Frühstück rund um die Uhr, Di erst ab 10 h. Zwei leicht abgeschabte Etagen, im 1. Stock liegen auch Zeitungen und Zeitschriften aus. Seit den 1980ern eine Institution fürs frühstücksgekrönte Ende langer Nächte. Sehr zu empfehlen: die kleinen Gerichte von der Tageskarte, die mit Neuland-Fleisch zubereitet sind. Immer junges Publikum, auch Kinder sind willkommen. Attraktion: die wechselnd gestalteten Toiletten.

Leysieffer-Café (41), im KaDeWe, 6. Stock, ☏ 23 63 47 80, www.leysieffer.de. ⏱ Mo–Do 10–20 h, Fr/Sa 9.30–20 h. Hausgemachte Torten der Extraklasse; von den Fensterplätzen grandioser Blick über die City West.

Café Wintergarten im Literaturhaus (40), Fasanenstr. 23, ☏ 882 54 14, www.literaturhaus-berlin.de. ⏱ tägl. 9.30–1 h, keine Kreditkarten. Sehr edel ist das Literatencafé in der 1889 für einen Korvettenkapitän erbauten Villa in einer der elegantesten Straßen Berlins. Der namengebende Wintergarten ist zwar ziemlich klein, man sitzt aber auch in den angrenzenden hohen Räumen sehr schön. Auch wer allein hier ist, langweilt sich nicht, denn ein riesiges Angebot an Zeitungen liegt aus. Im Sommer rastet es sich noch paradiesischer im weitläufigen Garten unter Bäumen beim plätschernden Springbrunnen. Das freut Touristen und Berliner Kulturschaffende.

Café Victoria (1), Großer Stern, ☏ 39 74 62 90. ⏱ März–Dez. tägl. 11–19 h, im Feb. nur Sa/So 11–19 h, Jan. Betriebsurlaub. Im Tunnelhaus A, einem Durchgang zur Siegessäule, und im Sommer auf der Freifläche direkt am verkehrsreichen Großen Stern werden seit einigen Jahren Gäste kulinarisch verwöhnt. Im verregneten Sommer 2007 entstand eine Glaspergola mit Seitenwänden, die eine uralte Platane und das denkmalgeschützte Tunnelhaus integriert. Nun kann man hier auch im Winter und bei schlechtem Wetter fast draußen sitzen.

In großzügiger Gartenanlage – das Café Wintergarten

Imbisse und Schnellrestaurants

Soupkultur (34)/(48), Ku'damm 224, Filiale Ku'damm 66, ✆ 88 62 92 82, www.soupkultur.de. ⌚ Mo–Sa 12–19.30 h. Frisch gekochte (z. T. Bio-)Suppen und Eintopfgerichte verschiedenster Geschmacksrichtungen für 3–5 € sind das trendige Winter-Essen im Imbiss-Universum. Dazu gibt's frisch gepresste Säfte.

Einhorn (35), Wittenbergplatz 5–6, ✆ 218 63 47, www.einhornonline.de. ⌚ Mo–Sa 10–18 h. Das Selbstbedienungs-Schnellrestaurant ist die Keimzelle des heutigen Catering-Großunternehmens. Kleine Gerichte von Putensteak mit Gemüse über Nudelgerichte und Aufläufe bis hin zu gefüllten Zucchini für 5–8 €, außerdem Salate und Smoothies. Im Sommer auch Sitzplätze auf dem verkehrsberuhigten Platz, auf dem Di und Fr ein Wochenmarkt stattfindet.

Witty's (37), auf dem Wittenbergplatz, ✆ 853 70 55, www.wittys-berlin.de. ⌚ tägl. 11–24 h, in den Wintermonaten bis 22 h. 2003 als erster Bio-Imbiss Deutschlands gegründet: Currywurst, Buletten und frisch geschnittene Pommes in Bio-Qualität. Und auch noch lecker, natürlich wesentlich teurer als das entsprechende konventionelle Fast Food. Dazu gibt's Öko-Bier und Bio-Limonade.

Biergärten

Schleusenkrug (5), Müller-Breslau-Str., ✆ 313 99 09, www.schleusenkrug.de. ⌚ im Sommer tägl. 10–1 h, Küche 12–23 h; im Winter Mo–Fr 11–19 h, Sa/So 10–19 h. Aus einer schmuddeligen 50er-Jahre-Speisegaststätte an der Tiergartenschleuse wurde 1996 mit viel blauer Farbe und neuen Möbeln ein szeniger Biergarten auf mehreren Etagen. Bei Gegrilltem in Bio-Qualität und kalten Getränken kann, wer das Glück hat, einen freien Platz zu ergattern, zuschauen, wie die Boote geschleust werden. Abends Clubbetrieb. Sportveranstaltungen werden auf einer Großleinwand übertragen. Neuerdings kann man hier auch Boule spielen.

Café am Neuen See (4), Lichtensteinallee 1/Ecke Thomas-Dehler-Str., ✆ 254 49 30. ⌚ März–Okt. tägl. 10–23 h, im Winter nur Sa/So 11–20 h. Riesiger Selbstbedienungs-Biergarten mit Publikum von Cabrio-Schnösel bis Studentin; fast glaubt man sich nach Süddeutschland versetzt. Im Winter sitzt es sich beschaulich im Café hinter großen Fensterscheiben.

Restaurants

Joe's Wirtshaus zum Löwen (19), Hardenbergstr. 29, ✆ 26 21 02-0, www.joes-berlin.de. Jahrelang hatte es kein „Joe's am

Ku'damm" gegeben, nun kann man wieder deftige deutsche Küche ganz zentral verspeisen, im Sommer auch draußen. Massenabfertigung, aber keineswegs schlecht. Fast alle Gerichte unter 10 €!

Dicke Wirtin (12), Carmerstr. 9, ℡ 312 49 52, www.dicke-wirtin.de. ⓉÄgl. ab 12 h. In die Jahre gekommene Alt-68er-Institution, in der schon Rudi Dutschke aß. Ab 18 h warme Gerichte ab 5 €, außerdem gibt es hier die ansonsten fast ausgestorbenen Klassiker Bulette und Rollmops. Im Sommer ein paar Tische im Freien.

Terzo Mondo (28), Grolmanstr. 28, ℡ 881 52 61, www.terzomondo.de. ⓉTägl. 18 bis mind. 2 h (auch warme Küche bis 2 h). Für alle, die Panaiotis Sarikakis, den ehemaligen Eckkneipenwirt der langlebigsten deutschen Fernsehserie „Lindenstraße", vermissen: Kostas Papanastasiou ist in seinem griechischen Lokal fast allabendlich live zu bewundern. Denn Kostas ist tatsächlich im Wirtsfach aktiv, die Schauspielerei hat er nebenbei betrieben. Hauptspeisen 7–14 €, ab und zu gibt es hier Lesungen, Ausstellungen und Live-Musik (Programm im Internet). Oft voll, Reservierung empfehlenswert.

Repke Spätzlerei (26), Bleibtreustr. 46, ℡ 88 71 86 72, www.repke-suppen.de. ⓉTägl. ab 11.30 h. Spätzle, Flammkuchen, sättigende Eintöpfe und rustikale Aufläufe sind in den Räumen des legendären Kaufhauses Schrill im Angebot. Zielgruppe für den preiswerten Mittagstisch (3–6 €) sind die Berufstätigen aus der Umgebung.

Hasir (44), Nürnberger Str. 46, ℡ 217 77 74, www.hasir.de. ⓉTägl. 12–1 h. Anatolische Spezialitäten in schick-orientalischem Ambiente, im Sommer auch draußen. Lecker ist die gemüsebetonte Vorspeisenplatte, absolut empfehlenswert das selbstgebackene Brot mit hausgemachtem Dorfkäse. Auch die Fleisch- und Gemüsegerichte sind exzellent – lassen Sie sich ruhig etwas empfehlen! Mittleres Preisniveau.

12 Apostel (22), Bleibtreustr. 49, ℡ 312 14 33, www.12-apostel.de. ⓉTägl. 7–1 h. Häufig überfülltes Restaurant und Croissanterie im Stil einer römischen Villa, Restaurant mit Marmorfußboden, Kassettendecke usw. eingerichtet. Hier gibt es u. a. Riesenpizzen (z. B. mit Mozzarella, Parmaschinken und Rucola) die nach den 12 Aposteln benannt sind. Im Sommer wird eine lange Reihe Bierzeltgarnituren vor dem Restaurant aufgestellt, sodass man dem Rattern der oben vorbeifahrenden S-Bahnen lauschen kann. Pizzen 8–14 €, Fleisch- und Fischgerichte 12–24 €. Preiswerter Mittagstisch, abends und am Wochenende Reservierung unbedingt empfehlenswert.

Famiglia Pascarella (10), Schlüterstr. 69, ℡ 32 76 46 41. ⓉTägl. 12–1 h. Ein familiäres italienisches Restaurant hat das Dralle's und das Elaine's in diesen Räumlichkeiten abgelöst. Nun ist der Wandputz teilweise abgeschlagen und das rohe Mauerwerk zeigt sich, der Holzdielenboden wurde ebenfalls freigelegt. Die Einrichtung ist rustikal-verspielt. Bodenständige Küche, deren Qualität etwas tagesabhängig zu sein scheint. Gäste aus der Nachbarschaft – aber auch Schauspieler. Kinder sind hier gern gesehen. Gehobenes Preisniveau; vergleichbar ist die zugehörige, ein paar Straßen entfernte **Cantina** in der Bleibtreustr. 17, www.lacantinaberlin.de.

Good Friends (14), Kantstr. 30, ℡ 313 26 59, www.restaurant-goodfriends.de. ⓉTägl. 12–2 h, Mo–Fr bis 15 h preiswerter Mittagstisch. Ziemlich hoch gelobtes chinesisches Restaurant mit angeblich traditioneller Küche. Meine beiden Besuche im Abstand von einigen Jahren verliefen enttäuschend: die Ente kalt und keineswegs knusprig, die Suppe lasch und irgendwie muffig und der Service nicht gerade zuvorkommend; auch meine Begleiter waren nie zufrieden. Dennoch immer voll, viel Stammpublikum – vielleicht wird das anders bedient?

Kuchi (14), Kantstr. 30, ℡ 31 50 78 15, www.kuchi.de. ⓉMo–Do 12–24 h, Fr–So ab 12.30 h. Winziges, immer gut besuchtes panasiatisches Restaurant ohne Kitschambiente und mit annehmbaren Preisen: Hauptgerichte 9–23 €, außerdem Kleinigkeiten wie Sushi und Sashimi. Reservierung empfohlen! Im Sommer ein paar Tische draußen an der lauten Straße. Ein Tipp ist der preiswertere Mittagstisch bis 17 h!

Tianfu (56), Uhlandstr. 142, ℡ 861 30 15, www.tianfu.de. Traditionelles Szechuan-Restaurant, das auch gern von Chinesen besucht wird und für all jene empfehlenswert ist, die sich von Gerichten wie „Hühnerfüßen" nicht abschrecken lassen. Neben den beliebten Feuertöpfen, die auch weniger scharf zubereitet werden, sind v. a. die Dim Sum zu empfehlen, gedämpfte Vorspeisenhappen in Reismehlteig. Gängige Hauptgerichte um 10 €, besondere Spezialitäten wie Ente mit Garnelen 15 €.

Das Kranzler-Eck überragt die Nachkriegsbauten

Porta Capuana (17), Windscheidstr. 26, ☎ 32 70 67 82, www.porta-capuana.de. ⓘ Di–So 18–24 h. Francesco betreibt ein familiäres, kleines Restaurant, das einige Stammgäste hat. Die Speisen werden auf Wunsch auch abgewandelt. Wagenradgroße, wirklich leckere Pizzen zu angemessenen Preisen. Einige Tische draußen.

Maroosh (47), Knesebeckstr. 48, ☎ 887 11 83 35, www.maroosh.de. ⓘ tägl. 16–3 h. Ambitionierte arabische Speise- und Weinkarte, edles Interieur. Gigantische Vorspeisenplatten. Hauptgerichte 12–23 €, darunter auch interessante vegetarische Köstlichkeiten. Am Wochenende Bauchtanz und/oder Live-Musik. Stilecht raucht man hierzu Wasserpfeife – in der angeschlossenen Shisha-Lounge.

Gabriel's (27), Fasanenstr. 79/80, ☎ 882 61 38, www.itsgabriel.de. ⓘ So–Fr 11.30–15.30 und 18.30–23 h, Sa 11.30–15.30 h (nur mit Reservierung). Koschere Gerichte aus allen möglichen Ländern in leicht verstaubtem Interieur. Besonders zu empfehlen: das Schabbat-Menü am Sa (36 €, Reservierung unbedingt erforderlich). An allen anderen Tagen Israelisches Menü (40 € für 2 Pers.) und Hauptgerichte à la carte 15–22 € sowie diverse koschere Kleinigkeiten.

Diekmann (42), Meinekestr. 7, ☎ 883 33 21, www.j-diekmann.de. ⓘ Mo–Sa 12–1 h, So 18–1 h, Küche bis 23.30 h. Im Ambiente eines ehemaligen Kolonialwarenladens kann man seit vielen Jahren fein speisen. Überhaupt nicht (mehr) in, aber vielleicht gerade deshalb ein gutes Preis-Leistungs-Verhältnis. Hauptgerichte 16–23 €, 3-Gänge-Menü 35 €.

Daitokai (29), Tauentzienstr. 9–12 (im Europa-Center), ☎ 261 80 99, www.daitokai.de. ⓘ tägl. 12–15 und 18–24 h. Traditionelles Interieur und ebensolche Rituale; Zubereitung der Speisen am Tisch. In dieses älteste japanische Restaurant in Berlin gehen auch Japaner gerne. Der Geldbeutel sollte aber voll sein: Hauptgerichte kosten gut und gern 30 €. Für 50 € bekommt man hier ein erlebenswertes 6-Gänge-Menü.

Tiergartenquelle (2), Bachstr. 6/S-Bahn-Bogen 482 (unter dem S-Bhf. Tiergarten), ☎ 392 76 15, www.tiergartenquelle.de. ⓘ Mo–Fr 17–1 h, Sa/So 12–1 h. Die deftigen Gerichte, die im Gewölbe unter der S-Bahn-Trasse serviert werden, kommen als riesige Portionen daher und sättigen meist mehr als nur eine Person. Allerdings kommen viele Zutaten aus der Gefriertruhe; dagegen lässt sich aber bei den moderaten Preisen (Hauptgerichte 8–14 €) nichts sagen. Das Publikum besteht aus Studenten, Alt-Studenten und Uralt-Studenten; alle lieben das Berliner Lemke-Bier.

Capt'n Schillow (3), Straße des 17. Juni, ☎ 31 50 50 15, www.capt.schillow.de. ⓘ Mo–Fr 12–24 h, Sa/So 10–24 h, Küche bis 23 h. Auf schwankenden Schiffsplanken werden hier Kaffee und Abendessen serviert. Hauptgerichte (viel Fisch, aber auch Geflügel) 7–16 €. Sa/So zum Frühstücken (bis 14 h) sehr beliebt. Günstige Mittagskarte, nachmittags Kaffee und Kuchen. Reservierung bei schönem Wetter unbedingt zu empfehlen!

Straßencafés in der Kastanienallee

Rundgang 5: Prenzlauer Berg

Langsam verblasst der Mythos vom Stadtteil Prenzlauer Berg als Keimzelle der „Wende" und Nische im SED-Staat. Damals trafen sich hier – unter Beobachtung der Stasi – Künstler und Bohemiens, es gab sogar Hausbesetzungen im damals sehr grauen Mietskasernenmeer. Heute ist Prenzlauer Berg ein etabliertes Wohnviertel für bessergestellte Jungfamilien, das nach wie vor über eine hohe Kneipendichte verfügt.

Kulturgeschichtlich bedeutsame Sehenswürdigkeiten gibt es nicht in Prenzlauer Berg, dafür reichlich urbanes Leben im einst größten Sanierungsgebiet Europas. Wie zahlreiche Berliner Stadtviertel entstand Prenzlauer Berg erst im 19. Jh. durch die sprunghafte Ausdehnung Berlins nach dem Auflassen der befestigten Stadtgrenze im Jahr 1866. Vorher lebten hier kaum mehr als ein paar hundert Einwohner in den wenigen Häusern an der Schönhauser Allee. Damals war Prenzlauer Berg geprägt von Windmühlen, mehreren Brauereien und einem Wasserturm. Der Wasserturm ist noch heute ein Fixpunkt des Stadtteils: Rundherum konzentrieren sich Kneipen, Restaurants, Cafés und kleine Geschäfte. Auch einige der alten Brauereigebäude haben die Jahrzehnte überstanden und werden heute kulturell oder kommerziell genutzt. Parks und größere Grünflächen sind rar in Prenzlauer Berg; kleine grüne Oasen sind der Kollwitz- und der Helmholtzplatz. Beide Plätze sind umgeben von zahlreichen Cafés und Restaurants, vor denen man im Sommer idyllisch unter Bäumen sitzt. Außerhalb der dicht bebauten Straßenzüge liegen zwei Parks jüngeren Datums: Der in den 1980er-Jahren angelegte Ernst-Thälmann-Park und der Mauerpark, der in den 1990ern auf dem ehemaligen

Mauerstreifen zwischen Prenzlauer Berg und Wedding entstand. An diesen großen, stark genutzten Park, in dem auch ein Kinderbauernhof liegt, grenzt der Falkplatz mit der Max-Schmeling-Halle an, in der Konzerte und Sportveranstaltungen stattfinden.

Spaziergang

Ausgangspunkt ist der U-Bahnhof Senefelder Platz. Auf dem Platz steht das Denkmal für den Erfinder der Lithographie, *Alois Senefelder*, nach dem der Platz benannt wurde. 1841 wurde hier die erste Brauerei der Gegend, die Brauerei Pfeffer errichtet. Das Areal mit 20 Gebäuden ist heute als **Pfefferberg** bekannt, saniert und zu einem Kunst-, Kultur-, Gewerbe- und Dienstleistungszentrum umgebaut. Pionier war hier das **Architekturforum Aedes**, das von den Hackeschen Höfen in wesentlich größere Räume im zweiten Hof des Areals gezogen ist. Der Pfefferberg liegt an der Schönhauser Allee, der „Hauptstraße" des Stadtteils. Ein Stückchen weiter befindet sich der Eingang zum 1827 begründeten **Jüdischen Friedhof**, der an Wochentagen besucht werden kann.

Der **Kollwitzplatz** mit dem Spielplatz und dem Käthe-Kollwitz-Denkmal ist das Herz des Stadtteils und einer der schönsten Orte in der ganzen Stadt, um an Sommerabenden unter freiem Himmel ein Bier zu trinken. Auf den extrem breiten Bürgersteigen herrscht an lauen Sommernächten ein reger Trink- und Speisebetrieb mit fast südländischem Flair. An den Häusern Knaackstraße 39 und 43 sollte man nicht achtlos vorübergehen – zwischen ihnen steht ein Metalltor mit zwei eingefügten Davidsternen. Schaut man hindurch, sieht man einen Fußgängerweg, der an einer alten Mauer entlang führt, den ehemaligen **Judengang**. In der **Kollwitzstraße**, die damals Weißenburger Straße hieß, wohnten von 1891 bis 1943 der Armenarzt Dr. Karl Kollwitz und seine Frau, die Grafikerin und Bildhauerin *Käthe Kollwitz*, nach der Platz und Straße benannt wurden. An der Stelle ihres (1943 zerstörten) Wohnhauses an der Ecke Knaack-/Kollwitzstraße steht ein Werbe-Schaukasten mit wechselnden Kunst-Installationen, die an die Künstlerin erinnern sollen. Wer sich für das Werk von Käthe Kollwitz interessiert, sollte in die West-City fahren. Dort gibt es ein Käthe-Kollwitz-Museum (→ S. 164). In den letzten Jahren hat sich die Kollwitzstraße zu einer bunten Einkaufs- und Kneipenstraße entwickelt, die einen Bummel lohnt.

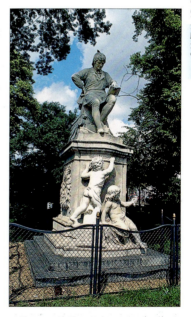

Denkmal für Alois Senefelder

Übernachten
(S. 57/58, 61)
- 3 Apartment Guesthouse Berlin
- 9 Lette m'sleep
- 41 Generator Hostel Berlin
- 43 EastSeven Berlin Hostel
- 45 Ackselhaus
- 47 Hotel Transit Loft
- 48 Pfefferbett
- 52 Schönhauser Apartments

Essen & Trinken
Restaurants (S. 178/179)
- 10 Frida Kahlo
- 15 Miro
- 28 Frannz
- 31 Ostwind
- 32 Café de Paris
- 33 Seeblick
- 34 Mao Thai
- 36 Gugelhof
- 38 Pasternak
- 42 Suriya Kanthi
- 53 Nocti Vagus

Imbisse/Biergärten (S. 178)
- 13 Toast Stehcafé
- 16 Konnopke
- 19 Prater
- 20 Falafel Daye
- 35 Suppen-Cult

Nachtleben
Bars & Kneipen (S. 84)
- 7 Becketts Kopf
- 8 5 Ziegen
- 11 Weinstein
- 12 Tres
- 22 Schwarzsauer
- 24 Nemo
- 37 Anita Wronski
- 44 Roberta

Diskotheken & Clubs (S. 90–92)
- 5 Duncker Club
- 6 Icon Club
- 21 Alte Kantine
- 23 Soda Club
- 46 Magnet-Club
- 49 White Trash Fast Food
- 51 Knaack Club

Einkaufen (S. 98/99, 102)
- 1 Charming Styles
- 2 Rock-a-Tiki-Laden
- 14 DNS Recordstore
- 17 Vopo-Records
- 18 Taschenrausch
- 27 da Capo
- 29 Freak Out
- 30 Mr & Mrs Peppers
- 39 Woodstock
- 40 SchmuckAnziehen

Cafés (S. 177/178)
- 4 Schall & Rauch
- 25 Sowohlalsauch
- 26 Café Anna Blume
- 50 Café-Bar Hilde

Rundgang 5

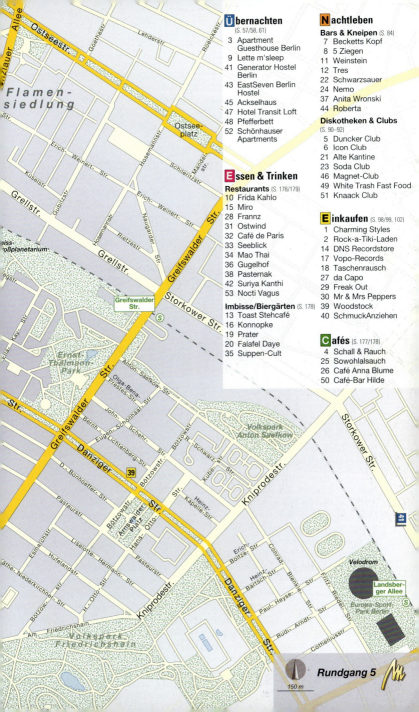

Die Wassertürme einst und jetzt

Heute bewohntes Wahrzeichen des Prenzlauer Bergs, sorgte der 1875 erbaute dicke Wasserturm bis 1915 für die Berliner Wasserversorgung. Englische Firmen hatten bereits 1852/53 einen kleineren Wasserspeicher hier auf dem Windmühlenberg errichtet, doch erwies sich der Bau als Pleite: Der Turm war zu schmal und nicht hoch genug. Bald saß die Hälfte der Berliner auf dem Trockenen, denn der Wasserdruck reichte nur bis zu den ersten Obergeschossen aus. Daraufhin machte sich Rudolf Virchow für einen neuen Wasserturm stark, der immerhin 40 Jahre in Betrieb blieb. In den Anfangsjahren des Dritten Reiches diente der kleine Wasserspeicher der SA als Folterkammer – durch die extrem dicken Wände drang kaum ein Laut nach außen. Heute wird der Wasserspeicher mit seinem Backsteinlabyrinth, das eine einzigartige Akustik hat, sporadisch für kulturelle Veranstaltungen genutzt.

Der „Dicke Hermann"

An der Ecke Belforter/Diedenhofer Straße versteckt sich zwischen alten Bäumen auf einer kleinen Anhöhe der „Dicke Hermann", der ehemalige zentrale Wasserspeicher der Stadt.

Am Anfang der Rykestraße, in einem Hinterhof, verbirgt sich die 1903/04 aus rotem Backstein erbaute **Synagoge**. Dass die gründerzeitliche Bebauung dieser Straße heute noch erhalten ist, ist dem Engagement ihrer Bewohner und der „Wende" zu verdanken. Denn Ost-Berliner Städtebauer planten in den 1980er-Jahren den Abriss von über 5.000 Wohnungen in Prenzlauer Berg, zunächst der Häuser in der Rykestraße. Als Ersatz sollten hier Plattenbauten entstehen. Doch die Anwohner organisierten sich in Bürgerinitiativen und kämpften gegen den Abbruch ihrer Häuser. Schließlich machten die Geschehnisse im Herbst 1989 den Plänen ein Ende.

Die **Husemannstraße** hingegen sollte auch zu DDR-Zeiten als Beispiel für die Gründerzeitbebauung erhalten bleiben. Sie wurde 1984–87 saniert, zur 750-Jahr-Feier Berlins stachen die bunt getünchten Fassaden aus dem grauen Häusermeer der zum Abbruch vorgesehenen Straßenzüge der Umgebung heraus. Damals wurden hier einige kleine Läden und Gaststätten im Stil der Jahrhundertwende und zwei kleine Museen eröffnet, die heute nicht mehr existieren. Eine weitere ehemalige Brauerei, die heute u. a. kulturell genutzt wird, ist die komplett sanierte **Kulturbrauerei** mit Clubs, Konzertsaal, Restaurants, Multiplex-Kino usw. Wechselnde Ausstellungen, meist mit DDR-Bezug, zeigt die **Sammlung industrielle Gestaltung** in der Kulturbrauerei, die aber wegen umfangreicher Sanierungsarbeiten noch länger geschlossen ist. Im verwinkelten Hof wurden zwei Biergärten eingerichtet; mittlerweile haben die Gebäude schon ein wenig Patina angesetzt, was ihnen mehr Charakter verleiht.

Die Lychener Straße ist eine der Straßen, die dem sog. LSD-Viertel (auch nach den Anfangsbuchstaben der umgebenden Straßen Lychener, Schliemann- und Danziger Straße) um den **Helmholtzplatz** seinen Namen gaben. Es war in den 1990er-Jahren ein Fluchtpunkt der Hausbesetzerszene; auch Drogen wurden hier offen konsumiert. Das alles ist längst Geschichte. Die Sanierung dieser Gegend hat die Mieten so stark ansteigen lassen, dass die meisten der alten Bewohner ausziehen mussten. Nun wohnen hier viele junge gut Verdienende, entsprechende Gastronomie und ausgefallene Ladengeschäfte haben sich niedergelassen. Ein filmisches Denkmal wurde dem „Helmi", wie der Helmholtzplatz von vielen Berlinern genannt wird, in Andreas Dresens Film „Sommer vorm Balkon" gesetzt. Noch vor dem Helmholtzplatz lädt an schönen Tagen ein etwas jenseitiger Park zum Verweilen ein, der **Friedhofspark Pappelallee**.

Ein besonderes Museum für Kinder liegt jenseits des Platzes, das **Mach mit! Museum für Kinder** in der ehemaligen Elias-Kirche in der Senefelderstraße. Ein bisschen weiter muss gehen, wer eins der größten und modernsten Planetarien Europas besuchen möchte, das **Zeiss-Großplanetarium** an der Prenzlauer Allee.

Die **Gethsemanekirche** an der Stargarder Straße war im Herbst 1989 eines der wichtigsten Zentren der „friedlichen Revolution". Hier gingen die Sicherheitskräfte besonders brutal gegen die Besucher der Fürbitte-Gottesdienste vor, in denen oppositionelle Gedanken geäußert wurden. Die Verlängerung der Stargarder Straße, die Gleimstraße, führt durch einen langen Tunnel nach Wedding. Der Gleimtunnel war jahrzehntelang zugemauert; hier verlief die Grenze zu Westberlin. Heute ist davon nichts mehr zu sehen, nur die große Freifläche des **Mauerparks** erinnert noch an die Teilung der Stadt. Fast zu jeder Tages- und Nachtzeit ist der Park belebt; Trommelgruppen geben den Rhythmus an, es wird gegrillt, gespielt und getrunken. Wegen der vielen Glasscherben, die stets herumliegen, ist an entspanntes Barfußlaufen oder Fahrradfahren im Park kaum zu denken. In letzter Zeit entstehen Pläne, einen Teil des Parks zu bebauen.

Sehenswertes

Architekturforum Aedes: Die bereits seit 1980 bestehende Institution mit Wurzeln am Charlottenburger Savignyplatz zeigt in sehr großzügigen Räumen wechselnde Ausstellungen zu moderner Architektur aus aller Welt.

Adresse: Schönhauser Allee 176, bzw. Christinenstr. 18/19 (U2 Senefelder Platz), ✆ 282 70 15, www.aedes-arc.de. ⓘ Di–Fr 11–18.30 h, Sa/So 13–17 h. Eintritt frei.

Jüdischer Friedhof: Hier wurden u. a. 1864 der Komponist *Giacomo Meyerbeer* und 1899 der Verleger *Leopold Ullstein* beigesetzt. 1935 beerdigte man den Maler *Max Liebermann* unter einer schlichten Steinplatte im monumentalen Familiengrab. Von den Nazis wurde der Friedhof geschändet, in den 1990er-Jahren setzten Neonazis diese furchtbare Tradition fort. Seit einigen Jahren wird der Friedhof saniert, viele Bäume wurden gefällt, damit sie die Grabstätten nicht völlig zerstören. Auf den Grundmauern der ehemaligen

Trauerhalle entstand das **Lapidarium**, ein Museum zur Geschichte des Areals und seiner Grabsteine.

Adresse: Schönhauser Allee 23–25 (U2 Senefelder Platz), ✆ 441 98 24, www.jg-berlin.org. ☏ April–Sept. Mo–Do 7.30–17 h, Fr 7.30–14.30 h, So 8–17 h; im Winter nur bis 16 h. Männern ist das Betreten des Friedhofs nur mit Kopfbedeckung gestattet; Leih-Kippa am Eingang erhältlich.

Auf dem Jüdischen Friedhof

Judengang: 2002 wurde der Judengang in seinen ursprünglichen Zustand zurück versetzt. Zuvor hatten Anwohner hier Gemüse gepflanzt, Gerümpel gelagert, hatten ihn Bäume und Sträucher zugewuchert. Nun ist der Gang mit der langen Geschichte wieder erkennbar. 1824 war er ein Feldweg, der am damals neuen Jüdischen Friedhof entlang führte. Später etablierte er sich als Weg zum Friedhof, der Name „Judengang" bürgerte sich ein. Auch als ab den 1870er-Jahren die gesamte Umgebung mit hohen Häusern bebaut wurde, blieb der Weg erhalten. Eigentlich könnte er heute wieder als Durchgang zur Schönhauser Allee dienen – die Anwohner haben sich aber erfolgreich gegen die Öffnung als Fußgängerweg zur Wehr gesetzt.

Synagoge: Da sie im Hinterhof liegt, hat diese Synagoge die Pogromnacht 1938 überstanden – die „arischen" Anwohner sollten nicht durch einen Brand gefährdet werden. Allerdings wurde der Innenraum von den Nazis komplett zerstört. 1953 ist die Synagoge das Zentrum der Ostberliner Jüdischen Gemeinde geworden. Im bis heute größten jüdischen Sakralbau Deutschlands fanden auch zu DDR-Zeiten wöchentlich Sabbat-Gottesdienste statt. Mit der Renovierung der Neuen Synagoge in der Oranienburger Straße und dem zarten Wiederaufkeimen jüdischen Lebens in der Spandauer Vorstadt verlagert sich nun das Leben der Gemeinde wieder mehr und mehr nach Berlin-Mitte. Dennoch ist die Synagoge in der Rykestraße beileibe nicht bedeutungslos: Hier finden jede Woche zwei Gottesdienste statt. Seit 2005 ist die prächtige Innenausstattung nach alten Plänen und Fotos originalgetreu rekonstruiert.

Adresse: Rykestr. 53 (U2 Senefelder Platz oder Eberswalder Str.), ✆ 88 02 83 16, www.jg-berlin.org. ☏ März–Okt. Do 14–18 h, So 13–17 h; Führungen Do 14 und 16 h, So 13 und 15 h. Eintritt mit Führung 6 € (erm. 4 €), ohne Führung 3 € (erm. 2 €).

Sammlung industrielle Gestaltung: Liebevoll zusammengetragene Alltagsgegenstände aus der DDR wie Spielzeug oder Haushaltsutensilien lassen sich nach Abschluss der Sanierungsarbeiten in der zur Stiftung „Haus der Geschichte" (Bonn) gehörenden Ausstellung bewundern.

Adresse: Knaackstr. 97 (U2 Eberswalder Str.), ✆ 47 37 77 94-0, www.hdg.de. Derzeit ist das Museum wegen Sanierung geschlossen.

Friedhofspark Pappelallee: Schon lange nicht mehr genutzter ehemaliger

Friedhof der Freireligiösen Gemeinde Berlin mit Grabsteinen aus dem 19. Jh. zwischen alten Bäumen. Zu DDR-Zeiten als Friedhof der Arbeiterbewegung politisch instrumentalisiert, dient er heute als Rückzugsoase für lärmgeplagte Großstädter.

Adresse: Pappelallee 15–17, Eingang auch von der Lychener Straße (U2 Eberswalder Str.). ⓘ im Sommer tägl. 8–18 h, im Winter tägl. 9–16 h.

Mach mit! Museum für Kinder: Im Januar 2001 wurde in der in eine Häuserzeile eingebauten Elias-Kirche von 1910 der letzte Gottesdienst gehalten, seit 2004 werkeln und experimentieren die meist Vier- bis Zehnjährigen unter fachkundiger Anleitung im für 1,6 Mio. Euro umgebauten Kirchenschiff. Bewegungsbedarf kann im 10 m hohen Kletterlabyrinth gestillt werden. Für die ganz Kleinen stehen eine Krabbelecke und ein Wickelraum zur Verfügung, ein Café bietet Erfrischungen an.

Adresse: Senefelderstr. 5–6 (S41, S42, S8 Prenzlauer Allee, U2 Eberswalder Str.), ☎ 74 77 82 00, www.kindermuseumberlin.de. ⓘ Di–So 10–18 h. Eintritt 4,50 € (erm. 3 €), für Kinder unter 3 Jahre freier Eintritt, Familienkarte 14 €.

Zeiss-Großplanetarium: Erst 1987 eröffnete das Planetarium mit seinem 23 m großen Kuppelsaal. Die optische Anlage des Planetariums ist die modernste Berlins. Neben klassischen Sternenshows findet hier ab und zu das beliebte Hörspielkino unterm Sternenhimmel statt, bei dem man sich gemütlich zurücklehnt, in die Himmelsprojektion blickt und einem Radiohörspiel lauscht.

Die Gethsemanekirche – 1989 ein Zentrum der „friedlichen Revolution"

Auch Konzerte werden abends häufig zur Sternenprojektion gegeben.

Adresse: Prenzlauer Allee 80 (S41, S42, S8 Prenzlauer Allee). ⓘ saisonal wechselnd; im Nov. 2009 Di–Do 9–12 h, Fr 19–21 h, Sa 14.30–21 h, So 13.30–17 h. Eintritt 5 € (erm. 4 €), Familienkarte 15 €. Auskünfte unter ☎ 42 18 45-0, Programm unter ☎ 425 16 52, www.sdtb.de.

Jugendfarm Moritzhof: Eine der wenigen Möglichkeiten für Großstadtkinder, einen Stall auszumisten oder auf einem Pony zu reiten. Offen für Kinder zwischen 6 und 16 Jahren.

Adresse: Schwedter Str. 90, ☎ 44 02 42 20, www.jugendfarm-moritzhof.de. ⓘ Mo–Fr 11.30–18 h, Sa 13–18 h.

Praktische Infos (Karte s. S. 172/173)

In wenigen Jahren hat sich hier eine Gastronomiedichte entwickelt, die ihresgleichen sucht. Touristen sammeln sich vor allem um den Kollwitzplatz und in der Kulturbrauerei, doch auch hier sind die Preise nicht annähernd so hoch wie in Mitte.

Cafés

Sowohlalsauch (25), Kollwitzstr. 88, ☎ 442 93 11, www.tortenundkuchen.de. ⓘ tägl. 8–2 h, Küche bis Mitternacht. Selbst gebackene Kuchen und Torten werden im mondänen Innenraum unter riesigen Kronleuchtern serviert. Außerdem großes Salatangebot sowie einige herzhafte Speisen. Große, sonnige Terrasse. Sollte hier kein Platz zu finden sein, kann man es gegenüber versuchen:

Café Anna Blume (26), Kollwitzstr. 83, ✆ 442 93 11, www.cafe-anna-blume.de. ⏰ tägl. 8–2 h, bis 17 h Frühstück (um 8 € ohne Getränke), eine Besonderheit sind die Frühstücksangebote für Paare und kleine Gruppen. Berühmt ist das Café, das gleichzeitig auch ein Blumenladen ist, für seine hausgebackenen Kuchen und Torten.

Café-Bar Hilde (50), Metzer Str. 22, ✆ 40 50 41 72, www.hilde-berlin.com. ⏰ Mo–Fr 8.30–1 h, Sa/So 9.30–1 h. Neueröffnung des Jahres 2009 im angesagten Retro-Stil mit Blümchentapete und Fifties-Mobiliar. Los geht's mit britischem Frühstück, mittags gibt's einen gesunden Mittagstisch, nachmittags leckere Kuchen und abends ab und zu Live-Musik, dazu pikante Kleinigkeiten. Publikum um die 30.

Schall & Rauch (4), Gleimstr. 23, ✆ 443 39 70, www.schall-und-rauch.de. ⏰ tägl. 9–2 h. Im preisgekrönten Innenarchitektur-Design laben sich vorwiegend Gleichgeschlechtliche an Sekt und Milchkaffee sowie den vielen (losen) Teesorten. Special: das Teebuffet Mo–Fr 14–18 h. Das Frühstücks-Speisenangebot, das bis zum späten Nachmittag serviert wird, reicht von frischen Waffeln bis zum Rollmops. Sa/So 8–16 h Brunchbuffet für 9,20 € (zzgl. Getränke); Studenten erhalten Rabatt! Es gibt ab 11 h auch ein warmes Tagesgericht. Bioprodukte, viel Vegetarisches, auch Veganer kommen hier zum Zug. Abends gibt's eine umfangreiche Cocktailkarte.

Imbisse/Biergärten

Konnopke (16), Schönhauser Allee 44a (am U-Bahnhof Eberswalder Str.), ✆ 442 77 65, www.konnopke-imbiss.de. Der Currywurst-Imbiss, der seit 1930 besteht, gilt als älteste Wurstbude Berlins und wurde auch zu DDR-Zeiten privat geführt. Bis heute gilt die unter dem „Magistratsschirm" (der U-Bahn-Trasse) servierte Wurst als eine der besten in Berlin – v. a. wegen der geheimen Würzrezeptur für den Curryketchup. ⏰ Mo–Fr 6–20 h, Sa 12–19 h.

Falafel Daye (20), Danziger Str. 24, ✆ 44 04 63 73. ⏰ tägl. 11–4 h. Die Stammgäste loben die Frische der Zutaten, allerdings hat die Beliebtheit des Imbisses dazu geführt, dass die Portionen immer kleiner werden.

Toast Stehcafé (13), Raumerstr. 12, ✆ 44 05 61 89. ⏰ Mo–Fr 8–18.30 h, Sa ab 9 h, So ab 10 h. Wie der Name schon sagt: Toasts, und zwar in unübertroffener Vielfalt. Alle Variationen um 5 €, daneben auch belegte Baguettes und Ciabatta sowie Kuchen. Günstig sind auch die frisch gepressten Säfte.

Suppen-Cult (35), Prenzlauer Allee 42/Ecke Marienburger Str., ✆ 47 37 89 49, www.suppen-cult.de. ⏰ Mo–Fr 11–20 h, Sa 12–16 h. Seit einigen Jahren sind Suppen-Imbisse populär, denn Suppen machen satt, aber nicht dick. Im Winter gibt es kaum was besseres als eine heiße Suppe zum Aufwärmen, im Sommer sind auch kalte (Gemüse-) Suppen im Angebot; alle Suppen deutlich unter 5 €. Wer davon nicht satt wird oder eher auf Süßspeisen steht, bekommt hier auch hausgemachten Grießbrei oder Milchreis. Für Vitamine sorgen die frisch gepressten Säfte.

Prater (19), Kastanienallee 7–9, ✆ 448 56 88, www.pratergarten.de. April–Sept. geht tägl. ab 12 h bei sonnigem Wetter im 1837 eröffneten Groß-Biergarten (600 Sitzplätze) die Post ab. In diesem bekanntesten City-Biergarten soll schon Karl Liebknecht eine Molle gezischt haben. In der angeschlossenen Gaststätte gibt es deftige deutsche Küche, mittleres Preisniveau. Nur Barzahlung.

Restaurants

Seeblick (33), Rykestr. 14, ✆ 442 92 26, www.cafe-seeblick.com. ⏰ Mo–Fr 12–2 h, Sa/So 10–2 h. Natürlich gibt's hier weit und breit keinen Seeblick, denn Prenzlauer Berg ist ein Meer aus Stein. Dafür entschädigt der schöne Blick auf den Wasserturm, der durch die neu gepflanzten Straßenbäume allerdings ein bisschen eingeschränkt ist. Café-Restaurant-Kneipe mit leckeren Speisen (Mittagsgericht 6 €, abends kleine Speisen wie Salate, Bratkartoffeln mit Spiegelei etc.); Sa/So umfangreiche Frühstückskarte. Nur Barzahlung!

Café de Paris (32), Husemannstr. 2, ✆ 70 08 70 76, www.le-cafe-de-paris.de. ⏰ Mo–Fr ab 11 h, Sa/So ab 6 h. Das ehemalige „Etienne" bietet wirklich große Milchkaffee-Portionen, wirklich frische Croissants, leckere Tartes und abends warme französische Küche. Hauptgerichte 7–17 €. Empfehlenswert ist das preislich angemessene Tagesmenü, sehr angenehm die Atmosphäre. Heiter-ländlich sind die Innenräume gestaltet, an der Ecke zum Kollwitzplatz sitzt man bei schönem Wetter mit bestem Blick draußen in bequemen Korbsesseln. Am Wochenende abends Live-Musik; Happy Hour 18–21 h.

> Wer einmal essen will, wie jeder Blinde immer isst, sollte das Dunkelrestaurant **Nocti Vagus (53)** besuchen. Eine Speisekarte gibt es nur im Vorraum, in dem stockfinsteren Restaurant könnte man sie ja nicht lesen. So bestellt man eins der vier Menüs und bekommt – je nach Wochentag, Menü und Programm – für 30–70 € ein 3- bzw. 4-gängiges Menü. Beim Essen macht jeder unterschiedliche Erfahrungen, auf jeden Fall ganz neue. Bedient wird man von Blinden, die sehr hilfsbereit und geduldig sind. Zum Essen gibt es mehrmals wöchentlich ein hörbares Kulturprogramm; Reservierung spätestens 3 Tage im Voraus. Saarbrücker Str. 36–38 (U-Bhf. Senefelderplatz), ✆ 74 74 91 23, www.noctivagus.de. ⏱ tägl. 18–1 h.

Frannz (28), Schönhauser Allee 36, ✆ 726 27 93-0/-33, www.frannz.de. ⏱ Restaurant Mi–So ab 18 h. Der legendäre, bereits vor Jahren geschlossene Franz-Klub in der Kulturbrauerei beherbergt heute ein edleres Restaurant mit Lounge und – wie früher – einem Veranstaltungssaal. Auch der Biergarten wird wieder bewirtschaftet.
Mao Thai (34), Wörther Str. 30, ✆ 441 92 61, www.maothai.de. ⏱ tägl. 12–23.30 h. Die nicht ganz billige Siam-Küche (Hauptgerichte 10–20 €) wird seit Jahren gelobt, das Restaurant auf zwei Etagen ist meist voll. Im Sommer kann man auch draußen sitzen. Unbedingt reservieren!
Suriya Kanthi (42), Knaackstr. 4, ✆ 442 53 01, www.suriya-kanthi.de. ⏱ Mo–Sa 12–1 h, So ab 11 h (Brunch). Im Eckhaus werden sri-lankische Gerichte überwiegend aus Bio-Zutaten vor den Augen der Gäste gezaubert, sogar recht preiswert (Hauptgerichte mit Fleisch oder Fisch um 9 €, Vegetarisches günstiger). Spezialität sind die liebevoll arrangierten Reistafeln. Der Restaurantname bedeutet übrigens „Sonnenschein". Sonntags wird bis 16 h ein allgemein gelobtes Brunch-Buffet angeboten; wer einmal pikante Currys zum Kaffee oder (Yogi-)Tee probieren möchte, ist hier richtig. Daneben gibt es aber auch Süßes wie Obst und Milchreis (7,50 € ohne Getränke).
Gugelhof (36), Knaackstr. 37, ✆ 442 92 29, www.gugelhof.de. ⏱ Mo–Fr 16–1 h, Sa/So 10–1 h, Küche bis 23.30 h. Hauptgerichte 11–19 €, Menü ab 20 €. Elsässisches Restaurant, das sich schon seit über zehn Jahren am Kollwitzplatz hält. Das spricht für seine Qualität. Natürlich wird der trendige Flammkuchen in diversen Varianten serviert, außerdem gibt es Raclette (ab 2 Pers.). Kleine Terrasse zum Sehen und Gesehen werden.
Pasternak (38), Knaackstr. 22/24, ✆ 441 33 99, www.restaurant-pasternak.de. ⏱ tägl. 9–1 h, manchmal länger; Küche bis Mitternacht. Russische Restaurant-Kneipe im Stil des frühen 20. Jh., die seit Jahren viele Touristen anzieht. Hier treffen sich aber auch Immigranten aus Russland. Abends immer voll, viel Stimmung bei Live-Musik; So russisches Buffet. Mittleres Preisniveau. Ein Tipp ist der Mittagstisch, der Mo–Fr 11–17 h serviert wird: inkl. Apfelschorle, Wasser oder Kaffee 7 €.
Ostwind (31), Husemannstr. 13, ✆ 441 59 51. ⏱ Mo–Sa 18–1 h, Sa/So 10.30–1 h (bis 15 h Brunch); Küche bis Mitternacht. Original chinesische Gerichte werden im schlichten Souterrain-Lokal serviert; durchaus empfehlenswert. Hauptgerichte 7–15 €.
Frida Kahlo (10), Lychener Str. 37, ✆ 445 70 16, www.fridakahlo.de. ⏱ Mo–Sa 9 bis ca. 2 h. Wände in kräftigen Farben, gutes mittelamerikanisches Essen, große Cocktail-Karte, immer voll. Vielleicht werden deshalb die Portionen immer kleiner? Empfehlenswert ist der sehr beliebte Sonntagsbrunch von 10–16 h für weniger als 10 € (reservieren!). Im Sommer kann man auch draußen sitzen.
Miro (15), Raumerstr. 28/29, ✆ 44 73 30 13, www.miro-restaurant.de. ⏱ tägl. ab 10 h. Der kurdische Maler und Bildhauer Adnan Kalkanci hat das Restaurant nach seinen künstlerischen Vorstellungen gestaltet – allein das ist schon sehenswert. Vor einiger Zeit verkaufte er das Miro, um sich nur noch der Kunst zu widmen. In einem Raum kann man auf traditionellen Sitzkissen speisen, das wird viel von Eltern mit Kindern genutzt. Anatolisch inspirierte Küche, viel Vegetarisches. Da die Portionen recht groß sind, kann man sich durchaus eine teilen. Hauptgerichte 8–13 €, Sa/So Brunch-Buffet.

Am Frankfurter Tor

Rundgang 6: Friedrichshain

Neben Prenzlauer Berg und Mitte ist auch Friedrichshain ein angesagter östlicher Stadtteil mit viel Nachtleben und kleinen Geschäften. In dem ehemaligen Arbeiterviertel, das außer dem Volkspark Friedrichshain kaum Grünflächen bietet, erstreckt sich die monumentalste Hinterlassenschaft des sozialistischen Städtebaus, die Frankfurter Allee/Karl-Marx-Allee.

Der größte Teil des heutigen Friedrichshain lag schon 1735 innerhalb der Berliner Stadtmauer. Denn der „Soldatenkönig" Friedrich I., der damals die Stadtgrenzen festlegte, ließ im Osten die Mauer in einem weiten Umkreis um Berlin legen und dabei gleich die Grundstücke der städtischen Ackerbürger mit einbeziehen. Südlich der heutigen Karl-Marx-Allee lag die Stralauer Vorstadt, nördlich die Georgen- oder Königsvorstadt. Hier hinaus verlegte man, was man in der Stadt nicht haben wollte: die Holzplätze (Holzmarktstraße), die Richtstätte (Strausberger Platz), später Barackenlager (vor dem Frankfurter Tor) und Wollmanufakturen (zwischen Jannowitzbrücke und Stralauer Tor). Sieht man von dem alten Fischerdorf Stralau auf der Halbinsel zwischen Spree und Rummelsburger See ab, war die Gegend kaum besiedelt.

Als die Industrialisierung im 19. Jh. die Stadt blitzartig anwachsen ließ, wurde Friedrichshain förmlich zugebaut mit fünfstöckigen Mietskasernen, deren Wohnungen bis heute meist nur ein oder zwei Zimmer haben. Diese kleinen Arbeiterwohnungen – einige wenige noch heute ohne Bad und mit Toilette im Treppenhaus – galten zu DDR-Zeiten als unattraktiv. Kurz nach der „Wende" fand hier die Kreuzberger Hausbesetzerszene (s. Kasten S. 191) ein neues Betätigungsfeld; bereits im Herbst 1990 wurden mehrere Häuser in der Mainzer Straße brutal geräumt. Die 1990er-Jahre hindurch standen viele Häuser leer, Läden waren unvermietbar, das Straßenbild von „hängen gebliebenen" Alkoholikern geprägt. Mittlerweile ist alles saniert und teuer, die meisten alten Bewohner sind weggezogen. Vor allem in der Nähe der Spree verändert

Friedrichshain sein Gesicht rasant: die alte Industrie verschwand und wurde durch Medienbetriebe ersetzt. Bekannteste Beispiele sind der Konzern Universal Music, der 2002 in ein ehemaliges Eierkühlhaus am Osthafen gezogen ist, und der Musiksender MTV, der seit 2003 nebenan residiert. Entlang der Mühlenstraße, wo sich heute noch reichlich Stadtbrache erstreckt, soll trotz eines anders lautenden Bürgerentscheids von 2008 in den nächsten Jahren die „Mediaspree" entstehen, Neubauten mit gläsernen Fassaden dicht an dicht. Zentraler Bau ist die **O$_2$-World** (s. Kap. Sportveranstaltungen), die im Herbst 2008 mit einem Metallica-Konzert eröffnet wurde. In seiner Existenz bedroht ist auch das ehemalige Reichsbahn-Ausbesserungswerk (RAW) an der Ecke Warschauer/Revaler Straße. Wo heute noch Biergarten, Kultur und Nachtleben das 1994 aufgelassene Gelände prägen, soll eine Öko-Siedlung entstehen; aktuelle Infos unter www.raw-tempel.de.

Wo der Aufstand begann

Der Volksaufstand vom 17. Juni

Bereits am 16. Juni 1953 demonstrierten Bauarbeiter, die im Akkord auf der riesigen Baustelle an der Stalinallee schufteten, gegen die schlechten Arbeitsbedingungen und die Senkung ihrer Löhne. Einen Tag später trafen sich die streikenden Bauarbeiter hier zum Demonstrationsmarsch ins Zentrum. Sie forderten die Rücknahme der zehnprozentigen Arbeitsnormerhöhung und eine Senkung der Lebenshaltungskosten. Andere Betriebe und Teile der Bevölkerung solidarisierten sich mit ihnen; zum ursprünglichen Protest gegen die Normerhöhung kam die Forderung nach Rücktritt der Regierung und nach freien Wahlen. Die sowjetische Militärkommandantur verhängte den Ausnahmezustand und ließ noch am gleichen Tag ihre Panzer scharf schießen. Am Abend war der Aufstand erstickt. Das ZK (Zentralkomitee) der SED (Sozialistische Einheitspartei Deutschlands) erklärte die Normerhöhung für null und nichtig. Bis 1991 war der 17. Juni in der Bundesrepublik (National-)Feiertag.

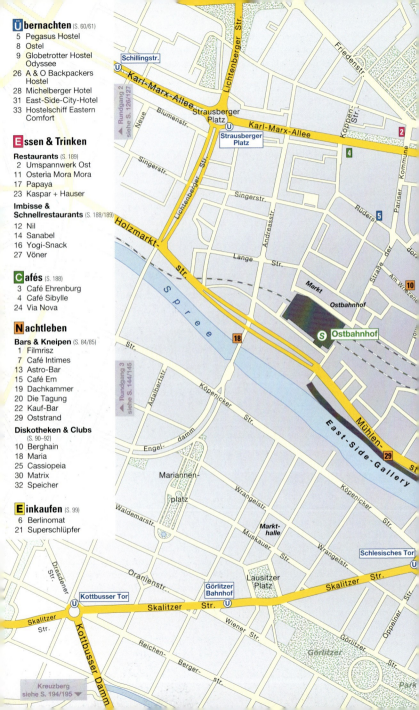

In einem sanierten Hof der Oberbaum-City

Spaziergang

Ausgangspunkt ist die Warschauer Brücke, auf der man steht, wenn man den U- oder S-Bahnhof Warschauer Straße verlässt. Unter einem ziehen sich die breiten Gleisanlagen der S- und Fernbahn hin, außerdem ist das Entstehen der „Mediaspree" zu beobachten. Direkt hinter dem U-Bahnhof erstreckt sich ein ehemaliges Industriegebiet, das vor einiger Zeit zum Dienstleistungszentrum umgebaut wurde: die **Oberbaum-City** mit ihrem Wahrzeichen, dem nachgebauten Glas-Kubus auf dem Dach des ehemaligen Osram-Glühlampenwerks. In den schick sanierten Altbauten ließen sich zunächst Unternehmen der New Economy nieder, Werbeagenturen, Designer etc. folgten.

Mehr als einen Kilometer muss laufen, wer sich die nächste Sehenswürdigkeit komplett anschauen möchte: die **East-Side-Gallery**. 1.300 Meter antifaschistischen Schutzwalls haben kurz nach der „Wende" Künstler aus aller Welt zum Kunstwerk gemacht, indem sie die sog. Hinterland-Mauer entlang der Mühlenstraße durchgehend bemalten.

Zurück über die Warschauer Brücke, die parallel zur backsteinernen **Oberbaumbrücke** verläuft, geht es nun in Richtung Norden die Warschauer Straße entlang. Die **Simon-Dach-Straße** ist seit Jahren die „heimliche Hauptstraße" des Viertels, inzwischen holt die Wühlischstraße auf. Hier etablierten sich zahlreiche Kneipen und kleine Läden. Der ganze Kiez von hier bis zum S-Bahnhof Ostkreuz befindet sich in schnellem Wandel, beinahe täglich eröffnen neue Cafés und inhabergeführte Läden. Am besten, man bummelt einfach so durch und sucht sich schon mal ein Restaurant oder eine Kneipe für den Abend aus.

Friedrichshain 185

Wer sich für den Wohnungsbau der Jahrhundertwende interessiert, kann sich zwei bürgerliche Wohnsiedlungen anschauen, die aus dem üblichen Mietskasernen-Einerlei Friedrichshains herausstechen: die **Knorrpromenade** und den **Helenenhof**, die beide vor einigen Jahren restauriert wurden.

Über die Boxhagener Straße mit ihren vielen Läden und Lokalen geht es zur ehemaligen Stalinallee. Hinter dem Boxhagener Platz verlaufen die beiden bekanntesten ehemaligen Hausbesetzerstraßen parallel zueinander: die Mainzer Straße und die Kreutzigerstraße. Im Oktober 1990 kam es in der **Mainzer Straße** zu heftigen Straßenkämpfen zwischen Polizei und Hausbesetzern. Haus für Haus wurde die Mainzer Straße von den Ordnungshütern „zurückerobert". Die schockierte, eben erst wiedervereinigte Nation bekam bürgerkriegsähnliche Fernsehbilder in ihre Wohnzimmer gesendet. Heute ist hier fast alles saniert, nur wenige Häuser werden noch – mittlerweile legal – von den ehemaligen Besetzern bewohnt.

Auf der **Frankfurter Allee** beginnt ein Weg durch die Baugeschichte Ostberlins, mehr als 3 Kilometer immer geradeaus Richtung Westen zum Alexanderplatz (vielleicht zwischendurch ein Stück mit der direkt darunter verlaufenden U-Bahn?). Anfangs ist die Straße noch vom Mietskasernenbau der Zeit vor dem Ersten Weltkrieg geprägt (mittlerweile reichlich versetzt mit sterilen Shopping Malls), dann kommt stalinistischer Zuckerbäckerstil und schließlich die berüchtigte Großplattenbauweise. Der Wind pfeift über die riesigen Flächen zwischen den monströsen Imponierbauten, und der Verkehr schiebt sich rauschend auf 90 Metern Breite über die endlose, schnurgerade Verkehrsachse, die meistbefahrene Straße Berlins. Nicht sehr anheimelnd, aber ein beeindruckendes Denkmal sozialistischer Gigantomanie der frühen Jahre.

Hinter dem Frankfurter Tor liegt das denkmalgeschützte **Kino Kosmos**, das 1960–62 entstand. Es wurde bis 1997 zum ersten Multiplex-Kino Berlins umgebaut und 2005 wegen der UFA-Pleite

Baudenkmal der 1960er – Kosmos-Kino

geschlossen. Heute finden hier wechselnde Veranstaltungen und Partys statt. An der **Weberwiese** (genauer: in der Marchlewskistraße 25) entstand nach Plänen von *Hermann Henselmann* das erste, inzwischen denkmalgeschützte Wohnhochhaus Berlins. Seine 1952 bezogenen Wohnungen waren für damalige Verhältnisse unglaublich luxuriös: riesiger „Partyraum" auf dem Dach, Müllschlucker und schon überall Telefonanschlüsse – an denen es bekanntlich in der DDR bis zuletzt mangelte.

1993 wurden die „Zuckerbäckerhäuser" der Karl-Marx-Allee an einen Bankkonzern verkauft, der 1995 mit den dringend notwendigen Sanierungsarbeiten begann. Heute sind sie zum großen Teil in sehr begehrte Eigentumswohnungen umgewandelt; teilweise leben hier noch die alten Mieter, die ein Wohnrecht auf Lebenszeit erhielten. Die beiden Turmhäuser am Strausberger Platz sind heute Hotspots Berliner Künstler, Kreativer und Nachtschwärmer.

Sehenswertes

Oberbaumbrücke: In den letzten Kriegstagen auf Hitlers Befehl teilweise gesprengt, zu Mauerzeiten notdürftig als Fußgänger-Grenzübergang wiederhergestellt, sieht sie heute aus, als wären immer U-Bahnen über das 1896 errichtete neogotische Backstein-Bauwerk gerattert. Da die Brücke so pittoresk ist, darf sie immer wieder in Filmen mitspielen und kommt daher sicher vielen bekannt vor.

Oberbaum-City: Herzstück des ehemaligen Industriekomplexes ist die 1906 eröffnete alte Glühlampenfabrik **Osram**, in der in den 1920er-Jahren 4.500 Arbeiter und Angestellte beschäftigt waren. In der NS-Zeit wurde das Glühlampenwerk Osram durch „Arisierung" jüdischer Betriebe erheblich vergrößert. Die Produktion wurde mit Hilfe von bis zu 1.000 KZ-Häftlingen bis 1945 aufrechterhalten. Aus Osram wurde nach dem Krieg, in dem die Fabrikgebäude starken Schaden nahmen, der VEB (Volkseigene Betrieb) Berliner Glühlampenwerk **NARVA**, in dem auf neun Hektar Betriebsfläche über 5.000 Menschen arbeiteten. Kaum eine Glühbirne in der DDR, die nicht von NARVA kam! 1992 wurde das Werk geschlossen. Anschließend rotteten die Reste der Produktionsgebäude und Lagerhallen vor sich hin. Nach dem Umbau zur Oberbaum-City siedelten sich Gewerbe- und Dienstleistungsbetriebe an; heute residiert BASF im markanten Glas-Kubus der ehemaligen Glühlampen-Werks, der nachts farbig illuminiert wird.

Aktuelle Infos unter www.oberbaum-city.de.

East-Side-Gallery: Bild an Bild ist hier der längste der wenigen noch verbliebenen Abschnitte der Mauer über die gesamte Fläche bemalt oder besprüht. Zum 20. Jahrestag der Maueröffnung wurden fast alle Bilder, die bereits stark am Verblassen waren, wiederhergestellt.

Um einen erneuten Verfall des einmaligen Kunstwerks zu verhindern, bittet der Verein **Künstlerinitiative East-Side-Gallery e. V.** um Unterstützung; ✆ 251 71 59, www.east sidegallery-berlin.de.

Helenenhof: 1903 als Musterbeispiel für den Beamten-Wohnungsbau vom Architekten *Erich Köhn* errichtete luftige Wohnanlage mit viel Grün.

Knorrpromenade: Die gesamte Straße wurde vor dem Ersten Weltkrieg als gutbürgerliche Wohnstraße errichtet und blieb ursprünglich mit Toren dem gemeinen Volk verschlossen. Hier gab es seit 1912 auch einen Festsaal, der 1997 als Veranstaltungsort wiederbelebt wurde. Heute befindet sich hier das Restaurant Kaspar + Hauser (s. u.).

Die Berliner Mauer und ihre Reste

Von der Berliner Mauer ist heute nicht mehr viel zu sehen. Im Westen oft als „Schandmauer" bezeichnet, wurde sie im Osten offiziell „antifaschistischer Schutzwall" genannt. Mit einer Länge von rund 165 Kilometern umgab sie die 480 qkm von Westberlin. 3,60 Meter hoch und hübsch weiß getüncht war sie, jedenfalls auf östlicher Seite. Im westlichen Innenstadt-Bereich wurde sie seit den späten 1970er-Jahren mit Graffiti verziert, die von politischen Parolen bis zu „Ich war hier"-Sprüchen reichten.

Auf östlicher Seite lag dahinter ein nachts beleuchteter Kontrollstreifen, dann folgten in den Boden gerammte und verschweißte Eisenträger, die – je nach Perspektive – gegen die angreifenden Panzer der alliierten Westmächte schützen oder den Durchbruch von Fahrzeugen in den Westteil verhindern sollten. Dahinter folgten noch Hundelaufanlagen, Schutzbunker, Beobachtungstürme und ein Kontaktzaun, der Lichtsignale oder Sirenen auslöste. Ein Durchkommen gab es in beide Richtungen nicht.

Inzwischen hinter Glas: Mauersegmente im Europacenter

An der Bernauer Straße/Ackerstraße ist das einzige Stück der gesamten Sperranlagen erhalten geblieben bzw. rekonstruiert worden. Hier wurden auch Fundamente der Versöhnungskirche sowie Keller von Häusern ausgegraben, die im Zuge des Mauerbaus gesprengt wurden. All das ist in die **Mauer-Gedenkstätte** integriert, deren Info-Pavillon an der Ecke Gartenstraße am 9. November 2009 eröffnet wurde. Außerdem gibt es einen Aussichtsturm, eine Kapelle und bereits seit 1999 ein Dokumentationszentrum (BernauerStr. 111; U8 Bernauer Str. oder S1, S2 Nordbhf., Bus 245, Tram M 10; ✆ 464 10 30, www.berliner-mauer-gedenkstaette. de. ☉ Mai–Sept. Di–So 9.30–19 h; April/Okt. 10–18 h; Nov.–März 10–17 h. Eintritt frei.). Sonst ist die Mauer aus dem Stadtbild weitgehend verschwunden, in der Innenstadt erinnern Markierungen im Asphalt streckenweise an ihren Verlauf.

Besichtigt werden kann ein Stück Grenzanlage in der Niederkirchnerstraße hinter dem Martin-Gropius-Bau (s. Rundgang 3). Ein Wachturm steht noch im ehemaligen Niemandsland zwischen Treptow und Kreuzberg/Neukölln an der Puschkinallee/Schlesischen Straße, ein weiterer Wachturm, der die Zeiten überlebt hat, ist seit 2003 eine Gedenkstätte (Kieler Straße, im Innenhof der neu erbauten Scharnhorsthöfe hinter dem Wirtschaftsministerium in Mitte). Zum 40. Jahrestag des Mauerbaus, also am 13. August 2001, wurden die letzten verbliebenen Mauerreste endlich unter Denkmalschutz gestellt, dennoch gehen Verfall und Vandalismus vorerst ungebremst weiter.

Mittlerweile ist der Fahrradweg entlang dem Berliner Mauerverlauf komplett fertig gestellt. Die 160 km, zum großen Teil auf originalen Wegen der Grenzschützer, wird aber wohl kaum jemand am Stück zurücklegen.

Frankfurter Allee/Karl-Marx-Allee: Die Große Frankfurter Straße war im Zweiten Weltkrieg fast völlig zerstört worden. Deshalb plante man hier nach dem Krieg die Neubebauung mit 5.000 Wohnungen. Zunächst wurde die Straße zu Stalins 70. Geburtstag 1949 in **Stalinallee** umbenannt. Bald darauf begann man mit dem Bauen. Zwischen 1952 und 1958 folgte der erste Abschnitt des Aufbaus der heutigen Karl-Marx-Allee. Zwischen Strausberger Platz und Frankfurter Tor entstanden in großer Eile bis zu 300 Meter lange, reich gegliederte Blöcke (7 bis 9 Stockwerke), die sog. Arbeiter-Paläste. Die Fassaden entrücken den Betrachter von der Spree an die Moskwa. Türme am Strausberger Platz (damals „Haus des Kindes" und „Haus Berlin") und am **Frankfurter Tor** (den Türmen der Dome des Gendarmenmarkts nachempfunden) bilden den krönenden Abschluss. Die Häuser des ersten Bauabschnitts wurden noch in der traditionellen Ziegelbauweise errichtet. Mehr als zwei Drittel der nötigen Ziegel stammten von den Ruinen zerbombter Häuser.

Die Bauten des zweiten Abschnitts, im wesentlichen Hochhäuser zwischen Strausberger Platz und Alexanderplatz, entlang der vorderen Landsberger Allee und an der Straße der Pariser Kommune, wurden schon in Großplattenbauweise hochgezogen.

Praktische Infos (Karte s. S. 182/183)

Seit Friedrichshain zum In-Viertel wurde, sind an der Stelle traditioneller Eckkneipen neue Lokale entstanden, meist im kargen Stil der späten 1990er. Typisch ist die Kombination von Café und Bar-Restaurant, das von vormittags bis nachts geöffnet hat. Deshalb ist die im Folgenden vorgenommene Aufteilung etwas willkürlich:

Cafés

Via Nova (24), Revaler Str. 9, ✆ 294 16 50, www.cafe-vianova.de. ⏲ tägl. ab 9 h, meist bis etwa 2 h, türkisch-italienische Küche bis 0.30 h. Sehr beliebt ist der Brunch am So (9–15 h), wo man sich für 9 € Süßes und Pikant-Mediterranes vom schier endlosen Buffet holen kann. Im Sommer viele Tische auf dem breiten, sonnigen Gehweg. Für den Abend wird eine riesige Cocktailkarte bereit gehalten. Das gleiche Angebot gilt auch für den Ableger in Mitte, Universitätsstr. 2–3a.

Café Ehrenburg (3), Karl-Marx-Allee 103 (U-Bhf. Weberwiese), ✆ 42 10 58 10, www.cafe ehrenburg.de. ⏲ tägl. 10–2 h. 2001 nach jahrelangem Leerstand als Café mit Cocktailbar wiederbelebtes DDR-Schreibwarengeschäft. Den Namen gab der Schriftsteller Ilja Ehrenburg, dessen Porträt den ansonsten spartanisch-cool gehaltenen Gastraum ziert. Junges Publikum, durchgehend Kuchen und kleine Snacks.

Café Sibylle (4), Karl-Marx-Allee 72, ✆ 29 35 22 03, www.union-sozialer-einrichtungen.de. ⏲ Mo–Sa 9–22 h, So 12–20 h (bei Veranstaltungen länger). 2001 eröffnete die frühere Milchtrinkhalle in neuem Gewand. Liebevoll wurden Details der alten Wandbemalung aus den 1950ern wieder hergestellt, die Inneneinrichtung ist sehr stilvoll, und die Preise sind wirklich moderat. Das liegt auch daran, dass das Café von einer sozialen Einrichtung als Ausbildungsbetrieb geführt wird. Im Sommer kann man draußen sitzen, von Zeit zu Zeit wird ein kulturelles Abendprogramm geboten. Eine kleine Ausstellung erinnert an die DDR-Vergangenheit, außerdem kann man hier Audio-Guides für einen „Hör-Spaziergang" durch Friedrichshain leihen.

Imbisse und Schnellrestaurants

Vöner (27), Boxhagener Str. 56, ✆ 99 26 54 23, www.voener.de. ⏲ Mo–Fr 11.30–23 h, Sa/So 13.30–23 h. Diese Erfindung war längst überfällig: der vegetarische Döner, in einer Variante sogar für Veganer. Für knapp 3 € gibt es das mit Gemüse und gegrilltem Seitan gefüllte Fladenbrot. Alternative ist der vegetarische Burger, dazu Bio-Pommes. Lecker!

Nil (12), Grünberger Str. 52, ✆ 29 04 77 13, www.nil-imbiss.de. ⏲ tägl. 11–24 h. Sudanesischer Imbiss mit vielen Hülsenfruchtgerichten, Gegrilltem, Suppen und anderen

Snacks, preiswert und lecker. Seit 2006 gibt's in Kreuzberg einen Ableger (Oppelner Str. 4).
Sanabel (14), Gabriel-Max-Str. 16, ☎ 29 00 06 99. ⏰ tägl. 11–1 h. Empfehlenswerter arabischer Imbiss-Laden mit Falafel, Schawarma etc. Größer ist der recht neue Ableger in Kreuzberg, Schlesische Str. 36.
Yogi-Snack (16), Simon-Dach-Str. 11, ☎ 29 00 48 38. ⏰ tägl. 12–24 h. Indisches Schnellrestaurant mit leckerer Küche in schlichter, etwas düsterer Atmosphäre. Im Sommer zu empfehlen: das Essen mitnehmen und vor dem Lokal oder auf einer Parkbank am Boxhagener Platz verzehren. Die reichlichen Portionen kosten 4–8 €, es gibt viel Vegetarisches. Suppen und Vorspeisen ab 2 €.

Restaurants

Papaya (17), Krossener Str. 11, ☎ 29 77 12 31, www.papaya-service.de. ⏰ tägl. 12–24 h. Leckere Thai-Gerichte um 10 € werden in freundlich-schlichter Umgebung serviert; bei der Zubereitung kann man sogar zuschauen. Tipp: Mo–Fr 12–16 h preiswerter Mittagstisch. Schräg gegenüber eröffnete eine edlere Dependance.
Osteria Mora Mora (11), Grünberger Str. 69, ☎ 29 00 94 28. ⏰ Mo–Fr ab 17 h, Sa/So ab 12 h, Küche bis Mitternacht. Eine kulinarische Alternative zu dem sonst meist auf studentisches Publikum ausgerichteten Friedrichshainer Speisenangebot ist das 2006 eröffnete italienische Restaurant des gastronomischen Urgesteins Giacomo Posadino. Alt-Kreuzberger kennen ihn noch als Wirt der Osteria Numero Uno, nach längerem Madagaskar-Aufenthalt beglückt er nun die Friedrichshainer mit hausgemachter Pasta und anderen solide zubereiteten traditionellen italienischen Gerichten.
Kaspar + Hauser (23), Knorrpromenade 2, ☎ 48 78 72 32, www.kasparundhauser.de. ⏰ tägl. ab 16 h. In modisch-schlichtem Ambiente isst man deutsch-österreichische und Fusion-Gerichte (Hauptspeisen 8–15 €, gute Weinkarte) sowie Tapas. Im Sommer wird draußen unter Bäumen serviert.
Umspannwerk Ost (2), Palisadenstr. 48 (U-Bhf. Weberwiese), ☎ 42 80 94 97, www.umspannwerk-ost.de. ⏰ tägl. ab 11.30 h, Küche bis 24 h. Die riesige Trafo-Halle des 1899 erbauten Umspannwerks wurde zu einem zweistöckigen Restaurant umgebaut, das auf jeden Fall einen Blick wert ist. Das Essen wird vor den Augen der Gäste zubereitet und in recht kleinen Portionen serviert; Hauptgerichte über 10 €. Im Theaterclub im Keller gibt es ab und zu Live-Jazz, im Erdgeschoss Darbietungen des Berliner Kriminaltheaters.

Frühstücken in der Simon-Dach-Straße

Die Oberbaumbrücke zwischen Friedrichshain und Kreuzberg

Kreuzberg

Nicht erst seit dem Erfolg von Sven Regeners Roman „Herr Lehmann" und dem darauf basierenden Film ist Kreuzberg wieder „in". Schon seit Jahren werden im Zuge der Eighties-Nostalgie die wenigen original erhaltenen Kneipen aus Hausbesetzerzeiten von jungen Menschen besucht. Doch besteht Kreuzberg nicht nur aus „Szene": Es gibt bürgerliche Wohngebiete und daneben das türkisch dominierte Kreuzberg ums Kottbusser Tor.

Der Stadtteil, der seit 2001 zusammen mit Friedrichshain einen Bezirk bildet, zerfällt in die ehemaligen Post-Zustellbezirke Berlin 61 und Berlin 36. Die Ziffern charakterisieren bis heute die „beiden Kreuzbergs" – das in Teilen gutbürgerliche 61 und das szenige, türkische 36. Beide haben ihre heimliche Hauptstraße; in 61 ist das die Bergmannstraße mit ihren Restaurants, Cafés, Kneipen und kleinen Geschäften, in 36 die ganz ähnlich strukturierte Oranienstraße. Beide Straßen lohnen einen Bummel, jewails auch nachts. Shopping- und Kneipen-Tipps finden Sie in den Kapiteln „Nachtleben" und „Einkaufen".

Kreuzberg 61

Auch wenn man das heute kaum noch glauben kann: Hier waren Ende der 1970er/Anfang der 1980er-Jahre unzählige Häuser besetzt, vor allem rund um den Chamissoplatz. Heute werden zwar keine Häuser mehr besetzt, aber der Geist des Protests ist in Kreuzberg immer noch wach. Als in den Paul-Lincke-Höfen 2009 sogenannte Car-Lofts errichtet wurden, Luxuswohnungen mit Aufzug für's Auto (!!), die deutlich über 1 Mio. € kosten, wurde die Baustelle mit Farbbeuteln und Steinen beworfen. Nun wird das Ganze von Wachleuten gesichert.

Im **Viktoriapark** am äußersten Rand von 61 liegt der Kreuzberg, der dem Stadtteil den Namen gegeben hat. Sein „Gipfel" mit *Schinkels* Denkmal für die Befreiungskriege bietet einen guten Blick auf die Stadt. Neuerdings gibt es hier sogar ein kleines Café in einem ehemaligen Toilettenhäuschen. An den Park grenzt ein schickes neues Wohngebiet, das Viktoria-Quartier, das auf dem Gelände der ehemaligen Schultheiss-Brauerei entstanden ist und die alten Backsteingebäude einbezieht. Da in Berlin die Nachfrage nach teuren Wohnungen gering ist, musste der erste Investor Insolvenz anmelden. Im Herbst 2003 eröffnete der 1.500 m² große Indoor-Spielplatz „Jolos Kinderwelt", der betreutes Spielen und organisierte Kindergeburtstage anbietet.

61 20 27 96, www.jolo-berlin.de. Mo–Fr 14–19 h, Sa/So 11–19 h. Eintritt max. 6,50 €, je nach Alter und Spieldauer.

Eine Prachtstraße war einst die Yorckstraße, was am Gebäudekomplex **Riehmers Hofgarten** mit seinen Restaurants und dem Yorck-Kino noch zu erkennen ist. Das übrige Kreuzberg war bis zum Zweiten Weltkrieg durch die „Kreuzberger Mischung" geprägt: In den hellen, großen Wohnungen der Vorderhäuser lebten die Wohlhabenden, im Hof lagen Gewerbebetriebe, und in den Hinterhäusern wohnten die Armen. Heute bietet diese vielfältige Baustruktur, soweit sie Krieg und Abrissbirne überlebt hat, fast unbegrenzte Nutzungsmöglichkeiten.

Die Hausbesetzerbewegung

In den 1970er-Jahren dominierte das Ideal der autogerechten Stadt die Stadtplanung. Eine Stadtautobahn sollte durch Kreuzberg führen, Wohnen und Arbeiten sollten in getrennten Gebieten stattfinden. Das hätte für Kreuzberg den kompletten Umbau und die sog. Flächensanierung bedeutet, den Abriss ganzer Straßenzüge und anschließend neue Bebauung mit Wohnblocks. Leer stehende Häuser und gleichzeitig immense Wohnungsnot brachten die Hausbesetzerbewegung hervor. Man zog einfach in Abrisshäuser ein, setzte sie gemeinsam ein bisschen in Stand und protestierte damit außerdem gegen die Sanierungspolitik des Berliner Senats. Dieser reagierte zunächst moderat und duldete die Besetzungen. In der ersten Hälfte der 1980er-Jahre kam es bei Räumungen besetzter Häuser und versuchten Neubesetzungen immer häufiger zu brutalen Schlachten zwischen Hausbesetzern und fast militärisch gerüsteter Polizei. 1990 gab es dann wieder viele leer stehende Häuser, die abgerissen werden sollten oder einfach aufgegeben worden waren – im Ostteil der Stadt, vor allem in Mitte und Friedrichshain. Hierher zogen nun die verbliebenen Aktiven der ersten Hausbesetzerbewegung, viele junge Leute schlossen sich an. Auch hier kam es bald zu brutalen Polizeieinsätzen, besonders bekannt wurde der in der Mainzer Straße im November 1990 (s. S. 185). In der Folgezeit wurde mit allen Mitteln versucht, die Hausbesetzungen zu stoppen und besetzte Gebäude zu räumen oder zu legalisieren. Noch heute leben viele einstige Besetzer in den Häusern, allerdings mit Mietverträgen. 2002 wurde der Bewegung ein filmisches Denkmal gesetzt: „Was tun, wenn's brennt?" mit Til Schweiger – von ehemaligen Hausbesetzern ganz unterschiedlich bewertet.

Die „Molecule Men" markiert die Grenze zwischen Kreuzberg, Friedrichshain und Treptow

Kreuzberg 36

Rund um den riesigen **Görlitzer Park**, der bei schönem Wetter zu jeder Tageszeit gut besucht ist und für die Jüngsten die Attraktion **Kinderbauernhof** bietet, liegt das ärmere, für viele auch lebendigere Kreuzberg. Hier stammt fast jeder Dritte aus der Türkei oder hat türkische Vorfahren. So verwundert es nicht, dass Kreuzberg 36 unzählige türkische Geschäfte, Teestuben und (Hinterhof-)Moscheen hat. Umstritten war der Bau mehrerer prächtiger Moscheen in Kreuzberg und im angrenzenden Neukölln. Die älteste ist die **Sehitlik-Moschee** neben dem traditionsreichen islamischen Friedhof am Columbiadamm. 2008 wurde die **Umar-Ibn-al-Khattab-Moschee** an der Wiener/Ecke Skalitzer Straße fertiggestellt, wo am 1. Mai 1987 Autonome einen Bolle-Supermarkt in Brand gesteckt hatten – Auftakt für die seitdem jährlich wiederkehrenden 1.-Mai-Krawalle in Kreuzberg.

Parallel zum türkischen Kreuzberg und so gut wie ohne Berührung mit ihm – sieht man einmal von den türkisch-schwul-lesbischen Tanzabenden Gayhane im SO 36 ab – existiert das In-Kreuzberg. Künstler, Medienvolk und alle, die sich dazuzählen, sammeln sich rund um den Görlitzer Park. Hier eröffnen in rascher Folge neue Bars, Kneipen und Clubs, kann man angesagte Klamotten kaufen und die Nacht zum Tage machen. Erst seit einem Jahrzehnt wird die attraktive Wasserlage Kreuzbergs genutzt: mit Strandbars und Clubs mit Wasserblick, die aber teilweise von Neubau-Projekten bedroht sind. Wer die Gaststätte „Markthalle" sucht, in der Herr Lehmanns Schwarm Katrin für den phantastischen Schweinebraten zuständig war – die gibt es wirklich, und es gibt dort immer noch Schweinebraten: Sie heißt in Wirklichkeit „Weltrestaurant Markthalle".

An Museen und architektonischen Sehenswürdigkeiten ist Kreuzberg nicht eben reich. Einige Highlights sind aber in den letzten Jahren hinzugekommen: Die **Berlinische Galerie** und das **Museum der Dinge**, beide vor Jahren aus dem Martin-Gropius-Bau vertrieben, haben in Kreuzberg eine neue Heimat gefunden. Für stadtarchitektonisch Interessierte sehenswert ist der Grünstreifen des ehemaligen **Luisenstädtischen Kanals** mit dem jüngst rekonstruierten **Engelbecken**.

Sehenswertes

Kinderbauernhof: Für Berlin besuchende Kinder vom Lande etwas zum Gähnen, aber für Kreuzberger Großstadtkinder sensationell ist der Kinderbauernhof im Görlitzer Park, wo die Älteren beim Ausmisten helfen dürfen. Viele sehen hier zum ersten Mal ein lebendiges Schwein, außerdem gibt es Esel, Ziegen und Hühner. Wer sich traut, darf die Vierbeiner auch anfassen. Diverse sozialpädagogische Angebote runden das Ganze berlintypisch ab.

Adresse: Wiener Str. 59 b (U1 Görlitzer Bhf. oder Schlesisches Tor). Die Tiere sind mitten im Park. ✆ 611 74 24, www.kinderbauernhofberlin.de. ⓘ Mo/Di, Do/Fr 10–19 h, Sa/So 11–18 h (im Winter nur bis 17 h).

Berlinische Galerie: Erst seit ein paar Jahren hat das Landesmuseum für moderne Kunst, Fotografie und Architektur, die Berlinische Galerie, wieder feste Ausstellungsräume. In einer ehemaligen Flachglas-Lagerhalle in der Nähe des Jüdischen Museums werden wechselnde Ausstellungen mit Berlin-Bezug gezeigt. Zusätzlich bietet das Atelier „Bunter Jakob" ein attraktives Kinderprogramm, das sich vor allem an junge Berlinerinnen und Berliner wendet. Auch für Gäste interessant ist das Offene Atelier jeden Mi 15–18 h (außer in Berliner Schulferien), in dem gemalt, geklebt, gebastelt und gedruckt werden kann.

Adresse: Alte Jakobstr. 124–128 (U1 Hallesches Tor; U2 Spittelmarkt; U6 Kochstr.; U8 Moritzplatz; Bus M 29, 248), ✆ 78 90 26 00, www.berlinischegalerie.de. ⓘ Mi–Mo 10–18 h. Eintritt 7 € (erm. 4 €), jeden 1. Mo im Monat 3 €, bis 18 Jahre Eintritt frei. Führungen Sa/So 15 h. Kinderkurse im Atelier Bunter Jakob, ✆ 266 36 88, www.jugend-immuseum.de.

Museum der Dinge: Im Sommer 2007 bezog das 1973 gegründete Berliner Werkbundarchiv neue Räume neben der Neuen Gesellschaft für Bildende Kunst (NGBK). Das Werkbundarchiv erinnert an die Anstrengungen des 1907 in Darmstadt gegründeten Deutschen Werkbundes, der für schlichtes, funktionelles Design eintrat. Gezeigt werden in der ersten Ausstellung aber nicht nur „gut gestaltete" Gebrauchsgegenstände, sondern auch Kitschiges. Die Zusammenstellung der Exponate soll einen Eindruck vom Alltagsleben in vergangenen Jahrzehnten geben.

In der Oranienstraße

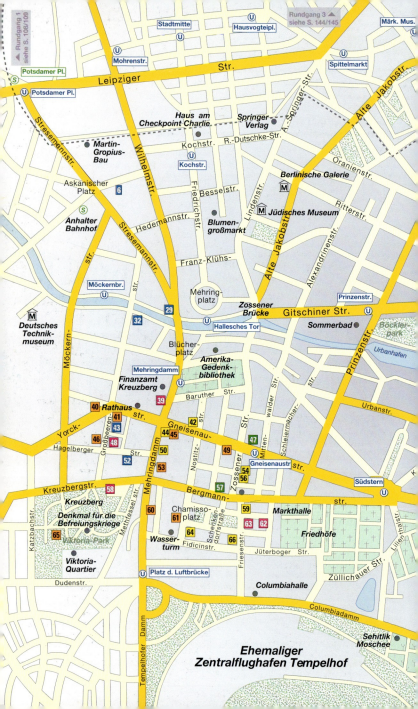

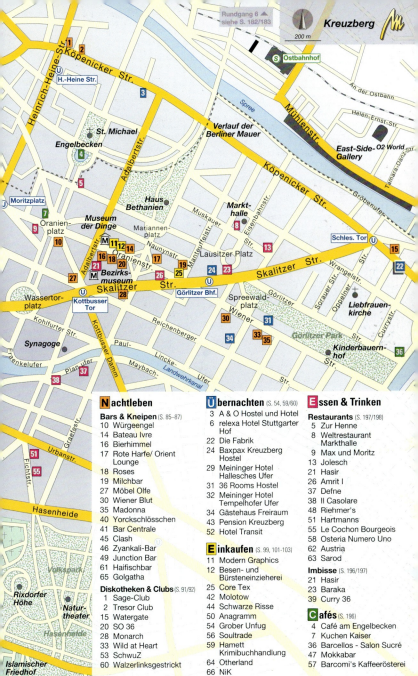

Kreuzberg

Nachtleben

Bars & Kneipen (S. 85–87)
- 10 Würgeengel
- 14 Bateau Ivre
- 16 Bierhimmel
- 17 Rote Harfe/ Orient Lounge
- 18 Roses
- 19 Milchbar
- 27 Möbel Olfe
- 30 Wiener Blut
- 36 Madonna
- 40 Yorckschlösschen
- 41 Bar Centrale
- 45 Clash
- 48 Zyankali-Bar
- 49 Junction Bar
- 61 Haifischbar
- 65 Golgatha

Diskotheken & Clubs (S. 91/92)
- 1 Sage-Club
- 2 Tresor Club
- 15 Watergate
- 20 SO 36
- 32 Monarch
- 33 Wild at Heart
- 53 SchwuZ
- 60 Walzerlinksgestrickt

Übernachten (S. 54, 59/60)

- 3 A & O Hostel und Hotel
- 6 relexa Hotel Stuttgarter Hof
- 22 Die Fabrik
- 24 Baxpax Kreuzberg Hostel
- 29 Meininger Hotel Hallesches Ufer
- 31 36 Rooms Hostel
- 32 Meininger Hotel Tempelhofer Ufer
- 34 Gästehaus Freiraum
- 43 Pension Kreuzberg
- 52 Hotel Transit

Einkaufen (S. 99, 101-103)

- 11 Modern Graphics
- 12 Besen- und Bürsteneinzieherei
- 25 Core Tex
- 42 Molotow
- 44 Schwarze Risse
- 50 Anagramm
- 54 Grober Unfug
- 56 Soultrade
- 59 Hammett Krimibuchhandlung
- 64 Otherland
- 66 NiK

Essen & Trinken

Restaurants (S. 197/198)
- 5 Zur Henne
- 8 Weltrestaurant Markthalle
- 9 Max und Moritz
- 13 Jolesch
- 21 Hasir
- 26 Amrit I
- 37 Defne
- 38 Il Casolare
- 48 Riehmer's
- 51 Hartmanns
- 55 Le Cochon Bourgeois
- 58 Osteria Numero Uno
- 62 Austria
- 63 Sarod

Imbisse (S. 196/197)
- 21 Hasir
- 23 Baraka
- 39 Curry 36

Cafés (S. 196)

- 4 Café am Engelbecken
- 7 Kuchen Kaiser
- 36 Barcellos - Salon Sucré
- 47 Mokkabar
- 57 Barcomi's Kaffeerösterei

Adresse: Oranienstr. 25 (U1, U8 Kottbusser Tor, U8 Moritzplatz; Bus M 29, 140), ✆ 92 10 63 11, www.museumderdinge.de. ⏲ Fr–Mo 12–19 h. Eintritt 4 € (erm. 2 €), Kinder unter 12 J. freier Eintritt.

Luisenstädtischer Kanal: Heute wieder zu einem ganz kleinen Teil mit Wasser gefüllt, erinnert der prächtig angelegte Doppel-Straßenzug zwischen Urbanhafen und Schillingbrücke bis heute an den 1852 für die Schifffahrt eröffneten Luisenstädtischen Kanal. Da sein Gefälle falsch berechnet worden war, versumpfte der Kanal rasch und man schüttete ihn in den 1920er-Jahren mit dem Erdaushub der U-Bahn-Linie 8 zu. Statt der Wasserfläche legte man unter dem Straßenniveau eine langgestreckte Grünfläche an, nur das Engelbecken blieb wassergefüllt. Nach dem Zweiten Weltkrieg war der ehemalige Kanal eine willkommene Vertiefung zum Entsorgen von Trümmern der zerbombten Häuser in der Umgebung, später verlief die Mauer am Ostufer des einstigen Kanals. Kanal und Engelbecken bildeten nun Teile des Todesstreifens. Seit 1991 wird der mittlerweile als Gartendenkmal in die Denkmalliste aufgenommene Grünzug rekonstruiert, das Engelbecken wurde wieder ausgebaggert.

Praktische Infos (Karte s. S. 194/195)

In Kreuzberg ändert sich zwar viel. Dennoch behaupten sich hier zahlreiche Traditionsadressen; einige davon, wie das „Max und Moritz" und die „Henne", schon über hundert Jahre. Bemerkenswert ist, dass sich zwei hervorragende Restaurants mit österreichischer Küche seit Jahren in Kreuzberg befinden.

Cafés

Barcellos – Salon Sucré (36), Görlitzer Str. 32a, ✆ 612 27 13, www.salonsucre.de. ⏲ Do–So 10–19 h, im Winter nur bis 18 h. Hochgelobte original französische Patisserie in Kombination mit einem brasilianischen Frisörsalon.

Kuchen Kaiser (7), Oranienplatz 11–13, ✆ 61 40 26 97, www.kuchenkaiser.de. ⏲ tägl. ab 9 h. Vor über zehn Jahren im traditionsreichen Gebäude eines Kaffeehauses von 1866 eröffnete, szenige Kaffeehaus-Kneipe mit breitem Kuchen- und Tortenangebot. Im Sommer wird auch draußen serviert. Neben Süßem gibt's auch Herzhaftes zu durchschnittlichen Preisen; günstiger Mittagstisch. Beliebt ist der Brunch am So (10–15 h, 9 € ohne Getränke).

Café am Engelbecken (4), Michaelkirchplatz (am Ufer des Engelbecken, unterhalb des Straßenniveaus), ✆ 28 37 68 16, www.cafe-am-engelbecken.de. ⏲ tägl. 10–24 h, bis April 2010 wegen Umbau geschlossen. Schöner kann man kaum Kaffee trinken: mitten in der Stadt, aber ruhig und mit traumhaftem Wasserblick. Am besten sind natürlich die Terrassenplätze, bei Kälte und/oder Regen geht's hinein in den zur Gaststube umfunktionierten Baucontainer.

Mokkabar (47), Gneisenaustr. 93, ✆ 694 88 68, www.mokkabar.net. ⏲ So–Do 10–2 h, Fr/Sa 10–3 h, Küche bis Mitternacht. Bei hervorragendem Espresso und Cappuccino kann man hier gemütlich das große Zeitschriftenangebot durchblättern. Wenn der Hunger kommt, gibt es in dieser Café-Restaurant-Bar Süßes und mediterran Salziges, auch warme Speisen wie Pizza. Frühstück wird bis 17 h serviert; an Wochentagen preiswerter Mittagstisch. Abends Cocktails, von 18–21 h ist Happy Hour.

Barcomi's Kaffeerösterei (57), Bergmannstr. 21, ✆ 694 81 38, www.barcomis.de. ⏲ Mo–Sa 8–21 h, So ab 9 h. Amerikanisches Coffeehouse in frisch saniertem Gebäude. Frühstück zu jeder Tageszeit; leider tagsüber oft voll. Hier gibt's zahlreiche Sorten US-Kaffee, dazu süßes Hausgebackenes von Apple Pie bis New York Cheesecake – aber auch Rohmilchkäse, Büffelmilch-Mozzarella und Kartoffelbrot.

Imbisse

Curry 36 (39), Mehringdamm 36, ✆ 29 04 77 13, www.curry36.de. ⏲ Mo–Fr 9–4 h, Sa 10–4 h, So 11–3 h. Seit Jahren gilt dieser Imbiss als eine der besten Quellen für wohlschmeckende Berliner Currywurst, so stehen auch oft viele Taxis in zweiter Reihe auf dem Mehringdamm, weil der Fahrer furchtbaren Appetit auf eine Wurst „ohne" oder

„mit" verspürt (gemeint ist Darm, also ob die Wurstpelle dran bleiben oder abgezogen werden soll).
Baraka (23), Lausitzer Platz 6, ✆ 612 63 30. ⏱ tägl. 12–24 h. Saleh Zeghouane bietet ägyptische und marokkanische Spezialitäten wie Couscous und Tajine an. Die Tiere, deren Fleisch auf den vielfältigen Spießen steckt, wurden nach den islamischen Regeln geschächtet. Außerdem viele vegetarische Gerichte. Angeschlossen ist ein Restaurant, in dem man sehr gemütlich sitzt.
Hasir (21), Adalbertstr. 10, s. Restaurants.

Restaurants

Amrit I (26), Oranienstr. 202/203, ✆ 28 04 54 82, www.amrit.de. ⏱ So–Do 12–1 h, Fr/Sa ab 12 h (open end). Gleichbleibend gute indische Küche, freundliche Bedienung: das schafft viele Stammgäste. Deshalb ist das Amrit oft voll und hat mittlerweile 3 Filialen aufgemacht.
Hasir (21), Adalbertstr. 10, ✆ 614 23 73, www.hasir.de. ⏱ tägl. durchgehend, auch durchgehend warme Küche. Die bekannt gute anatolische Küche der Hasir-Kette wird hier rund um die Uhr serviert. So trifft Nachtschwärmer auf Frühaufsteher, wobei erstere viel zahlreicher sind. Nebenan gibt es auch einen Hasir-Imbiss mit leckeren Speisen; oft lange Warteschlangen. Hier wurde angeblich 1971 der Döner Kebab im Fladenbrot erfunden.
Austria (62), Bergmannstr. 30, ✆ 694 44 40, ⏱ tägl. 18–24 h. Hier gibt es seit fast 20 Jahren die legendären messerrückenflach geklopften Wiener Schnitzel, die bis über den Tellerrand reichen, natürlich stilgerecht mit Erdäpfelsalat, aber immer teurer werdend. Dazu original österreichisches Bier ... Immer voll! Der Erfolg steigt den Betreibern (oder nur den Kellnern?) anscheinend etwas zu Kopf: Wer an einem Wochentag um 22.30 h kommt und nur noch etwas trinken möchte, muss trotz freier Tische an der Bar Platz nehmen...
Defne (37), Planufer 92c, ✆ 81 79 71 11, www.defne-restaurant.de. ⏱ April–Sept. tägl. 16–1 h, im Winter erst ab 17 h. Ein Tipp von Kreuzberger Lesern. Sie schwärmen von „feiner türkischer Küche abseits der üblichen Kebabgerichte: super der scharfe Oktopus im Tontöpfchen".
Il Casolare (38), Grimmstr. 30, ✆ 69 50 66 10. ⏱ tägl. 12–24 h. Familiär geführtes italienisches Restaurant mit hervorragenden, teil-

weise ungewöhnlich belegten Pizzen. So gut wie immer voll, entsprechend lärmig geht es an den massiven Holztischen mit den karierten Tischdecken zu. Die Bedienungen sind oft etwas hektisch, denn hier scheint ganz Kreuzberg seine Pizza zu essen. Besonders schön ist es im Sommer im baumbestandenen Vorgarten mit Blick auf den Landwehrkanal.
Jolesch (13), Muskauer Str. 1, ✆ 612 35 81, www.jolesch.de. ⏱ tägl. 9.30–1 h, Küche bis 23.30 h. Gar nicht österreichisch-gepflegt eingerichtet, sondern völlig kreuzbergerisch. Riesige Wandgemälde, schlichtes Mobiliar, Bedienungen aus allen Kontinenten – und das in Kombination mit exzellenter österreichischer Küche. Der Tafelspitz zergeht auf der Zunge, die Mehlspeisen machen süchtig. Preiswerter Mittagstisch 12–15 h; abends sollte man unbedingt reservieren. Die Abendkarte bietet dann auch etwas gewagtere Gerichte, die über die traditionellen österreichischen Spezialitäten hinausgehen. Dazu gibt's österreichische (Spitzen-)Weine. Hauptgerichte 10–15 €, 3-Gänge-Menü 27 €.
Hartmanns (51), Fichtestr. 31, ✆ 61 20 10 03, www.hartmanns-restaurant.de. ⏱ Mo–Sa 18–24 h. Um Stefan Hartmanns preisgekrönte Spitzenküche genießen zu können, muss

man reservieren. Schon bald nach der Eröffnung 2007 überschlugen sich die Lobesstimmen; die Qualität hat seitdem nicht nachgelassen. 3-Gänge-Menü 45 €, das 7-Gänge-Menü kostet 74 €, die passenden Weine dazu 30 €.

Le Cochon Bourgeois (55), Fichtestr. 24, ✆ 693 01 01, www.lecochon.de. ⌚ Di–Sa 18–1 h. Hervorragende bodenständige französische Küche von Spitzenkoch Benjamin Stöckel wird zu akzeptablen Preisen seit über zehn Jahren im ehemaligen „Bundschuh" serviert, ab und zu mit Piano-Begleitung. 3-Gänge-Menü 35 €, das 5-Gänge-Menü kostet 53 €; keine Kreditkarten. Frühzeitig reservieren!

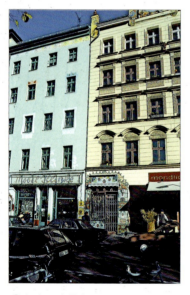

Gründerzeit-Bebauung in Kreuzberg

Max und Moritz (9), Oranienstr. 162, ✆ 69 51 59 11, www.maxundmoritzberlin.de. ⌚ Mo–Sa ab 18 h, So ab 12 h. Sogar Bianca Jagger war schon da, allerdings zum Interview und nicht zum Essen. Vielleicht hat sie sich über die traditionelle Berliner Kost gewundert, die hier in riesigen Portionen aufgetischt wird. Das Interieur stammt noch aus der Gründungszeit des Kneipen-Restaurants, ist also über 100 Jahre alt. Die derzeitigen Inhaber servieren auch Flammkuchen und diverse Berliner Biere sowie die fast ausgestorbene Fassbrause. An manchen Abenden gibt's dazu ein kulturelles Programm, das sich an 30- bis 50-jährige richtet; So Tangonacht. Reservieren!

Osteria Numero Uno (58), Kreuzbergstr. 71, ✆ 786 91 62, www.osteria-uno.de. ⌚ tägl. ab 12 h, Küche bis 24 h. 1977 von einem Kollektiv gegründetes italienisches Kneipen-Restaurant, heute im Alleinbesitz. Leckere italienische Küche mit preiswerten Kindergerichten; auch Spielmöglichkeiten. Im Sommer wird im schönen Garten am Kreuzberg serviert, ab und zu Live-Musik. Mittleres Preisniveau.

Riehmer's (48), Hagelberger Str. 9, ✆ 78 89 19 80, www.riehmers.at. ⌚ Di–So 18–1 h. Viele Gastronomen haben sich in den vergangenen Jahren an diesem schön gelegenen Restaurant in Riehmers Hofgarten versucht. Es scheint, dass dem neuen Besitzer, der österreichisch-ungarische Küche anbietet, längerer Erfolg beschieden ist als seinen Vorgängern. Gehobenes Preisniveau.

Sarod (63), Friesenstr. 22, ✆ 69 50 73 33. ⌚ Mo–Fr 12–23 h, Sa/So 14–23 h. Thailändische Küche; ab und zu werden hier Promis gesichtet. Auch Außer-Haus-Verkauf und Partyservice. Sehr empfehlenswert ist das preiswerte Mittagsbuffet (nur Mo–Fr). Ansonsten Hauptgerichte 5–20 €.

Weltrestaurant Markthalle (8), Pücklerstr. 34, ✆ 617 55 02, www.weltrestaurant-markthalle.de. ⌚ tägl. ab 10 h, Küche bis 24 h. Neben dem wirklich guten Schweinebraten gibt es auch andere bodenständige sowie feinere Gerichte, die durchaus empfehlenswert sind (10–18 €). Mo–Fr 12–17 h preiswertes Mittagsmenü.

Zur Henne (5), Leuschnerdamm 25, ✆ 614 77 30, www.henne-berlin.de. ⌚ Di–Sa ab 19 h, So ab 17 h. Wer später kommt, sollte sicherheitshalber reservieren. Wie aus dem Namen schon hervorgeht: hier werden Hennen serviert – bzw. Hähnchen, und zwar Milchmasthähnchen mit saftigem Fleisch für 7,50 € pro Hälfte. Sie sind kross und fettig; alle Beilagen dazu, wie den legendären Krautsalat, muss man extra bestellen. Die Hühner sind bei den Berlinern sehr beliebt, das Ambiente aus dunklem Holz ist sehenswert. Immerhin besteht das Kneipen-Restaurant schon seit 1907!

Reichlich überdimensioniert – das schmucke Rathaus Köpenick

Rundgang 7: Köpenick

Köpenick ist Berlins größter und grünster Stadtteil. 75 % der Fläche bestehen aus Wald, Wasser und Wiesen. Hier haben die Berliner ihr größtes Erholungsgebiet und ihre „Badewanne", den Großen Müggelsee. Köpenick war neben der Doppelstadt Berlin-Cölln und Spandau die dritte mittelalterliche Stadt auf heutigem Berliner Stadtgebiet, allerdings die mit der geringsten Bedeutung. Die mittelalterliche Straßenanlage der Köpenicker Altstadt auf der Insel zwischen Spree und Dahme ist im Wesentlichen noch heute vorhanden.

Auf der **Schlossinsel**, einer Landzunge der Dahme, die in Köpenick in die Spree mündet, wurden Reste einer **slawischen Burg** aus dem Jahr 825 gefunden. Sie war zur Slawenzeit eins der drei politischen Zentren im heutigen Berlin. 1209 wurde Köpenick zum ersten Mal urkundlich erwähnt. Bereits 1232 erhielt es die **Stadtrechte**. Dennoch konnte das kleine Köpenick, das an einer der wenigen günstigen Übergangsstellen über die Spree gegründet worden war, auf Dauer nicht mit Berlin-Cölln konkurrieren.

Gegen Ende des 13. Jh. hatte die junge Doppelstadt Berlin-Cölln die beiden älteren Städte Spandau und Köpenick wirtschaftlich und politisch weit überflügelt und war zu einer typischen mittelalterlichen Stadt geworden. Köpenick bestand in dieser Zeit aus zwei Teilen: der deutschen Stadt Köpenick und dem slawischen **Kietz**. Ursprünglich eine Dienstsiedlung für die Burg, entwickelte sich der Kietz nach der Verleihung des Fischereirechts im Jahre 1451 zum reinen Fischerdorf, das erst 1898 nach Köpenick eingemeindet wurde.

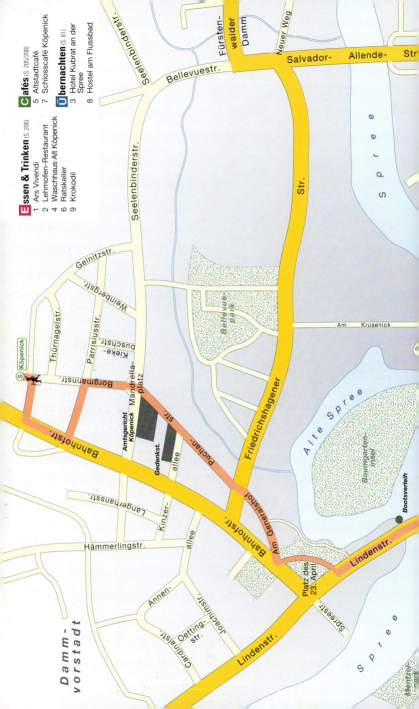

Im 18. Jh. kamen Textilmanufakturen und Seidenspinnereien dazu. In der Gründerzeit entstanden im wasserreichen Köpenick zahlreiche Wäschereien. Um die Wende vom 19. zum 20. Jh. zogen sich viele Großbetriebe aus dem Zentrum Berlins zurück und ließen sich zwischen Rummelsburg und Köpenick entlang der Spree, an Kanälen und Eisenbahnlinien nieder. Köpenick wurde zum **Industriestandort**.

In den letzten Jahren hat sich die sanierte Köpenicker Altstadt mächtig gemausert, es gibt nette Cafés und Kneipen, kleine Läden und ein interessantes Heimatmuseum. Vor allem die Schlossinsel mit einem der bedeutendsten Barockbauwerke Norddeutschlands lohnt einen Besuch; am besten im Sommer. Im Anschluss an den Rundgang kann man dann eins der nahen Naturbäder besuchen oder eine Dampferfahrt machen.

Spaziergang

Ausgangspunkt ist der S-Bahnhof Köpenick. Die Bahnhofstraße, die vom Bahnhof in die Altstadt Köpenicks führt, ist die Haupt-Einkaufsstraße Köpenicks. 1997 wurde hier das **Forum Köpenick** eingeweiht, ein Shopping-Center mit 37.000 m² Nutzfläche und 1.200 Parkplätzen.

Am Mandrellaplatz (benannt nach dem Amtsgerichtspräsidenten *Rudolf Mandrella*, der 1943 von den Nazis hingerichtet wurde) steht das **Amtsgericht Köpenick**, das 1899–1901 im Neorenaissance-Stil errichtet wurde. Im **Amtsgerichtsgefängnis** und auf seinem Hof fanden im Frühjahr 1933 die schrecklichen Ereignisse der Köpenicker Blutwoche statt: Hier wurde Folter und Mord an vielen hilflosen Gefangenen begangen, die die „SA-Standarte 15" als Regimegegner verhaftet hatte.

Jenseits der Friedrichshagener Straße liegt die **Alte Spree**, ein stiller Arm der Spree mit der Baumgarteninsel in der Mitte. Gegenüber, auf dem Platz des 23. April, steht das **Denkmal für die Opfer der Köpenicker Blutwoche**. Es ist eine mehrteilige Anlage mit zwei gefesselten Figuren und einer sechs Meter hohen Stele, die in einer geballten Faust endet. Seit Anfang der 1990er-Jahre war die steinerne Faust immer wieder Thema in der Köpenicker Bezirksverordnetenversammlung, denn CDU und SPD wollten das Denkmal entfernen oder wenigstens umgestalten.

Über die Dammbrücke gelangt man nach **Alt-Köpenick**. An der Straße Alt-

Mittlerweile ist die Ruhe um das Denkmal für die Köpenicker Blutwoche eingekehrt

Denkmalgeschütztes Sträßchen im Kietz

Köpenick liegt das **Rathaus**, in dem sich die Episode des *Hauptmanns von Köpenick* ereignet hat. Es ist ein typischer Berliner Backsteinbau der Jahrhundertwende mit einem gigantischen Turm. Bereits im Mittelalter stand an dieser Stelle ein – allerdings weitaus bescheideneres – Rathaus.

Am Ende der Straße Alt-Köpenick liegt – durch einen schmalen Graben von der Altstadt getrennt – die **Schlossinsel** mit dem **Schloss Köpenick**. Der im 17. Jh. im holländischen Barock-Stil errichtete Bau beherbergt seit 1963 ein Kunstgewerbemuseum, seine 2004 abgeschlossene, neun Jahre dauernde Sanierung war dringend notwendig, weil das Gebäude jedes Jahr zwei Millimeter in den schlammigen Untergrund der Dahme-Insel absackte, in dem es auf Pfählen steht. Das soll nun durch eingespritzten Beton verhindert werden. Gegenüber steht die barocke **Schlosskapelle** von *Johann Arnold Nering* (1684 erbaut). Im Konzertsaal des Schlosses und in der Schlosskapelle finden von Zeit zu Zeit Konzerte statt, im Sommer auch auf dem Schlosshof. Das benachbarte Schlosscafé lockt im Sommer mit Sitzplätzen direkt am Wasser.

Durch die Grün- und die Jägerstraße gelangt man auf den Alten Markt mit dem **Heimatmuseum Köpenick**, einem Fachwerkbau aus dem Jahr 1655.

Etwas von der Atmosphäre des früheren Fischerdorfes kann man heute noch im alten Ortsteil **Kietz** erahnen. Über die Kietzer Straße nach Süden kommt man in die denkmalgeschützte frühere slawische Fischersiedlung mit vielen alten ein- und zweistöckigen Häusern, die an die ärmliche Vergangenheit der Siedlung erinnern. Im Dahme-Flussbad oder der zugehörigen Kneipe Krokodil kann man den Spaziergang in Ruhe ausklingen lassen. Zurück zum S-Bahnhof gelangt man mit der Tramlinie 62 (ab Haltestelle Betriebshof Köpenick an der Wendenschlossstraße). Eine schöne Alternative ist die Rückfahrt zu Wasser. Die Anlegestelle „Köpenick/Altstadt" der Stern- und Kreisschifffahrt befindet sich am Luisenhain an der Straße Alt-Köpenick. Hier starten Ausflugsschiffe u. a. zu einer 2,5-stündigen Altstadtfahrt sowie zu Fahrten nach Friedrichshagen, Erkner und Rüdersdorf (hier knapp 2 h Aufenthalt für die Besichtigung des Kalkwerk-Museumsparks). In einer Stunde geht's per Schiff zur Anlegestelle im Hafen Treptow im Treptower Park – wenn noch Platz auf dem Schiff ist. Sonst fährt der Kapitän einfach am Anleger vorbei ... (→ S. 45 und Karte S. 200/201)

Sehenswertes

Gedenkstätte Köpenicker Blutwoche Juni 1933: Sie erinnert in den ehemaligen Gefängnisräumen an die Ereignisse von 1933 und an den Widerstand gegen den Nationalsozialismus.
Adresse: Puchanstr. 12 (S3 Köpenick). ⏱ Do 10–18 h und nach Vereinbarung. Eintritt frei. Es wird auch ein Einführungsvortrag mit Ton- und Filmdokumenten angeboten, für den eine Anmeldung erforderlich ist: ☎ 90 29 7-5630, -3350; www.heimatmuseum-treptow.de.

Rathaus Köpenick: 1901–1904 nach einem Entwurf von *Hans Schütte* und *Hugo Kinzer* erbaut, wurde durch den Hauptmann von Köpenick weltberühmt. Der Tresorraum, in dem damals die Stadtkasse stand, beherbergt heute eine kleine Hauptmann-von-Köpenick-Ausstellung.

Schloss Köpenick: 1677–1689 nach Plänen von *Rutger von Langerfeldt* und *J. A. Nering* errichtetes Lustschloss Friedrichs I., der es nur wenige Jahre nutzte. Der ursprünglich dreiflügelig geplante Bau wurde nie ganz vollendet; bedeutendster Raum ist der Wappensaal. Seit 2004 sind im hier residierenden Kunstgewerbemuseum unter dem Titel „Werke der Raumkunst aus Renaissance, Barock und Rokoko" endlich wieder kunstgewerbliche Schätze zu bewundern. Außerdem wechselnde Sonderausstellungen.
Adresse: Schlossinsel (S3 Köpenick; Tram 27, 60, 61, 62, 67, 68; Bus 164, 167), ☎ 266 42 43 01, www.smb.museum. ⏱ So 10–18 h, Eintritt 4 € (erm. 2 €), Do ab 14 h freier Eintritt; Kinder bis 16 Jahre haben immer freien Eintritt (s. auch Kasten SMPK auf S. 215).

Heimatmuseum Köpenick: Im 1992 restaurierten Fachwerkhaus ist eine Dauerausstellung zur Geschichte Köpenicks mit Fundstücken aus aktuellen Ausgrabungen im Stadtteil zu sehen, außerdem wechselnde Sonderausstellungen zur Stadtteil-Geschichte.
Adresse: Alter Markt 1 (S3 Köpenick; Tram 27, 62, 67), ☎ 902 97-3351. ⏱ Di/Mi 10–16 h, Do 10–18 h, So 14–18 h. Eintritt frei.

Flussbad Gartenstraße: Kleines Schwimmbad in der Dahme, Mitte der 1990er neu gestaltet. Sandstrand mit Spielplatz und Beach-Volleyball. Der Geschichtsverein „Der Cöpenicker" betreibt hier auch eine Kneipe mit schöner Terrasse und ein Hostel. Außerdem kann man hier ein Boot mieten oder eine geführte Kanu- oder Floßtour starten.
Adresse: Gartenstr. 46–48 (S3 Köpenick; Tram 27, 62, 67), ☎ 64 32 96 78, www.der-coepenicker.de. Eintritt 3 €, Kinder haben freien Eintritt; Hostel s. S. 61.

Praktische Infos (Karte s. S. 200/201)

Tourist-Information am Schlossplatz, Alt-Köpenick 31–33, ☎ 65 57 55-0, www.tkt-berlin.de. ⏱ Mo–Fr 9–18.30, Sa 10–13 h, Mai–Okt. auch So 10–13 h. Hier gibt es Infos und Audio-Guides für einen Rundgang durch die Altstadt (Dauer knapp 2 h).

Bootsverleih Oase, Lindenstr. 1a (an der Dammbrücke), ☎ 0177/240 10 66. Traditionsreicher Tretboot-Vermieter an der Alten Spree.

Solarboot-Vermietung, Solar-Pavillon Köpenick, am Frauentog, ☎ 0160/630 99 97, www.solarwaterworld.de. Vermietung von führer-

Der Hauptmann von Köpenick

Hast du keine Wohnung, bekommst du keine Arbeit. Hast du keine Arbeit, bekommst du keine Wohnung. Hast du nicht gedient, bist du eine Null. Hast du keine Papiere, bist du ein Nichts.

Voigt hatte nicht gedient, Voigt hatte keine Papiere, Voigt wollte raus aus dem Land. Aber ohne Aufenthaltsgenehmigung kein Ausreisepass! Diesen Teufelskreis wollte er durchbrechen, und so geschah Folgendes: Am 16. Oktober 1906 borgt sich Wilhelm Voigt aus einem Berliner Kostümverleih eine Hauptmannsuniform. In einer Toilette zieht er sich um. Über zehn Soldaten und einen Gefreiten des 1. Garderegiments übernimmt er das Kommando. Mit dem Vorortzug geht es von Charlottenburg nach Köpenick. Der Bürgermeister wird von Voigt verhaftet, die Stadtkasse mit 3.577 Mark beschlagnahmt (gegen Quittung, versteht sich). Alles steht stramm vor dem Herrn Hauptmann, doch zu seinem Ausreisepass kommt er so leider doch nicht, weil er verhaftet wird. Die „Köpenickiade" geht um

Denkmal für den Schuster Voigt

die Welt und rückt preußischen Militarismus und Untertanengeist ins rechte Licht. Voigt wird später von Kaiser Wilhelm II. begnadigt und tritt fortan im Zirkus und in Varietés auf. Nun kommt es doch zu weiten Reisen, u. a. in die USA. 1922 stirbt er in Luxemburg. Seit 1996 erinnert ein bronzener Hauptmann vor dem Rathaus an das Geschehen. Im Rathaus ist eine kleine Ausstellung über Voigt zu sehen.

scheinfreien Solarbooten für 2–3 Pers. Mo–Fr 10 €/Std., am Wochenende 12,50 €/Std., 50 € Kaution; auch größere Boote und gefüllte Kühlboxen. Rechtzeitig vorbestellen!

Veranstaltungen

Köpenicker Sommer: Das Traditionsfest, das 2011 zum 50. Mal gefeiert wird, findet am 2. oder 3. Juniwochenende statt. Am Sa gibt es einen Festumzug zum Rathaus Köpenick, wo ein „Hauptmann" die Stadtkasse raubt. Das Rahmenprogramm bilden ein Mittelalterspektakel, ein Höhenfeuerwerk über der Dahme und ein Kammerkonzert. Also für jeden etwas – besonders für Kinder.

Köpenicker Jazz- und Bluesfestival: An den Wochenenden im Juli und August finden – teils hochkarätige – Konzerte auf dem historischen Rathaushof statt. Auch Jazzlegenden traten hier schon auf, 2005 z. B. Mr. Acker Bilk. Infos unter ✆ 655 56 52, www.jazz-in-town.de. Veranstalter ist der Ratskeller Köpenick (s. u.).

Cafés

Altstadtcafé Köpenick (5), Alt-Köpenick 16, ✆ 65 47 40 69, ⏰ tägl. 10–18.30 h. Traditionelles Café, in dem hausgemachte Kuchen, mächtige Torten und einigen salzige Kleinigkeiten serviert werden.

Besonders schön sitzt man im Sommer draußen auf der Terrasse an der Uferpromenade der Spree; So Nachmittag Live-Piano.

Schlosscafé Köpenick (7), Schlossinsel, ✆ 65 01 85 85, www.schlosscafe-koepenick.de. ⏱ Mai–Sept. Di–So 10–23 h, im Winter nur bis 19 h. Neben der Barockkirche liegt das barrierefreie Café, das im Sommer Tische nach draußen stellt. Der grandiose Wasserblick ist sehr beliebt; bei schönem Wetter reservieren! Neben Kaffee, Kuchen und frischen Waffeln gibt es auch pikante mediterrane Gerichte. Beliebt auch für Hochzeiten.

Kneipen/Restaurants

Ars Vivendi, Restaurantschiff (1), Freiheit 15, ✆ 677 88 01 02 (Mo–Fr 10–17 h), www.freiheit15.de. ⏱ Di–Sa 18–24 h, So ab 11 h mit kalt-warmem Brunchbuffet (bis 15 h; 19,80 €, Kinder bis 6 Jahre brunchen umsonst, ältere Kinder ermäßigt). Nachdem sich der kommerzielle Betreiber dieses ambitionierten Projekts nicht halten konnte, wird das sehenswerte Restaurantschiff nun von einer gemeinnützigen GmbH betrieben. Auf dem hölzernen Zweimastschiff aus dem späten 19. Jh., das auf der Alten Spree liegt, werden anspruchsvolle Gaumenfreuden serviert. Im Sommer wird auch die riesige Uferterrasse vor dem Schiff in den Restaurantbetrieb einbezogen, im Winter geht es unter Deck oder in den Gastraum. Hauptgerichte 12,50–18,50 €; diverse Kinder-Gerichte.

Waschhaus Alt-Köpenick (4), Katzengraben 19, ✆ 65 49 83 19, www.waschhausaltkoepenick.de. ⏱ im Sommer Mo–Fr 15–24 h, Sa/So 10–24 h, im Winter Mi–Fr 17–24 h, Sa/So 11–24 h; warme Küche bis 22.30 h. Seit einigen Jahren gibt es das bayrische Restaurant mit schöner Dachterrasse (grandioser Weitblick übers Wasser!) in einem 1683 erstmals erwähnten Haus an der Spree. Hier treffen sich Berlins Exil-Bayern und alle, die es deftig mögen. Hoher Schallpegel. Beliebt ist der Sonntagsbrunch (11–15 h, 13,90 € ohne Getränke, Kinder ab 6 J. 7 €, kleinere essen gratis).

Lehmofen-Restaurant (2), Freiheit 12, ✆ 655 70 44, www.lehmofen-restaurant.de. ⏱ Mo–Do 12–24 h, Fr/Sa bis 1 h, So 10–24 h, bis 15 h Brunch. Nettes, recht kleines Restaurant mit hervorragend zubereiteten anatolischen Spezialitäten aus dem Lehmofen, der mitten im Gastraum steht. Hauptgerichte 11,50–17,50 €, viel Vegetarisches und einige Kinder-Gerichte. Wunderschöne Terrasse zur Alten Spree, Außenplätze reservieren!

Ratskeller (6), Alt-Köpenick 21, ✆ 655 51 78, www.ratskeller-koepenick.de. ⏱ tägl. 11–23 h. Deftige Hausmannskost, aber auch leichte Gerichte in Altberliner Ambiente (6,50–18,50 €), günstiger Mittagstisch. Hier gibt es Berliner Spezialitäten wie Eisbein mit Erbsenpüree oder Pellkartoffeln mit Leinöl und Kräuterquark. Eine Besonderheit sind die regelmäßig an den Wochenenden stattfindenden Jazz-, Blues- und Country-Konzerte. Auch Volkstheater wird hier gespielt. Entsprechendes Publikum mittleren und höheren Alters.

Krokodil (9), Gartenstr. 46–48, ✆ 65 88 00 94, www.der-coepenicker.de. ⏱ im Sommer Mo–Sa 16 bis mindestens 24 h, im Winter Mo–Sa ab 17 h, So 11 bis mindestens 24 h (So bis 15 h Brunch für 9,20 €, Reservierung dringend empfohlen!). Bei Berlins einzigem Flussbad hat sich 1996 eine Kneipe etabliert, die erst schließt, wenn der letzte Gast gegangen ist. Küche bis 23.30 h. Recht preiswerte Gerichte (6–14 €), die im Sommer auf der schönen Terrasse zum niedlichen Flussbad hin serviert werden. Kinderfreundlich und sehr relaxed.

Hier entschied sich 1539, dass alle Preußen protestantisch würden – St.-Nikolai-Kirche

Rundgang 8: Spandau

Ähnlich wie Köpenick besitzt Spandau eine Altstadt, dazu die berühmte Zitadelle und einige Stücke der alten Stadtmauer. Wer einen Ausflug in Kleinstadt-Atmosphäre machen möchte, ist hier richtig. Im Süden des Bezirks ist es sogar noch ein bisschen ländlich: Zwei alte Dörfer, Gatow und Kladow, sind ruhige Wohnorte in Wassernähe. Weniger lauschig sind die in den 1960er- und 70er-Jahren in unmittelbarer Nähe der Umlandmauer aus dem Boden gestampften Spandauer Trabantenstädte Neu-Staaken und Falkenhagener Feld.

Viele Spandauer empfinden sich nicht als Berliner, sondern als Spandauer. Der Grund dafür ist vielleicht, dass Spandau bereits vor Berlin die Stadtrechte besaß und auf eine bedeutende Geschichte zurückblickt. Die **Altstadt Spandau** ist ein schnuckelig hergerichtetes Städtchen mit einer der wenigen Fußgängerzonen Berlins. Sorgen bereitet den Händlern in der Altstadt die neue Shopping Mall „Spandau Arcaden" am Bahnhof, in die bereits einige alteingesessene Altstadt-Geschäfte umgezogen sind.

Rund 222.000 Menschen wohnen in dem in weiten Teilen von Industrie geprägten Bezirk. Erster Industriebetrieb war eine Pulvermühle, die 1578 errichtet wurde. Im 18. Jh. folgte eine Gewehrmanufaktur, später Rüstungs- und Elektroindustrie mit Firmen wie BMW und Siemens. Nach letzterem Unternehmen wurde sogar ein Ortsteil benannt: Siemensstadt, an der Grenze zu Charlottenburg gelegen. Spandau war nicht nur Waffenschmiede, sondern über Jahrhunderte auch Festungs- und Garnisonsstadt, wovon zahlreiche ehemalige Militärbauten zeugen.

Neben Resten einer slawischen Siedlung am Burgwall wurden am Zusammenfluss von Havel und Spree Teile einer Befestigungsanlage aus dem 8. Jh. gefunden. Etwas weiter nördlich wurde im 16. Jh. mit dem Bau der **Zitadelle** begonnen, eines ausgeklügelten Festungsbauwerks, das in mehreren Kriegen nicht eingenommen werden konnte und heute die Haupt-Sehenswürdigkeit Spandaus ist.

Spaziergang

Ausgangspunkt ist der U-Bahnhof Zitadelle. Das Festungsbauwerk liegt gut 300 Meter davon entfernt und ist über eine Brücke, die den Wassergraben überquert, zu erreichen. Denn die **Zitadelle** liegt auf einer Insel in der Havel, nördlich der Einmündung der Spree. Der Grundriss der Festung entspricht einem Quadrat mit einer sog. Bastion an jeder Ecke. Da heute die gesamte Zitadelle von vielen Bäumen bewachsen ist und die umgebenden Wallanlagen nicht betreten werde dürfen, kann man diese Form nur schlecht erkennen. Markantester Teil der Befestigungsanlage ist der **Juliusturm** aus dem 13. Jh., der bereits lange vor dem Bau der Zitadelle zu Wohn- und Verteidigungszwecken errichtet wurde. Von oben bietet sich eine recht gute Aussicht in alle Himmelsrichtungen, z. B. auf die Insel Eiswerder und auf die Havelspitze, wo auf ehemaligem Industriegelände die Wasserstadt Spandau entstand, eins jener ehrgeizigen Wohnungsbauprojekte, die kurz nach dem Mauerfall beschlossen worden waren und wegen mangelnder Nachfrage erst sehr viel später realisiert wurden.

Auf der Zitadelle kann man mühelos mehrere Stunden verbringen: Im **Palas** finden wechselnde Kunstausstellungen

Nur ein einziger Eingang führt in die Wehranlage der Spandauer Zitadelle

statt, und das ehemalige Kommandantenhaus im Zitadellenhof beherbergt das **Stadtgeschichtliche Museum Spandau**. In den **Katakomben** der Zitadelle überwintern jedes Jahr Tausende von Fledermäusen; zwischen Mitte August und Ende Oktober darf man den Einflug am Wochenende abends beobachten. Tagsüber können in einem abgedunkelten Schauraum während des ganzen Jahres tropische Fledermäuse und Flughunde besichtigt werden. Auch einen Gang durch den mit uralten Grabsteinen gepflasterten **Fledermauskeller** kann man machen. Wer bei den vielfältigen Aktivitäten hungrig geworden ist, kann in der Zitadellen-Schänke – allerdings nicht ganz preiswert – einkehren. Im Burghof und auf der außerhalb des Zitadellen-Walls gelegenen **Freilichtbühne** treten an Sommer-Wochenenden Künstler aller Couleur auf.

Der **Kolk** auf der westlichen Seite der Havel ist der älteste Teil Spandaus. Hier blieb ein Rest der Stadtmauer aus dem 14. Jh. erhalten, an krummen Gässchen stehen alte (Fachwerk-)Häuschen, wie die 1743 errichtete Kolkschänke und das um 1750 im preußischen Barock erbaute Wilhelm-Heinemann-Haus (Am Behnitz 5). Die Kirche **St. Marien am Behnitz** aus dem Jahr 1848 wurde im Krieg zerstört und erst 1964 wieder hergestellt.

Die **Altstadt Spandau** auf der anderen Seite der sechsspurigen Straße Am Juliusturm ist vom Mühlengraben umgeben, der von alten Laubbäumen gesäumt wird. Zusammen mit kopfsteingepflasterten Sträßchen und zweistöckigen Häusern erzeugt er echtes Kleinstadtflair. Beliebt ist der Spandauer **Weihnachtsmarkt**, da er wesentlich stimmungsvoller ist als die meisten Märkte in der Innenstadt. Auch im Sommer bummelt man am besten einfach ziellos durch die Altstadt; die Sehens-

Rathaus Spandau

würdigkeiten Nikolaikirche und Gotisches Haus sind dabei nicht zu übersehen. Im Zweiten Weltkrieg wurde Spandau stark zerstört. So brannte der Turm der gotischen **St.-Nikolai-Kirche**, deren älteste Teile aus dem 14. Jh. stammen, nach einem Bombenangriff völlig aus. Dabei entwickelten sich so hohe Temperaturen, dass die Oberfläche der Backsteine im Inneren des Turmes schmolz. Mittlerweile ist der Turm längst wieder aufgebaut; wer sich für seine Geschichte interessiert, kann an einer Turmführung teilnehmen. In einem Stockwerk des Turms sind in einer Fotoausstellung erschreckende Bilder Spandaus aus der Kriegszeit zu sehen.

Von der Aussichtsplattform bietet sich ein grandioser Fernblick über Spandau und weite Teile Berlins. Das aufwändig restaurierte **Gotische Haus**, übrigens das älteste Wohnhaus Berlins, ist ein stadthistorisches Museum und Treffpunkt für Stadtführungen.

Der Spaziergang endet am gewaltigen, 1910–13 erbauten **Rathaus Spandau**, wo sich der gleichnamige U-Bahnhof befindet. **Ausflugsschiffe** der Stern- und Kreisschifffahrt und anderer Reedereien starten am Anleger Lindenufer. Fahrtziele sind u. a. Wannsee, Pfaueninsel, Tegel, Potsdam und Werder (weitere Infos im Kapitel „Unterwegs in Berlin").

Sehenswertes

Zitadelle: Um 1560 begann der Bau der Zitadelle – der Kurfürst ließ dazu italienische Baumeister und Facharbeiter nach Spandau kommen. 34 Jahre später war die Festung vollendet, ein eindrucksvolles Beispiel frühitalienischer Festungsbaukunst. Die erste Belegschaft der Zitadelle bestand aus nur 24 Landsknechten. 1731 standen bereits 54 verschiedene Kanonen auf der Festungsanlage. Der **Juliusturm** aus dem 13. Jh. ist der älteste erhaltene Profanbau Berlins, und im **stadtgeschichtlichen Museum** erfährt man vieles über die Geschichte der Zitadelle und der Stadt Spandau. Hit – vor allem für Kinder – sind die etwa 10.000 **Fledermäuse**, die in den Gewölben der Zitadelle überwintern und nach Anmeldung beobachtet werden können. Ganzjährig unterhält fast an jedem Nachmittag eine **Puppentheater-Bühne** die Kinder mit eigenen Produktionen und Gastspielen.
Adresse: Am Juliusturm (U7 Zitadelle; Bus X 33), ✆ 354 94 42 00, www.zitadelle-spandau. net. ⏰ tägl. 10–17 h, Einlass bis 16.30 h. Eintritt inkl. Museum Juliusturm 4,50 € (erm. 2,50 €), Familienkarte 10 €, Audio-Guide 2 €. Bei Führungen (Termine saisonal wechselnd) werden auch ansonsten unzugängliche Gebäudeteile gezeigt.
Fledermauskeller: ⏰ Mi, Fr–So 12–16 h. Führungen zum Einflug der Fledermäuse nur nach Anmeldung beim Berliner Artenschutz Team, Zitadelle (Haus 4), ✆ 36 75 00 61, www.bat-ev.de. Eintritt 8 €, erm. 6 €. Rechtzeitige Kartenbestellung (ab Juni) ist wegen des immensen Andrangs unbedingt zu empfehlen.

Kindertheater auf der Zitadelle: ✆ 335 37 94, www.theater-zitadelle.de. Eintritt Erwachsene 6 €, Kinder 5 € (Reservierung erforderlich).
Freilichtbühne an der Zitadelle: Von Mai bis September an den Wochenenden unterschiedliche Abend-Veranstaltungen und seit 2006 im Rahmen des Citadel-Music-Festivals von Juni bis August im Hof der Zitadelle Open-Air-Konzerte von Klassik bis Hardrock.
Adresse: Am Juliusturm (U7 Zitadelle; Bus X 33), ✆ 333 40 22, www.freilichtbuehne-spandau.de, www.citadel-music-festival.de.
St. Marien am Behnitz: Bis 1907 diente die von *August Soller* 1848 in Form einer dreischiffigen Pfeilerbasilika errichtete Kirche der katholischen Gemeinde als Gotteshaus. Anschließend wurde sie bis zu ihrer Zerstörung vom Militär als Garnisonskirche genutzt. Mit privaten Spendengeldern erfolgte 2003 eine aufwändige Sanierung auch des Innenraums, der heute häufig für Lesungen und Konzerte genutzt wird.
Adresse: Behnitz 9 (U7 Altstadt Spandau), ✆ 0172/380 70 10 (Herr Kissner), www.behnitz.de. ⏰ Mo–Do 15–17 h, So 14–17 h und zu Veranstaltungen.

Weihnachtsmarkt: Vom Montag nach dem Totensonntag bis zum 23.12. erlebt Spandau alljährlich sein Mega-Event, den Weihnachtsmarkt, der weite Teile der Altstadt mit Buden füllt und 2008 über 2 Mio. Besucher anzog. Allzu Modernes und Marktschreierisches ist hier verpönt, kleinere Kinder sind hier – vor allem, wenn Schnee liegt – regelrecht verzaubert. Mi ist Familientag mit redu-

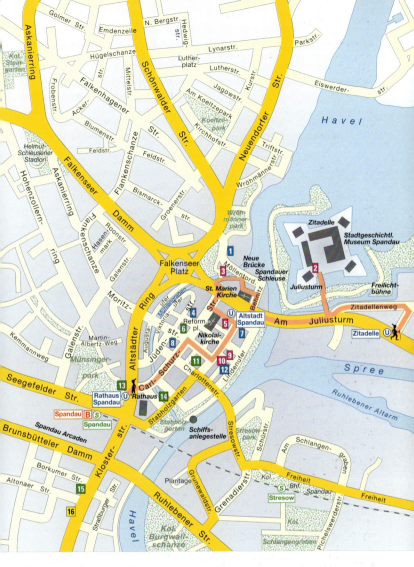

Übernachten (S. 61)
1 Brauhaus in Spandau
4 Hotel Benn
7 Hotel Lindenufer
8 Hotel Herbst
12 Hotel Altstadt Spandau

Essen & Trinken (S. 213)
1 Brauhaus in Spandau
2 Zitadellen-Schänke
3 Kolk
5 Hasir
9 Stube und Küche
10 Buonaparte

Cafés (S. 212/213)
6 Café Altstadt
11 Café Fester
13 Eiscafé Florida
14 Café Bistro Unvernunft
15 Eiscafé Florida

Einkaufen (S. 102)
16 Musicland

   Rundgang 8
150 m

zierten Preisen. Allerdings haben nur an den Wochenenden alle Buden geöffnet.
Infos unter www.weihnachtsmarkt-spandau.de. ① So–Do 11–20 h, Fr 11–21 h, Sa 11–22 h.

Spandauer Weihnachtsmarkt

St.-Nikolai-Kirche: Von historischer Bedeutung ist die Kirche, da sich hier 1539 der preußische Kurfürst Joachim II. das Abendmahl nach evangelischer Sitte reichen ließ. Dadurch belegte er seinen Übertritt zum protestantischen Glauben, den nach dem Grundsatz „cuius regio, eius religio" (wessen Reich, dessen Religion) auch alle seine Untertanen vollziehen mussten. Daran erinnern ein Standbild Joachims vor der Kirche und der Straßenname „Reformationsplatz". Doch auch architektur- und kunsthistorisch hat die Kirche einiges zu bieten. Im 14. Jh. war der dreischiffige Backsteinbau vollendet, dessen gotisches Gewölbe man bei den Turmführungen auch von oben (vom Dachstuhl aus) betrachten kann – eine ziemlich einmalige Sache. Die heutige Gestalt des rekonstruierten Turms geht auf einen Schinkelschen Umbau von 1839 zurück. Viel älter sind der bronzene Taufkessel im Chor (1398), der steinerne acht Meter hohe Renaissance-Altar (1582) und die hölzerne Barock-Kanzel (um 1700), die den verheerenden Turmbrand unbeschadet überstanden hat.

① Mo–Do 12–16 h, Sa 11–15 h, So 14–16 h. Turmführungen April–Okt. Sa 12.30 h, So 14 und 15 h (Eintritt 1 €). Zusätzliche Termine über ✆ 333 80 54; Gemeindebüro, ✆ 333 56 39, www.nikolai-spandau.de.

Gotisches Haus – Stadtgeschichtliches Museum Spandau: Kleine Ausstellung mit historischen Möbeln und Bildern zur Geschichte Spandaus.
Adresse: Breite Straße 32 (U7 Altstadt Spandau), ✆ 333 93 88 oder 354 94 42 97. ① Mo–Fr 10–18 h, Sa 10–17.30 h. Eintritt frei.

Praktische Infos (Karte s. S. 211)

Allgemeine Informationen zu Spandau sowie ein Veranstaltungskalender finden sich im Internet unter www.berlin.de/ba-spandau.
Bei den Spandauer Restaurants wird zusätzlich zu den gängigen ausländischen Küchen die Regionalküche gepflegt. Vor allem Havelzander gilt als lokale Spezialität.

Cafés

Café Altstadt (6), Reformationsplatz 3, ✆ 35 30 29 44. Besonders schön sitzt man im Sommer draußen auf der großen Terrasse.
Café-Bistro Unvernunft (14), Mauerstr. 6, ✆ 333 30 02. Im Kulturhaus Spandau untergebracht; hier werden zukünftige Köche ausgebildet – davon profitieren die Gäste.
Die Preise sind mäßig, die kulinarischen Genüsse oft groß. Biergarten am Wasser; alles ist rollstuhlgerecht eingerichtet.
Konditorei-Café Fester (11), Am Markt 4, ✆ 333 58 72, www.konditorei-fester.de. ① Mo–Fr 8–19 h, Sa 8–18 h, So 13–18 h. Traditionsreiches Café mit älteren Stammgästen. Das garantiert höchsten Kuchen- und Tortengenuss. Im Sommer wird auch auf der großen autofreien Fläche vor dem Café serviert.
Eiscafé Florida (13/15), Klosterstr. 15 und im Pavillon „Ellipse" gegenüber dem Rathaus, ✆ 331 56 66, www.florida-eiscafe.de. ① tägl. 12–23 h. Über die Grenzen Spandaus ist das hiesige Eis bekannt, bei gutem Wetter reicht die Schlange der Eis-Süchtigen

schon mal bis zur nächsten Straßenkreuzung. Im Winter, wenn die Nachfrage etwas nachlässt, werden Spezialitäten wie Bratapfel mit Eis kreiert. Die Kugel (auch laktosefreie Sorten!) kostet mittlerweile 80 Cent. Übrigens kann man sich das Florida-Eis neuerdings auch bundesweit zuschicken lassen!

Restaurants

Zitadellen-Schänke (2), Am Juliusturm 1, ✆ 334 21 06, www.zitadellenschaenke.de. ⏱ Mo–Sa 12–24 h, So und feiertags 11–24 h. Keineswegs billiges historisches Restaurant in der Spandauer Festung; für die 5-gängigen saisonal wechselnden „Mittelalter-Menüs" zu 54,50 € sind ein ausgeruhter Magen und ausgesprochene Trinkfestigkeit gefragt. Dazu gibt's Bänkelsang. Der damalige russische Präsident Wladimir Putin ließ sich hier im Sommer 2000 gut gelaunt zum Ritter schlagen. Reservieren!

Brauhaus in Spandau (1), Neuendorfer Str. 1, ✆ 353 90 70, www.brauhaus-spandau.de. ⏱ Mo 16–24 h, Di–Do 11–24 h, Fr/Sa bis 1 h, So 10–24 h. Serviert werden hausgebrautes naturtrübes Bier und deftige kalte und warme Speisen – im Sommer auch im Biergarten. Regelmäßig finden Events wie „Böser-Buben-Ball", Muttertags-Brunch oder Martinsgans-Essen statt.

Kolk (3), Hoher Steinweg 7, ✆ 333 88 79, www.kolk.im-netz.de. ⏱ tägl. 11.30–24 h. An einem Stadtmauerrest liegt die ehemalige Spandauer Feuerwache, in der Familie Richter seit 1989 sehr gute saisongerechte Speisen sowie regionale Spezialitäten (Fisch, Ente), schlesische Gerichte und anspruchsvoll Vegetarisches zubereitet. Teilweise sehr ausgefallene Hauptgerichte für 7–17 €. Im Sommer wird auf der schönen und ganz ruhig gelegenen Terrasse serviert. Reservierung empfehlenswert.

Hasir (5), Breite Str. 43, ✆ 35 30 47 92, www.hasir.de. ⏱ tägl. 10–24 h. In Spandaus Altstadt gelegene Filiale der allgemein sehr empfehlenswerten türkisch/kurdischen Restaurantkette. Viel frisches Gemüse, selbst gebackenes Brot; der hausgemachte Dorfkäse ist eine besondere Leckerei! Auch ein Imbiss ist angeschlossen, in dem Spandaus bester Döner verkauft wird.

Buonaparte (10), Breite Str. 20, ✆ 333 17 09, www.restaurant-buonaparte.de. ⏱ tägl. 8–24 h, Küche bis 23 h. Eine Nacht hat Napoleon tatsächlich in diesem Altstadt-Haus verbracht. Heute verwöhnen Gérard Cooray und sein Team anspruchsvolle Gäste mit preiswerter französischer Küche – in allerdings etwas verstaubtem Ambiente. Hauptgerichte 5–18 €. Frühstücksbuffet 8–15 h für 5,80 €/Pers. (ohne Getränke).

Stube und Küche (9), Lindenufer 17, ✆ 868 70 87 02, www.stubeundkueche.de. ⏱ Di–Sa 17–24 h, So 12–23 h. Niedliches Restaurant mit kleinem Schankgarten. Deutsche Küche, Hauptgerichte um 10 €. Ab und zu Veranstaltungen.

Stilles Sträßchen im Kolk

Auch Promis besichtigen das Schloss Charlottenburg

Grünes Berlin

Wer schon ein paar Tage durch Berlins Straßen gelaufen ist, sehnt sich vielleicht nach einem Tag in grüner Umgebung. Und an heißen Sommertagen, an denen es in der Innenstadt oft unerträglich schwül und stickig wird, möchte man nur eins: hinaus ans Wasser. In Berlin kann man einen Ausflug ins Grüne gut mit einem Museumsbesuch kombinieren. Und schön gelegene Ausflugsgaststätten gibt es ebenfalls reichlich.

Schloss Charlottenburg und Umgebung

Zwar in der Innenstadt gelegen, aber dennoch mitten im Grünen, ist das Schloss Charlottenburg auch bei einem Kurzaufenthalt in Berlin einen Besuch wert. Wer alle Sammlungen im Schloss besuchen und auch die nahe gelegenen Museen besichtigen möchte, sollte dafür einen ganzen Tag einplanen. Aber auch ein kurzer Abstecher in eines der Gebäude und/oder den Park ist auf jeden Fall lohnend. Direkt dem Schloss gegenüber befinden sich drei ganz unterschiedliche, aber jeweils sehr bedeutende Museen: das Bröhan-Museum (Landesmuseum für Jugendstil, Art Déco und Funktionalismus), das Museum Berggruen und im östlichen Stüler-Bau seit Sommer 2008 das Museum Scharf-Gerstenberg mit mehr als 200 surrealistischen Werken. Die Museen liegen am Anfang der imposanten Schlossstraße, einer Allee, auf deren grünem Mittelstreifen im Sommer Boule gespielt wird. Ein paar Schritte entfernt lädt ab 2011 die Villa Oppenheim mit der Charlottenburger Bezirksgalerie zur Besichtigung ein.

Schloss Charlottenburg

Das Schloss Charlottenburg wurde als Sommerschloss für Sophie Charlotte (Gemahlin des späteren Königs Friedrich I.) nach Plänen von *Johann Arnold Nering* ab 1695 erbaut und nach 1700 von dem schwedischen Baumeister *Johann Friedrich Eosander* erweitert. Erst 1790 war es in seiner heutigen Form fertig gestellt. Im Zweiten Weltkrieg wurde es stark beschädigt und bis Anfang der 1960er-Jahre wieder aufgebaut. Heute wird die bedeutendste erhaltene Schlossanlage Berlins von der Stiftung Preußische Schlösser und Gärten Berlin-Brandenburg verwaltet.

Zu besichtigen sind folgende Gebäudeteile:

Nering-Eosander-Bau (Altes Schloss): Hier sind u. a. die prunkvollen Wohnräume von Sophie Charlotte und Friedrich I., das Porzellankabinett und die Schlosskapelle zu bewundern. Seit Sommer 2000 ist der *Gobelinraum* zu besichtigen, der den Zweiten Weltkrieg nahezu unbeschädigt überstanden hat. Prunkstücke sind zwei riesige seidene Bildteppiche aus dem 18. Jh., die asiatische Szenen zeigen.

Adresse: Spandauer Damm 20–24/Luisenplatz (S 45, 46, 47 Westend; U2 Sophie-Charlotte-Platz; U7 Richard-Wagner-Platz; Bus M 45, 109, 309), ☎ 32 09 1-1, -440, www.spsg.de. ⏰ April–Okt. Di–So 10–18 h, Nov.–März Di–So 10–17 h. Eintritt (inkl. Führung oder Audio-Guide) 10 € (erm. 7 €). Die Tageskarte für Altes Schloss, Neuen Flügel und die kleinen Bauwerke im Park kostet 14 € (erm. 10 €).

Neuer oder Knobelsdorff-Flügel: Benannt nach dem Architekten *Georg Wenzeslaus von Knobelsdorff*, der diesen (östlichen) Gebäudeflügel als Residenz Friedrichs II. entworfen hat. Fertig gestellt war der Flügel im Jahr 1747. Seit 2000 kann die *Gelbe Atlaskammer* besichtigt werden, die mit kostbaren Rokoko-Möbeln und -Gemälden ausgestattete Wohnung Friedrichs II. Im Erdgeschoss befinden sich Sommerwohnung und „Winterkammern" von Friedrich Wilhelm II., im Obergeschoss die riesigen Rokoko-Festsäle Friedrichs II. Für die Besichtigung erhält man einen Audio-Guide.

⏰ April–Okt. Mi–Mo 10–18 h, Nov.–März Mi–Mo 10–17 h. Eintritt 6 € (erm. 5 €) inkl. Audio-Guide. Die Tageskarte für Altes Schloss, Neuen Flügel und die kleinen Bauwerke im Park kostet 14 € (erm. 10 €).

SMPK – Staatliche Museen zu Berlin – Preußischer Kulturbesitz

Von der Stiftung Preußischer Kulturbesitz werden die Staatlichen Museen Berlins verwaltet. Dazu gehören das **Kunstgewerbemuseum** im Schloss Köpenick, die **Dahlemer Museen**, die Museen auf der **Museumsinsel** und am **Kulturforum** am Potsdamer Platz. Auch der **Hamburger Bahnhof**, das **Museum für Fotografie** und einige Museen in **Charlottenburg** zählen dazu.

Wegen des großen Andrangs haben die wichtigsten Museen auch montags geöffnet, donnerstags schließen einige Museen erst um 22 h.

Die 3-Tage-Karte „**Schaulust-Ticket**", die zum Eintritt in beliebig viele Dauerausstellungen der Museen der Stiftung sowie zahlreicher weiterer Museen berechtigt, kostet 19 € (erm. 9,50 €). Sie ist in den teilnehmenden Museen, in Hotels und bei dem BTM (s. S. 49) erhältlich. Die SMPK bietet vergünstigte Kombi-Karten für Teilbereiche der Museumslandschaft der Stiftung an, z. B. die Dahlem-Karte für 6 € (erm. 3 €). Jeden Donnerstag ist der Eintritt in den letzten vier Stunden vor der Schließung frei, und seit 2004 haben Kinder und Jugendliche bis 16 Jahre jederzeit freien Eintritt. Für alle angeschlossenen Museen: Infos unter ☎ 266 42 42 42, www.smb.museum.

Schlosspark

Der Park des Schlosses Charlottenburg wurde um 1700 als französischer Barockgarten angelegt. Ende des 18. Jh. empfand man die strenge Gestaltung als unmodern und wandelte den Park in einen Landschaftsgarten nach englischem Vorbild um. Vollendet wurde die Umwandlung von dem berühmten Landschaftsgärtner *Peter Joseph Lenné* im frühen 19. Jh. Er ließ lediglich das barocke Alleensystem bestehen und ersetzte Blumenbeete und Hecken durch lose Baumgruppen auf Rasenflächen. Ab den 1950er-Jahren wurde der an das Schloss angrenzende Teil des Parks, der nach dem Zweiten Weltkrieg als Acker genutzt worden war, wieder im Barock-Stil angelegt. Diese Anlage, das sog. **Parterre**, wurde 2001 restauriert und strahlt nun wieder in barockem Glanz. Prunkstücke sind die riesigen *Krönungsvasen*, die an der Mittelallee aufgestellt wurden. Jüngst machte die Durchsetzung des Radfahrverbots im weitläufigen **Schlosspark** Schlagzeilen; verboten ist es seit dem Sommer 2007, auf der Wiese zu sitzen und obendrein wird auch ein Eintrittsgeld diskutiert. Bis auf Weiteres kann er noch kostenlos besucht werden (⏱ 6 h bis Einbruch der Dunkelheit). Folgende sehenswerte Bauten liegen im Park:

Belvedere: Ehemaliges Teehaus, 1788 erbaut nach Plänen von *Carl Gotthard Langhans*. Ständige Ausstellung von Berliner Porzellan der Königlichen Porzellanmanufaktur (KPM) von Rokoko bis Biedermeier.

⏱ April–Okt. Di–So 10–18 h, Nov.–März Di–So 12–16 h. Eintritt 3 €, erm. 2,50 €. ☏ 32 09 1-445.

Neuer Pavillon (Schinkel-Pavillon): 1825 nach Plänen von *Karl Friedrich Schinkel* und Carl Gotthard Langhans als italienisch inspiriertes Sommerhaus für König Friedrich Wilhelm III. erbaut. Der Pavillon beherbergte vor der Schließung eine ständige Ausstellung von Gemälden, Möbeln, Skulpturen und Eisenkunstguss der Romantik und des Biedermeier.

Seit April 2007 (!) wegen Restaurierungsarbeiten geschlossen, aktuelle Infos unter ☏ 0331/969 42 00, www.spsg.de.

Mausoleum: Letzte Ruhestätte von Königin Luise und König Friedrich Wilhelm III., Kaiser Wilhelm I. und weiteren

Sonntags im Park

Charlottenburg und Umgebung

Hohenzollern; bedeutende Marmor-Sarkophage.
① April–Okt. Di–So 10–18 h, Nov.–März Di–So 12–16 h. Eintritt 2 € (erm. 1,50 €). ✆ 32 09 1-446.

Museum Berggruen: Ende 2000 verkaufte der für 60 Jahre emigrierte und 2007 in Berlin-Dahlem beigesetzte Berliner Heinz Berggruen seine bedeutende Privatsammlung der SMPK für einen symbolischen Preis. Zuvor hatte er sie ab Herbst 1996 als Leihgabe zur Verfügung gestellt. Da er durch die Quasi-Schenkung seine Kinder weitgehend enterbt hätte, entnahm Berggruen der Sammlung einige der wertvollsten Bilder, u. a. die von Paul Cézanne. Es verblieben aber viele bedeutende Meisterwerke der Klassischen Moderne, darunter Bilder von Pablo Picasso, mit dem Berggruen befreundet war. Auch Werke von Paul Klee, Alberto Giacometti, Henri Matisse und anderen hochkarätigen Künstlern sind hier zu bestaunen. 2007 wurde bekannt, dass Berggruens Erben dem Museum weitere 50 Werke von Picasso oder Matisse zur Verfügung stellen werden. Platz dafür soll in einem Anbau geschaffen werden.
Adresse: Schlossstr. 1 (U2 Sophie-Charlotte-Platz; U7 Richard-Wagner-Platz, Bus 109, M 45, 309), ✆ 326 95 8-0, -15, www.smb. museum. ① Di–So 10–18 h. Eintritt 8 € (erm. 4 €). Kinder bis 16 haben freien Eintritt; Do ab 14 h ist der Eintritt für alle frei. Die Eintrittskarte (= Kombikarte Charlottenburg) schließt den Besuch der Sammlung Scharf-Gerstenberg und des Museums für Fotografie ein.

Sammlung Scharf-Gerstenberg: Im Juli 2008 eröffnete die Schau „Surreale Welten" im nach dem Auszug des Ägyptischen Museums umgebauten östlichen Stülerbau und im Marstall gegenüber dem Schloss Charlottenburg. Zu sehen gibt es über 250 hochkarätige Werke des Surrealismus, so z. B. von *René Magritte, Max Ernst, Hans Bellmer* und anderen. Auch Werke des französischen und des deutschen Symbolismus sind hier ausgestellt und es werden surrealistische Filme gezeigt.
Adresse: Schlossstr. 70 (U-Bhf. Sophie-Charlotte-Platz; Busse M 45, 109, 309). ✆ 34 35 73 15, www.smb.museum/ssg. ① Di–So 10–18 h. Eintritt 8 € (erm. 4 €), Kinder bis 16 Jahre frei; Do ab 14 h ist der Eintritt für alle frei. Die Eintrittskarte (= Kombikarte Charlottenburg) schließt den Besuch des Museums Berggruen und des Museums für Fotografie ein.

Bröhan Museum: Schwerpunkte des Landesmuseums für Jugendstil, Art Déco und Funktionalismus bilden Keramik und Glas aus der Zeit von 1889–1939. Gegründet wurde das Museum von dem Hamburger Kaufmann Karl H. Bröhan, der es bis 2000 leitete. Heute beherbergt das Museum über 16.000 Exponate, von Malerei und Plastik über Gebrauchsgegenstände bis hin zu Schmuck; sehenswert sind auch die wechselnden Sonderausstellungen, die sich mit speziellen Themen der Epoche befassen.
Adresse: Schlossstr. 1a (U2 Sophie-Charlotte-Platz; U7 Richard-Wagner-Platz; Bus M 45, 109, 309), ✆ 32 69 06 00, www.broehan-museum.de. ① Di–So und feiertags 10–18 h. Eintritt 6 € (erm. 4 €), bis 18 J. freier Eintritt! Außerdem jeden 1. Mi im Monat Eintritt frei. Sonderausstellungen kosten gesonderten Eintritt.

Typische Wohnstraße in Charlottenburg

Villa Oppenheim: „Bezirksgalerie" klingt nach klein-klein, nach Volkshochschulkurs und abgestandener Luft. Genau das Gegenteil ist hier der Fall! Hinter der auffällig rotbraun-weiß getünchten Fassade der 1888 erbauten Villa Oppenheim, der Galerie des Bezirks Charlottenburg-Wilmersdorf, wurden von 2005 bis 2009 Werke internationaler zeitgenössischer Künstler gezeigt, von Fotografie über Videokunst bis zu hin Malerei. Bis voraussichtlich Ende 2010 ist das Haus wegen Sanierungsarbeiten geschlossen. Aktuelle Neuigkeiten dazu finden Sie unter www.michael-mueller-verlag.de in der Rubrik „Updates".

Adresse: Schlossstr. 55 (U2 Sophie-Charlotte-Platz; U7 Richard-Wagner-Platz; Bus M 45, 109, 309), Kulturamt: ✆ 902 91 67 00, www.villaoppenheim.de.

Praktische Infos (Karte s. S. 216/217)

Cafés/Biergärten

Kleine Orangerie (1), Spandauer Damm 20, ✆ 322 20 21, www.historische-gaststaetten.de. ⏰ im Sommer tägl. 9–24 h, im Winter Di–So 10–20 h. Café/Restaurant in der Orangerie des Schlossparks Charlottenburg. Im Sommer wird gegrillt, dann ist die Gartenterrasse mit 200 Sitzplätzen ein Traum, im Inneren Bewirtung im Wintergarten. So 10–14 h Frühstücksbuffet (15 €), ab 17 h 5 o'clock-Tea mit Schnittchen und Torte (17 €). Auch als Ziel eines Spaziergangs durch den Schlosspark geeignet. Hausgemachte Kuchen und Torten, Bistroküche. Alternative: das „Lietzenburg" in der Schlossstr. 61, im Sommer tägl. ab 12 h.

Brauhaus Lemke (2), Luisenplatz 1, ✆ 30 87 89 79, www.brauhaus-lemke.com. ⏰ tägl. ab 11 h. Trübes, hausgebrautes Bier und fleischbetontes deutsches Essen (Hauptgerichte um 10 €) sowie trendige Flammkuchen werden direkt an der Schlossbrücke serviert.

Kastanie (5), Schlossstr. 22, ✆ 321 50 34, www.kastanie-berlin.de. ⏰ tägl. 10–2 h. Großer Vorgarten mit 100 Sitzplätzen; die alten Kastanien wurden leider vor einigen Jahren gefällt, aber durch jungen Nachwuchs ersetzt. Seit Urzeiten existierende Charlottenburger Kiez-Institution mit gealtertem Publikum. Preiswerte und kindertaugliche Tagesgerichte.

Restaurants

Ana e Bruno (3), Sophie-Charlotten-Str. 101, ✆ 325 71 10, www.a-et-b.de. ⏰ tägl. 17–24 h. Seit Jahren als „bester Italiener Berlins" bekannt; 200 edle Tropfen zieren die Weinkarte, klassisches Ambiente gehört dazu. Anschließend zelebriert Bruno Pellegrini „la nuova cucina italiana"; Hauptgerichte um 30 €, Menüs für 55, 70 oder 85 €.

Charlottchen (8), Droysenstr. 1, ✆ 342 47 17, www.charlottchen-berlin.de. ⏰ Mo–Fr ab 15 h, Sa/So ab 10 h. In diesem von einer sozialen Einrichtung betriebenen Café-Restaurant sind Charlottchen und Hänschen mehr als willkommen: Rutsche, Spielsachen und – Sa um 15.30 h, So um 11.30 und 15.30 h – Kindertheater für Kinder von 3–7 J. versüßen den Aufenthalt der Kleinen. Entsprechender Lärmpegel. Abends häufig Veranstaltungen für Erwachsene.

Lavandevil (4), Schusterhusstr. 3, ✆ 342 92 80, www.lavandevil.de. ⏰ tägl. 16.30–1 h, Küche bis 23.30 h. Hauptsächlich persische Küche und extrem scharfe Pizza; viele vegetarische Gerichte – eine Charlottenburger Institution.

Tapas Antonio (7), Schillerstr. 53, ✆ 31 51 97 11, www.tapas-antonio.de. ⏰ Mo–Sa 18–1 h. Neben wirklich guten Tapas gibt es hier auch Tellergerichte und Paella. Die hohe Qualität der Speisen brachte viel zufriedenes Publikum mit sich, ebenso eine Erweiterung der Räumlichkeiten – und Preise für Hauptgerichte zwischen 10 und 25 €.

Papageno (6), Richard-Wagner-Str. 13, ✆ 342 14 14, www.restaurant-papageno.de. ⏰ Di–So 17–24 h. In der einstigen Eckkneipe „Zille-Eck" wird seit Jahren gut und nicht billig (aber das Geld auf jeden Fall wert) italienisch gekocht. Das Ambiente ist ein bisschen plüschig-nostalgisch, ein Flügel wartet auf virtuose Pianisten. Nach den Vorstellungen der nahe gelegenen Deutschen Oper viel Opernpublikum.

In Charlottenburg lässt sich's großbürgerlich wohnen

Naturerlebnis für Großstadtkinder in der Domäne Dahlem

Dahlem

Dahlem, ein Teil des Bezirks Steglitz-Zehlendorf, ist vor allem durch die Freie Universität (kurz FU) bekannt, die größte der Berliner Unis. Sie liegt mitten in einem Villenviertel mit schönen Parks. Auch als Museumsstandort ist Dahlem ein Begriff, man spricht regelrecht von den „Dahlemer Museen". Für Kinder interessant ist ein Besuch der Domäne Dahlem, eines ehemaligen Staatsguts mit Streichelzoo, landwirtschaftlichen Geräten und Werkstätten. Zudem liegt auch der wunderschöne, weitläufige Botanische Garten der Freien Universität in Dahlem.

Museen

Dahlem ist das Zentrum der „**Museen der Kunst und Kulturen der Welt**" in der SMPK (→ S. 215). Im Herbst 2000 war deren Umgestaltung weitgehend abgeschlossen, die Ausstellungsflächen wurden stark vergrößert und die Ausstellungen neu konzipiert.

Anfahrt: U3 Dahlem Dorf; Bus X 11, X 83.

Folgende Museen befinden sich bis zum geplanten Umzug ins Humboldt-Forum im nachgebauten Stadtschloss hier in Dahlem:

Museum für Asiatische Kunst: Das Museum vereint seit 2006 zwei zuvor selbstständige Sammlungen:

Museum für Indische Kunst mit der größten deutschen Sammlung von Kunstwerken aus Indien sowie aus Südost- und Zentralasien. Die Werke beziehen sich mit ihren Motiven auf den Hinduismus und die buddhistische Lehre, die in all diesen Gebieten verbreitet sind. Prunkstück ist eine rekonstruierte buddhistische Höhlenkapelle mit Fresken aus dem 5. Jh.

Museum für Ostasiatische Kunst mit Schwerpunkt auf der chinesischen Kunst, hier vor allem interessante Malereien und Kalligraphie. Es sind aber auch fein gearbeitete Kunstwerke aus Japan und Korea zu bewundern, z. B. Keramik, Holzschnitte und die berühmten Lackarbeiten, die als einzigartig gelten. Nach der Umgestaltung gelangte auch vietnamesische Kunst in die Ausstellung. Schon seit 1992 werden hier Teile der Sammlung gezeigt, die während der DDR-Zeit im Pergamonmuseum ausgestellt waren. 90 % der Vorkriegsbestände lagern immer noch als „Beutekunst" in der Eremitage in St. Petersburg. Neben der Dauerausstellung gibt es immer mehrere Sonderausstellungen.

Adresse: Lansstr. 8, ✆ 830 14 38, www.smb. museum. ⏱ Di–Fr 10–18 h, Sa/So 11–18 h. Eintritt (Kombi-Karte Dahlemer Museen) 6 € (erm. 3 €), Kinder bis 16 Jahre haben freien Eintritt; Do ab 14 h Eintritt frei.

Ethnologisches Museum: Hier lässt sich in jedem Saal eine Weltreise unternehmen. Im Zuge der Neugestaltung gab man die frühere, stark auf optische Wirkung setzende und etwas theatralische Inszenierung der Ausstellungsstücke in spärlich beleuchteten Räumen zu Gunsten eines thematischen Konzepts auf. Heute werden hier die Dauerausstellungen „Indianer Nordamerikas", „Volkskunst aus Japan", „Koloniale Kunst aus Lateinamerika" und „Kunst aus Afrika" gezeigt; daneben gibt es wechselnde Sonderausstellungen. Gleichzeitig wird bereits der Umzug nach Mitte vorbereitet, der wiederum eine neue Präsentation der Exponate erfordert – voraussichtlich auf wesentlich kleinerem Raum als in Dahlem.

Wer über dem Schauen hungrig geworden ist, dem sei das ambitionierte Café „Esskultur" im Ethnologischen Museum empfohlen. Hier gibt es feine Ge-

Der Botanische Garten prunkt mit Freiflächen und riesigen Gewächshäusern

richte aus allen Regionen der Welt zum kleinen Preis und beliebte Veranstaltungen wie das Märchenfrühstück (So 11 h; reservieren unter ✆ 68 08 93 44).

Adresse: Lansstr. 8, ✆ 830 14 38, www.smb. museum. ⏱ Di–Fr 10–18 h, Sa/So 11–18 h. Eintritt (Kombi-Karte Dahlemer Museen) 6 € (erm. 3 €), Kinder bis 16 Jahre haben freien Eintritt; Do ab 14 h Eintritt frei.

Juniormuseum (im Ostpavillon): Es wendet sich mit wechselnden Ausstellungen an Kinder. In einem 2- bis 3-stündigen Programm soll den Junioren Verständnis für verschiedene Kulturen vermittelt werden. Dabei wird gemalt, gespielt und gebastelt. Von Mai 2009 bis Frühjahr 2010 ist es wegen Neugestaltung der Ausstellung geschlossen. Aktuelle Neuigkeiten zur neuen Ausstellung finden Sie unter www. michael-mueller-verlag.de in der Rubrik „Updates".

Adresse: Arnimallee 23, ✆ 830 1-438, www. smb.museum.

Museum Europäischer Kulturen: Das vormalige Volkskunde-Museum ist wegen Umbau-Arbeiten bis 2011 geschlossen. Aktuelle Neuigkeiten zur Wiedereröffnung finden Sie unter www. michael-mueller-verlag.de in der Rubrik „Updates".

Adresse: Arnimallee 25, ✆ 839 01 0-1, -287, www.smb.museum.

Domäne Dahlem

Vermutlich wurde das Dorf Dahlem bereits in der ersten Hälfte des 13. Jh. ge-

Botanischer Garten

Die sehr sehenswerte Gartenanlage, in der man vergisst, dass man in der Großstadt ist, entstand 1897–1906 auf einer ca. 42 Hektar großen Fläche zwischen Dahlem und Lichterfelde. Die Vegetation im **Freigelände** reicht von Korea über die ungarische Steppe bis zum Altai und atlantischen Nordamerika. Über 22.000 Pflanzenarten sind insgesamt zu sehen. Das **Große Tropenhaus** wurde im Krieg zerstört und erst 1968 wiedereröffnet, allerdings in seiner alten Form mit Türmchen und Erkern, vor Kurzem wurde es komplett saniert. Auch die kleineren Orchideen- und Kakteenhäuser sind sehenswert. 2010 ist das **Victoriahaus** mit seinen tropischen Sumpfpflanzen wegen Sanierung geschlossen. Für Blinde und Sehbehinderte wurde ein **Duft- und Tastgarten** angelegt.

Vor wenigen Jahren schien der Fortbestand des Botanischen Gartens akut gefährdet: Die Freie Universität, der die Zuschüsse für diese prächtige Institution gekürzt wurden, drohte mit Schließung. Die ist nun vom Tisch. Zusätzliches Geld kommt durch Sonderveranstaltungen in die Kassen, die in dem wunderschönen Ambiente stattfinden (sporadisch Fr–So 18 h), sowie durch die Königliche Gartenakademie, Pflanzenmärkte, Gartenmöbel-Ausstellungen etc.

Adresse: Königin-Luise-Str. 6–8 (Bus 101 ab U-Bhf. Breitenbachplatz oder Bus X 83 ab U-Bhf. Dahlem Dorf). Ein weiterer Eingang befindet sich Unter den Eichen (S1 Botanischer Garten oder Bus M 48 ab U-/S-Bhf. Rathaus Steglitz), ☏ 83 85 01 00, Infos unter 83 85 00 27, www.botanischer-garten-berlin.de, www.bgbm.org. **Freigelände:** ⏱ Nov.–Jan. tägl. 9–16 h, Feb. 9–17 h, März/Okt. 9–18 h, Sept. 9–19 h, April/Aug. 9–20 h, Mai–Juli 9–21 h. **Gewächshäuser:** tägl. ab 9 h bis jeweils 30 Min. vor Gartenschließung. Eintritt (mit Museum) 5 € (erm. 2,50 €), Familienkarte 10 €. Keine Hunde!

gründet. Ab 1484 war das Dorf im Besitz der Familie von Spil, die es dann an den Herrn von Wilmersdorf verkaufte. 1841 wurde Dahlem zur Preußischen Domäne, d. h. zum Staatsgut. Heute beherbergt die Domäne Dahlem ein kleines Museum mit wechselnden Ausstellungen zum bäuerlichen Leben und zur Handwerkskunst früherer Zeit und einen Streichelzoo für Kinder. Es wird auch noch ein bisschen Landwirtschaft zum Anschauen betrieben, Mi 12–18 h und Sa 8–13 h findet ein Ökomarkt statt.

Adresse: Königin-Luise-Str. 49 (direkt am U-Bhf. Dahlem-Dorf U3; Bus 110, X 11, X 83), ☏ 666 300-0, www.domaene-dahlem.de. ⏱ Mi–Mo 10–18 h. Eintritt 3 €, erm. 1,50 €, bis 18 J. frei.

Botanisches Museum der Freien Universität Berlin: Auch Pflanzen haben ihre Geschichte! Hier erhält der Besucher Informationen über die verschiedensten Arten, z. B. über ihre Verbreitung, Vermehrung und vieles mehr. Das Museum besitzt über 1 Mio. präparierter Pflanzen.

Adresse: Königin-Luise-Str. 6–8 (U9 Rathaus Steglitz; Bus 101, X 83). Führung durch das Museum nach Anmeldung unter ✆ 83 85 01 00. ⊘ tägl. 10–18 h. Eintritt 2 € (erm. 1 €).

Königliche Gartenakademie: Auf dem Gelände der ehemaligen Gärtner-Lehranstalt, das bis vor wenigen Jahren zum Botanischen Garten gehörte, kann man seit 2008 bei Gabriella Pape oder einem ihrer Dozenten an Gartenkursen im englischen Stil teilnehmen. Sie finden je nach Witterung in den schönen historischen Gewächshäusern oder im Freiland statt. Auch Besucher, die einfach nur schauen wollen, sind willkommen. Manufactum unterhält hier eine Dependance mit Gartenprodukten.

Adresse: Altensteinstr. 15a, ✆ 83 22 09 00, www.koenigliche-gartenakademie.de. Eintritt frei, Kurse ab 120 €. Saisonal wechselnde Öffnungszeiten, Mo Ruhetag. Führungen über art:berlin (s. Kap. Anreise)

Praktische Infos (Karte s. S. 224/225)

Restaurants/Biergärten

Esskultur (3), im Ethnologischen Museum, Lansstr. 8, ✆ 68 08 93 44, www.esskultur-berlin.de. ⊘ Café Di–Fr 10–18 h, Sa/So 11–18 h; Restaurant Di–So 12–15.30 h. 2003 eröffnetes gastronomisches Husarenstück von Birgitt Claus: Beste Qualität zum kleinen Preis – und das in der Cafeteria eines staatlichen Museums. Tagesgerichte (auch vegetarisch) um 5 €, daneben diverse kleine süße und salzige Leckereien. Im Sommer wird auch draußen serviert. Für besondere Veranstaltungen wie Lesungen und das sonntägliche Märchenfrühstück im orientalischen Zelt (für Kinder sensationell!) sollte man reservieren.

Alter Krug (1), Königin-Luise-Str. 52, ✆ 84 31 95 40, www.alterkrugberlin.de. ⊘ tägl. ab 11 h bis mind. 23 h. Der alte Dahlemer Dorfkrug wurde 2001 unter neuer Leitung wieder eröffnet. Die Verjüngungskur schuf einen großflächigen, leider baumlosen Selbstbedienungs-Biergarten. Gehobenes Preisniveau.

Luise (2), Königin-Luise-Str. 40, ✆ 841 88 80, www.luise-dahlem.de. ⊘ tägl. 10–1 h. Der Studententreff an der FU, geeignet auch für den Imbiss nach einem Besuch in den Dahlemer Museen. Gutes und reichliches Frühstück bis 14 h, Küche bis 24 h; So 10–14 h Brunch (9,90 €, reservieren). Großer, schattiger Biergarten. Bei schlechtem Wetter sitzt man im 2001 komplett erneuerten Innenraum.

Im Schatten des Treptowers legen die Ausflugsschiffe im Treptower Park an

Treptower Park

Treptow, das seit 2001 verwaltungsmäßig mit Köpenick zusammengeschlossen ist, ist seit jeher ein beliebtes Ausflugsziel der Berliner. Damit ist besonders der Treptower Park gemeint, ein weitläufiges Areal an der Spree. Hier fahren die Ausflugsschiffe der Stern- und Kreisschifffahrt ab, und hier steht das bombastische Sowjetische Ehrenmal. Astronomisch Interessierte zieht die Archenhold-Sternwarte mit dem längsten Linsenfernrohr der Welt an. Eine einstige Riesenattraktion für Kinder, der inzwischen malerisch verfallene „Dauerrummel" Spreepark, liegt ein Stückchen weiter im Plänterwald.

Ein schöner Spaziergang führt vom S-Bahnhof Treptower Park (Ringbahn) durch den Rosengarten und dann am Spreeufer entlang, wo man nach gut einem Kilometer die **Abteiinsel** (zu DDR-Zeiten als „Insel der Jugend" bekannt) erreicht, auf der sich bis Anfang 2009 ein Musikclub mit lauschiger Terrasse befand; derzeit wird ein neuer Betreiber gesucht. Die Insel erreicht man über eine 76 Meter lange, in hohem Bogen geschwungene Stahlbetonbrücke, die 1916 von französischen Kriegsgefangenen erbaut wurde. Von der baumbestandenen Insel aus kann man ein kleines Inselchen in der hier zu einem See verbreiterten Spree sehen: die **Liebesinsel**. Diese Insel ist nur per Boot zu erreichen, das einige Meter weiter bei einem **Ruderbootverleih** gemietet werden kann.

Weitere Möglichkeiten, ein Bier oder Wasser zu trinken und eine Kleinigkeit zu essen, bieten das traditionsreiche Ausflugslokal Haus Zenner, in dem sich eine Burger-King-Filiale und ein etwas heruntergekommener Biergarten befinden, sowie das Restaurantschiff Klipper. Jenseits der Straße Alt Treptow/Puschkinallee, die den Park der Länge nach durchschneidet, liegen die Archenhold-Sternwarte und das riesige, vor einigen Jahren restaurierte Sowjetische Ehrenmal.

Sowjetisches Ehrenmal

Es wurde 1946–49 auf dem Gelände errichtet, auf dem 1918/19 zahlreiche Kundgebungen der Arbeiterbewegung stattgefunden hatten, der alten Treptower Spielwiese. Das Ehrenmal erinnert an die 20.000 sowjetischen Soldaten, die im Kampf um Berlin 1945 gefallen sind. 5.000 von ihnen wurden hier beigesetzt. Nach Entwürfen sowjetischer Architekten und Bildhauer arbeiteten 1.200 Handwerker – darunter 200 Steinmetze – drei Jahre an dem gigantischen Bau. Das Material ist schwedischer Granit, der bereits von den Nazis gekauft worden war, um daraus Prachtbauten und Siegesdenkmäler errichten zu lassen. Man sollte das Bauwerk einfach auf sich wirken lassen – bei all seiner Gigantomanie.

Archenhold-Sternwarte

1896 wurde auf Betreiben des Astronomen Friedrich Simon Archenhold ein 21 Meter langes Riesenfernrohr gebaut und während der damaligen Weltausstellung in einer Holzkonstruktion im Freien aufgestellt. Um das angeblich auch heute noch längste Fernrohr der Welt geschützt aufstellen zu können, wurde 1909 mit Gewerkschaftsgeldern die Sternwarte gebaut, die erste Volkssternwarte Deutschlands. 1915 hielt Albert Einstein hier seinen ersten öffentlichen Vortrag über die Relativitätstheorie. Nach einer umfangreichen Sanierung wurde die Sternwarte 1997 wieder eröffnet. Sie kann besichtigt oder zu Veranstaltungen besucht werden. Für Kinder gibt es an einigen Donnerstagen um 15 h spezielle Vorführungen.

Adresse: Alt Treptow 1 (S8, S9 Plänterwald), 536 063 719 (Mo–Fr 8–15 h), www.sdtb.de. Mi–So 14–16.30 h. Eintritt für die Ausstellungen 2,50 € (erm. 2 €), Familienkarte 10 €. Führungen Do 20 h, Sa/So 15 h, Eintritt mit

Am Sonntagnachmittag kann man in der Archenhold-Sternwarte das Riesenfernrohr in Bewegung bestaunen

Führung 4 € (erm. 3 €). Vorführung des Riesenfernrohrs in Bewegung nur So 15 h; Sa 14 h Kinderführung. Diverse öffentliche Veranstaltungen, auch nachts. Führungen und Veranstaltungen für Gruppen ab 10 Pers. nach Vereinbarung. Die Bibliothek ist nur Do 10–16 h und nur nach Voranmeldung geöffnet.

Spreepark

Mittlerweile sieht es nicht so aus, als ob der Spreepark jemals wieder öffnen würde. Seit im Januar 2002 der hoch verschuldete ehemalige Spreepark-Betreiber Witte verschwand, ist die Zukunft des Vergnügungsparks ungewiss.

Mehrere Gespräche mit potenziellen Investoren verliefen erfolglos; mal waren zu wenige Parkplätze vorhanden, mal der Naturschutz zu strikt. So liegt das Gelände mit seinen alten Fahrgeschäften weiterhin brach und verwildert. Inzwischen finden Führungen über das halb zugewachsene Gelände statt; Infos unter www.berliner-spreepark.de.

Anfahrt: S-Bhf. Plänterwald, von dort ca. 1 km zu Fuß oder – nach kurzem Fußmarsch zur Haltestelle – mit dem Bus 265 eine Station bis Baumschulenstr./Neue Krugallee. Von hier läuft man noch ca. 300 m.

Die Stahlbetonbrücke verbindet die Abteiinsel mit dem Park

Pleiteobjekt Spreepark

Norbert Witte wirkte wie ein Macher, dem alles gelingt, als er 1991 den Vergnügungspark im Plänterwald übernahm. Die nächsten Jahre schien der Park auch gut zu laufen, bis sich Witte 2002 urplötzlich mit seiner ganzen Familie nach Peru absetzte – und einige Millionen Euro Schulden zurückließ. Er war sogar so dreist, sechs Fahrgeschäfte mit nach Südamerika zu nehmen; sie sollten ihm in Lima eine neue Existenz schaffen. Das scheint nicht gelungen zu sein, jedenfalls kehrte Witte 2004 mit seinem Fahrgeschäft „Fliegender Teppich" nach Deutschland zurück. Im „Teppich" waren 167 kg reines Kokain versteckt – genug für 15 Jahre Haft. 2009 wurde Witte mit „Achterbahn" ein filmisches Denkmal gesetzt (www.achterbahn-der-film.de).

Praktische Infos

Ausflugsschiffe/Bootsverleih

Der **Hafen Treptow** ist Hauptbüro und Anlegestelle der **Stern- und Kreisschifffahrt:** Hier kann man im Vorverkauf Fahrkarten für die Ausflugsdampfer erwerben, die jedoch auch an Bord problemlos gekauft werden können, wenn das Schiff nicht bereits voll ist.
Adresse: Puschkinallee 15 (S-Bhf. Treptower Park), ✆ 536 36 00, www.sternundkreis.de. ⓘ Ende März–Anf. Okt. Mo–Fr 9–18 h, Sa 9–14 h.
Auch ein **Wasserflugzeug** startet hier zu halbstündigen Rundflügen, die 189 €/Pers. kosten. Bulgarische Str. 1, ✆ 53 21 53 21, www.air-service-berlin.de.
Rent a Boat: an der Abteibrücke zur Insel der Jugend, ✆ 0177/299 32 62, www.rent-a-boat-berlin.com. ⓘ in der Saison tägl. 10–22 h. Im Angebot sind Tretboote (11 €/h), Ruderboote (8 €/h) und ohne Führerschein zu schippernde Motorboote (45 €/h inkl. Benzin; mind. 2 h Mietdauer, Kaution 100 €).

Essen und Trinken

Haus Zenner, Alt-Treptow 14–17, ✆ 533 72 11. ⓘ Mi–So 10–24 h. Riesige Terrasse mit herrlichem Spreeblick für 1.500 Durstige, derzeit nur Selbstbedienung zu – für das Gebotene – gesalzenen Preisen.
Klipper, Bulgarische Str. (S8, S9 Plänterwald), ✆ 53 21 64 90, www.klipper-berlin.de. ⓘ tägl. 10–1 h, bis 16 h Frühstück. Neben der Brücke zur Abteiinsel ankert seit 2001 ein Restaurant-Schiff mit zusätzlicher Holzterrasse. Der „Klipper" ist ein 1890 erbauter Zweimast-Segler, der 80 Personen Platz bietet. Café und Restaurantbetrieb mit gehobener Küche, vor allem die Fischgerichte werden sehr gelobt. Es gibt auch Cocktails und entsprechende Preise: Hauptgerichte 10–20 €, einige Kinder-Gerichte. Obwohl ganzjährig geöffnet, wird es nur an schönen Sommertagen richtig voll, dann sollte man reservieren.

Bei schönem Wetter kaum zu toppen: Restaurant-Schiff Klipper

Freizeitparadies Müggelsee

Müggelsee

Ein klassisches Berliner Ausflugsziel ist der Große Müggelsee. Hier kann man spazieren gehen, baden oder eine Fahrt mit einem Ausflugsschiff starten. Interessant ist der Anmarsch zum See vom S-Bahnhof Friedrichshagen durch die Bölschestraße; ein Weg, der auch mit der Straßenbahn zurückgelegt werden kann. Mit dem Ausflugsschiff gelangt man z. B vom Hafen Treptow nach Friedrichshagen. Die Fahrt dauert etwa eineinhalb Stunden.

Friedrichshagen entstand, als sich 1753 die Familien von hundert Baumwollspinnern hier niederließen, darunter viele aus Böhmen. Friedrich II. hatte sie ins Land geholt. Sie waren verpflichtet, Maulbeerbäume für die Seidenraupenzucht zu pflanzen und zu hegen. In der **Bölschestraße** und ihrer Umgebung sind noch einige der kleinen alten Häuser aus dieser Zeit zu sehen. Im späten 19. Jh. war Friedrichshagen ein Literatenviertel. Dem *Friedrichshagener Dichterkreis* wird auch *Gerhart Hauptmann,* der hier gewohnt hat, zugerechnet. Schön ist ein Bummel auf den extrem breiten Bürgersteigen der Bölschestraße mit ihren kleinen Läden, Cafés und Restaurants.

Einen Blick wert ist die **Brauerei** der Berliner Bürgerbräu am Müggelseedamm, die von Zeit zu Zeit besichtigt werden kann. Angeschlossen ist ein geräumiges Restaurant mit Kleinkunstbühne, das Bräustübl. Der dazugehörige Biergarten liegt leider direkt an der Straße.

Durch einen Tunnel unter der Spree oder mit der Fähre kommt man von Friedrichshagen zum West- und Südufer des Müggelsees, ideale Ausgangspunkte für Wanderungen durch den Berliner Stadtwald, z. B. über die leichte Erhebung der **Müggelberge** mit dem heute verwitterten, 1961 erbauten **Müggelturm** darauf, der mittlerweile unter Denkmalschutz gestellt wurde. Erho-

Grünes Berlin

lung von den langen Spaziergängen durch Kiefernwälder oder am Seeufer entlang versprechen einige Ausflugslokale (Müggelsee-Terrassen/Rübezahl ist auch mit dem Schiff erreichbar). In Friedrichshagen starten Dampferfahrten in die grüne Umgebung, z. B. über die **Löcknitz** auf den **Möllensee** oder nach **Rüdersdorf** mit seinen Kalkofen-Museumsanlagen (Fahrplan-Infos unter www.sternundkreis.de oder ✆ 536 360-0). Wer an Bord zu Mittag essen möchte, sollte das vorbestellen.

Praktische Infos

Ausflugsschiffe

In den letzten Jahren hat die (mittlerweile privatisierte) **Stern- und Kreisschifffahrt** ihre Fahrten auf dem Müggelsee zu Gunsten der City-Touren stark reduziert – vor allem im Frühjahr und Spätsommer. Einfach zur Anlegestelle zu gehen und zu hoffen, dass demnächst ein Dampfer kommt, hat kaum mehr Sinn. Man sollte sich schon vor einem Ausflug über die Abfahrtzeiten informieren. Adressen der Reedereien s. Kapitel „Unterwegs in Berlin – Ausflugsschiffe". Immerhin kann man nach wie vor den Fahrschein an Bord erwerben, wobei es diverse Ermäßigungen gibt. So gewährt die Stern- und Kreisschifffahrt z.B. WelcomeCard-Inhabern 25 % Rabatt! Kinder unter 14 Jahren fahren für den halben Preis, bis 6 Jahre ist die Fahrt kostenlos.

Anlegestellen der Stern- und Kreisschifffahrt: Friedrichshagen, am Ende der Josef-Nawrocki-Str.; Rübezahl; Dorint Hotel Müggelsee; Müggelhort.

Freibäder, Bootsvermietung

Freibad Friedrichshagen, Müggelseedamm 216 (S3 Friedrichshagen und von dort Tram 60, 61), ✆ 645 57 56, www.seebad-friedrichshagen.de. Tägl. ab 9 h, Eintritt 3 €. Sandstrand, Stege, Spielplatz, Volleyball, Bistro. Das Wasser entspricht den Standards der EU. Seit 2002 wird das Bad von einem privaten Pächter betrieben.

Strandbad Müggelsee, Fürstenwalder Damm 838 (S3 Friedrichshagen und von dort Tram 61), ✆ 648 77 77. Sauna, Solarium, Liegewiese, FKK-Strand. Das Wasser ist okay. Direkt neben dem Bad:

Wassersport Berlin Müggelsee GmbH, ✆ 648 15 80, www.wassersport-berlin.de. ⏰ tägl. 10–19 h. Vermietet werden zu akzeptablen Preisen Surfbretter, Segelboote, Kanus und Tretboote.

Start zur Müggelsee-Fahrt

Rast im Biergarten Schrörs am Müggelsee neben der Brauerei Berliner Bürgerbräu in Friedrichshagen

Ebenfalls möglich ist das Baden an zahlreichen „wilden" Badestellen mit kleinen Sandstränden.

Sehenswertes

Müggelturm, Nähe Müggelheimer Damm (Bus X 69, z. B. ab S-Bhf. Köpenick, und längerer Fußweg). Seit Jahren wird über die Zukunft des heruntergekommenen Turm-Gaststätten-Ensembles gestritten, das Restaurant ist schon lange geschlossen, soll nun abgerissen und durch einen Neubau ersetzt werden; der erste Investor hat aber bereits aufgegeben. Zur Diskussion stand auch der Abriss des heutigen Betonturms und die Errichtung einer Replik des 1958 abgebrannten hölzernen Vorgänger-Turms aus der Gründerzeit. In den 1990er-Jahren wurde der Turm aber unter Denkmalschutz gestellt und saniert. Derzeit ist er allerdings nicht zugänglich.

Biergärten

Gestrandet, am Schiffsanleger Friedrichshagen, ℡ 0151/50 62 98 93, www.gestrandet-am-mueggelsee.de. ◷ tägl. ab 9.30 h, im Winter nur am Wochenende. Recht neue Strandbar mit Liegestühlen im Sand, schöner kann man kaum rasten. Im Winter wird Glühwein ausgeschenkt.

Schrörs am Müggelsee, Josef-Nawrocki-Str. 16, ℡ 64 09 58 80, www.schroers-online.de. ◷ tägl. 11–22 h. Großer, etwas improvisierter Biergarten neben einer alten Villa. Hier isst und trinkt man recht preiswert und mit schönem Blick auf den See und die Brauerei.

Müggelsee-Terrassen/Rübezahl, Müggelheimer Damm 143 (Bus M 69), ℡ 656 61 68 80, www.mueggelseeterrassen.de. ◷ Mai–Aug. tägl. 12–20 h, Sept.–April nur bis 18 h. Die vor einigen Jahren renovierte Massengaststätte mit drei Selbstbedienungs-Terrassen am Anleger der Müggelseefähre ist bis heute unter ihrem Traditions-Namen „Rübezahl" bekannt. Ein Ausflugsziel für Sportliche: Beachvolleyballfeld, Drachenboot etc. und im Winter gibt's hier eine Eisbahn!

Borkenbude, Fürstenwalder Damm 838, ℡ 95 99 27 27, www.borkenbu.de. ◷ in der Saison Mo–Fr 12 bis ca. 22 h, Sa/So ab 10 h. Neben dem Freibad Müggelsee liegt ein Eldorado für Surfer und Segler, die sich hier auf einen Kaffee oder ein Bier treffen.

Restaurant/Kleinkunstbühne

Bräustübl, Müggelseedamm 164 (Tram 60, 61), ℡ 645 57 16, www.braeustuebl.de. ◷ Mi–Sa 12–24 h, So 11–24 h, Küche bis 23 h. Fast täglich Kabarett-Vorstellungen, Lesungen und Konzerte im historischen Ballsaal, ansonsten eine großräumige Brauereigaststätte, in der man zünftig tafeln kann. Ausgeschenkt wird natürlich das nebenan gebraute Berliner Bürgerbräu. Regionale Küche, Hauptgerichte 6–12 €. Biergarten an der Straße.

Villen säumen das Westufer des Wannsees

Wannsee

Das westliche Pendant zum Müggelsee ist der Wannsee. Weltbekannt ist das Strandbad, ein riesiger Bau, der nach und nach saniert wird. Am Seeufer stehen unzählige sehenswerte Villen. Neben Spaziergängen, Baden oder einer Fahrt mit dem Ausflugsschiff ist auch ein Besuch der Liebermann-Villa und/oder der Gedenkstätte Wannseekonferenz zu empfehlen. Ein unbedingtes Muss für Romantiker ist ein Ausflug zur Pfaueninsel.

Berlin-Wannsee gibt es als Ortsteil erst seit 1898. Zusammengelegt wurden damals das Dorf Stolpe und die Villenkolonie Alsen am Westufer des Wannsees. Hier stehen in riesigen Gärten prächtige Villen, die z. T. von berühmten Leuten bewohnt wurden und werden. Hier lebten die Familien Siemens, Oppenheim, Sauerbruch und viele weitere Mitglieder der wissenschaftlichen und künstlerischen High Society. Hier hatte auch Max Liebermann seine Sommerresidenz. Heute kann die **Liebermann-Villa** besichtigt werden. Der Garten, den Liebermann so oft gemalt hat, ist nach seinen Gemälden rekonstruiert worden. In unmittelbarer Nachbarschaft, in der Straße Am Großen Wannsee, hat eine weitere Villa während des Zweiten Weltkriegs entsetzliche Geschichte geschrieben. Hier fand am 20. Januar 1942 die Konferenz über die „Endlösung der Judenfrage", die nach diesem Haus benannte „Wannseekonferenz", statt. Die Villa dient heute als Gedenkstätte. Auch für Kinder sehenswert ist die **Pfaueninsel**, die nordwestlich von Wannsee in der Havel liegt.

Praktische Infos

Ausflugsschiffe

Stern- und Kreisschifffahrt: Die Station Wannsee liegt wenige Minuten zu Fuß und ein paar Treppen unterhalb des S-Bhf. Wannsee (S1, S7). Hier starten auch Ausflugsschiffe anderer Reedereien zu diversen Rundfahrten, auch eine Fahrt nach Potsdam ist möglich.

Freibad

Strandbad Wannsee, Wannseebadweg 25 (S1, S7 Nikolassee), ✆ 70 71 38 33, www.strandbadwannsee.de. Angeblich das größte Freibad der Welt ist der gigantische Bau der 1920er-Jahre, mit dessen Sanierung 2005 endlich begonnen wurde. Riesiger Sandstrand mit Strandkörben, Spielplatz, Volleyball, Restaurant und Bootsvermietung. Die Wasserqualität ist meist gut.

Ebenfalls möglich ist das Baden an zahlreichen „wilden" Badestellen mit kleinen Sandstränden, jedoch sollte man sehr darauf achten, nicht in das Fahrwasser von Booten zu geraten, die manchmal ziemlich schnell über's Wasser rasen.

Sehenswertes

Liebermann-Villa, Colomierstr. 3/Ecke Am Großen Wannsee (der Bus 114, der am S-Bhf. Wannsee startet, hält direkt vor dem Haus; Parkplätze sind extrem knapp), ✆ 80 58 59 00, www.max-liebermann.de. ◷ April–Okt. Mi, Fr–Mo 10–18 h, Do 10–20 h; Nov.–März Mi–Mo 11–17 h. Eintritt 6 € (erm. 4 €), Kinder bis 12 Jahre frei; Familienkarte 14 €. Führungen im Sommer Mi 14 h, Sa/So 14 und 16 h, im Winter Sa/So 14 h. 1909 erwarb Liebermann das über 6.000 m² große Grundstück am Seeufer und ließ eine Villa darauf errichten und den Garten anlegen. Hier verbrachte er viele Sommer, in denen er den Garten in mehreren Hundert Gemälden festhielt. 1940 zwangen die Nazis Liebermanns Witwe zum Verkauf des Landhauses, das zum „Lager für die weibliche Gefolgschaft der Deutschen Reichspost" umfunktioniert wurde. Zum Ende des Krieges diente es als Lazarett, nach dem Krieg beherbergte es zunächst die chirurgische Abteilung des Krankenhauses Wannsee, später Wohnungen für Krankenhauspersonal. Von 1971 bis 2002 residierte hier der Deutsche Unterwasserclub. Durch den vehementen Einsatz eines 1995 gegründeten Vereins konnte 2002 ein Ersatzgrundstück für den Unterwasserclub gefunden und die Wiederherstellung des Ursprungszustands des Anwesens in Angriff genommen werden. Der Stauden-, Obst- und Gemüsegarten auf der Straßenseite wurde rekonstruiert, auch der Garten zum See, den Liebermann gemeinsam mit dem Direktor der Hamburger Kunsthalle entworfen hatte, wurde nach alten Fotos, Filmen und nach Liebermanns Gemälden wieder hergestellt. Im Erdgeschoss wird eine Ausstellung zur Geschichte des Hauses und seiner Bewohner gezeigt, im 1. Stock einige Gemälde, Grafiken und Zeichnungen Liebermanns, die hier entstanden sind.

Haus der Wannseekonferenz, Am Großen Wannsee 56–58 (Bus 114 ab S-Bhf. Wannsee), ✆ 805 00 10, www.ghwk.de. ◷ tägl. 10–18 h. Eintritt frei. Bei der Konferenz zur „Endlösung der Judenfrage" wurden 14 Männer in entscheidenden Positionen in den Ministerien, der SS und der Polizei von SS-Führer Reinhard Heydrich in die kommende Massenvernichtung eingeweiht. Damit war das Schicksal von 6 Mio. Juden verschiedener Nationalitäten besiegelt. Heute wird hier eine Ausstellung zur Wannseekonferenz gezeigt, außerdem kann eine Mediothek genutzt werden.

Pfaueninsel, Überfahrt vom Ende der Pfaueninselchaussee (Bus 218 ab S-Bhf. Wannsee), die Fähre verkehrt nach Bedarf, Fahrpreis 2 € (erm. 1 €). ✆ 325 87 03 (Fähre), ✆ 80 85 68 30 (Insel), www.spsg.de. ◷ April und Sept. 9–19 h, Okt. und März 9–18 h, Nov.–Feb. 10–16 h, Mai–Aug. 8–21 h, jeweils tägl. Bevor sie zum Gesamtkunstwerk wurde, hieß die 98 ha große Havelinsel Kaninchenwerder. Die Pfauen bemerkt man gleich nach der Ankunft: Sie sitzen in den Bäumen und spazieren unter ihnen und schreien dabei lautstark. Als Landschaftspark wurde die Insel erst im 19. Jh. nach Plänen von Peter Lenné angelegt.

Sehenswert ist das **Schloss,** das Friedrich Wilhelm II. für seine späte Geliebte, Gräfin Lichtenau, 1797 in Ruinenform erbauen ließ. Auch eine Meierei wurde vom romantisch-versponnenen König als künstliche gotische Ruine am anderen Ende der Insel errichtet. Die Insel war für ihn eine exotische „Fluchtwelt", wo die Majestäten Kühe melken und Butter stampfen konnten. Man sollte sich für den Besuch der Insel, die seit 1995 von der Stiftung Preußische Schlösser und Gärten Berlin-Brandenburg verwaltet wird, mindestens 1–2 Std. Zeit nehmen. Übrigens ist die Insel, die in die UNESCO-Liste der Kulturdenkmäler aufgenommen wurde, kein reines Museum, sondern sie wird auch bewohnt. Hier leben Fährleute, ein Tischler, ein Maschinenmeister, der Inselkutscher und der Gartendirektor mit ihren Familien. Besichtigung des Schlosses und der Meierei nur mit Führung (alle 30 Min.) Di–So 10–17 h. Eintritt 3 € (erm. 2,50 €) bzw. 2 € (erm. 1,50 €).

Biergärten

Wirtshaus zur Pfaueninsel, Pfaueninselchaussee 100 (an der Fähre), ✆ 805 22 25, www.pfaueninsel.de. ⏱ im Sommer tägl. 10–20 h, im Winter Di–So 10–18 h. Der Biergarten am ehemaligen Marstall ist ein beliebter Rastplatz für Radler. Klassisches Speiseangebot mit Schnitzel und Bratwurst (viele Gerichte unter 10 €), aber auch Frühstück und nachmittags selbst gebackener Kuchen. Hauseigener Bootssteg.

Wirtshaus Moorlake, Moorlakeweg 6 (Pfaueninselchaussee), ✆ 805 58 09, www.moorlake.de. ⏱ tägl. ab 11.30 h. Das einstige Jagdhaus der Hohenzollern wurde 1840 im bayerischen Stil errichtet. Hier harrte die Gattin Friedrich Wilhelms IV. der Dinge, die da kommen würden: Wiener Schnitzel, Roulade und Mohnkuchen! Westberliner Ausflugsklassiker mit großer Terrasse; Hauptgerichte ab 10 €. Am Wochenende um die Mittagszeit muss man bei schönem Wetter etwas Wartezeit einplanen. Im Winter ab und zu Kulturprogramm für die ältere Generation.

Restaurants

Wirtshaus Halali, Königstr. 24, ✆ 805 31 25, www.halali.de. ⏱ Mi–Mo ab 18 h, So ab 12 h. Saisonale, gehobene österreichische Küche zu entsprechenden Preisen (Hauptgerichte 10–20 €); besonders der Tafelspitz ist empfehlenswert. Auch anspruchsvolle vegetarische Gerichte sind im Angebot. Für die sensationellen Nachspeisen sollte im Magen noch ein Plätzchen frei sein. Tipp: alle Hauptgerichte können auch als kleine Portion bestellt werden. Im Sommer genießt das – überwiegend ältere – Publikum im lauschigen Garten.

Goldener Greif im Schloss Glienicke, Königstr. 36, ✆ 805 40 00, www.schlossglienicke.de. ⏱ Di–So ab 12 h. Feinschmeckerlokal, in dem ab und zu Franz Raneburger, Berlinern bekannt als langjähriger Chef des Bamberger Reiters, den obersten Kochlöffel schwingt. Hauptgerichte, auch vegetarisch, 17,50–24 €; Di–Fr preisgünstiges Mittagsmenü. Eine große Terrasse im Schlosspark sowie der Innenhof der Remise bieten zusammen 500 Freiluft-Sitzplätze.

Einkehren mit dem Blick auf das Strandbad Wannsee

Orangerieschloss im Park Sanssouci

Ausflug nach Potsdam

Weltberühmt und auf jeden Fall sehenswert sind Schloss und Park Sanssouci. Wer etwas genauer hinschaut, wird bemerken, dass auch die anderen Parks und Freiflächen der Stadt architektonisch durchkomponiert sind. Potsdam ist ein Gesamtkunstwerk, das 1990 von der UNESCO zum Weltkulturerbe erklärt wurde.

So sollte sich ein Potsdam-Besuch keinesfalls auf Sanssouci beschränken, sondern auch die Innenstadt mit dem Holländischen Viertel sowie die Alexandrowka einschließen. An einem Tag kann man Potsdam schon recht gut kennen lernen, vor allem wenn man mit dem Fahrrad unterwegs ist. Denn die sehr gut ausgeschilderten Sehenswürdigkeiten liegen relativ weit auseinander. Aber auch zu Fuß – kombiniert mit einigen Straßenbahn- oder Busfahrten – ist Potsdam zu erkunden, ohne dass man sich dabei Blasen laufen muss. Von Berlin aus erreicht man Potsdam schnell und bequem per S-Bahn oder Regionalbahn der DB. Besonders schön ist es aber, mit einem Ausflugsschiff in Potsdam anzukommen (z. B ab Berlin-Wannsee, s. Kapitel „Unterwegs in Berlin"). Wer nur wenig Zeit hat, schaut sich die berühmten Schlösser bequem von Bord aus an: Eine 1,5-stündige Schlösser-Rundfahrt kann man von Ende März bis Ende Oktober unternehmen (tägl. 10, 12, 14 oder 16 h ab Lange Brücke, Fahrpreis 11 €, s. S. 250).

Potsdam ist aber nicht nur Garten- und Residenzstadt, sondern auch Garnisonsstadt – seit dem 18. Jh. Nach dem Abzug der russischen Armee im Jahr 1994 übernahm die Bundeswehr einige der alten Kasernen, andere wurden umgebaut und werden heute zivil genutzt. Einige sind auch verfallen und harren der Zukunft. So lebt Potsdam in einem

Ausflug nach Potsdam

> **Potsdams Schlösser und Gärten**
>
> Im 18. Jh. wurden die ersten Grundsteine der heute einmaligen Schlösser und Gärten gelegt: Residenzbauten für Friedrich Wilhelm I. und seinen Sohn Friedrich II. (den „Großen"). Zuvor hatte Friedrich Wilhelm befohlen: *„Das ganze Eiland muss ein Paradies werden."* Mit der 150 Jahre dauernden Umgestaltung der sandigen und sumpfigen Flächen zwischen dem gewundenen Lauf der Havel in ein Paradies wurde neben anderen Gartenarchitekten Peter Joseph Lenné betraut. Er schuf das **grandiose Sichtachsen-Konzept**, das noch heute – leider gestört durch einige DDR-Bauwerke und die 1990er-Jahre-Bebauung am Glienicker Horn – zu erkennen ist.

eigenartigen Spannungszustand zwischen der Tradition des strengen preußischen Militarismus und italienisch-bukolisch wirkender Garten- und Schloss-Romantik.

Kaum zu merken ist, dass Potsdam auf einer Insel liegt. Doch genau das macht den Reiz der Stadt aus: die sich zu Seen verbreiternden Wasserläufe der Havel, zwischen denen das Stadtzentrum liegt und die in die Gestaltung der Parks einbezogen sind.

Im Zweiten Weltkrieg, dessen Konsequenzen im Potsdamer Schloss Cecilienhof verhandelt wurden (s. S. 249), wurden viele Bauwerke zerstört. Nach dem Krieg wurden die Garnisonkirche und das Stadtschloss abgerissen. Das Stadtschloss mit dem berühmten Fortuna-Portal wird trotz diverser Querelen derzeit wieder aufgebaut und soll ab 2012 oder 2013 den Brandenburger Landtag beherbergen. Um den Wiederaufbau der Garnisonkirche wird seit Jahren gerungen.

Zu DDR-Zeiten war Potsdam durch die hier stationierten Teile der Westtruppen der Roten Armee geprägt. Sie nutzten

Die „Langen Kerls" – heute Touristenspektakel

ganze Stadtviertel, die von der Zivilbevölkerung nicht betreten werden durften. Nach der „Wende" wurden viele Villen und Wohnhäuser an die Alteigentümer oder deren Nachkommen rückübertragen und anschließend saniert. Die ehemaligen Nutzer mussten in der Regel ausziehen. Während der Jahre der ungeklärten Eigentumsverhältnisse entstand in Potsdam eine recht große Hausbesetzerbewegung, die weit über 100 Häuser bewohnte. Diese Szene ist längst aus der Innenstadt verdrängt, wohlhabende Mieter und Neueigentümer sind in die teilweise fast disneylandartig sanierten Bauten gezogen. Die teuersten Cafés und Restaurants der Stadt konzentrieren sich um den Luisenplatz, der im Sommer sehr italienisch wirkt.

In den letzten Jahren hat sich einiges in Potsdam getan: So hat man ein Stück des Stadtkanals rekonstruiert, man begann den Wiederaufbau des Stadtschlosses auf dem Alten Markt und der Neubau des Hans-Otto-Theaters wurde eröffnet. Außerdem sind mittlerweile die meisten Bauten in den bedeutenden Gartenanlagen saniert. Damit dominiert die preußische Vergangenheit zunehmend über die DDR-Vergangenheit der Stadt. Das zieht die Größen aus Medien, Wirtschaft und Politik an – ihr bevorzugtes Wohngebiet am Heiligen See wird schon „Beverly Hills von Berlin" genannt. Otto Normalmieter hat das Nachsehen: außerhalb der Plattenbausiedlungen ist kaum eine halbwegs erschwingliche Wohnung zu finden. Nicht alle Potsdamer scheinen mit diesen Entwicklungen einverstanden zu sein – bei der Kommunalwahl 2008 war die Linke mit 31 % der abgegebenen Stimmen die stärkste Partei.

Sehenswertes

Innenstadt

Die Potsdamer Innenstadt ist relativ klein und hat noch drei alte Stadttore, das Brandenburger Tor, das Jägertor und das Nauener Tor. Sie lohnt auf jeden Fall einen Bummel. Außer dem Holländischen Viertel (s. u.) bietet sie weitere Sehenswürdigkeiten, wobei die wichtigsten am Alten und am Neuen Markt liegen.

Kutschstall: Im Herbst 2003 mit der Dauerausstellung „Land und Leute. Geschichten aus Brandenburg-Preußen" eröffnetes *Haus der Brandenburgisch-Preußischen Geschichte*. Wo ab 1790 des Königs Pferde lebten, werden nun 900 Jahre Brandenburg und Preußen dargestellt – mit einem Sammelsurium vom Ölgemälde über den Schädel eines im Dreißigjährigen Krieg getöteten Kindes bis zum Rennwagen der 1920er-Jahre. Geschmackssache. Besonderheit: Alle Exponate sind Leihgaben. Zusätzlich werden wechselnde Sonderausstellungen gezeigt, für die ein gesonderter Eintritt zu entrichten ist.

Adresse: Am Neuen Markt 9, ✆ 620 85 50, www.hbpg.de. ⏲ Di–Fr 10–17 h, Sa/So 10–18 h. Eintritt 4,50 € (erm. 3,50 €), Fr nur 2 €.

Nikolaikirche: Entworfen von *Karl Friedrich Schinkel*, besonders eindrucksvoll ist die riesige Kuppel. Sporadisch finden hier Konzerte statt.

⏲ Mo–Sa 9–19 h, So ca. 11.30–19 h, www.nikolaipotsdam.de.

Sanssouci

Park Sanssouci: Im und um den 290 Hektar großen Park Sanssouci liegen die Haupt-Sehenswürdigkeiten Potsdams, die seit 1995 von der Stiftung Preußische Schlösser und Gärten verwaltet werden. Durch den Park kann man stundenlang gehen und immer wieder auf Neues stoßen. Besonders schön ist das an einem sonnigen Herbsttag – nur nicht am Wochenende.

Ausflug nach Potsdam

Zu entdecken sind Fontänen, Grotten und Gartenplastiken (die den Winter allerdings in Holzkisten verbringen) der Künstler *Johann Peter Benckert*, *Georg Franz Ebenhech* und *Friedrich Christian Glume*, ein chinesischer Pavillon und natürlich die zahlreichen Schlösser.

⏰ Nov.–Jan. 8–18 h, Feb. und Okt. bis 19 h, März und Sept. bis 20 h, April und Aug. bis 21 h, Mai–Juli bis 22 h. Der Eintritt in den Park ist frei – seit 2004 wird aber laut darüber nachgedacht, eine Gebühr zu erheben. Derzeit wird ein freiwilliges Eintrittsgeld von 2 € erbeten.

> Wer mehrere Bauwerke der Schlösserstiftung besichtigen möchte, kann eine **Tageskarte** für 14 € (erm. 10 €) lösen. Wenn eine Führung obligatorisch ist, muss man sich an der Kasse zusätzlich zur Tageskarte ein kostenloses Führungs-Ticket holen. Premium-Tageskarten für 19 € (erm. 14 €), die das **Schloss Sanssouci** einschließen, gibt es nur in diesem Schloss!

Schloss Sanssouci: Als Sommerresidenz für Friedrich II., der übrigens seit 1991 auf der Terrasse beigesetzt ist, wurde das Schloss von 1745–47 auf dem extra angelegten Weinberg nach Plänen von *Georg Wenzeslaus von Knobelsdorff* erbaut. Die angebauten Flügel (Damenflügel und Schlossküche) stammen von *Persius* und *Arnim*. Interessant ist die Schlossküche mit ihren originalgetreu restaurierten und ausgestatteten Räumen, in denen man sich gut vorstellen kann, wie aufwändig die königlichen Herrschaften bekocht wurden. Berühmt sind der Vorsaal und der in Weiß, Grau und Gold gehaltene Marmorsaal mit Säulengruppen und Rokoko-Marmorstatuen. Ein opulenter Museumsshop bietet Literatur und Geschenkartikel an. Von der Terrasse hat man eine herrliche Aussicht über den Park bis zu den Hochhäusern an der Neustädter Havelbucht. Die Weinstöcke in den Mauernischen der Weinberg-Terrasse wurden ursprünglich übrigens mit heißen Holzkohlen zum früheren Treiben animiert.

Schloss: ⏰ April–Okt. Di–So 10–18 h Besichtigung mit Audio-Guide, Nov.–März Di–

Potsdams Hauptattraktion ist das Schloss Sanssouci

Ausflug nach Potsdam

Die Historische Mühle versteckt sich hinter Schloss Sanssouci

So 10–17 h Besichtigung nur mit Führung oder Audio-Guide. Eintritt im Sommer 12 € (erm. 8 €), im Winter 8 € (erm. 5 €). Nicht nur am Wochenende oft lange Warteschlangen, telefonische Kartenbestellung ist nicht mehr möglich. Daher sollte man einen Besuch nach Möglichkeit auf einen Vormittag unter der Woche legen! **Damenflügel:** Mai–Okt. Sa/So 10–18 h. Eintritt 2 €, erm. 1,50 €. **Schlossküche:** ⏱ April–Okt. Di–So 10–18 h. Eintritt 3 €, erm. 2,50 €.

Bildergalerie: 1755–63 wurde das erste als Museum konzipierte Gebäude Deutschlands nach Entwürfen von *Johann Gottfried Büring* errichtet. In diesem lichten Barockbau sind 119 Renaissance- und Barock-Werke, u. a. von *Peter Paul Rubens, Anthonisz van Dyck* und *Michelangelo da Caravaggio* zu sehen.
⏱ Mai–Okt. Di–So 10–18 h. Eintritt 3 € (erm. 2,50 €) (ohne Führung).

Neue Kammern: Sozusagen das Pendant zur Bildergalerie auf der anderen Seite des Sommerschlosses. Sie wurden 1747 von *Jan Bouman* nach *Knobelsdorffs* Entwurf als Überwinterungshaus für die empfindlichen Kübelpflanzen wie Zitronen und Granatäpfel errichtet, die die Schlossterrasse schmückten. 1771–75 wurden die Kammern zum Gästeschloss umgebaut und mit einer Kuppel mit Laterne versehen, um sie der Bildergalerie optisch anzugleichen. Besonders eindrucksvoll ist der Jaspis-Saal mit Wandverkleidungen aus dem gleichnamigen Stein. Hier sind Teile der Antikensammlung Friedrichs II. zu sehen.
⏱ April Sa/So 10–18 h, Mai–Okt. Di–So 10–18 h. Eintritt 4 € (erm. 3 €; mit Führung oder Audio-Guide).

Historische Mühle: Hinter den Neuen Kammern hatte der „Müller von Sanssouci" seine Windmühle. Die heutige Bockwindmühle, die von der Mühlenvereinigung Berlin-Brandenburg betrieben wird, wurde um 1790 an der Stelle einer älteren hölzernen Windmühle erbaut. Im Zweiten Weltkrieg brannte sie völlig ab, 1993 wurde sie wiederhergestellt und 2009/2010 erneut restauriert.
⏱ April–Okt. tägl. 10–18 h, Nov.–März Sa/So 10–18 h (allerdings bis April 2010 wegen Restaurierung geschlossen); Eintritt 2,50 € (Kinder unter 6 Jahre frei, ältere Kinder 1,50 €), mit Führung 0,50 € mehr.

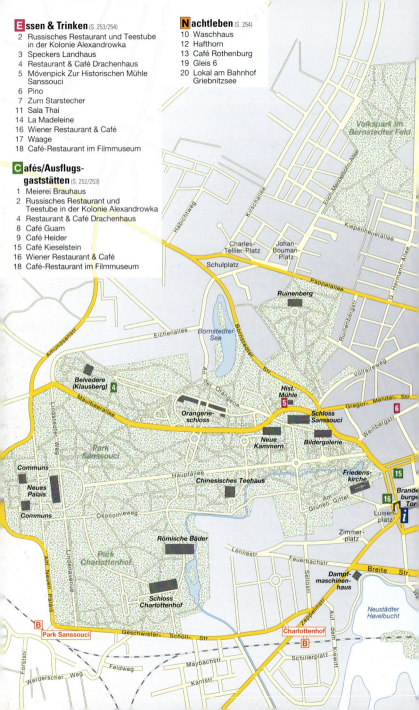

Ausflug nach Potsdam

Ruinenberg: Über dem Schloss Sanssouci gelegen, deshalb hat man vom Ruinenberg noch eine spektakulärere Aussicht als von der Schlossterrasse. Der Blick reicht über große Teile der Stadt bis zum Waldgebiet um den kleinen Ravensberg. Seit kurzem kann der 1845 erbaute **Normannische Turm** besichtigt werden, von dem aus die Aussicht noch ein bisschen atemberaubender ist als von unten. Der Turm ist Bestandteil des Ruinen-Ensembles.

① Mai–Okt. Sa/So 10–18 h. Eintritt 2 €.

Die „Ruine", die dem Berg den Namen gab, wurde Mitte des 18. Jh. von *Knobelsdorff* errichtet, um den Wasserspeicher zu kaschieren, der die Fontänen im Park speisen sollte. Das Hochpumpen des Wassers in dieses Bassin funktionierte übrigens nie! Deshalb wurde fast 100 Jahre später das **Dampfmaschinenhaus** im maurischen Stil an der Neustädter Havelbucht gebaut, das dann endlich die Fontänen zum Sprudeln brachte.

① Mai–Okt. Sa/So 10–18 h. Eintritt 2 € (mit Führung; erm. 1,50 €).

Orangerieschloss: 1851–64 nach Plänen von *Persius, Stüler* und *Hesse* im italienischen Renaissance-Stil für Friedrich Wilhelm IV. erbaut, diente dieses mächtige Schloss mit seinen beiden Türmen als Gäste- und Repräsentationsbau. Sehenswert ist der im Turm untergebrachte *Raffaelsaal* mit 67 Kopien von Gemälden Raffaels, die Friedrich Wilhelm sammelte. 2004 zog das Brandenburgische Landeshauptarchiv nach 60 Jahren aus der östlichen Halle des Schlosses aus, die nun wieder als Winterquartier für Kübelpflanzen dient. Erhalten ist die 150 Jahre alte Kanalheizanlage, die die bis zu 140 Jahre alten Pflanzen vor dem Erfrieren bewahrt. Mindestens bis 2017 werden die dringend erforderlichen Sanierungsarbeiten andauern. Derzeit wird nur an der westlichen Pflanzenhalle gearbeitet, der Hauptbau kann besichtigt werden.

① April Sa/So 10–18 h, Mai–Okt. Di–So 10–18 h. Eintritt 4 € (mit Führung; erm. 3 €). Turm: Eintritt 2 €.

Belvedere auf dem Klausberg: Unter Friedrich II. wurde das mittlerweile

Die Communs bei der Potsdamer Schlössernacht

Heute ohne Affen – das Chinesische Haus

frisch sanierte Belvedere oberhalb des Orangerieschlosses erbaut. Von hier oben genießt man einen schönen Ausblick.
① Mai–Okt. Sa/So 10–18 h. Eintritt 2 €.

Nebenan liegt das ehemalige Winzerhaus von Sanssouci, das **Drachenhaus**. Hier ist vor einigen Jahren ein Café eingezogen.

Neues Palais: Das 200-zimmrige Prunkschloss Friedrichs II. wurde nach dem Ende des Siebenjährigen Krieges 1763–69 von *Johann Gottfried Büring* und weiteren Architekten für fast das Zehnfache des Preises von Schloss Sanssouci erbaut. Es ist einem Castle in Yorkshire nachempfunden und beherbergt u. a. den mit wertvollen Edelsteinen und Fossilien geschmückten **Grottensaal** und das **Schlosstheater**. Zuvor hatte eine Grotte hier den Abschluss des Parks gebildet. Das 2004 mit neuer Bühnenarchitektur im Barockstil ausgestattete Schlosstheater wird bis heute (vom Hans-Otto-Theater) bespielt.

Das Neue Palais ist wegen Baufälligkeit teilweise stark gefährdet; die Komplettsanierung würde 126 Mio. Euro kosten, die jedoch niemand aufbringen kann. Deshalb findet seit 2007 eine Teilsanierung statt, die 2012 zum 300. Geburtstag Friedrichs II. abgeschlossen sein soll. Während der Sanierungsarbeiten sind einige Highlights des Schlosses wie der große Festsaal nicht zugänglich!

Adresse: Hinter der Straße Am Neuen Palais. ① April–Okt. Mi–Mo nur zu den Führungen um 10, 12, 14 und 16 h. Eintritt mit Führung 5 € (erm. 4 €). Theater: Auskünfte unter ☏ 230 38, www.hansottotheater.de, Karten unter ☏ 981 18.

Communs: Gegenüber dem Neuen Palais gelegen, beherbergten die durch Säulen verbundenen Geschwisterbauten, die von *Legeay* und *Gontard* entworfen wurden, ursprünglich Küchen und Wirtschaftsräume für das Neue Palais. Heute residiert hier die Universität Potsdam.

Komplett erhalten – das Holländische Viertel

Schloss Charlottenhof: *Karl Friedrich Schinkel* gab dem heutigen Schlösschen, das zuvor ein Gutshaus war, 1826–29 seine heutige Gestalt. *Peter Joseph Lenné* gestaltete den zugehörigen **Park** mit dem künstlichen See namens **Maschinenteich**, an dem die Römischen Bäder liegen. Zu besichtigen sind die weitgehend original eingerichteten Räume, u. a. das Esszimmer Friedrich Wilhelms IV.

① Ostern und Mai–Okt. Di–So 10–18 h. Eintritt mit obligatorischer Führung 4 € (erm. 3 €); Kombiticket mit Römischen Bädern nur 1 € mehr.

Römische Bäder: Verborgen im Innenhof des nach *Schinkels* Plänen von *Ludwig Persius* in mehreren Bauabschnitten von 1829 bis 1840 erbauten Ensembles aus antiker Villa, Tempel und italienischem Landhaus liegt das namengebende Bad, das jedoch nicht zu besichtigen ist. Das mittlere Gebäude, das einstige Gärtnerhaus, diente später u. a. *Alexander von Humboldt* als Gästehaus. Hier werden wechselnde Ausstellungen gezeigt, für die gesondert Eintritt zu zahlen ist.

① Mai–Okt. Di–So 10–18 h. Eintritt 3 € (erm. 2,50 €).

Chinesisches Haus: Friedrich II., für den es 1754–57 errichtet wurde, nannte es „Affenhaus", denn hier sausten Affen in jeder Ausführung in den Dekorationen herum. Heute sind in dem teilweise mit echtem Blattgold überzogenen Pavillon Meissner und ostasiatisches Porzellan zu besichtigen.

① Mai–Okt. Di–So 10–18 h. Eintritt 2 €.

Friedenskirche: Nach Skizzen von *Friedrich Wilhelm IV.* erbauten *Persius* und *Stüler* 1844–54 die Kirche mit 42 Meter hohem Glockenturm, deren Schiff an die frühchristliche Basilika San Clemente in Rom erinnert. Die Apsis schmückt ein italienisch-byzantinisches Mosaik aus dem 12. Jh., das Friedrich Wilhelm IV. einst ersteigert hatte. Sein Sarkophag sowie die von Kaiser Friedrich III. und Kaiserin Victoria stehen im Mausoleum neben der

Kirche, und 1991 wurde auch Friedrich Wilhelm I. hier beigesetzt. Seine sterblichen Überreste und die Friedrichs II. (s. o., Schloss Sanssouci) wurden nach der „Wende" in einer pompösen Aktion unter Anwesenheit zahlreicher Hohenzollern-Nachfahren hierher überführt. Einen Besuch wert sind die Kirchenkonzerte, die hier im Sommerhalbjahr stattfinden (Karten unter ✆ 90 11 67).

Adresse: Am Grünen Gitter 3. ⏱ Mitte April–Okt. Mo–Sa 10–18 h, So 12–18 h. Eintritt frei.

Holländisches Viertel

Das Holländische Viertel wurde 1734–42 unter Leitung Jan Boumans für niederländische Einwanderer, die als Arbeitskräfte angeworben werden sollten, errichtet. Doch es kamen nicht genug Einwanderer und so bezogen zahlreiche einheimische Soldatenfamilien die holländisch aussehenden Häuser. Ende der 1980er-Jahre stand das Viertel zu großen Teilen leer und verfiel. In den vergangenen Jahren wurden fast alle Häuser denkmalgerecht saniert; kleine Geschäfte, Werkstätten, Cafés und Kneipen zogen ein. Schön sind die Hinterhöfe, von denen einige zu Cafégärten umgestaltet wurden. Wer mehr über die Geschichte dieses Viertels erfahren möchte, ist im **Jan-Bouman-Haus** richtig. Dieses originalgetreu rekonstruierte Holländer-Haus kann vom Keller bis zum Dachboden besichtigt werden. Auch eine Dauerausstellung zur Bau- und Nutzungsgeschichte des Viertels ist hier zu sehen.

Adresse: Mittelstr. 8, ✆ 280 37 73. ⏱ Mo–Fr 13–18 h, Sa/So 11–18 h. Eintritt 2 € (erm. 1 €). Infos zum Holländischen Viertel unter www.hollaendisches-viertel-potsdam.de.

Kolonie Alexandrowka

Eine andere Gruppe von Einwanderern wurde vor knapp 200 Jahren in der Alexandrowka angesiedelt: russische Musiker, die am Hof Friedrich Wilhelms III. sangen. Er hatte sie zu diesem Zweck aus einer größeren Gruppe Kriegsgefangener ausgewählt. Die 14 außen mit

Wieder schön herausgeputzt – Holzhaus in der Kolonie Alexandrowka

Holz verschalten Häuser stehen in der Nauener Vorstadt inmitten riesiger Gartengrundstücke an zwei schmalen Straßen, die sich wie ein Andreaskreuz schneiden. Zwei Häuser (Nr. 7 und 11) werden noch von Nachfahren der russischen Sänger bewohnt, in Nr. 13 darf man an manchen Wochenenden heutiges Wohnen in einem Holzhaus besichtigen. Seit ein paar Jahren gibt es im ehemaligen Aufseherhaus (Nr. 1) an der Kreuzung der beiden Koloniestraßen eine russische Teestube. In Haus Nr. 2 befindet sich seit 2005 ein privat initiiertes Museum zur Geschichte der Kolonie und des Verhältnisses zwischen Preußen und Russland. Im nach historischen Bildern wiederhergestellten Garten lädt ein kleines Café zum Verweilen ein. Im Sommer veranstaltet das Filmmuseum Potsdam hier Open-Air-Kinovorführungen.

① Museum Mai–Okt. Di–So 10–18 h, Nov.–April bis 16.30 h. Eintritt 4,50 €, erm. 3,50 €, bis 14 J. frei, Führungen nach Absprache. ✆ 817 02 03. Mehr zur Kolonie unter www.alexandrowka.de.

Architektonisch interessant ist die von *Schinkel* im russischen Stil entworfene **Alexander-Newski-Kirche**, die besichtigt werden kann. Sie steht etwas oberhalb der Kolonie in einem Wäldchen.

① tägl. 10–17 h. ✆ 29 63 13.

Neuer Garten

Zwischen Jungfernsee und dem Heiligen See liegt ein weiteres landschaftsarchitektonisches Kleinod, der Neue Garten. Er wurde ab 1787 als zweiter großer Park in Potsdam angelegt, im Stil eines englischen Landschaftsgartens. Er wird von der Stiftung Preußische Schlösser und Gärten verwaltet und kann zu den selben Zeiten wie der Park Sanssouci ebenfalls kostenlos betreten werden.

Belvedere auf dem Pfingstberg: Mitte des 19. Jh. erbautes Schloss, das dem Genuss einer atemberaubenden Aussicht dient. Seit 2005 ist es nach kompletter Restaurierung wieder vollständig zu besichtigen. Zuvor war das ab 1847 nach Skizzen von Friedrich Wil-

Hier wurde Weltgeschichte geschrieben – Schloss Cecilienhof

> **Potsdamer Konferenz**
> Vom 17.7 bis 2.8.1945 tagten im unzerstört gebliebenen **Schloss Cecilienhof** der US-Präsident Harry S. Truman, der sowjetische Ministerpräsident Joseph Stalin und der britische Premierminister Winston Churchill. Sie beschlossen zunächst die später sogenannte Potsdamer Deklaration, in der sie Japan ultimativ zur Kapitulation aufforderten. Am Ende der Zusammenkunft verabschiedeten sie das **Potsdamer Abkommen**, das die weitere Vorgehensweise gegenüber den besiegten Deutschen festschrieb. Am 7. August stimmte auch Frankreich – allerdings unter Vorbehalten – diesem Abkommen zu. Außerdem wurden u. a. die Entmilitarisierung Deutschlands, die Aufhebung der Nazi-Gesetzgebung und die Bestrafung der Kriegsverbrecher beschlossen. Auch wurde in diesem Abkommen die Oder-Neiße-Linie als Ostgrenze Deutschlands festgelegt.

helm IV. und Plänen von *Persius*, *Stüler* und *Hesse* erbaute Schloss in grandioser Lage jahrzehntelang eine (Kriegs-)Ruine; das Gelände ringsum war der Bevölkerung nicht zugänglich, da es zum abgesperrten Bereich des KGB-„Städtchens" gehörte. Die Wiederherstellung geht auf einen Förderverein zurück, dessen Vorläufer sich bereits zu DDR-Zeiten gründete.
① April–Okt. tägl. 10–18 h (Juni–Aug. bis 20 h), März, Nov. Sa/So 10–16 h. Eintritt 3,50 € (erm. 2,50 €), Kinder 6–16 J. 1,50 €. Förderverein Pfingstberg, ✆ 200 57 93-0, www.pfingstberg.de. Erreichbar mit den Trams 92 und 96 u. Buslinie 692 bis „Am Pfingstberg".

Marmorpalais: Oberhalb des Ufers des Heiligen Sees 1787–93 nach einem Entwurf von *Carl von Gontard* und *Carl Gotthard Langhans* für Friedrich Wilhelm II. erbautes Sommerschloss, das als Zentrum des Neuen Gartens gilt. Der bereits teilweise restaurierte frühklassizistische Bau mit Intarsienkabinetten, in dem klassizistische Möbel und Wedgwood-Porzellan ausgestellt sind, kann besichtigt werden. Seit 2003 ist auch der Kloebersaal im Nordflügel wiederhergestellt, er beherbergt einige Gemälde August von Kloebers. Die restlichen Restaurierungsarbeiten werden noch bis 2013 andauern.
① Mai–Okt. Di–So 10–18 h, Nov.–April Sa/So 10–16 h. Eintritt 5 € (erm. 4 €), mit Führung.

Schloss Cecilienhof: 1913–17 wurde das Schloss von *Paul Schultze-Naumburg* im englischen Landhausstil errichtet. In den größten Teil des Schlosses ist ein relexa-Hotel mit Restaurant eingezogen. Die Räume, in denen das historische Abkommen unterzeichnet wurde, können aber besichtigt werden. Geplant sind umfangreiche Sanierungsarbeiten, die bis 2016 andauern werden.
① April–Okt. Di–So 10–18 h, Nov.–März Di–So 10–17 h. Eintritt 6 € mit Audio-Guide oder Führung 6 € (erm. 5 €). ✆ 969 42 00. Zu erreichen mit dem Bus 692, Haltestelle „Schloss Cecilienhof".

Praktische Infos (Karte s. S. 242/243)

Diverses

Telefon-Vorwahl für Potsdam: 0331
Internet: www.potsdam.de
Tourist-Information: Postanschrift: Am Neuen Markt 1, ✆ 27 55 88 99, www.potsdamtourismus.de. **Info-Stelle am Brandenburger Tor**, Brandenburger Str. 3 ① April–Okt. Mo–Fr 9.30–18 h, Sa/So 9.30–16 h; Nov.–März Mo–Fr 10–18 h, Sa/So 9.30–14 h. **Info-Stelle am Hauptbahnhof**, Babelsberger Str. 16 (Passagen neben Gleis 6) ① Mo–Sa 9.30–20 h, So 10–16 h.

Ausflug nach Potsdam

Anreise: DB- und S-Bhf. Potsdam Hauptbahnhof (S- und RB-Tarifgebiet C), ab dort Busse und Straßenbahnen in die Innenstadt sowie Regionalbahnen in die Umgebung. Die Fahrzeit von Berlin-Zoo bis Potsdam Hbf. beträgt mit der S-Bahn (S 7) knapp 30 Min., die Regionalbahn fährt schneller, da sie seltener hält.
Neben dem Hbf. hat Potsdam mehrere Regionalbahnhöfe (Charlottenhof, Pirschheide, Sanssouci), die aber seltener angefahren werden.

Öffentlicher Nahverkehr: Der in den Verkehrsverbund VBB eingegliederte Verkehrsbetrieb Potsdam (ViP) betreibt die Potsdamer Bus- und Tramlinien. In Potsdam gelten die Tickets des ABC-Bereichs sowie des lokalen Potsdamer Tarifs (Tageskarte Potsdam 3,90 bzw. 5,50 €). Infos Mo–Sa im Kundenzentrum am Hbf. (Südausgang), ✆ 661 42 75 und unter www.vip-potsdam.de.

Stadtrundfahrten: Ab Hbf., Ausgang Babelsberger Str., in der Saison tägl. 10.30/11 h und 14 h ca. 3-stündige Rundfahrt „Alter Fritz". An den wichtigsten Schlössern kann kurz ausgestiegen werden. Im Winter nur um 11 h. Fahrpreis: 18 €; Reservierung empfehlenswert: ✆ 97 43 76, www.schloesserrundfahrten.de.

Ausflugsdampfer: Die Schiffe der Potsdamer Weißen Flotte, darunter sogar ein echtes Dampfschiff vom Anfang des 20. Jh., legen von der Anlegestelle an der Langen Brücke (Hotel Mercure) ab. Daneben starten die Schiffe der Havel-Dampfschifffahrt. Auskünfte unter ✆ 275 92-10, -20, -30, Fahrplanansage -33; www.schiffahrt-in-potsdam.de.

Fahrradvermietung: Potsdam per Pedales, Rudolf-Breitscheid-Str. 201 (im S-Bhf. Griebnitzsee), ✆ 748 00 57, www.pedales.de. Touren- und Trekkingräder, auch Kinderräder und Kindersitze; dazu Lunchpakete, Audioguides, Kartenmaterial und Literatur. Tagespreis pro Tourenrad 10,50 € (erm. 8,50 €). Die Räder können auch an der Station Potsdam Hbf. wieder abgegeben werden (Aufpreis: 2 €). Auch Anlieferung der Räder zu Potsdamer Hotels und Pensionen sowie geführte Touren. ⓘ Karfreitag bis Ende Okt. tägl. 9–18.30 h, sonst nur Mo–Fr 9–18.30 h. Reservierung zu empfehlen! Filiale im Hbf. (nur Mai–Sept.) am S-Bahnsteig, 50 Tourenräder. ⓘ tägl. 9.30–19 h.

Bootsvermietung: Potsdam per Pedales, Rudolf-Breitscheid-Str. 201 (im S-Bhf. Griebnitzsee), ✆ 748 00 57, www.pedales.de/kajaktouren. Neben Fahrrädern sind auch Kanus und Kajaks im Angebot; geführte Touren auf Anfrage. ⓘ Karfreitag bis Ende Okt. tägl. 9–18.30 h, ab 8 € für die erste Std.

Sanssouci

Verkehrsverbindungen: Zum Schloss Sanssouci fährt man am besten mit der Tram 91 oder 94, Bus X 15 (nur im Sommer) oder Bus 695 von Potsdam-Hbf. bis Haltestelle Schloss Sanssouci (Historische Mühle).

Besucherzentrum: An der Orangerie 1, ✆ 96 94-200, www.spsg.de.

Eintrittspreise: Wer mehrere Schlösser besichtigen will, nutzt am besten die Tageskarte für 14 € (erm. 10 €). Gültig für alle **Potsdamer Schlösser** der Stiftung außer Schloss Sanssouci. Inkl. Sanssouci kostet die Tageskarte 19 € (erm. 14 €). Daneben werden diverse Kombitickets angeboten.

Feste und Veranstaltungen

April: an einem Wochenende Mitte April wird im Holländischen Viertel das **Tulpenfest** gefeiert – mit Musik, niederländischen Handwerker- und Essensständen und natürlich Tulpen, Tulpen, Tulpen. Infos unter www.jan-bouman-haus.de.

April/Mai: Sehsüchte, das Internationale Studentenfilmfest der Hochschule für Film und Fernsehen, findet Ende April/Anfang Mai im Kino Thalia (direkt am S-Bhf. Babelsberg) statt. Infos unter www.sehsuechte.de.

Pfingstbergfest, am Wochenende vor Pfingsten, vielfältiges Kulturprogramm im Grünen. Infos unter ✆ 20 05 79 30, www.pfingstberg.de.

Mai/Juni: Tanztage, Potsdams Internationales Festival für Zeitgenössischen Tanz. Infos unter ✆ 280 03 14, www.fabrikpotsdam.de.

Juni: Musikfestspiele Potsdam-Sanssouci, 14 Tage voller – oft hochkarätiger – Klassik-Konzerte in Parks und in Kirchen und Schlössern Sanssoucis. Insgesamt ca. 30 Konzerte von Klassik bis Jazz, den Abschluss bildet ein Barock-Feuerwerk. Der Vorverkauf beginnt im Januar, Karten für die beliebtesten Konzerte sind rasch ausverkauft. Infos unter ✆ 288 88 28, www.musikfestspiele-potsdam.de.

Offene Gärten, an einem Wochenende Anfang Juni kann man viele private Gärten besuchen, die sonst der Öffentlichkeit nicht zugänglich sind. Infos unter ✆ 29 17 41, www.urania-potsdam.de.

Rund um Potsdams Brandenburger Tor hat sich Nobel-Gastronomie niedergelassen

Juli: Ska-Fest, seit 20 Jahren immer am ersten Juliwochenende im Lindenpark. Infos unter www.skafestpotsdam.de.

August: Potsdamer Schlössernacht, seit 1999 ist in einer Augustnacht von Samstag auf Sonntag ganz Potsdam auf den Beinen. Nach der Insolvenz des ersten Veranstalters ist das Fest kleiner und weniger fein geworden. Die Schlösser werden festlich beleuchtet, viele Bauten im Park Sanssouci können einmal bei Nacht betreten werden, es gibt Konzerte und ein Abschluss-Feuerwerk über dem Neuen Palais. Die Tickets sind immer innerhalb etwa einer Std. ausverkauft (rechtzeitig buchen, evtl. als Arrangement!). Infos unter www.schloessernacht.de, Tickets unter www.ticketonline.de, Vorverkauf beginnt Anfang/Mitte Dez.

September: Der immer sehr gut besuchte Töpfermarkt mit ca. 90 Ständen findet am ersten Septemberwochenende im Holländischen Viertel statt, alle Geschäfte des Viertels sind auch am So geöffnet. Eintritt frei.

Potsdamer Jazzfestival, gut eine Woche lang Jazz mit bekannten Künstlern an verschiedenen Orten in Potsdam. ☏ 289 19 44, www.potsdamer-jazzfestival.de.

Oktober/November: Unidram, das osteuropäisch-deutsche Festival für Off-Theater findet seit 1994 statt und dauert jeweils etwa eine Woche; seit 2005 nicht mehr im Mai, sondern im Herbst. ☏ 71 91 39, www.unidram.de.

Offene Gärten, zweite Gartenöffnung im Jahr, s. Juni

Dezember: Weihnachtsmarkt auf dem Bassinplatz und in der Brandenburger Straße.

Sinterklaas im Holländischen Viertel, niederländischer Weihnachtsmarkt mit Kerzenziehen, Zinngießen usw. am zweiten Advents-Wochenende. Die Ankunft des holländischen Weihnachtsmanns am Samstag um 13.30 h erfolgt traditionsgemäß per Schiff (an der Anlegestelle der Weißen Flotte).

Essen und Trinken, Nachtleben

Cafés/Ausflugsgaststätten

Wiener Restaurant & Café (16), Luisenplatz 4, ✆ 967 83 14, wienerrestaurantundcafe.de. ⏰ Mo/Di 8–17 h, Mi–Fr 8–23 h, Sa/So 10–23 h. Sa/So bis 14.30 h Brunch. Los geht es morgens mit Frühstück und Kuchen, dazu original Wiener Kaffee-Spezialitäten. Mittags wird dann Wiener Schnitzel oder Backhendl aufgetischt, aber auch Brandenburger Spezialitäten sind im Angebot. Nachmittags kann in großbürgerlichem Ambiente hausgebackener Kuchen oder Torte verzehrt werden (riesige Auswahl!). Abends gibt's an Sommerwochenenden ein Barbecue-Buffet.

Restaurant & Café Drachenhaus (4), Maulbeerallee 4a im Park Sanssouci, ✆ 505 38 08, www.drachenhaus.de. ⏰ im Sommer tägl. 11–19 h, im Winter nur Di–So 11–18 h. Im 1770 im kantonesischen Stil erbauten Pavillon, der wunderhübsch im Garten von Sanssouci liegt, werden Leckereien zu angemessenen Preisen serviert. Bei schönem Wetter Terrassenbetrieb.

Café Heider (9), Friedrich-Ebert-Str. 29, ✆ 270 55 96, www.cafeheider.de. Mo–Fr können ab 8 h, Sa ab 9 h und So ab 10 h (Brunch bis 14 h) hervorragende hausgebackene Kuchen und Torten verzehrt werden. Potsdamer Traditionscafé in einem prächtigen Eckhaus des Holländischen Viertels. Mittlerweile hat es sich kräftig verjüngt: nichts mehr mit Sahnetorten-vertilgenden Damenkränzchen jenseits der 70. So ab 19 h Live-Musik.

Café Guam (8), Mittelstr. 38, ✆ 270 01 64, www.cafe-guam.de. ⏰ Mo–Fr ab 14 h, Sa/So ab 12 h. Nachdem das Café Heider von Touristen geflutet wurde, zogen sich die Intellektuellen und Bohemiens ins deutlich alternativere Guam zurück. Ab und zu Kunstausstellungen, legendäre selbst gebackene Kuchen.

Café Kieselstein (15), Hegelallee 23, ✆ 601 23 77, www.cafe-kieselstein.de. ⏰ Mo–Sa 9–19 h, So 10–18 h. Potsdams Bio-Café im einstigen Werner-Alfred-Bad, alle Zutaten biologisch, es kommt nur Vegetarisches auf den Teller. Täglich wechselnde Suppe 5,60 €, Tagesgericht 8,90 €; als Menü 11,20 €.

Café-Restaurant im Filmmuseum (18), Breite Str. 1a, ✆ 201 99 96, www.filmcafe-potsdam.de. ⏰ Di–So 12–24 h. Durchgehend werden kleine und größere arabische und internationale Gerichte zu angemesse-

Potsdam ist Berlins beschauliche kleine Schwester

Praktische Infos 253

nen Preisen serviert; angenehmes Publikum. Auch sehr zu empfehlen ist ein Besuch im ältesten Kinomuseum Deutschlands, das sich hier – im Marstall des ehemaligen Stadtschlosses – befindet (① tägl. 10–18 h, Eintritt 3,50 €, www.filmmuseum-potsdam.de). Auch ein Kino ist angeschlossen.

Russisches Restaurant und Teestube in der Kolonie Alexandrowka (2), Russische Kolonie 1, ✆ 200 64 78, www.alexandrowka-haus1.de. ① Di–So ab 11.30 h, Jan. und Feb. Di geschl. Russisches Kolorit mit starker Tendenz zum Kitsch prägt diese gastronomische Einmaligkeit. Nicht gar so düster sitzt man im Sommer im Garten. Neben Tee aus dem Samowar gibt es auch Alkoholika und russische Speisen wie Blini und Borschtsch.

Meierei Brauhaus (1), Im Neuen Garten 10 (direkt am Ufer des Jungfernsees), ✆ 704 32 11, www.meierei-potsdam.de. ① Nov./Dez. und Feb./März Di–Sa 12–22 h, So 10–20 h, April–Okt. Di–Sa 10–23 h, So 10–22 h, bei schönem Wetter länger. Ausflugsgaststätte, die zu Saisonbeginn 2003 in der wieder aufgebauten historischen Meierei aus dem späten 18. Jh. eröffnete. Paradiesischer Blick auf Jungfernsee, Königswald und Glienicker Volkspark. Zu preisgekröntem hausgebrautem Bier und frischem Landbrot gibt`s deftige Brandenburger Spezialitäten wie Bratwurst mit Roter Beete und schwere Kost wie Soljanka, Schnitzel und Eisbein.

Restaurants

Speckers Landhaus (3), Jägerallee 13, ✆ 280 43 11, www.speckers.de. ① Di–Sa ab 18 h. Meisterkoch Gottfried Specker hat Ende 2007 nach zehn Jahren seine Gaststätte „Zur Ratswaage" aufgegeben und ein neues Restaurant in etwas rustikalerem Stil eröffnet. Wie früher gibt es hier edelste französisch inspirierte Kochkunst – das hat natürlich seinen Preis, zumal die frischen Zutaten überwiegend aus der Region stammen. Hauptgerichte 20–30 €, vegetarisches 3-Gänge-Menü 28 €; Reservierung ratsam.

Waage (17), Am Neuen Markt 12, ✆ 817 06 74, www.restaurant-waage.de. ① Di–Sa 12–24 h, So 12–22 h. In diesem Häuschen befand sich einst die Ratswaage. Das kleine Restaurant bietet mediterran beeinflusste edle Küche, im Sommer auch auf dem schönen Platz serviert. Fleischlose Hauptgerichte um 10 €, fleischige ab 15 €.

Mövenpick Zur Historischen Mühle Sanssouci (5), Zur Historischen Mühle 2, ✆ 28 14 93, www.moevenpick.com. ① tägl. 8–23 h. Auch dieses frisch renovierte Restaurant ist traumhaft gelegen: direkt im Park Sanssouci, neben der Historischen Mühle! Schön ist das neue Palmenhaus mit 120 Sitzplätzen. Normales Mövenpick-Angebot, also Salatbuffet, wechselnde Gerichte (10–18 €).

Für den eiligen und/oder sparsamen Gast gibt es im **Biergarten** (geöffnet März–Okt. ab 10.30 h) kleine Gerichte wie Leberkäse, Würstchen und Hähnchen sowie Kuchen (Selbstbedienung). Kinderfreundlich.

Zum Starstecher (7), Leiblstr. 12, ✆ 581 37 47, www.zumstarstecher.de. ① Di–So, 12–22 h. Ambitionierte deutsch-internationale Küche, teilweise mit Produkten der Saison aus der Region, und eine hervorragende Weinkarte. Viel Fisch und Vegetari-

Ausflug nach Potsdam

Karte S. 242/243

sches, Hauptgerichte 8–17,50 €, Menü um 30 €.

La Madeleine (14), Lindenstr. 9, ℡ 270 54 00, www.creperie-potsdam.de. ⌚ tägl. 12–23 h. Das denkmalgeschützte Haus beherbergt ein kleines bretonisches Restaurant mit Crêpes und Galettes in zahllosen Variationen (salzig ab 6 €), außerdem Suppen und Salate. Im Sommer Tische auf dem breiten Gehweg vor dem Restaurant.

Sala Thai (11), Dortustr. 71 c (im Hof), ℡ 280 36 70, www.salathai.de. Auch Potsdam hat sein Sala Thai – standardisierte Küche und nicht gerade billig. ⌚ Mo–Fr 12–15 und 18–24 h, Sa/So 12–24 h.

Pino (6), Weinbergstr. 7. ℡ 270 30 30, www.pino-potsdam.de. ⌚ Mo–Sa 18–24 h. Eins der besten italienischen Restaurants von Potsdam mit viel einheimischem Stammpublikum, das die hausgemachte Pasta genießt. Umfangreiche Weinkarte; mittlere Preisklasse.

Nachtleben

Das Lokal am Bahnhof Griebnitzsee (20), Rudolf-Breitscheid-Str. 201, ℡ 740 42 88, www.das-lokal-griebnitzsee.de. ⌚ Mo–Fr ab 15 h, Sa ab 12 h, So ab 10 h. Keine Bahnhofsgaststätte im herkömmlichen Sinn, sondern ein unkompliziertes junges Lokal. Zu fast jeder Zeit werden hier kleine Speisen (belegte Baguettes, Aufläufe, Gemüsepfanne etc.) für ca. 5 € serviert. Studentisches Publikum, Biergarten.

Hafthorn (12), Friedrich-Ebert-Str. 90, ℡ 280 08 20, www.hafthorn.de. ⌚ tägl. ab 18 h, Küche bis 24 h. Studentenkneipe der Wendejahre, in der es auch kleine Speisen gibt. Ab und zu Live-Musik, ansonsten viel Bier und ein liebevoll begrünter Hofgarten für den Sommer.

Gleis 6 (19), Karl-Liebknecht-Str. 4 (im S-Bhf. Babelsberg), ℡ 748 24 30, www.gleis-6.de. In der ehemaligen Gepäckaufbewahrung, die mit reichlich Eisenbahn-Utensilien aus alten Zeiten dekoriert ist, treffen sich tägl. ab 15 h Studierende und anderes junges Volk. Immer voll; man sitzt auf ausrangierten S-Bahn-Bänken und im Sommer im begrünten Hof. Es gibt kleine Gerichte für 3–8 € (auch zum Mitnehmen). Geschlossen wird um 1 h, Fr/Sa um 3 h.

Café Rothenburg (13), Gutenbergstr. 33, ℡ 280 53 53, www.cafe-rothenburg.de. ⌚ Mo–Sa 11–24 h, So ab 9 h. Nette Café-Kneipe, in der des Öfteren Live-Konzerte (gratis) stattfinden. Im Angebot sind auch Frühstück und regionale Gerichte; Küche bis 22 h.

Waschhaus (10), Schiffbauergasse 1, ℡ 27 15 60, www.waschhaus.de. Frisch saniertes Kulturzentrum in einer ehemaligen Militär-Großwäscherei. Lesungen, Musik-, Tanz- und Theatervorstellungen; legendäre Party-Reihe.

Lindenpark e. V., Stahnsdorfer Str. 76 (S-Bhf. Medienstadt Babelsberg), ℡ 747 97-44, www.lindenpark.de. Seit 1990 betreibt der Verein Lindenpark e. V. das Kulturzentrum in einer ehemaligen Wäscherei, das zu DDR-Zeiten ein Kreiskulturhaus war und heute Potsdams Live-Musik-Bühne Nr. 1 ist. Derzeit finden umfangreiche Sanierungsmaßnahmen statt, die evtl. Einfluss auf die Veranstaltungen haben.

Verlagsprogramm

Ägypten
- Ägypten
- Sinai & Rotes Meer

Australien
- Australien – der Osten

Baltische Länder
- Baltische Länder

Belgien
- *MM-City* Brüssel

Bulgarien
- Schwarzmeerküste

China
- *MM-City* Shanghai

Cuba
- Cuba
- *MM-City* Havanna

Dänemark
- *MM-City* Kopenhagen

Deutschland
- Allgäu
- *MM-Wandern* Allgäuer Alpen
- Altmühltal & Fränkisches Seenland
- Bayerischer Wald
- *MM-City* Berlin
- Berlin & Umgebung
- Bodensee
- *MM-City* Dresden
- Fehmarn
- Franken
- Fränkische Schweiz
- *MM-City* Hamburg
- Harz
- *MM-City* Köln
- Mainfranken
- Mecklenburgische Seenplatte
- Mecklenburg-Vorpommern
- *MM-City* München
- *MM-Wandern* Münchner Ausflugsberge
- Nürnberg, Fürth, Erlangen
- Oberbayerische Seen
- Ostfriesland und Ostfriesische Inseln
- Ostseeküste – von Lübeck bis Kiel
- Ostseeküste – Mecklenburg-Vorpommern
- *MM-Wandern* Östliche Allgäuer Alpen
- Pfalz
- Rügen, Stralsund, Hiddensee
- Südschwarzwald
- Schleswig-Holstein Nordseeküste
- Schwäbische Alb
- Sylt
- Usedom
- *MM-Wandern* Westallgäu und Kleinwalsertal
- *MM-Wandern* Zentrale Allgäuer Alpen

Dominikanische Republik
- Dominikanische Republik

Ecuador
- Ecuador

Frankreich
- Bretagne
- Côte d'Azur
- Elsass
- *MM-Wandern* Elsass
- Haute-Provence
- Korsika
- *MM-Wandern* Korsika
- Languedoc-Roussillon
- Normandie
- *MM-City* Paris
- Provence & Côte d'Azur
- *MM-Wandern* Provence
- Südfrankreich
- Südwestfrankreich

Griechenland
- Athen & Attika
- Chalkidiki
- Griechenland
- Griechische Inseln
- Karpathos
- Kefalonia & Ithaka
- Korfu
- Kos
- Kreta
- *MM-Wandern* Kreta
- Kykladen
- Lesbos
- Naxos
- Nord- u. Mittelgriechenland
- Nördl. Sporaden – Skiathos, Skopelos, Alonnisos, Skyros
- Peloponnes
- Rhodos
- Samos
- Santorini
- Thassos, Samothraki
- Zakynthos

Großbritannien
- Cornwall & Devon
- England
- *MM-City* London
- Schottland
- Südengland

Irland
- *MM-City* Dublin
- Irland

Island
- Island

Italien
- Abruzzen
- Apulien
- Adriaküste
- Chianti – Florenz, Siena, San Gimignano
- Cilento
- Dolomiten – Südtirol Ost
- Elba
- Friaul-Julisch Venetien
- Gardasee
- Golf von Neapel
- Italien
- Kalabrien & Basilikata
- Lago Maggiore
- Ligurien – Italienische Riviera, Genua, Cinque Terre
- *MM-Wandern* Ligurien & Cinque Terre
- Liparische Inseln
- Marken
- Mittelitalien
- Oberitalien

- Oberitalienische Seen
- Piemont & Aostatal
- *MM-Wandern* Piemont
- *MM-City* Rom
- Rom & Latium
- Sardinien
- *MM-Wandern* Sardinien
- Sizilien
- *MM-Wandern* Sizilien
- Südtirol
- Südtoscana
- Toscana
- *MM-Wandern* Toscana
- Umbrien
- *MM-City* Venedig
- Venetien

Kanada
- Kanada – der Osten
- Kanada – der Westen

Kroatien
- Istrien
- Kroatische Inseln & Küste
- Mittel- und Süddalmatien
- Nordkroatien – Kvarner Bucht

Malta
- Malta, Gozo, Comino

Marokko
- Südmarokko

Montenegro
- Montenegro

Neuseeland
- Neuseeland

Niederlande
- *MM-City* Amsterdam
- Niederlande

Norwegen
- Norwegen
- Südnorwegen

Österreich
- Salzburg & Salzkammergut
- Wachau, Wald- u. Weinviertel
- *MM-City* Wien

Polen
- *MM-City* Krakau
- Polnische Ostseeküste
- *MM-City* Warschau

Portugal
- Algarve
- Azoren
- *MM-City* Lissabon
- Lissabon & Umgebung
- Madeira
- *MM-Wandern* Madeira
- Nordportugal
- Portugal

Russland
- *MM-City* St. Petersburg

Schweden
- Südschweden

Schweiz
- Genferseeregion
- Graubünden
- Tessin

Slowakei
- Slowakei

Slowenien
- Slowenien

Spanien
- Andalusien
- *MM-Wandern* Andalusien
- *MM-City* Barcelona
- Costa Brava
- Costa de la Luz
- Gomera
- *MM-Wandern* Gomera
- Gran Canaria

- *MM-Touring* Gran Canaria
- Ibiza
- Katalonien
- Lanzarote
- La Palma
- *MM-Wandern* La Palma
- *MM-City* Madrid
- Madrid & Umgebung
- Mallorca
- *MM-Wandern* Mallorca
- Menorca
- Nordspanien
- Spanien
- Teneriffa
- *MM-Wandern* Teneriffa

Tschechien
- *MM-City* Prag
- Südböhmen
- Tschechien
- Westböhmen & Bäderdreieck

Türkei
- *MM-City* Istanbul
- Türkei
- Türkei – Lykische Küste
- Türkei – Mittelmeerküste
- Türkei – Südägäis von İzmir bis Dalyan
- Türkische Riviera – Kappadokien

Tunesien
- Tunesien

Ungarn
- *MM-City* Budapest
- Westungarn, Budapest, Pécs, Plattensee

USA
- *MM-City* New York

Zypern
- Zypern

Aktuelle Informationen zu allen Reiseführern finden Sie im Internet unter

www.michael-mueller-verlag.de

Michael Müller Verlag GmbH, Gerberei 19, 91054 Erlangen
Tel. 0 91 31 / 81 28 08-0; Fax 0 91 31 / 20 75 41; E-Mail: info@michael-mueller-verlag.de

- ABRUZZEN
- ALENTEJO
- ALGARVE
- ANDALUSIEN
- APULIEN
- DODEKANES
- IONISCHE INSELN
- KRETA
- LISSABON & UMGEBUNG
- MARKEN
- SARDINIEN
- SIZILIEN
- TENERIFFA
- TOSKANA
- UMBRIEN

CASA FERIA
Land- und Ferienhäuser

Nette Unterkünfte bei netten Leuten

CASA FERIA
die Ferienhausvermittlung
von Michael Müller

Im Programm sind ausschließlich persönlich ausgewählte Unterkünfte abseits der großen Touristenzentren.

Ideale Standorte für Wanderungen, Strandausflüge und Kulturtrips.

Einfach www.casa-feria.de anwählen, Unterkunft auswählen, Unterkunft buchen.

Casa Feria wünscht
Schöne Ferien

Register

Die (in Klammern gesetzten) Koordinaten verweisen auf die beigefügte Berlin-Karte.

Ägyptisches Museum 133
Akademie der Künste
  (M 5) 123, 128
Alexanderplatz (Q 6) 140, 141, 185, 188
Alte Bibliothek 130
Alte Nationalgalerie (O 6) 133
Alt-Köpenick 203
Altstadt Spandau 207, 209
Am Großen Wannsee 234
Amtsgericht Köpenick 202
Anreise 32
  | Auto 34
  | Bus 33
  | Flugzeug 33
  | Mit der Bahn 32
Aquadom (P 6) 132
Aquarium (K 8) 159, 164
Archenhold-Sternwarte 228
Architekturforum Aedes 175
ARD-Infocenter 128
Art-Déco-Theater 64
Ausflugsschiffe 204, 210, 231, 234, 250
Auswärtiges Amt
  (O 7) 143, 150

Barenboim, Daniel 65
Bars 81
Bauakademie 143
Bebelplatz 19, 130
Behinderte 47, 72, 78, 113, 114, 165, 225
Behnisch, Günther 123
Bellmer, Hans 219
Belvedere (G 5) 218
Berggruen, Heinz 219
Bergmannstraße 97, 190
Berlinale 74
Berliner Bahnhöfe 32
Berliner Dom (P 6) 131
Berlinische Galerie (O 8) 193
Berlin-Mitte (L 7) 82
Bernini, Gian Lorenzo 133
Beuys, Joseph 118
Bezirks-Struktur 24
Bikini-Haus (J 8) 159
Blechen, Carl 133
Bootsvermietung 204, 250
Botanischer Garten 225

Botanisches Museum 226
Botschaft der USA 122
Botschaft Kanadas 110
Bouman, Jan 241, 247
Brandenburger Tor (N 7) 116
Brandt, Willy 22
Breitscheidplatz (J 8) 158
Bröhan-Museum (G 6) 219
Brunch 178, 179
Bücherverbrennung 19
Budapester Straße 164
Bundesbauministerium 145
Bundeskanzleramt
  (M 6) 113, 117
Bundesministerium für
  Arbeit und Soziales 142
Bundespräsidialamt
  (K 7) 162, 166
Bundesratsgebäude
  (N 8) 111
Büring, Johann
  Gottfried 241, 245
Busrundfahrten 162
BVG (Berliner Verkehrs-
  Betriebe) 38

Caravaggio, Michel-
  angelo da 241
Castorf, Frank 64
Chamissoplatz 190
Charlottenburg
  (H 8) 12, 88, 214
Checkpoint Charlie
  (O 8) 140, 141
Chipperfield, David 133
Churchill, Winston 249
City West 156
Clubs 89
Comedy 66
Corinth, Lovis 133
Cranach, Lucas 114
Currywurst 178, 196
Currywurstmuseum 148

Dahlem 222
Daimler-Kunstsammlung 110
Dalí-Ausstellung 116
DDR Museum 132
Denkmal für die
  Bücherverbrennung 130

Denkmal für die Ermordung
  der europäischen Juden
  (N 7) 111
Denkmal für die Opfer der
  Köpenicker Blutwoche 202
Deutsche Staatsoper
  (O 7) 131
Deutscher Dom (O 7) 149
Deutsches Historisches
  Museum (O 7) 129
Deutsches Technikmuseum
  Berlin (N 9) 109
Deutschkron, Inge 136
Dietrich, Marlene 115
Diskotheken 89
Dokumentationszentrum
  Berliner Mauer 187
Domäne Dahlem 224
Dresen, Andreas 175
Dudler, Max 129, 153
Dürer, Albrecht 114
Dyck, Anthonisz van 241
DZ-Bank 122

East-Side-Gallery
  (S 8) 184, 186
Eiermann, Egon 164
Einkaufen 93
Einstein, Albert 228
Eintrittskarten 63, 122
Eisenman, Peter 111
Engelbecken (Q 8) 193, 196
Eosander, Johann
  Friedrich 215
Ephraim, Veitel Heine 151
Ephraim-Palais 151
Ernst, Max 219
Erotik-Museum 164
Ethnologisches
  Museum 223
Europa-Center (J 8) 159

Fahrrad 40
Fahrradtaxi 39
Fahrradvermietung 250
Familien 50, 56
Fasanenstraße 157
Fernsehmuseum (M 8) 115
Fernsehturm (P 6) 147, 152
Filmmuseum (M 8) 110

Register 261

Finanzministerium (N 8) 111
Flavin, Dan 118
Fledermauskeller 209, 210
Flimm, Jürgen 65
Flughäfen 33
Foster, Norman 112
Frank, Anne 124
Frankfurter Allee/Karl-Marx-Allee 180, 185, 188
Frankfurter Tor 188
Franziskaner-Klosterkirche (Q 6) 152
Französischer Dom (O 7) 149
Friedhofspark Pappelallee 175, 176
Friedrich I., König 18, 131, 142, 180, 204, 215
Friedrich II, König. 18, 151, 165, 215, 231, 238, 240, 241, 244, 245, 246, 247
Friedrich III., Kaiser 246
Friedrich Wilhelm I, König. 238, 247
Friedrich Wilhelm II., König 18, 215, 235, 247
Friedrich Wilhelm III., König 218, 247
Friedrich Wilhelm IV., König 164, 244, 246
Friedrich Wilhelm, Kurfürst 17, 125
Friedrich, Caspar David 133
Friedrichshagener Dichterkreis 231
Friedrichshain (R 5) 12, 24, 84, 97, 180
Friedrichstraße 95, 140, 141
Friedrichswerdersche Kirche (O 7) 143, 150
Fundsachen 38

Galeries Lafayette 95, 142
Galgenhaus (P 7) 146
Gaslaternen-Museum 162
Gedächtniskirche (K 7) 158, 164
Gedenkstätte Deutscher Widerstand (L 8) 110, 114
Gedenkstätte Köpenicker Blutwoche 204
Gehry, Frank O. 122
Gendarmenmarkt (O 7) 142, 188
Gerichtslaube 146
Gerkan, Meinhard von 118, 154

Geschichte 17, 151
Gethsemanekirche (Q 3) 175
Giacometti, Alberto 219
Gleimstraße 175
Gontard, Carl von 249
Görlitzer Park (R 9) 192
Gotisches Haus 210, 212
Grimshaw, Nicholas 157
Großer Stern 166
Grzimek, Bernhard 113

Hackesche Höfe (P 6) 123, 134
Hallervorden, Dieter 67
Hamburger Bahnhof (M 5) 118
Hanf-Museum 152
Hardenbergplatz (J 8) 159, 164
Haring, Keith 118
Harms, Kirsten 65
Hauptbahnhof (P 7) 117
Hauptmann von Köpenick 205
Hauptmann, Gerhart 231
Haus der Kulturen der Welt (L 6) 68
Haus der Wannseekonferenz 235
Haus Schwarzenberg (P 6) 124
Hausvogteiplatz 143
Heinrich-Zille-Museum 147, 152
Helenenhof 185, 186
Helmholtzplatz 170, 175
Henselmann, Hermann 186
Heydrich, Reinhard 235
Hi-Flyer am Checkpoint Charlie 148
Hitler, Adolf 19, 20, 109, 116
Holocaust-Mahnmal siehe Denkmal für die Ermordung der europäischen Juden
Hörspiel 177
Hugenotten 17, 143, 149
Humboldt, Alexander von 246
Humboldt, Wilhelm von 129
Humboldt-Universität (N 5) 129
Husemannstraße 174

Ihne, Ernst von 129
Indoor-Spielplatz 191
Industrie 26

Insel der Jugend 227
Ischtar-Tor 134

Joachim II., Kurfürst 212
Juden 20, 122, 125
Judengang (Q 4) 171, 176
Jüdischer Friedhof (Q 4) 171, 175
Jüdisches Gemeindehaus 157, 163
Jüdisches Museum 125
Jugendfarm Moritzhof 177
Juliusturm 208

Kabarett 66
KaDeWe (K 9) 96, 158
Kaiser-Wilhelm-Gedächtniskirche (K 7) 158, 164
Karsch, Anna Louisa 135
Kastanienallee 97
Käthe-Kollwitz-Museum (I 9) 157, 164
Kaufmann, Oskar 64
Kennedy, John F. 116
Khuon, Ulrich 63
Kinder 50, 56, 61, 67, 68, 69, 74, 80, 97, 101, 115, 118, 124, 132, 136, 138, 148, 152, 163, 166, 175, 179, 191, 193, 198, 205, 206, 210, 220, 224, 225, 226, 228, 232, 234, 250
Kinderbad Monbijou (O 6) 136
Kinderbauernhof 67, 171, 192, 193
Kinderspielplatz 162
Kindertheater 68, 69
Kinos 70
Kittelmann, Udo 118
Klee, Paul 219
Kleeberg, Kolja 154
Kleihues, Joseph Paul 157
Kleinkunst 66
Kneipen 81
Knobelsdorff, Georg Wenzeslaus von 131, 215, 240, 241, 244
Knoblauch, Eduard 135
Knoblauchhaus (P 7) 152
Knorrpromenade 185, 186
Köhn, Erich 186
Kolk (Spandau) 209
Kollwitz, Käthe 129, 157, 171
Kollwitzplatz (Q 4) 170, 171, 177

Register

Kollwitzstraße 171
Kommandantur 131
Kommode (Alte Bibliothek) 130
Königlich Preußische Porzellanmanufaktur 162
Konzerthaus Berlin (O 7) 149
Köpenick 24, 199
Köpenicker Blutwoche 202
KPM-Welt 165
Kreuzberg (N 10) 12, 24, 85, 97, 190
Kronprinzenpalais (O 7) 131
Kronprinzessinnenpalais 131
Ku'damm (I 9) 156
Kudamm-Karree 157
Kulturbrauerei (Q 4) 174, 177
Kulturforum (M 8) 107, 110
Kulturveranstaltungen 74
Kunsthalle, Temporäre 145
Künstlerhaus St. Lukas 157, 163
Kunst-Werke, Galerie 135
Kurfürstendamm (I 9) 97

Landwehrkanal 159
Langerfeldt, Rutger von 204
Langhans, Carl Gotthard 116, 218, 249
Lapidarium im Jüdischen Friedhof 176
Legoland Discovery Centre 115
Leipziger Platz 110
Lenné, Peter Joseph 218, 235, 238, 246
Libeskind, Daniel 125
Liebermann, Max 116, 33, 175, 234, 235
Liebesinsel 227
Liebknecht, Karl 18, 159, 178
Literaturhaus Berlin 157, 164
Literaturtipps 28
Ludwig Erhard Haus 157
Luise, Königin 218
Luisenstädtischer Kanal 193, 196
Lustgarten (O 6) 123
Luxemburg, Rosa 159
Lychener Straße 175

Madame Tussauds 128
Magritte, René, 219
Mahnmal für die ermordeten Sinti und Roma 112

Mahnmal für die homosexuellen Opfer des Nationalsozialismus 112
Mainzer Straße 180, 185, 191
Mandrella, Rudolf 202
Mandrellaplatz 202
Marienkirche (Mitte) (Q 5) 147, 152
Marienkirche (Spandau) 209, 210
Märkisches Museum (Q 7) 147, 151
Märkte 93
Markttor von Milet 134
Marstall (P 7) 145
Martin-Gropius-Bau (N 8) 148
Matisse, Henri 219
Mauer 22, 23, 107, 184, 186, 187, 196
Mauer-Gedenkstätte 187
Mauermuseum 148
Mauerpark 175
Max Liebermann Haus 116
Max-Schmeling-Halle (P 3) 72, 171
Mediaspree 181
Mendelssohn-Remise 150
Merkel, Angela 123
Meyerbeer, Giacomo 175
Mies van der Rohe, Ludwig 110
Ming Pei, Ieoh 130
Ministerien 110, 111
Mitfahrzentralen 34
Mitte (L 7) 12, 24
Moped 40
Moscheen 192
Müggelsee 231
Multikulturalität 24
Münzkabinett 133
Museen
 Alte Nationalgalerie 133
 Altes Museum (O 6) 133
 Antikensammlung 134
 Berlinische Galerie (O 8) 193
 Bode-Museum (O 6) 132
 Bröhan-Museum (G 6) 214
 Deutsches Technikmuseum (N 9) 113
 Filmmuseum (M 8) 115
 Gaslaternen-Museum 165
 Gemäldegalerie (L 8) 114
 Guggenheim, Deutsche 128

 Haus am Checkpoint Charlie (O 8) 148
 Heimatmuseum Köpenick 203, 204
 Jüdisches Museum (O 9) 125
 Juniormuseum 224
 Kunstgewerbemuseum (M 8) 114
 Kunstgewerbemuseum Köpenick (M 8) 203, 204
 Liebermann-Villa 234, 235
 Mach mit! (Museum für Kinder) 175, 177
 Museum Berggruen (G 6) 214, 219
 Museum der Dinge (Q 9) 193
 Museum Europäischer Kulturen 224
 Museum für Asiatische Kunst 222
 Museum für Fotografie (J 8) 162
 Museum für Gegenwart (M 5) 118
 Museum für Islamische Kunst 134
 Museum für Kommunikation 148
 Museum für Naturkunde 118
 Musikinstrumente-Museum (M 7) 114
 Neue Nationalgalerie (M 8) 114
 Neues Museum (O 6) 133
 Nolde-Stiftung Seebüll (O 7) 150
 Pergamonmuseum (O 6) 133
 Sammlung industrielle Gestaltung 174, 176
 Sammlung Scharf-Gerstenberg 219
 Schinkel-Museum 150
 Stadtgeschichtliches Museum Spandau 209, 210
 Stadtmuseum Berlin 147
 The Story of Berlin (I 9) 157, 163
 Vorderasiatisches Museum 134

Register 263

Wege, Irrwege, Umwege 149
Museum Blindenwerkstatt Otto Weidt 136
Museum der Dinge (Q 9) 193
Museum für Gegenwart (M 5) 118
Museum für Vor- und Frühgeschichte 133
Museum The Kennedys 116
Museumsinsel 121, 123, 132
Musicalbühnen 10
Musik 67

Nachtleben 81, 254
Napoleon 18, 213
Nationalsozialismus 19, 114, 122, 125, 130, 136, 176
Neptunbrunnen (P 6) 147
Nering, Johann Arnold 203, 215
Neue Wache (O 7) 129
Neuer See 159
Neues Kranzler-Eck (J 8) 157
Neues Museum (O 6) 133
Neuköllner Oper 65
Newton, Helmut 83
Nicolaihaus 146
Nikolaikirche (Mitte) (P 7) 151
Nikolai-Kirche (Spandau) 209, 212
Nikolaiviertel 141, 146
Nofretete 133
Nolde, Emil 150

O2 World 72
Oberbaumbrücke (S 9) 184, 186
Oberbaum-City 184, 186
Ohnesorg, Benno 23
Olof-Palme-Platz 159
Olympiastadion (B 7) 72
Oper 64
Opernpalais 131
Oppenheim, Familie 234
Oranienburger Straße 82, 124, 176
Oranienstraße 97, 190
Ort der Information 112, 116
Ostermeier, Thomas 64

Palais Podewil 147
Palast der Republik 145
Panoramapunkt 110
Pariser Platz (N 7) 111, 122
Parochialkirche (Q 7) 152
Pergamonaltar 134
Persius, Ludwig 240, 244, 246
Petras ,Armin 64
Petriplatz 146
Peymann, Claus 63
Pfaueninsel 235
Pfefferberg (P 5) 171
Philharmonie (M 8) 68
Picasso, Pablo 219
Planetarium 177
Poelzig, Hans 70
Politik 26
Postfuhramt 135
Potsdamer Platz (N 8) 95, 110
Prenzlauer Berg 12, 24, 83, 97, 170
Privatzimmervermittlungen 51
Prozessionsstraße von Babylon 134

Quartier 95, 142

Ranke, Leopold von 135
Raschdorff, Julius Carl 131
Rathaus Köpenick 203
Rattle, Simon 68
Regierungsumzug 24
Regierungsviertel 107
Reichskristallnacht 20, 157, 163, 176
Reichstagsgebäude (M 6) 112, 116
Reichstagskuppel 116
Reinhardt, Max 63
Restaurants 79
Ribbeckhaus 150
Riehmers Hofgarten 191, 198
Riemenschneider, Tilman 133
Rodin, Auguste 133
Rollstuhl 117
Römischer Hof 123
Rotes Rathaus (P 6) 147
Rubens, Peter Paul 114, 133, 241
Ruderbootverleih 162, 227
Rykestraße 174

Sauerbruch, Familie 234
Saurier 118
Schabowski, Günter 23
Schadow, Johann Gottfried 133
Scharoun, Hans 68, 110

Scheidemann, Philipp 18
Scheunenviertel 122
Schinkel, Karl Friedrich 68, 129, 133, 143, 149, 150, 191, 212, 218, 239, 246, 248
Schinkel-Pavillon 218
Schliemann, Heinrich 133
Schloss Bellevue (L 7) 162, 166
Schloss Köpenick 203, 204
Schlossinsel Köpenick 199
Schlosskapelle Köpenick 203
Schlossportal 145
Schlossstraße (Steg.) 97
Schlossstraße (Char) 214
Schlüter, Andreas 152
Schmettau, Joachim 164
Schöneberg (L 6, L11) 12, 87
Schönhauser Allee 97, 170, 171
Schultes, Axel 117
Schultze-Naumburg, Paul 249
Schwimmbäder 77, 204, 232, 235
Sea Life Center Berlin (P 6) 132
SED 21, 181
Sehitlik-Moschee (P 11) 192
Senefelderplatz 171
Senefelder, Alois 171
Siegessäule (K 7) 162, 166
Siemens, Familie 234
Simon-Dach-Straße 184
SMPK – Staatliche Museen zu Berlin – Preußischer Kulturbesitz 215
Soller, August 210
Sony-Center (M 8) 107, 110
Sophie Charlotte, Königin 131, 215
Sophienkirche (P 6) 134
Sophienstraße 124
Sowjetisches Ehrenmal (Treptow) (M 7) 228
Spandau 24, 207
Spandauer Vorstadt 121, 122
Sport (aktiv) 76
Sportveranstaltungen 72, 74
Sprechtheater 63
Spreepark 229
St.-Hedwigs-Kathedrale (O 7) 130
Staatsbibliothek (M 8) (O 7) 114, 129
Staatsratsgebäude 145
Stadtgeschichte 17

Stadtrundfahrten 250
Stadtschloss 141, 143
Stalin, Joseph 249
Stargarder Straße 175
Stasi-Ausstellung 148
Stauffenberg, Claus Graf Schenk von 20
Stiftung Preußischer Kulturbesitz 113, 215
Straße des 17. Juni 162
Stüler, Friedrich August 111, 133, 244, 246
Suarezstraße 97
Surrealismus 219
Synagoge (Rykestraße) (H 8) 174, 176
Synagoge, Neue (H 8) 124, 135

Tacheles (N 6) 135
Tanztheater 65
Tauentzienstraße 97, 158
Tempodrom 69
Temporäre Kunsthalle 150
Tessenow, Heinrich 77
The Kennedys 111
Theater 63, 68, 245
Theater des Westens (J 8) 157, 163
Tiergarten (K 6) (K 7) (L 7) 159, 165
Topographie des Terrors 148

Touristen-Information 50
Treptower Park 227
Truman, Harry S. 249
Twombly, Cy 118

Ulbricht, Walter 145
Ullman, Micha 130
Ullstein, Leopold 175
Umar-ibn-al-Khattab-Moschee 192
Unter den Linden 121, 123

Varieté 66
Vegan essen 119, 120, 138, 188
Velodrom (T 5) 72
Veranstaltungen 74, 250
Verteidigungsministerium (L 8) 110
Victoria, Kaiserin 246
Viktoriapark (N 10) 191
Villa Oppenheim (G 7) 220
Virchow, Rudolf 174
Voigt, Wilhelm 205
Volksaufstand vom 17.6.1. 162, 181

Wachsfigurenkabinett 128
Waltz, Sasha 64, 65
Wannsee 234
Wannseekonferenz 235
Warhol, Andy 118

Wasserturm (E 6) (Q 4) 174
Wasserumlauftank 165
Weidt, Otto 124, 136
Weihnachtsmarkt Spandau 209, 210
Weltkugelbrunnen 164
Wertheim, Georg 111
Wilhelm I., Kaiser 18, 164, 218
Wilhelm II., Kaiser 205
Wilhelmstraße 107
Wilmersdorf 12
Wilmersdorfer Straße 97
Wirtschaft 26
Wittenbergplatz 158
Wowereit, Klaus 27
Wühlischstraße 184
Wüstenschloss Mschatta 134

Zeiss-Großplanetarium (R 3) 177
Zelter, Carl Friedrich 135
Zentrale Gedenkstätte der Bundesrepublik 129
Zeughaus (O 7) 129
Zille, Heinrich 152
Zitadelle Spandau 208, 210
ZOB (Zentraler Omnibusbahnhof) 33
Zoologischer Garten (J 8) 159, 164

Register – Potsdam (ab S. 237)

Alexander-Newski-Kirche 248

Belvedere auf dem Klausberg 244
Belvedere auf dem Pfingstberg 248
Bildergalerie 241

Chinesisches Haus 246
Communs 245

Dampfmaschinenhaus 244

Filmmuseum 253
Fortuna-Portal 238
Friedenskirche 246

Haus der Brandenburgisch-Preußischen Geschichte 239
Historische Mühle 241
Holländisches Viertel 247

Jan-Bouman-Haus 247

Kolonie Alexandrowka 247
Kutschstall 239

Marmorpalais 249

Neue Kammern 241
Neuer Garten 248
Neues Palais 245

Orangerieschloss 244

Park Sanssouci 239

Römische Bäder 246
Ruinenberg 244

Schloss Cecilienhof 238, 249
Schloss Charlottenhof 246
Schloss Sanssouci 240, 250
Stadtschloss 238

Touristen-Information (Potsdam) 249

Verkehrsbetrieb Potsdam (ViP) 250